"十三五" 國家重點出版物出版規劃項目

第一部 | 第十三卷

北京大學《馬藏》編纂與研究中心　編纂

科学出版社
北京

圖書在版編目（CIP）數據

馬藏·第一部·第十三卷 / 北京大學《馬藏》編纂與研究中心編纂. 一北京：科學出版社，2023.8

國家出版基金項目　"十三五"國家重點出版物出版規劃項目

ISBN 978-7-03-075968-9

Ⅰ.①馬…　Ⅱ.①北…　Ⅲ.①馬克思主義-文集　Ⅳ.①A81-53

中國國家版本館 CIP 數據核字（2023）第 123795 號

責任編輯：劉英紅　夏水雲 / 責任校對：賈娜娜
責任印製：霍　兵 / 封面設計：黃華斌

科　學　出　版　社 出版
北京東黃城根北街 16 號
郵政編碼：100717
http://www.sciencep.com

中國科學院印刷廠 印刷
科學出版社發行　各地新華書店經銷

*

2023 年 8 月第 一 版　開本：787×1092　1/16
2023 年 8 月第一次印刷　印張：42 1/4
字數：710 000

定價：580.00 元

（如有印裝質量問題，我社負責調換）

《馬藏》第一部第十三卷

顧　　問　郝　平　　龔旗煌

策　　劃　于鴻君

主　　編　顧海良
副 主 編　孫代堯　孫熙國　孫蚌珠　仰海峰　劉　軍

本卷編纂人員（以姓氏筆畫爲序）

王保賢　仰海峰　李　健　汪　越　孫　超

孫代堯　孫蚌珠　孫熙國　梅沙白　萬仕國

路　寬　鞏　梅　劉　軍　顧海良

北京大學馬克思主義學院組織編纂

總　序

　　《馬藏》是對馬克思主義形成和發展過程中相關文獻進行的彙集與編纂，旨在通過對文獻的系統整理及文本的再呈現，把與馬克思主義在中國和世界傳播與發展的相關文獻集大成地編纂薈萃爲一體。作爲馬克思主義理論研究的重大基礎性學術文化工程，《馬藏》分爲中國編與國際編，中國編是對馬克思主義中國化歷史進程中相關文獻和研究成果的彙纂；國際編是對馬克思主義在世界其他國家傳播和發展過程中產生的歷史文獻和研究著述的彙纂。

　　在十九世紀後期西學東漸的過程中，中國知識界開始譯介各種有關社會主義思想的著作，中國人開始了解和認識馬克思及其社會主義學說，這是馬克思主義在中國傳播的開端。十月革命給中國送來了馬克思列寧主義，中國先進知識分子顯著地增強了對馬克思主義和社會主義文獻的移譯和理論闡釋。中國共產黨成立後，馬克思主義開始在中國得到更爲廣泛的傳播。在中國革命、建設和改革過程中，馬克思主義經典著作的編輯和研究，成爲中國共產黨思想理論建設的重要組成部分。

　　馬克思主義在中國的傳播和發展已經有一百多年的歷史，但學界至今仍然缺乏將這一歷史過程中產生的相關文獻彙集和編纂爲一體的權威典籍，尤其缺乏對早期文獻和相關資料的系統整理與彙纂，以致在中國馬克思主義傳播史和中國近現代思想文化史中大量的有價值的文本幾被埋沒；已經發掘出來的一些原始文本，也由於種種原因，在轉引轉述中，多有訛奪、失真，造成有關理論研究的結論有失準確，缺乏説服力。編纂《馬藏》，無論是對中國馬克思主義發展史研究，還是對中國近現代思想文化史研究，都十分必要且刻不容緩。

北京大學是中國最早傳播馬克思主義的基地和中國共產黨的理論發源地，有着深厚的馬克思主義研究和傳播的歷史積澱和文化傳統。編纂一套系統呈現馬克思主義在中國傳播、接受和發展的歷史文獻典籍，推動新時代馬克思主義理論研究和哲學社會科學發展，是北京大學應當肩負的使命和學術擔當。基於此，北京大學啓動了《馬藏》編纂與研究工程，成立了《馬藏》編纂與研究中心，由北京大學馬克思主義學院負責編纂工作的具體實施。

《馬藏》中國編的編纂原則如下：一是突出思想性。按照毛澤東所揭示的馬克思主義中國化歷史過程的"使馬克思主義在中國具體化"和"使中國革命豐富的實際馬克思主義化"的基本特點，編纂堅持尊重歷史、求真拓新，系統編排、科學詮釋。二是體現全面性。《馬藏》力求全面搜集文獻，這些文獻主要包括馬克思主義經典作家著作的中文譯本、國外學者有關馬克思主義和社會主義問題相關著述的中文譯本、中國共產黨領導人和重要理論家的著述、中國學者有關馬克思主義和社會主義問題的研究著述、報紙雜誌等媒體的通訊報道等、中國共產黨成立以後有關馬克思主義中國化的文獻資料，以及其他相關的各種文本，如檔案、日記、書信等。三是彰顯學術性。編纂與研究過程，力求忠實於原始文本，完整呈現文獻內容。對原始文本作學術考證和研究，注重對各種文本及其內容、作者、版本、出版者、流傳和影響等作出基本的、必要的學術考證和研究，同時還對文本中的重要詞彙、用語和關鍵詞的內涵及其演化、流變等作基本的、必要的學術考證和説明。四是力求權威性。對相關文本作出準確説明，注意整理國內已有的研究成果，甄別有爭議的問題，并且提供有助於問題解決的相關文本資料。通過文本再呈現，爲進一步研究提供學術資源和理論依據。對一些有爭議的問題，重於文本引導、考據説明，避免作簡單的判斷。

根據上述原則，《馬藏》中國編分作四部：第一部爲著作（包括譯著）類文本；第二部爲文章類文本；第三部爲各類通訊報道，各種檔案、筆記、書信等文本；第四部爲中國共產黨有關文件類文本。各部之下，按照歷史發展過程分別設卷。

《馬藏》對各文本的編纂，主要分爲三大板塊，即文本呈現、文本校注和文本述評。一是文本呈現，堅持原始文獻以原貌呈現。爲有利於學術研究，凡與馬克思主義在中國傳播和發展相關的有思想價值、學術價值或文本價值的文獻，在内容上依照原貌呈現。對同一文獻有不同版本的，如有思想價值、學術價值或文本價值，則逐一收錄；對不同時間出版的同一文獻和資料，在内容上没有變化或變動較少的，只收錄最初的版本。二是文本校注，以頁下注釋的方式，對原書中的誤譯、誤寫或誤排之處，予以更正；對文本中出現的人名、地名、著述、歷史事件、組織機構和報刊等名詞給予準確而簡要的説明。三是文本述評，以"編者説明"的方式附於相應文本之後，呈現編校者對該文本的述評。"編者説明"對文本形成和流傳情況作出描述，如介紹文本原貌及來源、作者、譯者、歷史背景、出版情況、不同譯本和版本演變情況、文中涉及的重要概念和史實、文本傳播狀況、文本的思想傾向等。"編者説明"也對文本研究狀況作出述評，注重對與該文本及其主要内容相關的國内外學術界研究現狀、主要觀點和各種評價作出述評；力求對已有的研究成果作出思想性和學術性的總體述評。

《馬藏》不是簡單的資料彙編或者是對原有文本的複製，而是強調對所收文本進行必要的研究、考證、注釋和説明，以凸顯《馬藏》彙集與編纂爲一體的學術特色。需要説明的是，由於收集、整理和研究的是繁蕪叢雜的歷史文獻，不可避免地會出現一些缺憾：一是文獻收集過程中，雖然編纂人員盡力收集已見的和可能發掘的所有文獻資料，但因文獻數量龐大，原始文本散落，著録信息不完整等原因，難免會有部分重要文獻遺漏；二是編纂過程中，編纂者雖盡力對文獻的版本、作者、譯者、出版者、翻譯狀況，以及文獻中的人名、地名、事件等作出有根有據的考證、注釋與説明，但因文獻情況複雜，在一些文本中仍有少許問題没能解決，注釋與"編者説明"中也可能存在偏差。

《馬藏》編纂意義重大，可謂功在當代，利在千秋。《馬藏》對於促進馬克思主義學術研究和理論發展，增强馬克思主義理論自信和文化自信，提升中國化馬克思主義的影響力，推進中國哲學社會科學的繁榮發展有着重大而深遠的意義；《馬藏》對中國近現代思想文化史資料的收集與整理，對於促進中國近現代思想文化史、中外文化交流史的研究，對於展現真實而客觀的中國近現代史具有重大意義；《馬藏》翔實的文獻將向人們展示近代以來中國人民是如何歷史地選擇馬克思主義和社會主義，是如何執着地傳播馬克思主義和推進馬克思主義中國化時代化大衆化的，具有以史爲鏡、資政育人的重要意義。

本卷文獻及編纂説明

本卷收録文獻凡四册。

《社會學》，歐陽鈞編譯，1911 年上海商務印書館出版。本册由孫超編校。

《洪水集》，江亢虎著，1913 年在上海印刷發行。本册由汪越編校。

《社會學》，沈宗元編述，1914 年成都昌福公司出版。本册由梅沙白編校。

《經濟學大意》，日本津村秀松著，彭耕譯，1915 年上海群益書社出版。本册由李健、路寬編校。

萬仕國、王保賢對本卷全部編校稿作了審讀、修改。

鞏梅負責本卷文獻資料總彙。

顧海良主持本卷編纂和審讀，作統修和定稿。

本卷凡例

　　一、本卷各册文獻原爲竪排版，今均改爲横排版。行文中"如左""如右"等表述，保持原貌，不作改動。《經濟學大意》仍保持原來的雙欄排版，小標題排列在側欄。

　　二、底本中的繁體字一仍其舊，舊字形今均改爲新字形。

　　三、底本中的異體字原則上不作改動，但過去使用而現在不再使用的異體字，以相應的繁體字替代；"編者説明"中引用的原文，其中的異體字亦如是處理。

　　四、底本中以"。""、"表示的句讀，均保持原貌。

　　五、底本中字旁表示强調的"●""○""◎""、"等符號，今以字下着重號"."表示；底本標示强調符號時，首字不標句讀的，今在該字前補斷句號"。"。

　　六、底本中的竪排引號『』和「」，今均改爲横排引號。

　　七、底本中錯、漏、衍、倒字之處，今保持原貌，另在頁下注中予以補正；底本正文中的個別文字漫漶不清，今以"□"替代，不再出注説明；底本中"己""已""巳"及"戊""戌""戍"混用的，今根據文意徑改，不出校記。

　　八、底本中所涉及的國名、人名、地名、報刊名和機構名等與現在通行譯名不一致的，均出頁下注説明。

十、各册文獻扉頁上的内容，由編校者根據底本封面、正文首頁和版權頁等所載信息綜合而成。

十一、各册文獻的目録，均依底本目録録入。底本目録與正文標題不一致處，目録和正文標題均保持原貌，在正文標題處出頁下注説明。標題重複的，由編校者擬標題，在目録和正文中，用［］將標題標出。

目録

插圖目録

社 會 學

湘鄉　歐陽鈞 / 編譯

上海商務印書館

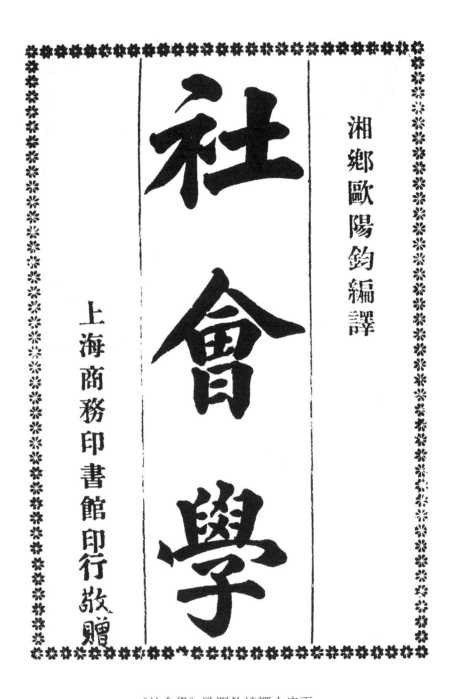

社會學

湘鄉歐陽鈞編譯

上海商務印書館印行敬贈

《社會學》歐陽鈞編譯本扉頁

例言

　　一是編爲文學士遠藤隆吉①先生所講述。先生最近著述。刊行者有近世社會學。社會史論。教育學術。研究教會編行之講義②。其譯西文者有米國③傑金克斯④氏社會學原理。Theory of Socialization（1897）⑤專述日本者。有日本社會發達及其思想之變遷⑥諸書。除社會史論外。類皆編帙浩繁。多經數版。是編原本以時間稍促。甚爲簡單。所述不過麤具梗概。編者謹參照以上諸書。迻譯引證以足之。

　　一社會學之主要。在政治教育一方面。實宜爲師範法政二學課之普通教科。近年吾國編譯之書頗富。惟於社會學一科。尚在闕如。頗爲遺憾。編者因同學督責。勉任義務。顧學殖淺薄。力不從心。蠡測管窺。未得要領。深爲引疚無地。或羈彎略具。姑爲前途導一先鞭耳。

　　一社會學爲最晚出之科學。然自坑特⑦氏以來。亦已分惟心惟物二派。日本社會學諸家。如有賀長雄氏之社會進化論⑧。大抵祖述斯賓塞⑨氏。而爲惟物之一派。迨後建部遜吾氏之社會學序説⑩。十時彌氏之社會學撮

---

① "遠藤隆吉"，遠藤隆吉（1874—1946），日本社會學家、哲學家、教育家。
② "教育學術。研究教會編行之講義"，遠藤隆吉并未出版過名爲《教育學術》的著作，此句疑有誤，應爲"教育學術研究會編行之講義"。
③ "米國"，即美國。
④ "傑金克斯"，即富蘭克林・亨利・吉丁斯（Franklin Henry Giddings，1855—1931），美國社會學家。
⑤ "Theory of Socialization（1897）"，此處誤引吉丁斯另一本書的英文名，應爲"The Principles of Sociology（1896）"。
⑥ "日本社會發達及其思想之變遷"，即《日本社會的發展及思想變遷》，1904 年出版。
⑦ "坑特"，即奧古斯特・孔德（Auguste Comte，1798—1857），法國社會學家、哲學家，社會學的奠基人。
⑧ "有賀長雄氏之社會進化論"，有賀長雄（1860—1921），日本社會學家、法學家，1883 年出版《社會進化論》。
⑨ "斯賓塞"，即赫伯特・斯賓塞（Herbert Spencer，1820—1903），英國社會學家、哲學家，宣揚社會進化論。
⑩ "建部遜吾氏之社會學序説"，"建部遜吾"，有誤，應爲"建部遯吾"。建部遯吾（1871—1945），日本社會學家，1905 年出版《普通社會學》第一卷《社會學序説》。

例言

一　是編爲文學士遠藤隆吉先生所講述先生最近著述刊行者有近世社會學社會史論

教育學術研究教會編行之講義其譯西文者有米國傑金克斯氏社會學原理 Theory
of Socialization (1897) 專述日本者有日本社會發達及其思想之變遷諸書除社會史

論外類皆編帙浩繁多經數版是編原本以時間稍促甚爲簡單所述不過蟲具梗概編
者謹參照以上諸書逐譯引證以足之

一　社會學之主要在政治教育一方面實宜爲師範法政二學課之普通教科近年吾國編

譯之書頗富惟於社會學一科尚在闕如頗爲遺憾編者因同學督責勉任義務顧學殖

淺薄力不從心蠡測管窺未得要領變深爲引疚無地或羈略其姑爲前途導一先鞭耳

一　社會學爲最晚出之科學然自坑特氏以來亦已分惟心惟物二派日本社會學諸家如

有賀長雄氏之社會進化論大抵祖述斯賓塞氏而爲惟物之一派遠後建部遯吾氏之

社會學方法說十時彌氏之社會學撮要浮田和民岸本能太武諸氏之講述則先後參用

泰西最近學者師說而漸有折衷物心二界之要遠藤先生所主大較以傑金克斯氏爲

宗實重心理而亦不脫物界故編者於諸家論說與先生所述有互相發明者或意義融

例言

要①。浮田和民②岸本能太武③諸氏之講述。則先後參用泰西最近學者師説。而漸有折衷物心二界之要。遠藤先生所主。大較以傑金克斯氏爲宗。置重心理。而亦不脱物界。故編者於諸家論説。與先生所述。有互相發明者。或意義融洽。則羼列編中。其稍有出入而足資反證。及詳略異致而難以類採者。則撮述大意。附案語以説明之。但一以不悖講師所述本義爲主。

　一有賀浮田岸本三氏所説社會學。先後已有譯本④。編者取原書悉心對閲。於有所採輯之處。其字句竄易而能悉脗合原旨者。則甯遵用譯本。蓋義取闡發精理。無取於矜誇異國艱深之文。而其直譯原書。過於僻澀難曉者。則亦略加潤色。以期益臻明瞭。蓋精深之理。非出之以明晰爽豁之字句。觀者益苦於思索。且親聆講述。與徒憑文字對譯者。難易固自有殊。非好爲立異。沾沾自喜也。

　一編中案語。皆係編者自述。及雜引他書而成。除證引上述諸書外。或最近新聞紙⑤之調查或其他諸家之傳記。亦有所採擇。取其有關於本編章節中緒論及足資考證者。附列於本論之後。又或關中國掌故風習之處。亦根據本章或本節緒論。畧陳隅見以明之。

　一是編編述之際。學校逐日課程忙迫。不獲畢力專注。奧旨深微。毫釐千里。恩遽藏事。舛誤遺漏之處。所在有之。大雅同胞。幸匡不逮。

編者識

---

① "十時彌氏之社會學撮要"，十時彌（1874—1940），日本教育家、社會學家，1902年出版《社會學撮要》。
② "浮田和民"，浮田和民（1859—1946），日本時政評論家、政治學家、歷史學家。
③ "岸本能太武"，有誤，應爲"岸本能武太"。岸本能武太（1866—1928），日本社會學家、宗教學家，1900年出版《社會學》。
④ "有賀浮田岸本三氏所説社會學。先後已有譯本"，有賀長雄的《社會進化論》當時有兩個節譯本：閩學會1903年出版的薩端譯本，廣智書局1903年出版的麥仲華譯本。岸本能武太的《社會學》有廣智書局1902年出版的章炳麟（號太炎，以號行於世）譯本。浮田和民社會學論著的中譯本情況不詳。上述有賀、岸本著作的三個中譯本分別收入《馬藏》第一部第三卷和第九卷。
⑤ "新聞紙"，即報紙。

目
録

第三編　本論

社會學目錄

目錄

第一編　總論

第
一
章

社會學之名稱

　　社會二字。始見於中國宋程明道行狀[①]中。又近思録[②]卷九。治法條下。有云鄉民爲社會。立科條。旌別善惡。使有勸有恥。惟古來中國之所稱社會。蓋不及一鄉之大。其義過狹。如前漢五行志注[③]云。舊制二十五家爲一社是也。西曆千八百三十八年。法人瓦格斯特坑特[④]氏。著實驗哲學[⑤]。有索西奧羅基 Socsology[⑥]之語。日本初譯爲世態學。後始改譯今名。社會學之名稱。蓋昉於此。

　　按西語譯爲社會學之索西奧羅基。與索西奧利士姆 Socialism 有別。索西奧利士姆者。千八百三十五年。英人擬改良社會。組織一大協會[⑦]。始見此名。其意義則爲廢私有財産爲社會財産。其後傳播法國。全洲皆用此語。日本譯爲社會主義。或共産主義。獨其義專爲平均社

---

① "程明道行狀"，指北宋程頤撰寫的《明道先生行狀》。
② "近思録"，《近思録》，南宋朱熹與呂祖謙合撰，共十四卷。
③ "前漢五行志注"，指《漢書·五行志》中所引臣瓚注，"舊制：二十五家爲一社。而民或十家、五家共爲田社，是私社"。
④ "瓦格斯特坑特"，即奧古斯特·孔德。
⑤ "實驗哲學"，指《實證哲學教程》（*Courses of Positive Philosophy*），1830—1842 年陸續出版。
⑥ "Socsology"，有誤，應爲 "Sociology"。
⑦ "協會"，指全世界各階級聯合會（Association of All Classes of All Nations），1835 年 5 月由歐文創立，是英國較早出現的全國性總工會。

社會學

湖南湘鄉歐陽鈞編

第一編 總論

第一章 社會學之名稱

社會二字。始見於中國宋程明道行狀中。又近思錄卷九。治法條下。有云鄉民爲社會立科條。旌別善惡。使有勸有恥。惟古來中國之所稱社會。蓋不及一鄉之大。其義過狹。如前漢五行志注云舊制二十五家爲一社是也。西歷千八百三十八年。法人瓦格斯特坑特氏著實驗哲學有索西奧羅基 Socsology 之語。日本初譯爲世態學。後始改譯今名社會學之名稱蓋昉於此

按西語譯爲社會學之索西奧羅基與索西奧利士姆 Socialism 有別。索西奧利士姆者千八百三十五年。英人擬改良社會組織一大協會始見此名。其意義則爲□私有財產爲社會財產。其後傳播法國全洲皆用此語。日本譯爲社會主義或共產主義獨其義專爲平均社會財產。故應與社會學之索西奧羅基有別。又如前代亞利斯度多爾孟德斯鳩。亞丹斯密司諸氏亦均已於社會上有法則之概念但皆

《社會學》歐陽鈞編譯本第1頁

會財産。故應與社會學之索西奧羅基有別。又如前代亞利斯度多爾①。孟德斯鳩②。亞丹斯密司③諸氏。亦均已於社會上有法則之概念。但皆就社會現象之一局部。以喻自然法之行。故不得以其發現在坑特之前據爲名稱之始也。

---

① "亞利斯度多爾"，即亞里士多德（Aristotle，公元前384—前322），古希臘哲學家。
② "孟德斯鳩"，即沙爾·孟德斯鳩（Charles Montesquieu，1689—1755），法國哲學家、社會學家和經濟學家，啓蒙運動的代表人物。
③ "亞丹斯密司"，即亞當·斯密（Adam Smith，1723—1790），英國經濟學家，資産階級古典政治經濟學的代表人物。

第
二
章
——

社會學之意義

社會者。人間活動之現象也。從來學者於社會二字。各異其意見。或認爲國家及人數①世界之全體。或專指家族及學校以上之生活。如獨逸②政治家摩爾③氏。以爲由門閥而組織之貴族。與由職業組織而成之人民之階級。謂之社會。是則社會之義。似指人民階級也。又如美國經濟家薩姆拿④氏。以爲社會乃存於分業協力。不關於人員之衆寡。如軍隊雖衆。不過兵隊之集合。社會者惟一家族。則已足以當之。如夫婦共居而有子息。夫則從事於外。婦則經營於內。而分業興焉。社會即由是而起。英人斯賓塞爾氏之說亦類之。是則社會之義。乃專指協力分業也。

最近社會學者。始知社會之意義。有包含一切之要。如政治家階級之說。固昧其真。如經濟家分業協力之說。亦失之隘。其義後編詳之。茲舉近今學者所下定義之二說如左。

（一）美人傑金克斯之定義。　社會學者。爲研究社會之原素及原

---

① “人數”，有誤，應爲 “人類”。
② “獨逸”，即德國。
③ “摩爾”，即羅伯特・馮・莫爾（Robert von Mohl，1799—1875），德國法學家。
④ “薩姆拿”，即威廉・格雷厄姆・薩姆納（William Graham Sumner，1840—1910），美國社會學家。

理之學也。

（二）伯靈大學①閏米爾②之定義。　社會學者。研究社會構造之勢力形式。及其發達之學也。蓋社會者人類爲相互的作用。而社會學者。由歷史及心理而研究其形式之學也。

故社會云者。乃指人間相互之作用。及其相互影響之動作之謂也。總稱其相互之作用。與其影響之動作是爲具體的。總稱其所爲相互的作用之各個人。於一定之關係。一定之組織。是爲抽象的。於此研究其普通發表之現象。與其實際。是即社會學意義之所在也。

---

① “伯靈大學”，“伯靈”，即柏林。“伯靈大學”，指柏林洪堡大學（Humboldt University of Berlin），1810 年創建。
② “閏米爾”，即格奧爾格·齊美爾（Georg Simmel，1858—1918），德國社會學家、哲學家，1885—1914 年在柏林洪堡大學任教。

第
三
章
一

社會學與諸科學之關係

社會學與諸科學有密切之關係。而範圍迥異。其關係之點。自斯學創立以來。學者多持異論。列舉之則有三説。

（一）社會學者。總合各科學之總名稱也。 主張是説者。爲美人斯哥母①。德人馬薩里克②。比人注送爾列斯特③。諸氏。其意以爲綜合法律經濟政治歷史宗教等諸學科。一言以蔽之曰社會學。是社會學乃一種之總稱也。

（二）社會學者。包含各科學之學問也。 主是説者即坑特氏。以爲社會學乃包含所關社會諸學科者。關社會之諸學科。如法律政治等。離社會學則不能成立。故爲包含諸科學之學問也。

（三）社會學者。獨立之科學而爲諸科學之所隷屬者也。 主是説者爲斯賓塞爾氏。以爲綜合既失於空漠。包含亦過於浩漫。蓋社會諸

---

① “斯哥母”，即阿爾比恩·伍德伯里·斯莫爾（Albion Woodbury Small，1854—1926），美國社會學家。
② “馬薩里克”，即托馬斯·加里格·馬薩里克（Tomas Garrigue Masaryk，1850—1937），奧匈帝國和捷克斯洛伐克政治家、社會學家，捷克斯洛伐克首任總統（1918—1935）。
③ “注送爾列斯特”，即埃內斯特·加斯東·約瑟夫·索爾韋（Ernest Gaston Joseph Solvay，1838—1922），比利時化學家、企業家、學者，熱心研究社會問題，1894 年創立社會科學研究所（Institut des Sciences Sociales），1902 年該研究所改組爲索爾韋社會學研究所（Institut de Sociologie Solvay）。

學本皆可獨立而爲一科。然亦非絕對的獨立與完全獨立者。蓋必隸屬
於社會學也。

右之三説。自以斯氏之説爲最當。現今學者多遵之。蓋如第一説。則
失社會學之特性如唱。社會黨主義之嘎兒馬爾克①及嚴地爾斯②。以經濟爲
主要。則所説社會學爲經濟學。德人坡爾知③專修歷史哲學。則所説爲歷史
哲學。德人摩爾哈拉哥④專治統計學。則所説社會學爲統計學。是盡失社會
學之特性矣。如第二説則社會學無際限。如亞丹斯密⑤馬爾薩斯⑥利卡特⑦等。
所著經濟學。爲世所稱譽。而坑特以非真學問攻擊之。未免過當。究竟坑
特實亦新經濟之一先覺。而諸氏經濟學。亦社會學一部之必要也。故必稱
包含。必失於渺無際限。第三之説。殆調和上二説者。故其説爲較當也。
蓋社會學者。包絡一切科學。而又非徒爲諸科學之合體。彼科學者特居萬
有現象之一部或一隅。合之亦不過爲萬象之符號。社會學則能使萬象皆入
範圍。而自有其特立研究之主目的。例如生物學之於動植物與剖解學。動
植物皆以細包纖緯⑧。集而成受納營養之機關。以至成長發達。是動植物皆
有共通之現象研究此現象而發見其原則原理。乃生物學之範圍。故生物學
爲動植物學之根本。既非總稱。亦非包含。而謂動植物學隸屬於生物學爲
當。社會學之真際。亦猶是也。

由是言之。諸科學皆以社會學爲根本。不依社會學之原理原則以組織

---

① "嘎兒馬爾克"，即卡爾·馬克思（Karl Marx，1818—1883）。
② "嚴地爾斯"，即弗里德里希·恩格斯（Friedrich Engels，1820—1895）。
③ "坡爾知"，即保羅·巴爾特（Paul Barth，1858—1922），德國哲學家、社會學家。
④ "摩爾哈拉哥"，即格奧爾格·馮·梅爾（Georg von Mayr，1841—1925），德國統計學家。
⑤ "亞丹斯密"，即亞當·斯密。
⑥ "馬爾薩斯"，即托馬斯·羅伯特·馬爾薩斯（Thomas Robert Malthus，1766—1834），英國經濟
　學家、教士，人口理論的主要代表。
⑦ "利卡特"，即大衛·李嘉圖（David Ricardo，1772—1823），英國經濟學家，主要著作有《政治
　經濟學及賦稅原理》等。
⑧ "細包纖緯"，有誤，應爲"細胞纖維"。

第一編　總論　第三章　社會學與各科學之關係

為綜合既失於空漠包含亦過於浩漫蓋社會諸學本皆可獨立而為一科然亦非絕對的獨立與完全獨立者蓋必隸屬於社會學也

右之三說自以斯氏之說為最當現今學者多遵之蓋如第一說則失社會學之特性如唱社會黨主義之嚆兒馬爾克及嚴地爾斯以經濟為主要則所說社會學為經濟學德人坡爾知專修歷史哲學則所說為歷史哲學德人摩爾哈拉哥專治統計學則所說社會學為統計學是盡失社會學之特性矣如第二說則社會學無際限如亞丹斯密馬爾薩斯利卡特等所著經濟學為世所稱譽而坑特以非真學問攻擊之未免過當究竟坑特實亦新經濟之一先覺而諸氏經濟學亦當社會學一部之必要也故必稱包含必失於渺無際限第三之說殆調和上二說者故其說為較當也蓋社會學者包絡一切科學而又非徒為諸科學之合體彼科學者特居萬有現象之一部或一隅合之亦不過為萬象之符號社會學則能使萬象皆入範圍而自有其特立研究之主目的例如生物學之於動植物與剖解學則動植物皆以細包纖緯集而成受納營養之機關以至成長發達是動植物皆有共通之現象研究此現象而發見其原則原理乃生物學之範圍故生物學為動植物學之根本既非總稱亦非包含而謂動植物學隸屬於生物學為當社會學之真際亦猶是也

《社會學》歐陽鈞編譯本第 4 頁

他諸學。不獨各相矛盾。而歸結必反事實。蓋諸科學者獨能形造社會現象之一部耳。故有取於社會學之一部者。如經濟學道德學政治學是也。有取於社會學之現象者。如地理學物質學化學動植物學是也。有取於支配物心二界之原則者。如數學論理學①哲學是也。三者之於社會學。或直接。或間接。未有漠無關係者。試就其於各科學關係之點。說明之如左。

第一節　與經濟學之關係

經濟上之現象。即社會現象之一也。自亞丹斯密氏倡利己主義以論經濟。以爲人生決不能依賴他人以營生活。故陽借他人之利欲。陰達自己之私圖者。乃人類之公情也。在亞丹斯密氏。不過就一方立説。故以利己主義著富國論②。復以同情主義著道德論③。於經濟主張利己。於道德主張同情。後世學者忘其道德之立説。專以利己致富一念爲經濟之主要。於是昧其實理。而不免陷於物質之弊。故卡拉伊爾稱爲黯淡之學④。而社會學者如坑特。直以非真正學問詆之也。夫經濟惟以利益交換爲社會成立之要素。故必以分業協力當之。不知利益交換乃社會存在之結果。而社會乃發生於利益交換之前。無論倒果爲因。不得其當。而以吾人相互之關係。等諸買賣之場合。事實上亦不倫矣。夫社會之原理原則。人固有利己心。而同時有宗教道德等之感情。經濟發明。則有維持之效果。若不知此而治經濟學。不惟無益於生計。貽害或且無窮矣。故治經濟學者。不可不知社會之原理原則也。

---

① "論理學"，即邏輯學。
② "富國論"，即《國富論》(*The Wealth of Nations*)。
③ "道德論"，即《道德情操論》(*The Theory of Moral Sentiments*)。
④ "卡拉伊爾稱爲黯淡之學"，"卡拉伊爾"，即托馬斯·卡萊爾 (Thomas Carlyle，1795—1881)，英國哲學家、評論家。他曾稱經濟學是"沉悶的科學" (the dismal science)。

第二節　與政治學之關係

政治學者。研究關於國家活動之事實也。於國家起原。則未有正確之解釋。夫曰政治。曰國家。皆因各種事情而發達者也。昧於其起原。則真際不明。而政治亦終難進於完成之域。觀論國家起原之諸説。或訴宗教上之信仰。或訴契約説之空想。或惟以强力及實益等單純之原則説之。今試列舉其説如下。

宗教之説。即爲神權。其説以爲國家爲神之創設。主權者之權力。乃神之所與。觀各國歷史所紀述。皆以君主爲神之子孫。東西洋莫不然。然依是説以爲論。則將如舊約之世界開闢説。人類創造説。荒謬不可究詰。而於政治學之原則。已多刺謬①。雖依此假定。以固國家現在之基礎。而以人民迷信之作用爲致治之本原。則其弊概可想見。契約説者。當十七世紀十八世紀間。盛行於歐洲。英有霍布士②。法有盧梭③。皆唱道斯旨者也。説雖略有異同。大較以國家組織由於民意爲主。蓋反對神權説者也。由是説則人生原各爲單獨之生活。各有主權。因生齒繁而競爭起。不得不互結契約以歸於統一。於是除正當防衛之權。皆割而付之國家政府。或貴族及多數人民。依是説以擴張民權。顛覆政府。有如歐洲大革命。卒收現今世界文明之幸福。影響大矣。然其説固由急謀改革而出此過激之論。且歷史不載契約之事。反不若神權之近於事實。而流血恐怖之慘劇。亦非政治學之正則也。强力説者。謂社會中有最大勢力者。遂握國家之主權。其説頗近於歷史上之事實。然如是説則以奴隷主人之見解。明國家人民之關係。

---

① “刺謬”，有誤，應爲“刺謬”。下同。
② “霍布士”，即托馬斯·霍布斯（Thomas Hobbes，1588—1679），英國哲學家，機械唯物主義的代表。
③ “盧梭”，讓-雅克·盧梭（Jean-Jacques Rousseau，1712—1778），法國哲學家，啓蒙運動代表人物。

過於泛濫。其説之謬誤。不攻自明矣。實益説者。謂社會起於利益。國家之成立。皆由相互而謀利益也。此於諸説較切近。似足明國家之起原者。然最初人類因利益而組織之事實。歷史上無所徵據。且實益之發見。固由國家成立之後而知之。是亦如契約説之徒爲臆測而已。

　　由諸説觀之。其於政治之原則。皆不能明憭。故説皆膚泛。而政治亦不達於完全。且與政治學之關係。社會學爲獨重。如所研究國家之形質。有因時與地之異。乃政治上之首宜注意者也。因時而異者。如日本古昔經專制封建帝政戰國諸時代。維新後廢藩置縣。遂開立憲之基。法蘭西初時主在排斥基督教。及沙日曼帝①以後。反藉基督教以維繫民心。此由時代而異者也。因地而異者。如東西洋之社會國情懸絶。東洋舊俗。以家屬爲社會之單位。以一家屬爲一户籍。泰西諸國。則多以個人爲社會之單位。男子一達丁年。雖父子皆居同等。婚姻契約財產。皆可任意爲之。又中國有宗族支族之別。日本有本家分家養子之別。而西洋無之。西洋有個人之語。而中國日本無之。其分子結合既異。則交際亦不相同。東洋重孝。西洋則惟羅馬時代。有所謂"帕埃治"②之語。言子對親所當盡之事也。中古以後。遂變其意爲對天帝所當盡之事。而東洋舊制。則一個人之間。無所謂權利義務。此由地而區異者也。此外如民刑法政法之全體。皆各有特別之象。不通觀其得失優劣。則昧於解釋。而應用必不得其宜。故社會學乃政術之基也。

第三節　與法律學之關係

　　法律者。依社會而進步者也。當社會學未發明以前。治法律學者非蹈

---

① "沙日曼帝"，即查理曼（Charlemagne，742—814），法蘭克國王（768—814）、神聖羅馬帝國皇帝（800—814），史稱"查理大帝"（Charles the Great）。
② "帕埃治"，pietas 的音譯，虔誠、孝順之意。

於鑿空。即囿於形式。如前世紀學者之論法律。以爲基於自然法及性法①。所謂世間自然之天則。法律不可不合此天則者也。夫性法自然法。固不可排斥。然由此等空想以論法律。則人生而有權利。生而自由平等。將疑社會爲毀損人之權利。與剝喪自由者。是社會以前有性法。社會形成。反爲墮落之狀態。將迷途之失望。盲動之革命。於是起焉。此鑿空之害也。至若證之事實。其於應用法律於實際之時。又有不得不拘滯者。如以刑法觀察罪人。以單獨孤立之現象論之。則將施之以慘酷之刑。以爲懲治凶惡之必要。又如爲財產權之保護。則富者得巨利而益富。貧者無貲本供勞役而益貧。富者金力罔有際限。貧者蓄怒而思變。歐美諸邦。已有此現象矣。爲秩序之保持。則立最多數之幸福。必斃少數之幸福。多數者得樂利而生計益裕。少數者則橫被壓制。英國立法之基本。有慮其偏者矣。虛無黨②之論曰。保持現今社會之秩序。甚屬不當。憂世家之論曰。現今生活之當否。尚屬疑問之事。故社會適以啟法律之源。而法律不能濟社會之變。欲知法律之原理原則。應社會之進動而達於完全。舍修社會學更無他途也。

第四節　與歷史學之關係

　　窮人間進化之始。經若何淘汰。若何變遷。以成今日社會之現象。非觀縷記述。無以考其由來。此歷史學之所以重也。然從來歷史學者。皆不基於社會之原則。其體製殆與傳記無殊。傳記云者。個人之歷史也。於社會進化之順序及其由來。皆無所記述。則欲由此以究古今變遷得失重大之關係。不可得已。故社會學之未明。於歷史傳記之効用。亦不能判別。而

---

① “自然法及性法”，二者均爲“law of nature”的中譯名。
② “虛無黨”，此處泛指無政府主義者。

關係重要之事實。遺漏者蓋已多矣。社會學之成立。則歷史當隸屬於社會學。而以研究社會進化之順序及其法則爲目的。乃可爲真正之歷史也。

　　按日本有賀長雄氏。論日本舊時歷史之弊有四。一不詳書契以前之形勢。二誤事實之種類。三誤事實之輕重。四誤事實之原因。謂其從來歷史。止就口碑之可據。文獻之足依者言之。而太古至今開化之順序。或略而不書。或全憑臆説。此不詳書契前形勢之説也。於事實則止述帝室事實。法令發布。官職更迭。戰争勝敗四者。又或日食月食地震雷電火災奇異之徵驗。天皇之御幸。大臣之死生。此外如風俗美術文字語言之變遷。産業貿易之進步。外國之交通。則反無所記述。此誤事實種類之説也。川中島之合戰①。乃二將私事。於日本文化全無影響。而記載獨詳。清關之役②。爲日本東半開明遲速之所關。而記載轉略。此誤事實輕重之説也。日本外史。皆以爲政權歸於將門。始於鳥羽帝③之時。而不知鳥羽帝之託庇武家④。不過封建之近因耳。真正之原因。在藤氏⑤專權時。而又推及其最初。若模倣唐制。若佛法流行。若族長争權。若内亂盡熄。朝廷風儀惰弱等之遠因。歷史皆不能見及。此誤事實原因之説也。而推論其積弊之緣起。謂由於模倣中國。則吾中國歷史之弊。更可想見。蓋論中國史乘惟司馬史差爲完全。故上自五帝。下迄秦漢。旁及四裔。八表以載事實。六書以詳制度。雖不足

---

① "川中島之合戰"，指日本戰國末期武田信玄與上杉謙信的多次戰争，因主要在千曲川與犀川匯合處的川中島進行而得名。
② "清關之役"，即清見關之役，清見關是日本駿河國庵原郡一帶關所的總稱，平安時代（794—1192）此地曾多次發生戰鬥。
③ "鳥羽帝"，即鳥羽天皇（1103—1156，1107—1123 年在位）。
④ "鳥羽帝之託庇武家"，"武家"，指日本歷史上由武士構成的政治團體，與 "公家" 相對。鳥羽天皇因立儲問題與崇德天皇對立，引武士入宮以鞏固勢力，最終引發 1156 年的 "保元之亂"，武士由此介入皇族事務和中央權力。
⑤ "藤氏"，即藤原氏，日本古代的世家巨族。

以論現今世界史之詳博。固亦爲二千年來僅見之作。自班固①斷代爲史。
記述之範圍益狹。其究遂成爲歷朝史乘之標準。其種種弊寶。與有賀
氏所論正同。反不若杜祐②鄭樵③馬端臨④典志通考諸書。猶爲古今全體
制度典章之所繫。愚嘗論中國二千年狹隘酷烈之專制政體。雖以嬴政
作之俑。在漢初固已無存。而朝儀之設。叔孫通⑤導之於前。漢書之成。
班孟堅承之於後。論其實際之害。蕭何輩不足責。固必歸獄於二人。
惟儀式猶其較著者。若歷史之觀念。乃考鏡得失之林。而爲人文進化
之所繫。爲之不善。則思想智識亦陷焉。使羣生數千年疾首蹙頞於腐
敗政體之下。不能不任其咎也。然亦可見從來歷史學之弊矣。故欲革
新政策。則歷史學爲亟宜改正者。而基本則在社會學之考求也。

第五節　與心理學之關係

心理學之進步。分新舊二派。自"沙伊哥羅其"⑥以來。談心理學者一
變。然爲生理的心理學。爲實際的心理學。其說皆以爲個人之意識。惟關
於物質。不影響於社會。蓋以神經腦髓置之度外。而假設生得觀念說以證
之。故分析單獨孤立之意識。不能得善惡邪正正義等之觀念。惟得感覺知
覺記憶想像判斷感情而已。蓋善惡邪正乃由社會之結果而屬之生得。因而

---

① "班固"，班固（32—92），字孟堅，扶風安陵（今陝西咸陽東北）人，東漢史學家、文學家，編
　修《漢書》《白虎通義》。
② "杜祐"，有誤，應爲"杜佑"。杜佑（735—812），字君卿，京兆萬年（今陝西西安）人，唐代
　史學家，著有《通典》。
③ "鄭樵"，鄭樵（1104—1162），字漁仲，號溪西遺民，興化軍莆田（今福建莆田）人，宋代史學
　家，著有《通志》《爾雅注》等。
④ "馬端臨"，馬端臨（約1254—1340），字貴與，饒州樂平（今江西樂平）人，宋元之際史學家，
　著有《文獻通考》《多識錄》等。
⑤ "叔孫通"，叔孫通（生卒年不詳），薛縣（今山東滕州）人，秦漢之際儒學大師，主持制定漢初
　的各種儀法。
⑥ "沙伊哥羅其"，psychology 的音譯，即心理學。

儼若先天者也。故欲明心理學之實際。亦不可不知社會學。

第六節　與數學之關係

　　數學者。裒事物多寡之差。而定其數量者也。社會上事物紛繁。有賴於數學之統計。然通常算術之教課。多屬個人的。其問題常不適社會之原則。譬之十畝之田。得米二石。則六十畝之田。獲米幾何。一人一日製針十枚。十人一日製針幾何。二與二爲四。三與三爲六。此數學之原則也。由社會的觀念。則不盡然。必於分業協力上辨其差異。如十畝之田。得米二石。六十畝之田。當得六倍。此其所同。以分業難行於農業間也。若製針則以分業協力推之。必生非常之差。如一人一日得針十枚。十人所製當得十倍。此不過個人之總計。若組成社會而爲分業協力之結果。則或相十百。或相千萬。二與二或變爲五。三與三不必爲六。與單獨製造之統計。迥不相侔。亞丹斯密氏富國論中。於製針之設例。論之詳矣。蓋社會的生活之結果。多於個人的生活之統計。故或謂社會學既發達。數學之教科。乃能益臻完善也。

第七節　與哲學之關係

　　哲學者。最高尚廣大之學問也。其所研究之點。則在從現象中認識實在之所存。然現象與實在的區別之問題。非單獨孤立之個人所能解釋者也。何則。現象者。顯象也。一事之當前。一物之接目。皆謂之現象。第執一現象以究其實在。則吾人一日夜起居中。有覺之一時。有夢之一時。覺時之現象。與夢中之現象。未見其能判然區別。或謂覺時境遇。有秩序。有規則。夢中境遇。無秩序。無規則。由是可區別而定其實在。然吾人生世。

三萬六千日中。睡臥之所得。試爲癡人之説夢。則彼華胥國黑甜鄉①中。有
秩序井然。規則悉合。而爲不可思議之一境者。亦復不少。而日中生活。
或反有因事發意外。爲反射衝突之時。若是則將有如古人所謂浮生若大夢。
安所據而定其現象以求實在耶。故欲於現象中求實在。必有其區別現象之
確據。即義務責任之關係而已。如夢中爲善。非爲義務。覺時爲惡。必受
責罰。是即覺時與夢中之判別。而即哲學所爲必由倫理的生活以求實在也。
夫無社會則無義務責任。義務責任之存在。即爲社會的生活矣。故知由個
人的現象。不能認識實在。哲學之成立。亦依社會的觀念也。

---

① "華胥國黑甜鄉"，指夢境。出自《列子·黃帝》："畫寢而夢，游於華胥氏之國。"蘇軾《發廣州》
詩中自注："俗謂睡爲黑甜。"

第
四
章
一

社會成立之要素及其沿革

社會學者。最複雜之學問也。與諸科學同有天然之法則。而又有待於社會各種之知識。故他科學之基礎未成。與統括社會之觀念不發。則其學終不得成立。古代創立政治學者。亞利斯多德①。著"泊爾梯格司"。bolitics②前世紀孟德斯鳩。著萬法精理③。以及歷史哲學大家康多塞④。經濟學家亞丹斯密輩。均有社會的思想與概念。而其時諸科學獨未完成。故其學亦終不發達也。

坑特論學問發達。有三大時期。諸學問皆必經之。第一期爲"塞奧洛其加爾斯提基"⑤。是爲神學時代。此時代謂天地萬有。有無形之神靈以主宰之。以此説明天地間之事物。第二期爲"美他夫伊其加爾斯提基"⑥。是爲抽象哲學時代。此時代以無形之原則。易有形之神靈。如中國以陰陽五行説百般事物者。第三期爲"泊其底普斯提基"⑦。乃爲實驗哲學時代。此

---

① "亞利斯多德",即亞里士多德。
② "bolitics",有誤,應爲"Politics",指《政治學》。
③ "萬法精理",即《論法的精神》(*De l'esprit des lois*)。
④ "康多塞",即孔多塞侯爵(Marquis de Condorcet, 1743—1794),法國哲學家、社會學家、數學家和政治家。
⑤ "塞奧洛其加爾斯提基",theological stage 的音譯,即神學階段。
⑥ "美他夫伊其加爾斯提基",metaphysical stage 的音譯,即形而上學階段。
⑦ "泊其底普斯提基",positive stage 的音譯,即實證階段。

時代乃總觀察乎現象。因而試驗比較。就所證明者而立定思想。即現今之時代也。凡學問未達此時代。則純依空理空想而生假定之説。其結果多屬消極的。故坑特稱實驗哲學時代。爲積極哲學時代。以其適中萬物之理。而能應用之於社會之實際也。諸學問之經過此時代。先後不一。如一學科已達某時代。一學科或後之。大抵單純者發達早。而複雜者成立遲。如物理學與生物學。一科之比較是已。是社會學之發達。必待諸科學之完成。所以創設難而成立晚也。

　一切科學。其基礎皆在智識。而不可直以智識爲科學。蓋第有智識而無法度。則不能秩序而組織以成科學也。社會學亦然。且必研究世界種種社會之比較。而發見普通於社會之原理法度。乃能得其實際。故其成立及沿革之原因有五。第一則基於環球交通也。歐洲學者。十六世紀以來。如哥崙布①之發見新世界。如葡萄牙人之回航阿非利加②。又或交通東洋各國。新知識既增加。於是思所以統一此智識之要點。而生研究社會學之要也。第二則基於歷史比較也。交通以來。各國社會之狀態。有旅客紀行之書可據。如斯賓塞爾之於社會學。取其材料於諸家之紀行。或宣教師之報告。與公使之通信。於是討論奇事異聞。而得研究之端緒也。第三則法國革命之結果也。當法國革命以前。歐洲人以社會爲一定不變者。如造物之造山川邱陵。故帝室平民。信爲自然階級而不可或變。革命之後。始知不以人力改造之。則其結果不良。於是欲從學術一方研究。以得社會進步之原則。社會學之建設成焉。第四則統計學之進步也。凡人事現象。必有定數定量。有統計學則可以綜合其成事而豫想其將來。故若水災失火生死自殺婚姻等

---

① “哥崙布”，即克里斯托弗·哥倫布（Christopher Columbus，1451—1506），意大利航海家，1492年發現美洲。
② “阿非利加”，即非洲。

之數。每歲以平均計之。而自見有一定之數量。與一貫之法度於其間。則保險會社於以成立。由此推測社會間一切現象。皆知其秩序法度。則組織社會學之端緒開矣。第五則因果律之適用也。夫人一言一動。皆有當然之原因。以成必然之結果。因果相互而成定律。故人類舉止言動。莫不在因果律之範圍也。既明此説。而於社會現象之有秩序法度。信之益堅。而社會學遂成立矣。

社會學初具。於是關於其進化。有二種之觀念。即任自然與革命是也。任自然之進化者。爲生存競爭、適種生存、自然淘汰等之説。蓋謂優勝劣敗。社會由此原則而進步也。然任自然之進化。其結果則改良遲鈍。不幸者不能享人生之幸福。至於利用宗教。託辭於死後以安其心。殊可憫歎。革命之進化者。破敗政府。紊亂秩序。期於新造社會。此以激烈促其進步。其結果非無利益。然過激而境殊痛苦。且易生反動之退步。有如法國革命後制度改良之遲緩者。故盲動的革命亦非其善也。

任自然與革命。既皆不可恃。於是乃注重於學。蓋社會學者。直接而發現學問真理者也。真理研究之結果。如改良社會之所在。而其應用於社會者既非任自然。亦非全恃革命。乃由學術的方法以計其進步也。夫社會進化。至今日之文明。已不知幾經歲月。世人指十九世紀之發達。尚爲幼穉。然試溯諸原人以前。固當已經歷數十萬年而始得此也。由既往以例將來。若依自然之進化。是不將又歷百十萬年而始睹全盛歟。然自社會學既明。則當與前者之因革變遷迥異。後此之進步。必較前加速。可斷言之。故社會學之成。社會之進化。可企足而望也。

第五章

社會學研究之方面

學術研究法之問題最難。他學術皆然。非獨社會學已也。特社會學以他學術爲其豫備。他學術皆爲社會學各備其道。故其研究之法。不得不應用諸學之研究方法。特其範圍廣博。方面亦多。約舉之厥有五種。

（一）經驗觀察　古人說道談理。悉憑胸臆。故莊周未嘗涉重溟。而狀大鵬亦肖[①]。列子未嘗臨絕島。而紀侏儒國甚詳[②]。今世所謂科學者。則專就世人所同之經驗爲標準。迨至經驗廣。觀察詳。智識乃隨之增長。蓋新理想之發達。無非由事物經驗而來。斷非全憑臆斷所可得者。航海之術起。而天文數理之學明。製造之業興。而地質理化之學著。因物之見端而究其實際。此科學之必要。而亦社會學之起原也。但經驗與實際不同。萬物雜陳於前。經耳目聞見而印象遺傳於腦中。此經驗之謂也。從己之所嗜而試之。於其原質分類。實地考察。俾無疑義。此實驗之謂也。社會學能否與他科學同此實驗。爲一問題。或謂活動複雜之社會。不能施以實驗。而可以間接得之。例如法律初不

---

① “莊周未嘗涉重溟。而狀大鵬亦肖”，指《莊子·逍遥游》中對鵬的描述：“鵬之背，不知其幾千里也。怒而飛，其翼若垂天之雲。”
② “列子未嘗臨絕島。而紀侏儒國甚詳”，指《列子·湯問》中對矮人國的記述：“從中州以東四十萬里得僬僥國，人長一尺五寸。”

能期其完全。所謂國會猶社會學研究所也。制定而實行之。因以知其良法。而發布之後。常觀察其結果。則生實驗之結果也。又如前世紀英政府課外國穀物輸入之重税。當時廓普田普賴德①等。逆知其必致飢饉。以人權及天理之説訴之。及愛爾蘭荒。以馬鈴薯爲常食。餓莩載道。卒如所論。此亦由社會現象而得間接試驗之。終則生直接實驗之結果也。故準當前以探索象外。考既往以測知將來。多本於經驗觀察。特其發展無遺。獨溢於通常經驗之表。此則諸學之不及者耳。

（二）單位研究　各科學皆有研究之單位。治社會學者。亦必定其單位乎。如天文學以星晨②爲單位。而研究恆星游星等之運行。非漠然推論天體也。地質學以岩層爲單位。而研究其形狀位置與其由來。非漫然推論地球也。化學則以原素爲單位。而論究七十餘元素分析離合之結果。生物學則以細胞爲單位。而論究其搆造發達。由細胞纖維結合而成機關。社會亦然。必須研究其單位。自來或以社會由個人集合而成。則個人爲其單位。或以社會由許多家族而成。則家族爲其單位。然皆不無遺議。家族之觀念。東西各殊。西洋則重個人。東洋則重家族。自東洋論之。以家族居單位爲當。然已囿於一方。且現今之家族。由文明發達而生。家族與國家之興。在文明發達之後。是不得爲研究之單位也。個人似較家族爲當。然個人複雜。有肉體又有意識。肉體之天性雖關係社會。而已屬生理學之範圍。精神意識之作用雖關係社會。而已屬心理學之範圍。故個人屬於各種學問。肉體則屬生理學剖解學。意識則屬心理學。亦不得爲研究之單位也。社會研究之單位。

---

① "廓普田普賴德"，"廓普田"，即理查德·科布登（Richard Cobden，1804—1865）；"普賴德"，即約翰·布萊特（John Bright，1811—1889），兩人都是英國工廠主、政治活動家，反穀物法同盟的領導者。
② "星晨"，有誤，應爲"星辰"。

在以個人爲動物。而又非徒爲精神作用之動物。與單獨孤立之個人。必爲與同類共生活之個人。而爲含社會之意之二人以上之協同生活者也。蓋如此個人。乃爲相互作用。相互感化。相互教學。相互協力。而此個人性質習慣發動等之如何。聚散離合之動力。與組織團體之方法如何。乃其研究之目的也。

（三）網羅無遺　各科學之研究。皆有範圍。而範圍以内之現象。須窮本究末。網羅無遺。若動植物學之於草木禽魚。天文學之於日月星辰。皆宜研究其態度與其性質。社會學範圍雖廣。亦以徧就各科。網羅社會上一切現象爲主。如究南北冰洋之哀斯基穆①與鐵辣的黑爾哥②之衰弱。而知酷寒之妨礙生息。究墨西哥之③祕魯及塔伊知④頓鴉⑤參滔知⑥等島之繁殖。而知熱帶之易達開明。埃及巴比倫腓尼西⑦開化之早。由地氣之高燥。韃靼⑧亞利安⑨息米齒克⑩諸人種之雄邁。盡起於無雨之地。因知乾燥地之民。活潑而進步速。滋淫地之民。柔弱而進步遲。此博考諸氣候上之要素。而知寒熱乾淫之度之孰宜也。地勢過崎嶇則交通無由。故平原廣坦者進化速。地面不龐雜。則競爭不興。故水陸交錯者開化易。英之威勒士⑪蘇格蘭。日本之薩摩州⑫。以險阻多山而礙主權之統一。古代司機亞人⑬。與近代

---

① "哀斯基穆"，即因紐特人（Inuit）。
② "鐵辣的黑爾哥"，即火地島（Tierra del Fuego），南美洲最南端的島嶼。
③ "之"，當爲衍字。
④ "塔伊知"，即塔希提島（Tahiti），位於太平洋中南部。
⑤ "頓鴉"，即湯加群島（Tonga Islands），位於太平洋西南部。
⑥ "參滔知"，即桑威奇群島（Sandwich Islands），又稱夏威夷群島（Hawaiian Islands）。
⑦ "腓尼西"，即腓尼基（Phoenicia）。
⑧ "韃靼"，韃靼（Tatar），歐洲人對歷史上歐亞大草原諸游牧民族的統稱。
⑨ "亞利安"，即雅利安人（Aryan）。
⑩ "息米齒克"，即閃米特人（Semite）。
⑪ "威勒士"，即威爾士（Wales）。
⑫ "薩摩州"，薩摩州，日本地名，位於九州島西南部。
⑬ "司機亞人"，即斯基泰人（Scythians），又稱塞西亞人、西徐亞人，公元前 7 世紀至前 3 世紀活躍於黑海北岸的東歐地區和阿姆河一帶的中亞地區的游牧民族。

卡爾麥克人①。以地無要界而多逃亡。的克湖②島嶼相互。因爲墨西
哥政府始起之地。鐵木湖小峰羅列祕魯之"音卡"王室所自出③。此
博考地形上之要素而知勢要之孰宜也。動植之物。利害參半。非治
伊島④人相食。而賴植物駁雜以生存。濠太利亞⑤地不寒。而因植物
缺乏以不振。而其害則如曚昧時代。野蠻區域。器械無所發明。部
署不得其法。則不惟無益。而有如荆棘障翳之患。肉食之資。服物
之需。非動物不足以厚生計。而其害如英日古代之狼猪。印度墟村
之牝虎。卡非爾民⑥。以昆蟲害穀而農業廢弛。亞非利加土民。以蟻
蝕物具而富室暴貧。細至卡爾幾維⑦之蠅。美國奧利惱克川⑧之蚊。
其影響皆及全體。此則關於動植物直接間接之利害關係而須悉心推
究者也。然此猶爲外部考究之所在。試更自其内部論之。夫軀幹小
者能力薄。肢體弱者生事微。腸胃大者惰之根。肌膚堅者頑而梗。
斯皆妨礙社會之發生者。灼克安孤人⑨高不五尺。加辣尼斯人⑩短於
四肢。部落所以消耗。夭加他人⑪常食多量。夫施孟人⑫果腹突出。

---

① "卡爾麥克人"，即卡爾梅克人（Kalmyk）。衛拉特蒙古土爾扈特部的後裔，信仰藏傳佛教，17 世紀中期遷徙至伏爾加河下游，成爲俄羅斯民族之一，主要分布在今卡爾梅克共和國，部分在西西伯利亞和中亞等地。
② "的克湖"，即特斯科科湖（Texcoco Lake），歷史上位於墨西哥中部的内流湖。16 世紀，西班牙殖民者消滅阿兹特克帝國後，在抽排特斯科科湖的基礎上建立了墨西哥城。
③ "鐵木湖小峰羅列祕魯之'音卡'王室所自出"，"鐵木湖"，有誤，應爲"鐵卡湖"，即的喀喀湖（Lake Titicaca），位於玻利維亞和秘魯交界處，是南美洲海拔最高、面積最大的淡水湖。"音卡"，即印加（Inca），是以南美安第斯山區爲中心、興盛於 13 世紀到 16 世紀的古代文明。印加人認爲，的的喀喀湖是其發源地。
④ "非治伊島"，即斐濟群島（Fiji Islands），位於太平洋南部。
⑤ "濠太利亞"，即澳大利亞（Australia）。
⑥ "卡非爾民"，"卡菲爾"在阿拉伯語中意爲"異教徒"，此處指卡菲爾人（Kaffir），是布爾人（Boer）對南非科薩人（Xhosa）的貶稱。
⑦ "卡爾幾維"，即吉爾吉斯（Kirghiz），位於中亞東北部。
⑧ "美國奧利惱克川"，"美國"，有誤，應爲"美洲"。"奧利惱克川"，即奧里諾科河（Río Orinoco），位於南美洲北部。
⑨ "灼克安孤人"，即朱昂人（Juang），分布在印度東部。
⑩ "加辣尼斯人"，即瓜拉尼人（Guarani），分布在南美洲巴拉圭及其周邊地區。
⑪ "夭加他人"，即雅庫特人（Yakut），分布在西伯利亞地區。
⑫ "夫施孟人"，即布須曼人（Bushmen），分布在非洲西南部和部分東北地區。

產殖所以空虛。下至蝦夷人①之野宿不病。濠太利亞人之受傷速愈。鐵伊嗎爾人②之能吸惡氣。蘇拉人③之能探湯火。固由累世淘汰而致。其結果則活力消耗。而以能堪苦患之故。忘其陋狀而莫謀改良。此考諸肉體而知關於社會之盛衰也。智力成熟過於早。則知識之上達難。感覺敏鋭失於偏。則思慮之進步減。濠太利亞達曼④新西蘭桑特伊治島⑤諸人。幼時記習事物。速於開明之人。而有踰二十五歲而智力早退者。亞細亞之加冷人⑥。及西伯利亞土人。能以肉眼察至遠之物。南亞美利加⑦之亞竦活克人⑧。及幾亞那⑨土人。能因足跡察通行之人數。而卒因感覺耗於外觀之物。智衰而生活之術不進。此考諸精神而知關於社會之盛衰也。高原村鄙多產男。都會平野多產女。而男女生多寡之差。觀德意志之薩克遜尼⑩。普魯士之伯靈。而知產女之盛。關於食物之營養。生存競爭之結果。名利嗜慾之害心。而生命有修短之差。觀犬之成熟以三年。終期則十五年爲律。牛之成熟以四年。終期則二十年爲律。而知人壽之不能比例。由衛生之術。未臻完全。此又考於生理而知者也。又若戰爭之結果。經濟之恐慌。結婚之遲速。收穫之豐歉。均大影響於社會。以至推物質動作之理。而知社會活動之作用。從少抵抗之方面而進。（個人之活動。向少障礙之地而進。如物質之運動。常從最少抵抗之線路而進也。）推心理注意力之有間斷。而知社會勢力不平均之衝突。亦生律動之結果。（社會之進步。非從直線進。

---

① “蝦夷人”，即阿伊努人（Ainu），主要分布在日本北海道地區。
② “鐵伊嗎爾人”，即泰米爾人（Tamils），主要分布在南亞南部。
③ “蘇拉人”，即祖魯人（Zulu），主要分布在非洲南部。
④ “達曼”，即安達曼群島（Andaman Islands），位於孟加拉灣與緬甸海之間。
⑤ “桑特伊治島”，即夏威夷群島。
⑥ “加冷人”，即克倫人（Karen），主要分布在中南半島西部。
⑦ “南亞美利加”，即南美洲。
⑧ “亞竦活克人”，即阿拉瓦克人（Arawak），印第安人的一支，主要分布在南美洲北部和中部。
⑨ “幾亞那”，即圭亞那（Guyana），位於南美洲北部。
⑩ “薩克遜尼”，即薩克森（Sachsen），位於易北河上游。

其相襲如螺旋。絡極則進。而退亦相等。猶拉德①氏所謂注意力亦有間斷。聽最愉快之聲。則注意有走外之時也。）真理發現。因究其發展防維之方。乃社會學之終點也。以上諸要素。乃爲關係之最密切者。而網羅之範圍。未有窮極。是以西洋社會學者。涉歷全球。以周覽事物。十九世紀中。三大學者如法人坑特著實驗哲學。英人斯賓塞爾述五洲社會之狀態。著百科全書。德人奔特②就百科全書而立系統。研究哲學論學③心學及言語宗教倫理諸學。又如魯敏遜④之巡遊亞非利加。而著書發明膚黑之由太陽炎熱。脫息爾⑤之著希臘地理講義。證明希臘地形。爲全歐麗雜之最。如此者不一而足。類皆網羅宏富。藉以推闡真理。故社會學實亦集諸科學之大成者也。

（四）抽象研究　抽象者。不專就一二事物之實跡。乃想像事物之真理也。夫事物有形之中。有概念觀念之別。凡物接於目而心知其爲物者。是謂概念。物未接於目而心知其爲某某物者。是謂觀念。抽象者。由觀念而得概念。超於物而爲想像者也。蒙莊子曰。以指喻指之非指。不知其指之非指也。以馬喻馬之非馬。不知其馬之非馬也⑥。斯賓塞明世無現在之理。以謂濯足長流。足一出則其水已化爲古。引伸其義。皆至理之足證者也。蓋凡科學之目的在自然法。凡所採者皆分條別類。去異抽同。以求其法於自然界。社會學則不狃於現象。而必

---

① “拉德”，即伊曼努爾・康德（Immanuel Kant，1724—1804），德國古典哲學的創始人。
② “奔特”，即伊曼努爾・康德。
③ “論學”，即“論理學”，指邏輯學。
④ “魯敏遜”，即大衛・利文斯通（David Livingstone，1813—1873），英國傳教士和探險家，著有 *Missionary Travels and Researches in South Africa*。
⑤ “脫息爾”，即亨利・范肖・托澤（Henry Fanshawe Tozer，1829—1916），英國作家、地理學家，著有《古代地理史》（*A History of Ancient Geography*）、《希臘地理講座》（*Lectures on the Geography of Greece*）。
⑥ “以指喻指之非指。不知其指之非指也。以馬喻馬之非馬。不知其馬之非馬也”，語出《莊子・齊物論》：“以指喻指之非指，不若以非指喻指之非指也；以馬喻馬之非馬，不若以非馬喻馬之非馬也。”

有以窮其實際也。抽象之説有三。一事理概括。隅舉而周知之謂也。
一事一物之呈露。必有分合消長之機。泥於一端。則無以燭其隱而知
其用。試舉一例以明之。保利高①氏言印度一種土人。於常言之日光火
光。不能獨就光字而抽象其意義。殺親殺敵。不能獨就殺字而抽象其
意義。此由於不能概括之故。哥爾頓論達麥竦人②。不能概括事物。因
之不能抽象其中真理。故事理概括爲抽象的作用也。二數理總計。萬
殊而一本之理也。凡數之集合。必自單純以趨於複雜。昧於其單純之
點。則複雜之成數。不可知其由來。惟能於萬有森羅中而得其計算之
法。則原位自發現於推測之表。是數理綜計之爲抽象的也。三化理推
闡。窮原盡變之致也。化學之方法。爲研究原素與原素之作用如何。
及原素離合之結果。生新物體之如何。依是法以研究目的物之作用。
及所生於動作結果之成績。而其實際愈明。此化理推闡之爲抽象的也。

〔附注〕人類進化。亦爲抽象之一證。達爾文③進化論。謂人
類由猿猴而變成現今之形。是由下等動物而進爲上等動物也。蓋
人類額皮之動。與物無別。而往往演出動物故態。如日本有六乳
房女。俄人有綴尾者。皆可以想見。且人在母胎時。初如蟲狀。
繼如魚狀鳥狀。再漸爲哺乳動物狀。又腸內有肉如蟲。與獸亦無
甚異。惟人多因而致病。下等動物。則以爲消食之用而已。凡此
皆其例證。歐西進化之地。由爪哇島通過印度。至希臘之長地帶。

---

① "保利高"，即布賴恩·霍頓·霍奇森（Brian Houghton Hodgson，1800—1894），英國民族學家。
② "哥爾頓論達麥竦人"，"哥爾頓"，即弗蘭西斯·高爾頓（Francis Galton，1822—1911），英國人
類學家、遺傳學家、心理學家。"達麥竦人"，即達馬拉人（Damara），主要分布在今納米比亞
中部的達馬拉蘭。高爾頓在其《熱帶南非的探險紀事》（*The Narrative of an Explorer in Tropical
South Africa*）中記録了達馬拉人的生活。
③ "達爾文"，即查爾斯·羅伯特·達爾文（Charles Robert Darwin，1809—1882），英國自然科學
家，生物進化論的奠基人。

其間蒲伏之下等動物。早進爲直立步行之狀態。既而因身習起坐。
尾毛漸脱。手能取食。吻喙漸平。人狀遂漸完全矣。二十年前。
此島發見一破片頭顱。歐洲學者以爲直立步行動物之骨。是皆可
爲人類進化之證。而由抽象以得之者也。

（五）綜合爲一　事有本末。物有終始。分別其自然之序。而後綜
合爲一者。即分析研究之結果也。分析云者。取種種現象而從其種類
分之也。或依演繹法。先天法。臆斷法。或依歸納法。後天法。實驗
法。今時學者皆取後之三法。蓋屏去空想而從實在也。惟社會現象之
繁賾。非少數綱目分類所能盡。如斯賓塞爾社會學原理[①]。舉大綱六。
一曰家族制度。二曰儀式制度。三曰政治制度。四曰宗教制度。五曰
職業制度。六曰產業制度。有賀長雄氏傳其學於日本。所著社會學[②]。
亦分大綱五。一宗教。二族制。三政體。四儀式。五產業。岸本能武
太氏。謂其遺漏不少。其兵制法律。皆可自爲一綱。然如此分類。將
有如所稱社會博物學研究法者。此於物之起原變化與目的。無甚研究。
故其進步止於物類之增加。與分類之方法。且分類能適當於現象否耳。
綜合。則異是。以哲學研究法爲經。以歷史研究法爲緯。歷史研究者。
即依進化律以研究社會也。如原始人類之狀態與其變遷。組織社會之
次序與其種類。種種制度之發現與其沿革是也。哲學研究者。求社會
組織之原理。與社會進化之原則也。人類社會何以進化。個人進化與
社會進化之關係如何。何者能使變遷而進化。何者能使進化之理法。
適用於社會之變遷。如此之問題。乃其所極意研究者也。緯以明其體。
經以達其用。於是得知自然順序之維持與其開發之所在。則綜合之作

---

① "社會學原理"，《社會學原理》（*Principles of Sociology*），共三卷，1898 年出版。
② "社會學"，此處指《社會進化論》。

用也。

以上五種研究之方法已明。於五者之間。後先異序。深淺殊致。而要以綜合爲歸。從來社會學研究之派別。可以二種析之。一爲静止社會學。一爲轉動社會學。静止云者。以社會之自然進步爲觀察之主要。斯賓塞爾之一派是也。轉動云者。以社會由人爲進步爲觀察之主要。利他哀夫歐爾德①之一派是也。故無綜合之方法。則無哲學結局之研究。將有静止而無轉動。失助長社會之要。不足以云完成也。

<hr />

① “利他哀夫歐爾德”，即帕維爾·費多羅維奇·利林費爾德-托阿爾（Pavel Fedorovich Lilienfeld-Toal，1829—1903），俄國社會學家，主張社會有機論。

第
六
章
—

研究社會學之利益

社會學通古今。綜東西。比較事物而發見真理者也。其範圍廣博。靡有際限。研究之利益。不可勝述。蓋其效果能使人之思想。常支配於社會全局。而於學術事業。更可免偏僻之患也。其利益尤著者。約舉之有四說。

（一）發生愛國心　愛國心者。譯英語之 Oatriotism①也。當鎖港時代。蠶蜀②閉拒。交通無由。人民之對於國家。惟有忠君勤王二主義而已。於全體之國民。則漠然無以爲念者。蓋既無國際優劣之比較。又乏國情同異之觀念。亦宜其發生無由也。研究社會學。則時無古今。國無文野。於其間優劣之別。同異之辨。豁然於心。於是對己國特殊之優勝。則思爲國粹之保全。對外國趨勢之模倣。則終有主觀之存在。故愛國之心。油然發生於不覺。而推忠於一部王室之作用。以對於全體之國民。故前者忠之狹義。而此乃忠之廣義也。而其原因則由於國際間之比較與觀念。故社會學能發生愛國心。

（二）匡正學術　語曰。通天地人之謂儒③。誠以學術者。必貫徹

① "Oatriotism"，有誤，應爲 "patriotism"。
② "蠶蜀"，即 "蠶叢蜀道"，指難於行走的地區。
③ "通天地人之謂儒"，語出《揚子法言·君子》："通天、地、人曰儒，通天、地而不通人曰伎。"

於萬有之表裏精粗。始能成真正之學問而無所偏頗也。觀夫形而上學者。與形而下學者。常相齟齬。而形下諸科。與形上諸科。亦自相軋轢。有如惟物論與惟心論之爭執。心理學與哲學之牴牾。哲學與宗教學之衝突。宗教學與物理學之攻擊。物理學與生理學之辨難。無非偏一部而忘全局。鮮通識而生異見。以致搆成聚訟也。若研究社會學。則科各安其分位。學各全其任務。有輔助相資之雅。而無主奴出入之嫌。即如太古之傳述。野蠻之思想。昔所鄙夷不屑之事實。因其關於人類進化。而必平心靜氣以求之。於是實際發見。而所謂神聖與真理。皆爲社會學所證明。乃能調和諸科而解釋萬象也。故社會學能匡正學術。

（三）改良政事　社會以改革而進化。東西各國。未有可闕於改革者。如政治教育宗教道德間。無一不有因時改革之必要也。然非研究社會學。則改革之弊。亦不可勝述。何則。無通識長算。則不狃於成法。必陷於一偏。狃於成法。固不能與謀改革之事。而陷於一偏者。或於其改革之事。不知其影響於他事之利害如何。或於改革之時。莫辨其結果之善惡如何。如此之改革。非貽毒社會。即終無成效。故非研究全體之現象。與三世〔過去現在未來〕社會之趨勢。而或呈激進之盲動。或生中止之阻力。其結果反貽種種之禍害。而其以自封之見。重保守而莫謀進步。猶其昭然較著也。故改良政事。非研究社會學不可。

（四）完備教育　社會者。有機之集合體也。個人對社會。如手足之於身軀。一部之於全體。手足或一部之不仁。則身軀全體。必直接間接而終受其影響。於社會之進步。障礙必多。蓋身軀全體。由手足或一部之集合也。然社會之真際未明。則囿於自然界之境遇。狃於階級之觀念。不爲偏枯之害。即有暴棄之虞。而教育莫能發達。故研究

社會學。則於物心二界之原理原則。灼然有以知其要。於是知非智識
普及於個人。道德徧行於個人。不足以達進化之目的。與臻完全之幸
福。而其法則在於教育普及。是擴張教育之範圍。使底於完備之域者。
一由社會之觀念也。

第二編　各論

第
一
章
一

社會之解釋

從來對社會現象。由二箇側面觀察之。一爲物質的側面。一爲精神的側面。即主觀的與客觀的之二大方法也。

第一節　客觀的解釋

客觀的者。分析社會之物質的基礎。以研究物質的側面。關社會各物質之狀態。如土地氣候人種或遺傳。及歷史上之制度。凡外界具備形狀者。皆研究之。自紀元前亞利斯多德以來。如十六世紀法人波丹[①]。十八世紀孟德斯鳩。現世紀[②]英人哈克爾[③]。皆依此法。又創立社會學者如坑特。稱第二創立者如斯賓塞爾。亦多由此法。特略有異同。坑特論研究學術之目的物。在現象之定義。斯賓塞爾則以内部之要素。不甚置重。故其論社會進化。殆不異説物質界之進化。即所謂静止社會學也。

---

① “波丹”，即讓·博丹（Jean Bodin，1530—1596），法國政治思想家、法學家，國家主權理論的奠基人。
② “現世紀”，指 19 世紀。
③ “哈克爾”，即亨利·托馬斯·巴克爾（Henry Thomas Buckle，1821—1862），英國歷史學家，著有《英國文明史》（*History of Civilization in England*）。

第二節　主觀的解釋

　　主觀的解釋者。以社會之發生。乃由精神作用之結果。因知社會之組織。不外於精神。故其說多爲心理學上之解釋。而爲精神的側面。十七八世紀以來。諸哲學家之論社會學。多以心理解釋。如創始國際法之格羅西亞斯①嚇普斯②羅克③喜由母④邊沙牟⑤巴格利⑥康特⑦黑格爾⑧等。皆用此方法。而康特黑格爾爲德國哲學之泰斗。其論尤爲時所推重也。

第三節　二種解釋之比較

　　主觀的與客觀的解釋之方法。皆爲研究社會現象之必要。蓋客觀的者。自社會外部以究其開展之次第。乃循流溯源之作用也。主觀的者。自社會内部以究其發達之種類。乃本隱之顯之作用也。然從來之分主此二法者。各偏一方。於二者關係。不能詳説其相互作用。故由客觀的者。常偏客觀的爲研究。由主觀的者。亦常偏主觀的爲研究。蓋社會之發達。文明之進步。生天然與人生之差異。如初期爲天然者左右人生。次則以人生左右天

---

① “格羅西亞斯”，即胡果·格勞秀斯（Hugo Grotius，1583—1645），荷蘭法學家、社會學家和政治活動家，天賦人權理論和國際法理論的奠基人之一。
② “嚇普斯”，即托馬斯·霍布斯。
③ “羅克”，即約翰·洛克（John Locke，1632—1704），英國哲學家、經濟學家，經驗主義的代表人物，著有《政府論》。
④ “喜由母”，即大衛·休謨（David Hume，1711—1776），英國哲學家、歷史學家、經濟學家，主張不可知論。
⑤ “邊沙牟”，即耶利米·邊沁（Jeremy Bentham，1748—1832），英國哲學家、經濟學家，功利主義理論的主要代表。
⑥ “巴格利”，即喬治·貝克萊（George Berkeley，1685—1753），英國哲學家。
⑦ “康特”，即伊曼努爾·康德。
⑧ “黑格爾”，即格奧爾格·威廉·弗里德里希·黑格爾（Georg Wilhelm Friedrich Hegel，1770—1831），德國古典哲學的主要代表。

然。再次乃天然與人生合併。即精神的作用。與物質的作用。相互關係之
結果。故欲調和二法。不得不由此研究之結果而定。而當社會學未完成之
時期。其各偏於一方者。亦勢之不得不然者也。今分社會物理。社會心理。
於下章詳述之。

第二章

社會物理

欲研究社會學之原則。亦不得不研究物理。物理之於社會。換言之即物質境遇之謂也。社會之發生。雖非盡基於物質境遇。而實有間接之關係。何則。由主觀的論。則社會全成於精神。然精神未得生社會的勢力。如思想屬精神的。其發現於社會。必有賴於肉體之力。有如發爲言語。作爲文章。著爲事業。凡此思想之生社會的勢力者。舉不能無藉於筋骨肉體。是即爲物質的矣。且如生存競爭。自然淘汰。爲社會發生發達之原素。然非一切境遇。皆有同一之原質。因是生物理之問題。從來關物理的研究。其類有四。一氣候。二土壤。三動植物。四諸無機物是也。

第一節　氣候

氣候之影響甚大。初影響於個人。漸次影響於社會全體。故社會所在之地。亦或因氣候以爲盛衰。蓋社會發生之初。氣候能支配之。而於生存之際。亦有直接間接之關係。從來推論氣候者有二。一溫度之高下。一空氣之乾溼是也。

地球廣漠。有極寒之地。有極熱之地。有寒熱相半之地。而以溫度爲適宜。故廣大之社會。多屬於中帶^①。然此特論開化之社會。若太古時代則不然。大較以熱帶爲得計。而惟寒帶則大不利於爲生。蓋寒帶之地。艱於衣食。難於生活。而寒冰朔吹之下。生物既難。産業即無由興作。觀於南亞米加^②南端。鐵竦的爾赫哥^③之蕃族。其地暴風雨雪不絶。居茅屋。食魚類。因防寒之故。盡耗其活潑之力。哀斯基穆人。居冰雪之窟。日疲於禦寒之計。其所飲食。多賴油脂以保溫暖。因之子姓不蕃。而底於衰亡。更觀濱北冰洋之愛斯蘭^④。因潮波從熱帶而來。稍含溫暖之氣。海冰得以融解。而動植漸成長。人類因得以生存。可知酷寒之地。於發生生存之故最難也。若熱帶則雖或以酷暑妨害發達。而終能發生社會。其原因有二。一則晝雖酷熱而暮夜猶涼。非若沍寒之晝夜一致。其休息之頃。助人軀體思慮之滋養多矣。二則物産豐富而易於資生。蓋人不能藉無機物以自養。必有賴於動植諸物。寒帶之動植少。而熱帶之動植。轉多於中帶。其餘力適足以組織社會也。徵之人類歷史。最古之文明國。如埃及印度墨西哥祕魯諸國。其地皆爲酷暑。故知熱帶之發達。較寒帶爲獨優。而中帶乃近世之觀念耳。要之地球搆成之原質。與日球適宜。而生物始能繁衍。日球之溫度。雖高而有間息者。較之下而無間息者終優。故熱帶發達而寒帶凝滯也。

　　空氣乾溼。於人身活力之增減。大有關係。空氣乾燥。能使人機關靈運。就身體之生理而言。肺及皮膚水氣之蒸發速。則身體自益健康。蓋身體養液之新陳代謝。皆由肺及皮膚蒸發而行。空氣乾燥。則肺及皮膚所出之水氣蒸發速。空氣滋溼。則肺及皮膚所出之水氣蒸發遲。例之病人之羸尫者。處溼地則鬱悶。徙燥地則愉快。遇晴朗之日則意志爽豁。遇陰晦之

---

① “中帶”，指溫帶。
② “南亞米加”，即南美洲。
③ “鐵竦的爾赫哥”，有誤，應爲“鐵竦的赫爾哥”，即火地島。
④ “愛斯蘭”，即冰島（Iceland）。

日則心神慘沮。蓋躁氣能蒸發身體而使其機關靈運也。且空氣乾燥之相繫。
熱帶視中帶尤著。中帶地多溼。身體之溫度。較暖於空氣之溫度。氣一接
觸。則溫度自高。而增空氣含溼之量。故身體之蒸發自易。若熱帶之地。
身體之溫度。略與空氣之溫度相平均。有時空氣或反暖於身體。故其身體
之蒸發。悉視空氣之燥溼而定。多溼則蒸發難。多燥則蒸發易。所以熱帶
之溼者。其民體多沉滯。而熱帶之燥者。其民體多靈運。即高燥地之民多
活潑。滋溼地之民多柔弱之理由也。觀上世歷史。其人類能進於文明者。
率居空氣乾燥之地。自非洲北部以至亞拉伯①波斯。自衛藏以至蒙古。皆爲
無雨界。此地文學者所證明也。在東半球者。凡征略之人種。悉起於無雨
界及其近邊。如阿利亞人種②。出自波斯東北無雨界中。其一部入印度爲新
芝人③。其一部侵歐羅巴④。爲今歐羅巴人。其一部割據波斯。爲今波斯人。
又如塞彌特科人種⑤。起自亞拉伯西利亞⑥。侵擊四鄰。或組織亞述⑦巴比倫
之大帝國。或奉回教而入埃及波斯印度諸國。又歷小亞細亞⑧以征略歐洲之
一部。此諸人種。膚色不同。居處各異。而皆起於無雨界。蓋乾燥之地。
足以作其勇氣也。及其後所據肥壤。滋溼或多。勇氣亦隨而消失。又如溫
哥斯頓⑨之論非洲民種。謂其膚黑非由熱氣所染。乃溼氣相依而成深黑之色。
蕭活音布爾司著“亞非利加之中心”⑩一書。有云部落之男女。近水居者性

---

① “亞拉伯”，即阿拉伯（Arab）。
② “阿利亞人種”，即雅利安人。
③ “新芝人”，即印度人。
④ “歐羅巴”，即歐洲。
⑤ “塞彌特科人種”，即斯基泰人。
⑥ “亞拉伯西利亞”，即阿拉伯半島（Arabia）。
⑦ “亞述”，亞述（Assyria），古代兩河流域北部的文明古國。
⑧ “小亞細亞”，亞洲西部的半島，大體相當於今土耳其安納托利亞地區（Anatolia）。
⑨ “溫哥斯頓”，即大衛·利文斯通。
⑩ “蕭活音布爾司著‘亞非利加之中心’”，“蕭活音布爾司”，即格奧爾格·奧古斯特·施魏因富特（Georg August Schweinfurth，1836—1925），德國植物學家、旅行家。“亞非利加之中心”，即《非洲的心臟：1868—1871 年在非洲中部未知地帶的三年旅行探險》（*The Heart of Africa: Three Years' Travels and Adventures in the Unexplored Regions of Central Africa from 1868 to 1871*）。

弱而色黑。居高燥地者體强而黑色淺。修温夫德①之紀非洲黑人。亦謂有深
黑淺黑之別。平坦溼地者色深黑。爲劣種。居中部巖石地者色淺黑。而體
亦壯健。爲優種。同在非洲內地之民。而因燥溼不同。異其膚色之淺深。
與身體之强弱。固不能信其深黑劣而淺黑優也。深黑因於多溼。多溼而種
自劣弱。淺黑因於多燥。多燥而體自優强。是可知非色之直接而空氣之間
接也。

　　更自關於身體及志慮言之。紀元前五世紀。希臘學者希羅克拉偷司②氏
曰。同一之氣候。而其間變化。或引人於懶惰。或使人生勞働努力之念。
自安逸而生懶惰與卑怯。自勞働努力而生勇氣。故歐洲之民。勇於亞細亞
之民。然勇怯非專由氣候。故氏亦解之曰。是亦由制度之差異。蓋歐洲人
不如亞細亞人之素受治於專制君主之下。專制之政。即懦怯根性之養成校
也。亞利斯多德亦曰。住北部歐洲之寒地者。精神活潑。而缺智能與練習。
故雖保其自由。而無政治的組織與御他之力。亞細亞人則有知識與發明之
性。而精神缺乏。尚在奴隸之狀態。惟希臘人適中。精神高尚而有才智。
故能維持自由。且能統治。當時所稱亞細亞人。蓋文明先於希臘之西亞細
亞人耳。

　　又證温度之影響於社會人心者。北半球南部民族之精神。頗不着實。
時時激動。而有易起革命之性情。又英美法等各邦。自春至夏。多生神經
患者及激烈之罪人。冬夏關於有機體成長發達亦最甚。自動植物及人類皆
然。依瑞典學校小兒一萬八千人統計之結果。自十二月初至四月半。發育
最少。而自七八月至十二月。體重之增加。三倍於冬時。故夏時姙育之
結果。與冬時姙育之結果相差。而惟冬時所産多屬男子而已。是又其影

---

① "修温夫德"，即格奧爾格・奧古斯特・施魏因富特。
② "希羅克拉偷司"，即希波克拉底（Hippocrates，約公元前460—前375），古希臘醫學家。

響於出產者也。由是以觀。則氣候之於社會發生與生存。其影響皆可以概見。其間立論之點。雖未足爲全體之定論。而知氣候之關於社會。不爲無徵已。

第二節　土壤

土壤之於社會。當發生生存之際。影響亦爲甚鉅。從來推論土壤之影響。大較不出三事。一土壤之形勢。二土壤之龐雜。三土壤之肥瘠是也。

就土壤之形勢而論。則高原之集合。常不逮於平原。蓋人民之團結與歸統一。最關社會之生存發達。而高原如山國之居民。則負險自固。不憂外敵之侵擊。蓋其形勢屈曲。易於伏匿。而敵不能遽前。其人則皆析處離羣。難謀團結。而統括遂不可得。而以交通阻礙之故。見聞既陋。智識亦無自而生。若平原廣坦。無險要之可恃。平時固優於見聞。若有强者崛起。或外敵來襲。則直入無所障礙。而欲逃免國外。非死於沙漠。無所得食之地。即爲近旁蠻夷所屠戮。故人民皆定住於一國之內。而社會因以發生。試觀瑞士人據山嶽而戰。最難統括。雖其後與他民種結合。成一廣大國家。而不覊獨立之性質如故。英國威勒士羣山環繞。其民分爲無數部落。不服英國君主者八百餘年。蘇格蘭山中住民。盤據一方。亦久不爲中央政府所統馭。古代希臘北方之衣羅利亞人①。雖迫近大國。而前後久爲獨立。又如中國巴蜀之地。劍閣蠶叢。古稱天險。每一王鼎革之際。蜀獨後服。日本幕府時代。全國皆從將軍。獨薩摩一州。負山獨立。語言文字。如出日本社會之外。故知地勢崎嶇。則開化較遲而統一最難也。若平原則無此患。但平原之地。若爲沙漠。則轉徙無常。雖異於山國。亦有礙於統一與發達。

---

① "衣羅利亞人"，即伊奧利亞人（Aeolians），約公元前 2000 年從巴爾幹半島進入希臘。

如古代司機西亞人①。近代卡爾馬克人②。亞拉伯及亞細亞內地沙漠地之天幕人種③。逃亡轉徙。變遷無恆。亦同於山國之難於統一也。

　　高原平原沙漠地勢之區異。與統一之要相關。其說既已明矣。試更就各國一般地勢言之。歐洲各國。如法蘭西以巴黎爲中心。立國於平地。西班牙國都。亦相地而建於披勒尼斯山④以南。規地利也。希臘不過一小半島。而以山脈交叉。地勢上顯有區劃。故在半島中而成列國。鄰邦意大利反之。以其山脈通南北羅馬首府。乃統一意大利以成一國。以其在地中海之正中。遂統一地中海。蓋希臘爲列國。意大利爲統一國。各異其勢。今德法二國。正與此同。以巴黎爲中心。有易統一之勢。德有二王國及數諸侯各割據其下。至今尚爲封建的帝國。雖原因不盡由地勢。而地勢不如法。亦其顯而可見者也。亞細亞地形雖似歐洲。而過於廣漠。印度半島近接大陸。各種族並起其間。不相團結。故不能以一人種占領印度全體。致外國以兵力統之。中國喜馬拉耶山⑤以北。土地寥曠。地勢上亦不適建一國。勢不能以一族人種統一之。故適組織帝國。而不適建設國民的國家。是亞細亞之所以有各帝國也。

　　就土壤龐雜而論。則水陸交錯。陵谷歷亂之面積。其發達之進步速。而東西南北一致者。其發達之進步遲。蓋地勢若爲單純一律。則物產之種類。必同類而常少。商業既無由起。需要亦不足給。且目見耳聞。皆無甚區異。則經驗不能廣而智識無所增。故大有妨礙於發達也。自來論起化之地。多主海濱港灣。於陸則視海岸線。如希臘學者有言。內地市府之民。

---

① “司機西亞人”，即斯基泰人。
② “卡爾馬克人”，即卡爾梅克人。
③ “天幕人種”，即貝都因人（Bedouin），西亞和北非沙漠地帶的游牧民族。
④ “披勒尼斯山”，即比利牛斯山脉（Pyrenees）。
⑤ “喜馬拉耶山”，即喜馬拉雅山脉。

與海岸市府之民絕異。內地之民。俗質朴。重保守。惡外人。海濱之民。奢華好新奇。富想像之力。民氣活潑。國體易於革新。其言可爲地面龐雜說之證。觀歐洲諸國。文明之發達。常起自海濱。中世以前之文明。皆以地中海爲中心。如南部歐羅巴及北阿非利加。其早生文明。皆由於地中海。中世紀意大利德意志爲文明之首唱。發見新世界。航行大西洋間。而西歐又爲文明之中心。故古代以地中海兩岸爲文明之中心。今則以大西洋之沿岸爲中心。而受海濱之影響則一也。其在港灣者。如尼羅河岸。肇埃及之文明。育弗芝斯河①梯哥利斯河②間。啟亞述巴比倫之文化。新歐③殑伽④兩河之濱。印度之開化以著。黃河之流。中國古代之歷史以成。他如墨西哥之的克湖。祕魯之鐵木湖。皆爲其國文化之中心。而其土地單純如美洲之普來利⑤。俄羅斯之斯特普斯⑥。南洋之珊瑚島⑦。皆未聞文明嘗萌芽於其地。則其見於港灣者可知矣。其在海岸線者。徵之大陸諸國。如亞細亞阿非利加歐羅巴。乃世界文明之大陸也。阿非利加之進文明者僅北部。而其北部原與南歐聯絡。其他則多屬高原。其面積約一千一百五十萬方哩。而海岸線之長。不過一萬七千哩。若亞細亞北阿非利加。面積約一千七百二十一萬方哩。而海岸線長至三萬六千哩。三大陸中。歐羅巴面積最少。不過三百八十萬方哩。而海岸線之長。乃達一萬九千五百哩。故以面積言之。歐洲不能比亞細亞五分之一。而亞細亞之海岸線。不倍於歐洲。阿非利加則面積數倍歐洲。而海岸線則少歐洲遠甚。歐洲內地。距海岸線五百哩者甚

---

① "育弗芝斯河"，即幼發拉底河（Euphrates River）。
② "梯哥利斯河"，即底格里斯河（Tigris River）。
③ "新歐"，有誤，應爲"新頭"，即印度河（Indus River）。
④ "殑伽"，即恒河（Ganges River）。
⑤ "普來利"，prairie 的音譯，即大草原。
⑥ "斯特普斯"，steppes 的音譯，即大草原、乾草原，特指西伯利亞一帶沒有樹木的大草原。
⑦ "珊瑚島"，此處泛指南太平洋島嶼。

少。而首府多爲港灣。阿非利加則距海岸約一千哩以上。且無交通的河流之便。故觀三大陸文明進步之大差。可知海岸線之要矣。

　　就土壤肥瘠而論。則膏腴之地生聚易。磽埆之地發展難。結果關社會之盛衰。此共通所知者也。世或謂沃地令人怠惰。有礙於社會之發達。蓋以爲憑少數之勤勞。獲多數之飽暖。其民必皆窳不良。然此論進化之社會則可。而非所論於其初期也。蓋社會之始。人術未開。多仰給自然界之力。若非土地膏腴。則穀物不給。人口不殖。社會無自而起。觀太平洋中參滔知島塔悲那島①頓鴉島撒莫亞島②非治島③等。爲其國土之肥饒。文化亦進於半開之域。非洲内地之亞蘇芝人④。達奸遇人⑤亦然。或調查其蒔稻歲收之數。斯馬他拉⑥。每一粒穰歲獲八十粒。歉歲半之。馬達佉爾島⑦。則穰歲獲百粒。歉歲半之。故知島人之社會。亦能漸有進步者。莫非沃土之賜也。他若古代埃及。以尼羅河歲溢之故。土地豐饒。遂爲文明之先進。尤其顯而易見者。可知土壤肥瘠之關係。亦非淺尠也。

　　由是以觀。則土壤之關於社會發生與生存。與氣候同有重大之影響。或謂氣候爲間接之影響。土壤乃直接之影響。蓋以爲氣候初及於個人。而土壤乃及於全體。然此亦未爲確論。第自外界論之。其影響正相等耳。

第三節　植物動物

　　植物之繁盛。亦關於社會之發生。蓋植物之用。於飲食則資肴蔬。於

---

① "塔悲那島"，即塔希提島。
② "撒莫亞島"，即薩摩亞群島（Samoa Islands），位於太平洋中南部。
③ "非治島"，即斐濟群島。
④ "亞蘇芝人"，即阿散蒂人（Ashanti），西非幾内亞灣沿海民族。
⑤ "達奸遇人"，即達荷美人（Dahomey）。達荷美是今西非國家貝寧（Benin）的舊稱。
⑥ "斯馬他拉"，即蘇門答臘島（Sumatra），印度尼西亞的主要島嶼。
⑦ "馬達佉爾島"，即馬達加斯加島（Madagascar），位於非洲東南部。

屋宇則資材木。於衣履則資布棉。皆生人之所需要。若有缺乏。則人口不
能增殖。而社會無由生矣。徵諸實例。如哀斯基穆人。終身未嘗睹林木。
潭木自中帶熱帶來。則因而用之。獸皮之外。杯皿無所出。鯨骨之外。魚
網釣系不能具。故其術無所精進而社會以衰。又南美極南有佛威哥地①。草
木匱乏。禽獸外無可爲衣食之具。居民疲敝。至今尚爲野蠻。又濠洲②亦少
植物。其衰敝之現象。至每六十方英哩。僅分配一人。若植物豐富之地。
則社會亦因而繁盛。試觀塔非治島③。以多產甘薯椰子砂糖芭蕉菓實之屬。
而社會早達於開明。又非治伊島爲食人之野蠻人種。而其島有千餘種之植
物。其大木爲舟。有可容三百人者。故其人多技藝。而生存之術亦大進。
可見植物之資於社會之發生也。但植物亦有妨害於社會者。蓋社會初期。
人術不進。而植物過於叢雜。非仰給自然界者所能適用。如非洲安達馬尼
斯人種④。以内地榛林蓊蔽。遠徙海濱以爲居宅。蓋赤道之下。灌木最多。
而其人只用石器。未有伐木之斧。故反受其害。此固曚昧時代之僅見。而
亦可見植物亦有爲害之時也。

　　動物之資於社會。雖不若植物關係之多。而亦有大助社會之發生者。
蓋曚昧時代。未明耕作之術。人民惟仰給於天然之果實而已。然天然之果
實。有時不能給。於是亦資於動物。且如馴養動物以興蓄牧。則得確定之
肉食。利用動物以供搬運。則增加人力數倍。故其多寡之差異。亦密切關
於社會。試觀歷史所稱征略三人種。如韃靼塞彌特科阿利亞者。並以蓄牧
雄世。使其地無牛馬橐駝諸畜。以供當時生聚長養之資。則其強盛尚不可
必得。斯可見動物之利也。然其害則亦較植物之害爲尤甚。蓋狩獵牧蓄⑤之

---

① "佛威哥地"，即火地島。
② "濠洲"，即澳大利亞。
③ "塔非治島"，即塔希提島。
④ "安達馬尼斯人種"，即安達曼人（Andamanese），主要分布在南亞安達曼–尼科巴群島。
⑤ "牧蓄"，有誤，應爲"牧畜"。

業。妨於農耕。衣食足資不憂匱乏。則不知農業之爲要。如拉普倫陀人①豢
鹿犬。韃靼人豢牛馬。南美人豢豕。習慣相仍。莫能改革。然此猶利害相
劑。一方有生齒繁殖之利。一方有妨礙農功之害。若其有害無益者。如斯
馬他拉島。以多虎故民多逃亡。村落爲墟。印度以牝虎一頭。滅十三村落。
荒二百五十六英方哩之地。英吉利及歐洲北部諸國。狼猪殺人。大妨於營
門外職業者。而蟲蛇之類之爲害者。亦復甚烈。如印度毒蛇傷人每歲平均
以二萬五千計。當現今開化之時代。爲害尚少。若社會未發達時。則妨礙於
進步多矣。又如蚊蚤蒼蠅蜉蝣等之能擾人。至精神不能活潑。而流於懶惰。
白螘之蝕什器衣服。至資産消耗而淪於貧薄。如美國奧利惱克川近傍土人。
晨起以夜間蚊患如何爲問。卡爾幾維之地。蒼蠅大爲家畜之害。人多率羣羊
避入山麓。蘇蘭②之蜉蝣。使人不得出戶。幾至盡罷門外職業。非洲白螘大
毀傷物具。有旦富夕貧之諺。是當社會之初期。其爲害爲最劇烈者矣。

　　由是以觀。動植物之於社會。其利害參半。或謂植物之害屬消極。
動物之害爲積極。故植物猶勝於動物。然其適用之利。固大資社會之發
生矣。

第四節　諸無機物

　　動植物之外。又有關於社會之廢興者。則爲諸無機界器械及物質之屬。
蓋社會之初。人之所以利用者。惟己身之手足及爪齒而已。率未假手於器
械。而有能發明而利用之者。則大促社會之發生。如人類學上述社會及人
類之發達。由器械發明之次序。分爲三期。最初則爲石器時代。其時之人。
蓋能以石製器。據地質學及人類學之所研究。則石器時代最長。有新舊二

---

① “拉普倫陀人”，即拉普蘭人（Laplander），主要分布在北歐北部。
② “蘇蘭”，即蘇格蘭（Scotland）。

時代。所謂見舊石器時代之遺物。而知地球之狀。亦與現時異。而如石鏃一物。有磨不磨之差別。是也。次爲青銅器時代。用青銅器之時也。次爲鐵器時代。發見製造鐵器之術也。而此遂爲今日文明之基礎。

當時利用此知識之有無。大與社會盛衰相關係。如十六世紀時。美洲墨西哥已達封建時代之文明。惟土人亦多野蠻。且無鐵器與馬匹。遂爲歐人所奪。羅馬帝國。自紀元前。已爲蠻人所窺伺。蠻人久無鐵力①。當内部衰頹之時。蠻人始有鐵刀。遂爲羅馬滅亡之一原因。又如英國昔時。專以農業立國。二百年來。乃全賴工商以致富强。其工商業之發達。蓋利用煤炭。而有汽機汽關之發明。又有製鐵方法之進步。蓋其國富煤鐵産也。故逆計煤鐵竭盡。引爲國家滅亡之憂。於千八百六十六年。特設委員以討究之。結果謂煤炭之消費。若不逐年增進。則尚可保千年。若消費增加。則不過保三百六十年。而其消費終於逐年增加。計將來不得仰給於他國。故其國首重殖民地也。

由是以觀。則器械物質之於社會存亡。其關係亦爲重大。今世紀工商業之文明。多利用汽力。今後若煤炭缺乏。則維持工商業之原動力。或必在水力與電氣。故學者論十九世紀爲汽機之時代。而二十世紀將成電氣之時代。而以爲汽機之時代。人民集合都會。生種種之害惡。電氣時代。或能使集都會者散布四方。故器械物質之影響於社會。最爲重要。而社會之初。智術不甚精進之時期。宜其關於興廢存亡尤大也。

第五節　物理結論

如上所述。物理關於社會之影響。大較已明。蓋天然之勢。總言之則

---

① "鐵力"，有誤，應爲"鐵刀"。

曰境遇。境遇之利害。生社會之盛衰。是亦自然之徵驗。特皆存於外部。
爲歷史上之觀察。而於其原素未明也。故偏此一方。則不能得社會之真理
與實際。且今日以國際上有交通之便。更無以一地方之影響。生盛衰之感
者。社會上實際之影響有勢力。而天然力反居間接。如歐洲受地寒之影響。
開化稍遲。其文明自亞細亞傳之希臘。希臘傳之羅馬。羅馬傳之北歐。而
今乃爲世界文明之最。亞洲則以境遇優美。早進文明之域。以中國爲最先。
而以今日進化觀之。則亦獨中國瞠乎其後。蓋富於天然之恩惠而發達文明
者。恩惠已達極點。則不能復有進步。爲其安於境遇之自然也。歐洲失其
天然之依賴。而維持以進文明。中國富於天然之恩惠。而因循止於中道。
其故可以思矣。故人必受外物之制馭。而後能制馭外物。此雖祇可論今日
之境遇不可以律太古。而亦可見物理的非社會之實際也。

第三章

社會心理

　　社會之現象。蒙物質之影響甚大。而不關於其實際者。以組織上之要素。不能外於精神也。蓋社會之結合及搆造。皆由人心的思想感情結合而成。而其發生與成長。亦惟此思想感情之結合。足以維持於其際。故夫制度文物。皆不過無形的思想。或意思之作用。發見於外物之結果。即如人種之問題。其膚色有黄白赤黑等之異。其頭骨有長廣平之殊。而歐非遂以此判其文野。然條頓民族①及德意志北部居民。類有頭骨長如非洲人種者。而黑人膚色。由居其地一年或二三年而成。此皆爲歐洲學者所證見。又歐洲歷史家論東西洋文明。以謂阿利安人種②爲進步的人種。其他爲不進步的人種。觀日本四十年來進步之現象。則其説甯非謬見。是知人種區別。亦關精神。即由心理上歷史之觀念而成也。又如地形氣候諸問題。如地理學者論社會發始於温帶地方。其進步必從河流。故三分文明時代曰河流文明時代。内海文明時代。而現時爲大洋文明時代。其移住之方。亦皆從最少抵抗之線路。社會膨脹之結果。往往依此法以侵略他國。又如居海濱者自爲漁業。居山林者自爲狩獵。居高原者自爲蓄牧。居平野者自爲農商。無

---

① “條頓民族”，即條頓人（Teutons），古代日耳曼人的一支。
② “阿利安人種”，即雅利安人。

非從最少抵抗之線路而動作。亦即由心理上注意力之辨別而成也。從來關
心理之見解。論説亦多。約舉之。如墮落、民約、結托、衝突結合、壓迫、
社會性、模倣、同類意識、諸説是也。

第一節　墮落説

墮落説者。謂古代原人有和樂純良之天性。博愛於衆。又能退讓。不
知人間世有所謂罪惡。是不特東洋而已。西洋乃有上古時代。爲黄金時代
之稱。漸漸墮落而爲銀時代。再墮落而爲今之鐵時代。其言與人類學中所
稱人類經過石器時代青銅器時代而至鐵時代之説相合。希臘人亦有持黄金
時代之論者曰。當時之人。殆無老死。及犯罪者。經時既久。漸化而爲粗
惡之世界。聖書①之教亦近之。所謂世界開闢。人類創造。是也。中世歐美
學者曰。昔時人類甚高尚。漸次墮落。而一爲野蠻人。一於墮落後再進開
化之域。德人休勒務爾著歷史哲學②。大意亦不外此也。

第二節　民約説　結托説

民約説者。謂古代人皆單獨孤立。不喜平和。無共存社會之思想。其
後不耐戰争之痛苦。乃相約而建設社會。置主權者。即契約之結果。成立
國家者也。十七世紀赫普斯③及斯畢諾雜④氏。皆倡導斯旨。其言曰。初個
人與個人生活於相互戰争之狀態。其時人之天性。不過爲利己的動物。惟

---

① "聖書"，指《聖經》。
② "休勒務爾著歷史哲學"，"休勒務爾"，即卡爾·威廉·弗里德里希·施萊格爾（Karl Wilhelm
　Friedrich Schlegel，1772—1829），德國浪漫派詩人、哲學家，著有《歷史哲學》（*Philosophie der
　Geschichte*）。
③ "赫普斯"，即托馬斯·霍布斯。
④ "斯畢諾雜"，即巴魯赫·斯賓諾莎（Baruch Spinoza，1632—1677），荷蘭唯物主義哲學家、無
　神論者。

知自愛而已。斯畢諾雜又曰。與人爲敵者人也。其智巧之多。嫉妬之多。
忿怒之多。皆甚於他動物。故敵之最獰惡而可畏者人也。此説盛行於十八
世紀。雖以唱者之性質不一。説有異同。其立論之大概。以社會組織。由
原人有意之契約而已。

　　結托説者。謂個人與個人之精神。一相接觸。則自生結托。結托之結
果。遂生社會之現象。社會之進步。不外於結托之進步發達。主是説者爲
比利時人狄克烈布①。蓋以爲個人之關係。一種之接觸。如談笑之款洽。一
人則不能成。歡愉之發現。非孤立所能致。其結果必生結托。是蓋擴民約
之義者也。

第三節　　衝突結合説　　壓迫説

　　衝突結合説者。謂社會之根本現象。爲異種之精神衝突結合及同化之
現象。蓋自一方觀之。則社會之始。由各種族之軋轢而進化。非此則無社
會之必要。觀希臘古代數小都會。與近鄰民種戰争。遂合爲雅典斯巴達兩
國。條頓人數部落團合。因與他部逼處。始成無數之國民。又北美土人以
特別原因成立社會。集廓門載斯人種②之三大族。而制於一酋長。而團結力
終薄。又邁孫③論佉倫斯人④。邨落皆如獨立國。酋長皆如帝王。小拿破崙⑤
出而征服其全土。以開一統帝國之基。其舊族遂無孑遺。是可見社會不本
於競争軋轢。則團結終必脆弱。故發見種種之衝突結合及同化。乃社會之

---

① “狄克烈布”，即紀堯姆・德・格雷夫（Guillaume de Greef, 1842—1924），比利時社會學家。
② “廓門載斯人種”，即科曼切人（Comanche），北美印第安游牧民族。
③ “邁孫”，即弗朗西斯・梅森（Francis Mason, 1799—1874），美國傳教士、博物學家。
④ “佉倫斯人”，即克倫人。
⑤ “小拿破崙”，“拿破崙”，即拿破侖一世（Napoléon I, 1769—1821）。此處是以拿破侖作比喻，
　　指克倫歷史上完成統一的部族領袖。

根本也。主是説者爲德人根布魯維資①。又社會學者諾威哥②。亦近此説。惟以團體之衝突爲根本。而歸其現象於同盟。蓋謂由同盟而變化衝突。漸至發達而成社會。是社會最始於腕力之競爭也。

　　壓迫説者。謂社會現象。成於一種之壓迫。即爲個人之精神。對外部之思想感情行爲權威等之作用。而受其壓迫。以成社會的作用也。蓋以權威壓迫個人。個人服從之際。生社會之組織。故有壓迫。而後個人漸化而爲社會的。主是説者爲法人跌爾跟③。夫壓迫即競爭軋轢之結果。是亦擴前説之義而已。

第四節　社會性説

　　社會性者。謂人類固有之性。惡獨居而好羣。有此性質。則人自相聚。以至形造社會。徵之嬰兒。東西未辨。自他未別。而或左右無人。則惶怖哭泣。一人在側。則慰安而無恐。此猶就人類爲言也。即徵之一切動物。若狸狗好依人而處。麋鹿④羊猿。常相與羣居。昆蟲魚鳥。亦多有喜萃處惡離散者。蟻之弱小。共同而成羣。則巨大動物。亦爲其所困。一致團合之結果。優者生存。劣者滅亡。是由社會的生活之影響者也。故不論菜食動物。肉食動物。爲社會的生活。必有犧牲自身以利他之要。而在一方增加智識。發輝道德以生社會之競爭。而人類尤能以才識道德勝他動物。所以能制勝於地球上也。此説近今學者多主持之。

---

① “根布魯維資”，即路德維希·龔普洛維奇（Ludwig Gumplowicz，1838—1909），奥地利經濟學家、社會學家，主張社會達爾文主義。
② “諾威哥”，即雅克·諾維科（Jacques Novicow，1849—1912），俄國社會學家、經濟學家，主張社會達爾文主義。
③ “跌爾跟”，有誤，應爲“跌爾跟”，即埃米爾·迪爾凱姆（Émile Durkheim，1858—1917），法國社會學家，主張社會達爾文主義。
④ “麋鹿”，有誤，應爲“麋鹿”。

第五節　模倣説

　　模倣説者。爲法人他爾特①氏所倡。學者稱爲最近根本的作用者。其説曰。人與人之關係。不外於精神之關係。精神關係之根柢。在於模倣他人之思想。蓋二個精神之相接觸。必模擬一方之思想。如吾人日常之言語行爲。試各分析之。無非由於他人者。故分析社會的作用。則自精神上以至外部行爲。皆不外於模倣。即新發明一事物。亦不過聯合二個之模範而成一種變形之模倣。故就由等比級數的進行之順序而論。則一箇模範之蔓延。自二而四。自四而八。以至多數。如希臘模倣西亞細亞之文明。羅馬又模倣希臘。北部歐洲又模倣羅馬。以生近世之文明。是以等比級數進的②模倣之原則也。自其變化的進行之遞次而論。或一人創新例而二人倣之。其積至多數亦同。如印度之佛教。入中國而大變化。猶太之基督教。入歐洲各邦而各異其趣。蓋模範與模範衝突及競爭之結果。更相融合。融合之結果。更生新機軸。而有新發明之事物。其新發明者。自不外接合二箇之模範。更以物質例之。如光線之入水而自屈折。而仍爲光線。鐵道汽車之發明。不過集合從來所用之汽關車輪軌道之三物。是變化進行的模倣之原則也。故社會複雜之現象。欲解釋其實際。則模倣而已矣。

第六節　同類意識説

　　同類意識者。美人傑金克司③氏所倡。以同類之意識。爲社會之根本的

---

① “他爾特”，即讓-加布里埃·德·塔爾德（Jean-Gabriel de Tarde，1843—1904），法國社會學家、心理學家。
② “進的”，有誤，應爲“進行的”。
③ “傑金克司”，即富蘭克林·亨利·吉丁斯。

要素。蓋凡物同類莫不相愛。愛情既固。因而交相團結。而社會因以成立。徵之小兒。方其漸長之時。常觀察周圍事物以積經驗。一二年而生知覺。於是愛其所好。而憎其所不欲。而尤愛其親所經驗者。如父母兄弟姊妹。爲其最親密相接觸者。而其愛亦獨爲眞摰。故小兒知識之發達。先始於類己者也。又徵之移居異國者。移居之始。必先就所識同類親友而問其風習人情。以漸至與外邦人交接。亦猶小兒初生。就其家族而開智識者。交接既多。其間遂自生愛憎好惡之念。漸至辨認事物之價值。且就事物以自試驗。而常欲利用之。故移居者智識之增進。亦先始於同類也。由此而擴張之。則複雜巨大之社會。得以成立。故同類意識。爲社會現象之根本。

第七節　心理結論

如上諸節。社會成於心理之作用。其說已明。略外部之物理。進而窮內部之心理。其解釋之方法。較滯於物界者尚已。然如上諸說。雖各包含眞理之一部。而皆不免陷於一偏。故囿於物理者未能叩其實。即窮及心理者。亦未能會其通也。

墮落民約結托諸說。其失在於無歷史事實之足徵驗。即證之思想感情之作用。刺謬亦多。墮落之說。近於神權。而謂古代人皆智善。夫人類進化。今優於昔。此爲科學之所證明。且如所言。則社會起源。由於原人早具此觀念。夫社會爲抽象的觀念。今人生存於社會者。尚或未知。焉論原人。此其說之過當也。民約結托二說。謂社會由於民意之組織。與精神之相接觸。夫太古時代。謂能訂立契約。固不免高視原人。即精神接觸而生結托。其所以接觸之故。固別有在。是亦未得其要也。

衝突結合壓迫諸說。其失在於淪沒眞性。偏舉而昧其全。蓋衝突結合。

成於種族之見。而精神之作用。則在區別成立之前。是其説之未當也。且如希臘羅馬之文化。雅典之法典。其人具明敏之特性。固不專以競争而得。而近世暹羅①百濟②等國。且以戰争頻仍之故。疲敝不能自存。故以異羣軋轢之説。解釋全體現象。立論有嫌於偏矣。壓迫成於權威。當競争激烈之時。亦誠有此現象。但權威由社會之意思。以壓服個人之精神。而其受壓服之方法。異個人之發達。若如所言。則儼爲一人所獨有者。又何所依據而爲完成之發現。以普及於社會間耶。是亦客觀之論而已。

社會性説。其失在於界説未清。不能窮其變態。故反對之論爲多。有謂社會雖爲今人所固有。而肇有人類時無之者。有謂縱令原人有社會性。同時亦有非社會性者。（謂其放縱而愛情薄弱）有謂縱令原人有社會性。其所值境遇。亦迫之爲非社會動物者。（謂農業未興因争食自相殘害）於是有爲遷就之説者曰。社會起原於原人。當求之生存競争。不當求之社會性。以謂原人雖有社會性。因迫於境遇而日事戰争。故社會性不得不先破壞。破壞以後。乃求其便於戰争。而社會乃起。是優勝劣敗之結果耳。又有爲調和之説者曰。太古人之於社會性。不得竟謂之無。亦不可直謂之有。其性伏匿於人心。是曰潛在。而不得謂之現在也。原論固未適中。反對亦失其當。蓋無論古今文野。其不能單獨孤立之生活者。證之心理而自明。而一種之反動與一種變態之結果。乃偶異之現象耳。

模倣説及同類意識説。最近根本的作用。而亦微有偏陷之點。在模倣之説。論精神接觸而相模擬。似甚可信。然不言所模倣之爲何物。而單以模倣爲社會的作用。此亦難於索解者。就社會之事實而論。其倣模範之善者。由教育感化。因而模倣進步。然非模倣所能任矣。夫鸚鵡能模倣蛇聲。

---

① “暹羅”，中國史籍中對古代泰國的稱呼。
② “百濟”，朝鮮半島上的古代王國，此處指朝鮮王朝（1392—1910）。

而鸚之與蛇。斷不能結爲社會。故機械的模倣。不生社會之結果。是模倣
説之未能悉洽也。同類意識之説。分析意識之結合。推論頗爲精當。傑金
克司以前。無以此爲社會現象之根本者。然同類意識。乃爲社會的作用之
結果。若謂社會組織之始。既有①同類之意識。而漸成社會。則不無倒果爲
因之疑。故以同類爲言。而個人相互間。常別有競爭心好奇心。以發現於
所論同類意識之表者。故其説亦未確當也。

　　要而論之。諸説中之最近根本的作用者。社會性説爲其體。模倣及同
類意識説爲其用。同類意識。學者亦謂其過於抽象。甚爲漠然。然分析此
同類之意識。則同情爲特重之要素。而同情之中。亦自含有模倣。故自一
方言。模倣亦根本的。而二者不知其孰先也。關於此論説之比較最多。申
述之如下。

　　從來論模倣者。謂模倣之時。大概内部有同情。同情與模倣。有主觀
客觀之別。故或有同時發達者。夫模倣作用之所起。生於耳聞目見。或觸
物刺激而誘引筋骨之運動感覺者。概有轉化運動之傾向。睡眠之中。物忽
觸身。則手足移動。此時無腦髓思想之作用。而能爲模倣。據生理學者之
論。以爲脊髓中樞起反射作用。又如觀念感覺之間。亦直有不俟思慮而自
運動之傾向。如發飲水之觀念。而自生運動是又人或集會一地。一人欠伸。
則旁人亦且欠伸。觀念感覺二者。自爲反射而生模倣。故模倣或有屬有機
體作用者。似與同情之根柢。並基於有機體之本能也。

　　同情之説。有二方面。一爲利己論。一爲道德論。利己論之主義。即
謂求社會的生活。皆爲自利而已。道德論之所主張。則將以是明人與他動
物之異。若亞丹斯密道德論。最足解釋此同情。以爲同情非利己者。如見

---

① “既有”，有誤，應爲“即有”。

他人患眼。則我眼亦感之。見他人肢體之傷殘。則我神經亦感其痛。見人履危。則手掌發汗。是等有機體的同情。皆不費思慮。無俟反省。而發於不期然者也。

又各自比較之。則模倣與同情。實異其原則。模倣愈推愈廣。而有擴張之意。如兩軍相迫。彼師我礮法。我師彼陣法。對敵人亦爲模倣。雖愈推愈廣。而結果不必成社會。而同情則延長之大。反減其度。如對國家同情。不如對家族之親切。對異國之同情。不如對本國之親切。蓋類似之範圍益廣。則類似之點益少。故同情分厚薄。甚至生攻擊者有之。此又其相區異者也。是故必有模倣而又有同情者。社會之組織始成。其方法雖由模倣。其組織實由同情。而同情之程度。實能生種種社會之組織。即自家族以至國家是也。

或進而論之。謂模倣與同情。又各有其真正之所在。若但爲模倣感覺。則徒近於反射的作用而已。故鸚鵡能言。不離飛鳥。爲其能學而不必能解。其感覺非入自覺而爲思想者。所以非其真正。而不能爲社會組織之要素也。真正之模倣。必存於思想上。而屬知的作用。乃能於思想觀念上爲理解之模倣而成自覺的。如教育之方法。乃爲知的模倣之作用。生徒同化教師之思想。其方法由於模倣。而模倣教師之思想。終能以其思想爲自己之思想是也。故感覺的模倣。不過機械的。必思想上模倣。乃屬真正而爲精神的作用也。且思想不能與感情離。無思想與感情不相伴者。雖心理學者論中性之思想。不與感情及歡樂苦痛相伴。此爲一未決之問題。理論之。則思想非無色者。不伴歡樂即伴苦痛及感情也。故思想上模倣之結果。必生同情。而終爲意思之一致。又由同一意志而爲同一之行爲。則生協力而社會成矣。

由是知真正之同情。亦非屬有機的。而亦成於思想上模倣之結果。其初最爲單純。而起於偶感興味。雖不得繼續於永久。而屢接同一境遇而感同一之興味。則必生習慣。於是更運思慮。加批評。以進於合理的同情。得同一行爲之素養。以應同一之境遇而生協力的結果。則社會成矣。

如上數論。其解釋模倣與同情。最爲精細。而又推論及於協力。蓋謂三者之精神作用。即所以組織社會也。夫經濟學派之社會學者。專於研究協力之種類與其方法。以爲社會之目的。於社會的現象之根柢。無所發明。故協力不足論。即模倣與同情如此之解釋。雖已能辨其細別。而有居於模倣與同情之先者。乃社會的真正起原之所在也。其義於本論詳之。

第三編　本論

第一章

社會之概説

社會之範圍。不出物心二界。故物理上之社會關係。心理上之社會關係。二者常相錯綜爲無窮之變化。以組織社會而生各種之事實也。二者必偏陷一方。則不足以窮其實際真理。此於前編已析述之。故研究社會學。必以心理爲主觀之目的。而物理亦附見於其間。由是可知其發生成長開展發達之順序。而窮其究極進化之目的。是則其研究之必要也。

社會者。非區域都會之謂。亦非人類林總之謂也。巴黎之都。倫敦之市。士庶繁矣。而不謂之社會。維馬耳①之地。亞波之山②。幅員廣矣。而不謂之社會。爲其獨關於形迹上之存在耳。社會之活動。存於精神。以其爲個人之集合也。欲分析論之。必先説明其全體。如英國哲學者陌京齊③氏。著社會哲學緒論④。具列社會性質五説。一多元説。二一元説。三器械説。四化學説。五有機體説。比較平議。推有機體説爲優。而論其間同異之點。下一定義曰。社會爲有機體。非一切如有機體。斯爲社會概論中之至當者已。

　　按多元説者。謂社會本無數元子。各爲獨立。初無統一綜合之者。

---

① "維馬耳"，不詳。
② "亞波之山"，即阿爾卑斯山脉（Alps）。
③ "陌京齊"，即約翰·斯圖亞特·麥肯齊（John Stuart Mackenzie，1860—1935），英國哲學家。
④ "社會哲學緒論"，即《社會哲學導論》（*An Introduction to Social Philosophy*）。

蓋社會非有全體在。特有無數個人在耳。無數個人。比於海濱之沙粒。沙粒皆自存。而其同在海濱者。亦出於偶然耳。由是説則以人類因社會而被鈐束。致損毀自然之權利。故個人宜脱社會之裁判。以復歸自由。此其失在偏重個人也。一元説者。與多元説反對。謂萬物皆全體之部分。凡各部分。無固有之存在。其存在者非部分而爲全體。如日球系統。似爲獨立固有之存在者。不知其與無數日球系統。相拒相引而致此也。社會之存在。非爲個人。個人之存在。乃爲社會。而社會外無個人之獨立存在。由是説則人類原爲種族社會而生存。故個人之權利幸福。常爲社會制限。此其失又在專重社會也。器械説者。謂社會猶成器。人類由部分。例之時計表。自組織時計表言之。則各部非有獨立箇體在。自不組織時計表言之。則各部實有獨立箇體在者。如彈機齒輪。雖他無所用。而已自成其爲彈機齒輪也。是説殆爲調和一元多元二説者。蓋多元説與部分而奪全體。一元説與全體而奪部分。此則亦與全體。亦與部分。兩者各許其獨立。然部分於器械。特爲偶然之關係。個人於社會。乃有必至之關係。且器械因人而存在。社會因何目的而存在耶。是其失也。化學説者。謂諸部和合。成爲一宗。以水例之。其組織者爲養氣①輕氣②。而成爲水後。則渾合爲一。故如社會既成。則只見爲社會。不復例爲個人也。是説與器械説又異。蓋器械至結合之後。部分仍不失其舊狀。化學至結合之後。則部分變形。全體存而部分失矣。夫社會成立之後。個人束於風俗法律。誠不免損毀故性。然如化學之鎔解各種元素而成爲一和合物。則漫滅個人。淪沒部分。其比儗迥不倫矣。是其失也。有機説者。與無機説對。致重

---

① "養氣"，即氧氣。
② "輕氣"，即氫氣。

生物學之一點。而擬之軀體。故手足合而成全體。然離於全體則手足失其用。腸胃合而成全體。然離於全體則腸胃失其靈。是部分必與全體接續。而其名實始成也。又有機體有腦髓及神經之總機關以管全身。有營養機關以與滋養。有分配機關分配滋養於五體。必具此三機關。社會亦然。經濟制度。即營養機關也。道路或商工之事。即分配機關也。政治乃爲督制機關。而爲之腦髓及神經。以管理社會。故社會即有機體也。特是社會部分。皆有意識之動物。且無本體以外之存在目的。此其與有機體相異者。斯賓塞亦揭其相異之點有四。一曰有機體有定形。而社會無一定之外形。有機體備固定之形狀。而社會無一定團結之外形。二曰社會之原素乃獨立的。而不爲聯屬的關係。其聯屬者惟言語。有機體則各部密接聯屬。三曰社會之原素。不如有機體止一所而保其位置。個人可任意行動於社會之間。有機體則不然。如肺臟細胞。不得趨心臟地位。四曰有機體有感覺中樞。而存於全體之各部分。無感覺中樞之機關。又中央有感覺中樞。聯絡以感於各部。而社會全體。則如無腦髓者。其感覺之機關。存在於個人。如此四説辨別最爲明晰。故陌氏別立定義。即所謂具有機體。非一切如有機體也。關此論説繁多。難以畢舉。謹撮述其大要於此。

有機體之説。前此甚佔勢力。七八年前。世界學者會於法京巴黎[①]。遵此説者惟二人。一即利利抗費爾特[②]。餘多以爲不足採。其大要則破以生物學爲基礎之説。而從以心理學爲根據之説。即物心二界之辨別也。故論社會全體之定義。惟以有機體説爲優。特其中有細別。總其大較。約經三次

---

① "世界學者會於法京巴黎"，指 1897 年在巴黎索邦大學召開的國際社會學協會（*The International Institute of Sociology*）第三次大會。
② "利利抗費爾特"，即帕維爾·費多羅維奇·利林費爾德-托阿爾。

變遷。列舉之如左。

（甲）以社會比人或動物。　此如中國荀子以心喻政府。以手足喻官吏。董仲舒以人喻天之意也。主張是説者爲希臘伯拉圖①。英人火布士②。法人盧梭。其間論説。火布士爲最詳。

（乙）以社會爲具有機體之性。　借喻於軀體間生長發達及肌骨血脈新陳代謝。而象社會之敏活也。主張是説者爲英人斯賓塞。德人雪勿列③。法人窩爾武士④。

〔附注〕斯氏論進化有三種。一無機的進化。二有機的進化。三超有機的進化。無機的進化者。世界之開發也。世界之源。混沌如星霧。漸次生太陽。又終生地球。此爲德國哲學⑤韓德⑥及法儒剌不剌斯⑦兩氏同時所倡。命曰星霧説⑧。斯氏據此以説宇宙無機的進化。有機的進化者。生物之進化也。如上所論是。超有機的進化者。即社會之進化也。社會以個人而成立。故名超有機的進化。

（丙）以社會爲具有機體之性。但不如動物爲一箇體。　此與上二説不同之點。在以各機關相影響爲社會之性。故其説爲最當也。英人陌京齊氏主張是説。

觀右之諸説。立論有精粗巨細之別。而擬之有機體則同。知人間一般

---

① “伯拉圖”，即柏拉圖（Plato，公元前 427—前 347），古希臘哲學家。
② “火布士”，即托馬斯・霍布斯。
③ “雪勿列”，即阿爾伯特・埃伯哈德・弗里德里希・舍夫勒（Albert Eberhard Friedrich Schäffle，1831—1903），德國社會學家、經濟學家。
④ “窩爾武士”，即勒内・沃姆斯（René Worms，1869—1926），法國社會學家。
⑤ “哲學”，有誤，應爲“哲學家”。
⑥ “韓德”，即伊曼努爾・康德。
⑦ “剌不剌斯”，即皮埃爾-西蒙・拉普拉斯（Pierre-Simon Laplace，1749—1827），法國天文學家、數學家和物理學家。
⑧ “星霧説”，即星雲假説（Nebular Hypothesis），關於宇宙起源的一種假説，康德在 1755 年、拉普拉斯在 1796 年分別獨立提出。

社會。信非邈漠無靈之比也。學者研究斯學。由概論以定其趨向。固當於
精神上求之。窮其意志之根本作用與其歸宿。而實際真理。乃發現於其間。
而所以維持開發與助長社會之所在。乃昭然可睹矣。今由此方面。列社會
學之系統如左。

（一）意志結合之原動力。

（二）意志結合之種類。

（三）意志結合之統一。

第二章

意志結合之原動力

　　精神存於肉體間。爲之主宰者則爲意志。目胡爲而視。耳胡爲而聽。手足胡爲而移動轉作。凡吾身自頂至踵精神之發現。皆由意志之動機而成耳。故意志之貫注。全體皆受其傾向。意志屬於色。則目不能已於視。意志屬於聲。則耳不能已於聽。意志屬於活動之事物。則手足不能已於移轉。蓋精神由意志而呈露也。然此意志之潛在於精神間。使耳目手足之視聽移轉者。果何所本而然耶。是則未有動機之先。必更有主宰之存在。而爲其原動力者也。茲就性情之方面。析論如下。

第一節　論性

　　性理之説。以中國學者爲最先。自周秦以來。其涉論之主要。大較不出善惡兩途而已。夫善與惡者。道義之所基也。人生矇昧。無詩書之觀感。無教育之發明。混沌睢盱。何所依據而知道義。其無足徵驗明矣。荀子倡反對之説。直指爲惡。亦未爲是。蓋天真渾噩。善惡皆無足言。乃人性自然之勢而已。如水性就下。火勢炎上。謂之善不可。謂之惡亦不可。人性亦猶是耳。不學不做。乃自然之勢也。

　　按中國自來性理之説。不出善惡兩途。而學説莫能精進。社會因

以不發達。亦職是故。孟子①道性善。荀卿②説性惡。斯固惟一之主義
矣。告子③公孫子④之流。固已爲兩歧之論。不能於善惡外標一定義。
故其説終不可行。而直以取謗。漢荀悦⑤揚雄⑥劉向⑦之屬。反復辯論。
新義絶無。所益者惟以情爲對象。而實際上時有衝突。自後昌黎⑧本
之爲三品之説。張程⑨擴之爲氣數之論。剖析毫芒。真理殊晦。則以
終囿於善惡之域而已。編者幼年曾作性根説。論性之根。於諸説多
所排斥。理想富矣。然亦不出善惡之界。故知非究社會學。而爲種
種之集合比較。終無以闚其全也。遠藤學士所論。本中國之緒言。
折衷之以泰西學者之諸説。包含善惡二義。而以慾望爲前提。蓋由
社會⑩上比較推論而出也。故自社會學上觀之。倫理宗教法律之別。
更重以時代風習之殊。即善惡已有不可以一致論者。何撒人⑪謂父所
行爲。子當模儗。而泊爾列奧人⑫。能生活則棄其父母。全島便之。

---

① “孟子”，即孟軻（約公元前372—前289），字子輿，鄒國（今山東鄒城東南）人，戰國時期哲學
家，儒家學派代表人物，後世尊爲“亞聖”。《孟子·滕文公上》云：“孟子道性善，言必稱堯舜。”
② “荀卿”，即荀況（公元前313—前238），字卿，趙國人，儒家學派代表人物。《荀子·性惡》云：
“人之性惡，其善者偽也。”
③ “告子”，告子（生卒年不詳），戰國時期的人，與孟子爲同時期的學者。《孟子·告子》引告子
云：“人性之無分於善不善也，猶水之無分於東西也。”
④ “公孫子”，即公孫龍（公元前320—前250），戰國時趙國人。《申鑒·雜言下》云：“公孫子曰，
性無善惡。”
⑤ “荀悦”，荀悦（148—209），潁陰（今河南許昌）人，東漢史學家，著有《漢紀》《申鑒》。荀悦
《申鑒·雜言下》謂性“有三品焉，上下不移，其中則人事存焉爾”；“性雖善，待教而成。性雖
惡，待法而消。唯上智下愚不移，其次善惡交争”。
⑥ “揚雄”，揚雄（公元前53—公元18），字子雲，蜀郡郫縣（今四川成都郫都區）人，漢代思想
家、文學家。揚雄在《法言·修身》中認爲：“人之性也善惡混。”
⑦ “劉向”，劉向（公元前77—前6），原名更生，字子政，沛郡豐邑（今江蘇徐州豐縣）人，經學
家、文學家。《申鑒·雜言下》引劉向云：“性情相應，性不獨善，情不獨惡。”
⑧ “昌黎”，即韓愈（768—824），字退之，河陽（今河南孟州）人，自稱郡望昌黎。唐代文學家、
思想家。在《原性》中謂“性之品有三”：“上焉者，善焉而已矣；中焉者，可導而上下也；下
焉者，惡焉而已矣。”是爲“性三品”説。
⑨ “張程”，“張”即張載（1020—1077），字子厚，隱居眉縣橫渠鎮，北宋思想家、教育家，主張
太虛即氣、理在氣中，創爲“關學”，世稱“橫渠先生”。“程”即程顥（1032—1085）、程頤（1033—
1107）兄弟，河南府（今河南洛陽）人，主張“萬物皆只是一個天理”，倡導性善論，共創“洛
學”，世稱“二程”。
⑩ “社會”，有誤，應爲“社會學”。
⑪ “何撒人”，即豪薩人（Hausa），主要分布在今尼日利亞北部及尼日爾南部。
⑫ “泊爾列奧人”，即婆羅洲人（Bornean）。

費幾島①人重棄老者。親族會議而生葬之。子於親以是爲孝。釋迦以守十戒爲善。破之者則爲惡。基督教以良心所善爲善。所咎者則爲惡。其所戒與所云良心。以全般例之。已不保無鑿枘之點。又如斯巴達尚武之教育。軀體瘠弱者。輒投之窮山。而羅馬法系。禁治産則猶保護。今是昨非。出奴入主。故社會學之未成。真正之論理不具。各挾一成之見。以軒輊臧否於其間。都未見其可爲一定之標準也。宣聖②之論性曰。性近習遠③。惟上智與下愚不移④。不泥指善惡。猶包含歐西學説之全部。而後儒疏解失實。又泥聖言而益墮理障。而新義至無所發明。夫論理之關係。無以促社會之進步。則退化因之。慾望之摧抑。人權之所以不張。善惡偏斷而淆其真理。人格之所以不立。中國風習間。關係非細故也。因補性説之不及。附識於此。

人性自然之傾向。名曰慾望。其品目繁多。學者所説亦不一。茲擇近今最著諸學説。條舉以明之。

（甲）美人瓦特⑤氏。稱慾望曰社會力。其所分種類如左。

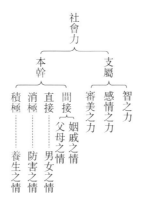

---

① "費幾島"，即斐濟群島。
② "宣聖"，即褒成宣尼公，西漢平帝元始元年追謚孔子之號。
③ "性近習遠"，語出《論語·陽貨》："子曰：'性相近也，習相遠也。'"
④ "惟上智與下愚不移"，語出《論語·陽貨》："子曰：'唯上知與下愚不移。'"
⑤ "瓦特"，即萊斯特·弗蘭克·沃德（Lester Frank Ward，1841—1913），美國社會學家。

明之。

（甲）美人瓦特氏稱慾望曰社會力其所分種類如**左**。

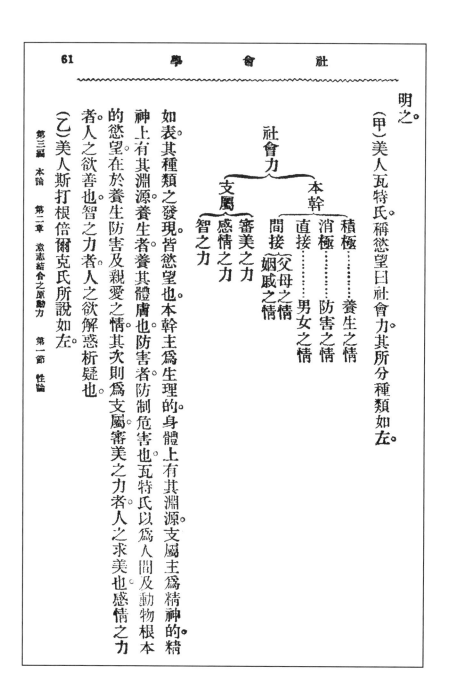

社會力 —
　本幹 —
　　積極……養生之情
　　消極……防害之情
　　直接……男女之情
　　間接……父母之情／姻戚之情
　支屬 —
　　審美之力
　　感情之力
　　智之力

如表其種類之發現皆慾望也本幹主爲生理的身體上有其淵源支屬主爲精神的精神上有其淵源養生者養其體膚也防害者防制危害也瓦特氏以爲人間及動物根本的慾望在於養生防害及親愛之情其次則爲支屬審美之力者人之求美也感情之力者人之欲善也智之力者人之欲解惑析疑也。

（乙）美人斯打根倍爾克氏所說如左。

第三編　本論　第二章　意志結合之原動力　第一節　性論

第三編　本論　第二章　意志結合之原動力　第一節　性論

一經濟之情　二相愛之情　三娛樂之情　四壓他之情

五愛美之情　六求道之情　七敬神之情　八求智之情

此所謂情者或以爲動機亦卽所謂慾望也但如經濟之情蓋以求富乃普通慾望然已

不能爲慾望之根本蓋產殖生活之計較非人生最初之慾望也故如此分類未爲完全。

遜瓦特氏一籌矣。

（丙）德人拉參火布爾氏所述如左。

精神 {求智
與人交
敬神}

生理 {養生
生殖}

此與斯打根倍爾克氏所說略同其言與人交者卽所謂社會性也社會性者謂人類固

有惡獨好羣之性由此性而形成社會阿里士多德曰人者政治的動物也其意以爲人

能造成阿的內斯巴爾大（二國名）等之複雜國家是知人人蓋有求相交之意也故與

如表。其種類之發現。皆慾望也。本幹主爲生理的。身體上有其淵源。支屬主爲精神的。精神上有其淵源。養生者。養其體膚也。防害者。防制危害也。瓦特氏以爲人間及動物根本的慾望。在於養生防害及親愛之情。其次則爲支屬。審美之力者。人之求美也。感情之力者。人之欲善也。智之力者。人之欲解惑析疑也。

（乙）美人斯打根倍爾克[1]氏所説如左。

一經濟之情　二相愛之情　三娛樂之情　四壓他之情

五愛美之情　六求道之情　七敬神之情　八求智之情

此所謂情者。或以爲動機。亦即所謂慾望也。但如經濟之情。蓋以求富乃普通慾望。然已不能爲慾望之根本。蓋産殖生活之計較。非人生最初之慾望也。故如此分類。未爲完全。遜瓦特氏一籌矣。

（丙）德人拉參火布爾[2]氏所述如左。

此與斯打根倍爾克氏所説略同。其言與人交者。即所謂社會性也。社會性者。謂人類固有惡獨好羣之性。由此性而形成社會。阿里士多德[3]曰。人者。政治的動物也。其意以爲人能造成阿的内[4]斯巴爾大[5]〔二國名〕等之複雜國家。是知人人蓋有求相交之意也。故與人交亦爲共通慾望。

---

① "斯打根倍爾克"，即約翰·亨利·維爾布蘭特·施圖肯貝格（John Henry Wilbrandt Stuckenberg，1835—1903），德裔美國社會學家。
② "拉參火布爾"，即古斯塔夫·拉岑霍費爾（Gustav Ratzenhofer，1842—1904），奧匈帝國官員、哲學家、社會學家。
③ "阿里士多德"，即亞里士多德。
④ "阿的内"，即雅典（Athens）。
⑤ "斯巴爾大"，即斯巴達（Sparta）。

　　如右之三説。大較相同。大凡慾望之起。必有所本。或本於心。或本於體。本於體者。養生防害男女相愛是已。耳目視聽之娛。噬嗑甘肥之樂。雖至愚者有之。此養生之情也。虎尾之凶。春冰之危①。至情者知所以避。此防害之情也。燕婉之求。孩提良知。瑟琴之好。盡人同具。推此而測其發現之程度。則父母姻戚。親愛生焉。則直接間接之分也。本於心者有三方面。以智以情以意。事物接於耳目。莫得其指名。則意沮而情不能堪。室求之親。道質諸友。而解惑質疑之事以起。則本於智者也。麗色眩目。好音溺耳。憂之子之無裳②。哀王孫而進食③。是愛美憐窮之作用而本於情者也。有學術之期許。與慈善之觀念。則求道尚。感神造之不測。與宗教之自由。則敬神尚。獨掌不鳴。遂思他山之助。孤立自怖。乃爲樂羣之居。而與人交尚。由是智能相敵。則傾軋之心萌。優劣既分。則凌轢之念起。而壓他之志慮成焉。是本於意者也。凡累積此種種之行爲。而成社會複雜之現象者。質言之則慾望之發見與成立而已。

第二節　　慾望滿足之分類

　　慾望者。人性自然之傾向。人之所由動也。冥情靜坐之天。萬籟俱寂。乃慾望未生之時代耳。飢而思食。寒而覓衣。慾望起而動機萌矣。食思其甘。衣求其美。觸類旁通。百念興焉。則動之爲也。故凡人之動機。莫不起於慾望。而慾望之强者動亦强。慾望之弱者動亦弱。如蹴毬然。力猛者毬所至亦遠。是亦强弱之見端也。瓦特氏以慾望爲自然力。（詳所著社會學

---

① "虎尾之凶。春冰之危"，形容危險的境地，語出《尚書·周書·君牙》："心之憂危，若蹈虎尾，涉於春冰。"
② "憂之子之無裳"，語出《詩經·衛風·有狐》："有狐綏綏，在彼淇梁。心之憂矣，之子無裳。"
③ "哀王孫而進食"，語出《史記·淮陰侯列傳》："信釣於城下，諸母漂，有一母見信飢，飯信，竟漂數十日。信喜，謂漂母曰：'吾必有以重報母。'母怒曰：'大丈夫不能自食，吾哀王孫而進食，豈望報乎！'"

概論①）至欲以數理論之。以明其等量。然此不過理論。蓋生人身體上之組織。過於複雜。即如當欲食時。其慾望之力。現於身體諸部分。自手足筋肉以及頭部筋肉。均向此慾望努力。此時欲測度此等筋肉之力。實爲難事。故數理不足論也。且人之慾望。不必皆能自滿足者。其間則有直接間接半間接之分。爲三説於左以明之。

　　　一滿足人之慾望而後滿足己之慾望者。（間接）

　　　二因祖父而得者。（半間接）

　　　三能自得之者。（直接）

　　第一爲間接。職業之所以起也。蓋世人有所職。得其報酬。用之以求己所欲者。滿情足慾之間接者也。第二爲半間接。如受祖父遺產。因而得遂其所慾者。此雖無所職。實際與有職同。所以爲半間接也。第三爲直接。若養生避害敬神與人交。則從心所欲。而不必俟人之力者。所以爲直接也。是故社會活動之起。雖本於慾望。而有直接間接半間接之殊。此又不可不察者也。

第三節　慾望之細別

　　慾望之於社會爲原動力。如諸氏所論諸分類固已。然其間亦尚有細別。如同類意識。如模倣。如競爭心。名譽心。凡此等情之於人。鼓舞激厲。無所不至。稱此等情爲二次慾望。蓋前所謂慾望。乃人性賦於天之自然。可稱爲一次慾望。此則既生以後始能有之。故稱爲二次慾望。或亦稱之曰後天慾望。以對於一次之爲先天慾望。即此意也。

　　　按岸本能武太氏。論社會發達之原動力。歸本於慾望而兼及乎智。

---

① “社會學概論”，指《社會學大綱》（*Outlines of Sociology*）。

以謂社會發達者。增慾望之量質。（好音樂者一再聽終無厭倦是謂增量初喜聞歌後必雅樂是謂增質）與遂其慾望之塗徑也。欲發見此塗徑。惟智是賴。塗徑既得。則慾望愈深。故曰智以促情。情以促智。人之進化也。迫於慾望。故不得不深其計畫。及慾望已遂。人智益務進不已。則社會愈以發達。故知發達之原動力。不外慾望耳。若世有慾望增進。而不得遂之之塗徑者。則智不足以導情故也。故最進化之社會。集慾望最深之人以成立。然慾望有驅人之力。而無導人之力。使慾望與外界適合。求之而無弗遂者。其用在智。是故使社會發達者智也。欲使社會發達者慾望也。據此論則社會之發達。尤在智識。遠藤學士所論。似猶專屬成長時代。然慾望二字之義。從來亦有解釋最精者。其論分肉慾慾望。比論人與非人動物之別。以爲非人動物。特爲肉慾而生存。肉慾者曰食慾睡慾牝牡慾。三者又各具三性。一曰其樂切膚。二曰其滿有限。三曰其動有息。是三性之在肉慾。人與非人動物。無以異也。然非人動物。其情特爲現在。而人則有思考將來之智。故非獨直接以謀現在。亦將間接以謀將來。由是所謂肉慾者。始變化而爲慾望矣。自有此將來觀念。而遂有貯蓄觀念。如得椰子五。盡噉之則慮其不繼。於是噉三而貯二是也。有所有觀念。有賀長雄氏。所謂太古之人。動作應物直發。絕不知有我在。及人口增加。菓實不足以食。洞窟不足以容。因生存而起競争。遂對他人而知有我是也。自是以往。慾望之數量與其性質。積世遞增。蓋最初特有所謂慾望而已。及其形造社會。則有權力慾望。有名譽慾望。有社交慾望。有智識慾望。有道德慾望。有美術慾望。有宗教慾望。人智愈進。而慾望亦因之愈進。其所以異於肉慾者。一曰肉慾在形體。慾望在心意。二曰肉慾有滿限。慾望無滿限。三曰肉慾爲暫在。慾望爲常在。以是三者觀之。則知慾望之起。

起於情智並動。夫惟有智。故能使其情逡巡於現在。而延引於將來也。
由是論之。則由肉慾而有慾望。即已有智之作用。遠藤學士之所論列。
固包含智識而言。故不復兼論及之也。

第四節　結論

社會現象之爲物。廣大無垠。其種類雖不易測知。而其所以起者。未
嘗不由一次與二次慾望也。嘗徵之機能團體。或求智。或爲名。或營利。
或爲同類意識。即朋友交際。溯其由來。所爲聲應而氣求者。亦不出利與
情或同類意識三者之外。夫豈獨學會與友誼而已。一切現象。皆莫不然也。

人生行爲。各有目的。夫播種而穫。掘井及泉。勞勞爲飲食計者。將
有以愈飢渴也。當戶而織。臨流而浣者。將有以愈寒苦也。績學窮理。則
以解惑質疑爲目的。服賈經商。則以營利殖產爲目的。約而言之。在充足
兩種慾望而已。人有此情。西人稱爲自利主義。赫普斯及斯畢諾雜曰。人
生自愛而已。不過爲利己的動物。夫利己即種種慾望之緣起。而一切現象
之所由發生也。

第
三
章
一

意志結合之種類

　　意志結合之原動力既明。於是可進究其種類。乃社會組織之見端也。自來社會學上。分社會組織之種類。爲社會合成社會搆成之二種。即合成組織搆成組織之二大區別也。合成組織者。謂由於發生的集合。即人口自繁殖而集合者。如家族親族。進而爲町村市郡縣。從人口之增殖而成立者也。搆成組織者。謂合成社會中人員。因有特殊之志望。而爲特殊之業務。如各種會社協會政黨學校。皆以特殊之目的組織者是也。然知此區別。未足以究其實際。即如合成社會。概爲公共的組織。自市町村郡縣皆然。而家族又獨成爲私有的團體。搆成社會多屬私設。而最大之國家。又獨成爲公共的組織。故其區別未當也。蓋組織之原因。皆由精神相互模倣而生同情。其間則自有個人之發意與個人相互之協議。始亦出於偶然。久乃知其利益而化爲永久之關係。故其發見之種類。皆意志結合之種類耳。茲分七種以述之如下。

第一節　地域團體

　　地域團體者。其團體之組織。就地域而區分之。如都會村落國民家族。

由地域之廣狹而分其範圍之大小是也。

第一目　原始人類

究國民之所自來。則不得不遡及於原始人類。原始人類者。人類未進化之始。如芬蘭學者所著婚姻進化論[1]。斯賓塞社會學原理。推論已極詳盡矣。大抵其性質雖優於野猴屬。而卑野陋劣。又與今之蠻人種略同。故其族今雖湮沒。而稽之野猴屬徵之蠻人種。可以知其性情慣習之大略也。

按原始人類。自來學者之論説。未衷一是。近今於世界上最佔勢力者。約有二派。其一據創世記以大洪水後那亞[2]爲人類第二之始祖是也。其一據達爾文氏之言。若萬物進化猿爲人祖之説是也。前之説蓋行於猶太基督二教中。即所謂神命説者。如曰上帝先造宇宙萬物。而後造人類之初祖。夫曰亞當。婦曰陁瓦[3]。居於樂園。是曰哀頓[4]。洪水之時。上帝又命那亞營舟救家庭。乃家族之始。社會之基是也。由此之説。則人類實爲突出。有如中國載記中所稱黃土搏人。印度書中所謂八明之化身。希臘神話中所言擲石化人[5]。離奇俶詭而無證據。置之學術界中無一毫價值。達氏之論。以萬物皆出一元。漸次變遷。區爲萬殊。而人類者。則由一種類人猿（介人猿之間）進化。而爲吾人之原祖者也。自達氏發明此學説。其互相前後。以研究生物學之結

---

[1]　"婚姻進化論"，即《人類婚姻史》（*The History of Human Marriage*），芬蘭人類學家愛德華・亞歷山大・韋斯特馬克（Edward Alexander Westermarck，1862—1939）所著，1891年出版。

[2]　"那亞"，即諾亞（Noah）。

[3]　"陁瓦"，即夏娃（Eve）。

[4]　"哀頓"，即伊甸園（Eden）。

[5]　"擲石化人"，在古希臘神話中，宙斯用洪水毀滅世界，丟卡利翁（Deucalion）在父親普羅米修斯的警示下，和妻子皮拉（Pyrrha）逃到帕納薩斯山（Parnassus），躲過一劫。事後爲了重新創造人類，丟卡利翁扔下的石頭變成了男人，皮拉扔下的變成了女人。

果。立説亦多與達氏同。而徵引日爲賅備。如所論人類胞胎。爲科斗
形之精蟲。及爪哇發見之破片頭顱。蘭國①發見之“披鉛羅賽拍來喀
斯”②等。皆確有所據。故論人類原始。以達氏一派爲得也。惟其肇生
之時期。論説亦不一。據舊約之創造説。則謂亞當陀瓦。生於西厯紀
元前四千年間。而即以此爲斷。然此時乃中國及埃及印度等已兆文明
之時代。遽指爲肇生之期。其説之謬可見。據地質學者之説。則以爲
當在五十萬年以前。而就英國特温舍亞州③開痕窟④發見之石灰層。黑
泥層。燒木層。赤沙石層中之人物遺骨。及手破燧石片。與此窟天井
之懸溜。以遞算其年月。實證之而悉合。是其説非出於臆斷。較舊約
説爲優矣。此外則關於其所出之源。又有無數論説。即一元説與多元
説是也。一源説者。謂人類之生理。皆屬同一之組織。故機關之運用。
性行之活動皆同。至顏色骨格之異。則以分別既久。因外界感遇之殊
而致。赫胥黎⑤所謂氣候地位食物三者。皆有分人類爲數種之功能是也。
其實例如在美洲翁達利⑥之英人。及法人之在加富耶⑦者。其子孫之毛
髮變黑。彭雪甫尼亞⑧之德國殖民。其四五代後子孫。毛髮眼及皮膚之
色。均已類似土人。是知人種顏色之別。悉由氣候及其周圍影響之故。
乃據是以解釋人類之始出一源也。多元論者。謂人種永續不變。今日

---

① “蘭國”，即荷蘭。
② “披鉛羅賽拍來喀斯”，Pithecanthropus erectus 的音譯，即直立猿人，19世紀90年代荷蘭人類學
　家歐仁·杜布瓦（Eugène Dubois）根據在荷屬東印度發現的早期猿人化石所命名，因此又稱爪
　哇猿人。
③ “特温舍亞州”，即德文郡（Devonshire），位於英國西南部。
④ “開痕窟”，指肯特洞穴（Kents Cavern），舊石器時代晚期遺址，位於德文郡托基市（Torquay）
　東部。
⑤ “赫胥黎”，即托馬斯·亨利·赫胥黎（Thomas Henry Huxley，1825—1895），英國博物學家、
　生物學家，達爾文學説的堅定支持者。
⑥ “翁達利”，不詳。
⑦ “加富耶”，不詳。
⑧ “彭雪甫尼亞”，即賓夕法尼亞（Pennsylvania），位於美國東北部。

各別之人種。即由當日各別之原祖而成。論者如蒯伊唉爾①分爲三種。
康德②分爲四種。普羅門巴③分爲五種。白富坡④及賴捨普度⑤又牛默里
伊⑥分爲六種。彭德⑦分爲七種。卡西⑧分爲八種。巴禮⑨分爲十五種。
台斯烏朗⑩分爲十六種。博克⑪分爲六十三種。又有分爲二十二種及六
十種者。至渥特色⑫則又謂宜分至數百種是也。其實例如發見非洲之類
人猿。恰如黑奴及部頁門之人⑬。屬長頭種⑭。東洋類人猿。恰如安達
曼島及馬來半島之人。屬廣頭種⑮。是知人類之出於多源也。今時學者。
大都取一源論之説。惟據格希⑯氏所研究。則人類各從其地分別而生。
其産地共有九所。於是又生産地起源之問題矣。起源之地。説亦不一。
或曰南爲阿非利加。北爲北極。或自地質學及天文學上而説。以北極
爲起源地。蓋地球原如火塊。其最先冷者爲極北地方。故人類始生於

---

① “蒯伊唉爾”，即喬治・居維葉（Georges Cuvier，1769—1832），法國古生物學家、解剖學家，
　將人類分爲白種人、黃種人和黑種人。
② “康德”，即伊曼努爾・康德。他在 1775 年發表的《論人的不同種族》中，將人類分爲白人、黑
　人、匈奴人和印度人。
③ “普羅門巴”，即約翰・弗里德里希・布盧門巴赫（Johann Friedrich Blumenbach，1752—1840），
　德國醫生、人類學家、博物學家。他將人類分爲蒙古人、埃塞俄比亞人、高加索人、馬來人和
　亞美利加人。
④ “白富坡”，疑即布封伯爵（Comte de Buffon，1707—1788），本名喬治-路易・勒克萊爾
　（Georges-Louis Leclerc），法國博物學家、數學家、生物學家。
⑤ “賴捨普度”，即喬治・瓦謝・德・拉普熱（Georges Vacher de Lapouge，1854—1936），法國人
　類學家、優生學家。
⑥ “牛默里伊”，不詳。
⑦ “彭德”，即詹姆斯・考爾斯・普理查德（James Cowles Prichard，1786—1848），英國醫生、人
　種學家。
⑧ “卡西”，即讓・路易斯・魯道夫・阿加西斯（Jean Louis Rodolphe Agassiz，1807—1873），美國
　植物學家、地理學家。
⑨ “巴禮”，即讓・巴蒂斯特・博里・德・聖樊尚（Jean Baptiste Bory de Saint-Vincent，1778—1846），
　法國博物學家、政治家。
⑩ “台斯烏朗”，即安托萬・德穆蘭（Antoine Desmoulins，1794—1828），法國博物學家。
⑪ “博克”，即盧克・伯克（Luke Burke，？—1885），英國人種學家。
⑫ “渥特色”，不詳。
⑬ “部頁門之人”，疑即布須曼人。
⑭ “長頭種”，即長顱人種。早期人種學家曾根據顱骨的寬與長之比劃分人種，比值小、顱型長的
　稱長顱人種，反之爲寬顱人種。
⑮ “廣頭種”，即寬顱人種。
⑯ “格希”，不詳。

北極也。若今日所考類人猿。多產於非洲熱帶之下。據千九百年出版之查利士摩利①氏所著"人之原祖"②論。其中述英國探險之斯坦來③氏。發見阿非利加一種之野人。其狀貌與人之原祖最近。然則人類始祖。或即產於地球當日熱帶之下。而由此類人猿所產之地。合以證達氏之論而定爲一源。理或然歟。

今試以野蠻人徵之。於其身體心意之間。可想見原始人類之狀態之大略也。其身體之特異者有七。一曰顎齒强大。蓋邃古之時。農業未興。器械缺乏。凡咀嚼食物及操作物事。皆以齒牙爲用。故其顎齒獨爲强大也。今野蠻人中猶見之。二曰下肢頓弱。蓋人類本四足動物。漸變而爲二手二足者。而事物發明。漸以開化。則四肢以司捕獲採作之事。而足更以勤動而强大。而原始人類無之。今旅行野蠻國者。皆言其他部與文明人不殊。所異惟此耳。三曰腸胃肥盛。蓋其時食物粗惡。滋養之分數甚小。所啖多而廢料亦多。且又無一定之常食。故非大食不足以保生存。今見於遊記者。如哥利烏④記法模遮台爾人⑤之下腹垂重。修温弗克⑥記遏佉人⑦之腹部擁腫。亞哥德人⑧五歲能食牛酪數斤。通哥斯人⑨日盡四十斤肉之類是也。四曰軀幹短小。此蓋由自然界氣候食物之失宜。而無開化時種種之供給營養而致。如中央印度之山族⑩。男不逾五尺。女不逾四尺四寸。柏修門

---

① "查利士摩利"，即查爾斯·莫利斯（Charles Morris，1833—1922），美國作家、記者。
② "人之原祖"，即《人類及其祖先：進化論的研究》（*Man and His Ancestor：A Study in Evolution*）。
③ "斯坦來"，即亨利·莫頓·斯坦利（Henry Morton Stanley，1841—1904），英裔美籍探險家、記者，曾前往中非地區尋找失蹤的大衛·利文斯通。
④ "哥利烏"，即詹姆斯·格里夫（James Grieve，1703—1763），英國翻譯家，作家。他曾將俄國探險家斯捷潘·彼得羅維奇·克拉舍寧尼科夫（Stepan Petrovich Krasheninnikov）的《堪察加、千島群島及其周邊國家的歷史》（*The History of Kamtschatka，and the Kurilski Islands，with the Countries Adjacent*）一書譯成英文。
⑤ "法模遮台爾人"，即堪察加人（Kamchadal）。
⑥ "修温弗克"，即格奧爾格·奧古斯特·施魏因富特。
⑦ "遏佉人"，即阿卡人（Akka），中非俾格米人的一支。
⑧ "亞哥德人"，即雅庫特人。
⑨ "通哥斯人"，即通古斯人（Tungus），泛指居住在西伯利亞和東北亞地區的民族。
⑩ "中央印度之山族"，指中南半島的山地民族（Hill tribe）。

人[1]。男率四尺六寸。女率四尺。中部亞非利加之遏佉人。及非治伊人。因達馬尼斯人[2]。哀斯基穆人。拉蒲倫德人[3]。皆無逾五尺者是已。五曰膂力薄弱。此蓋由於滋養不充。因而神經亦多鈍滯所致。滋養不充。則軀體萎縮。神經鈍滯。則手足頹廢。宜其膂力之不強也。如邁孫記印度山族及佉鄰斯[4]之體力輕發。少頃則衰。告爾敦[5]記達馬拉人之不任久旅是已。六曰身體剛堅。蓋其時技術器具。皆無所備。而外界之傷害常多。身體因而增其剛堅之度。剛堅非健康之謂。蓋皮膚粗惡。能耐苦痛而已。如世稱亞哥德之爲鐵人。能以肉袒臥霜雪。印度土人。能呼吸“馬拉利亞”[6]之毒氣是也。七曰身體早成熟。此蓋由於腦髓之小。因其小而成熟亦自易。婦女之成熟。常速於男子。其腦髓視男子小也。如濠太利亞桑特伊治島諸人。幼時強記過人。至二十五歲以後。率歸衰老者是已。凡此七者。皆今野蠻人之現象。雖其中略有因累世淘汰而差異者。或不盡如七者之足儗原人。然大較則類是。是可見原始人類身體之大略已。

其心意之特異亦有七。一曰卞急。躁動而無恆情之謂也。如非治伊人。感情易激。少頃即滅。達斯馬尼人[7]。方極歡笑。旋又悲泣之類是已。二曰放縱。無所顧慮之謂也。如包爾奈獲[8]中部之土人。子女與父母任意析處。相見或不能姓名。因忒安人[9]。稍長則披倡恣肆是已。三曰慵惰。好逸而不能振作也。如赫頓德人[10]柏修門人及美洲土人等。非迫於饑餓。則無所事事是已。四曰因循。苟安而不能有所變化也。如黑人固守其俗。謂吾惟知爲

---

① “柏修門人”，即布須曼人。
② “因達馬尼斯人”，即安達曼人。
③ “拉蒲倫德人”，即拉普蘭人。
④ “佉鄰斯”，即克倫人。
⑤ “告爾敦”，即弗蘭西斯·高爾頓。
⑥ “馬拉利亞”，malaria 的音譯，即瘧疾。
⑦ “達斯馬尼人”，即塔斯馬尼亞人（Tasmanians），大洋洲塔斯馬尼亞島的土著居民。
⑧ “包爾奈獲”，即婆羅洲。婆羅洲是印度尼西亞加里曼丹島的舊稱。
⑨ “因忒安人”，即印第安人。
⑩ “赫頓德人”，即霍屯督人（Hottentots），主要分布在非洲西南部。

吾祖之所爲。美洲赤人。有勸以改革舊俗者。則大笑疾走是已。五曰心意
薄弱。不耐思索而無持久之性也。如斯畢科斯①氏。謂嘗見伯拉齊爾②之因
忒安人。偶就其方言以質問然否。少頃則自言氣喘頭痛。其不能勞心如此。
陀柏列赫番③氏。謂亞比普人④逢乍見不能遽曉之物。則云安所用此。此皆
其薄弱之證也。六曰心意早熟易衰。童年銳於簡易之思想而長則衰退也。
如利陀⑤論非洲赤道下地。其小兒皆了了無椎鈍者。包爾敦亦謂非洲西部之
新芝人。自嬰兒至十五六歲時常銳敏。十五六以後。則腦髓似腐蝕者⑥。是
其證也。七曰觀念止於具體。長於視聽而短於思索。不能爲抽象之思想也。
如因忒安人能別一草一木一蟲一鳥之名。而不能以一言定其爲動物植物。
達馬拉之舉數。以左手撮右手之指而計之。五數以上。則指盡而不能計。
皆不能抽象之故。是其證也。凡此皆爲旅行者所同稱。即可以想見原始人
類之心意矣。

　　如上所述。其身體心意。殆無一足爲團體發生開始之徵驗矣。然其間
參伍相居林總相接。蓋必有成爲羣焉者。如法人路土路諾⑦。探明猴屬常爲
羣。惟於交尾時雌雄別爲一團。輿地誌略⑧中。載野蠻人最下等者。共爲家
族生活。否亦夫婦同棲。是則原人當雜處之時。其必交相爲羣。可以想見。
特其羣之團結。最爲薄弱。而不能成立大社會。即如野猴之或別爲一團。

---

① "斯畢科斯"，即約翰・巴特斯特・馮・斯比克斯（Johann Baptist von Spix，1781—1826），德國
　　生物學家。
② "伯拉齊爾"，即巴西（Brazil）。
③ "陀柏列赫番"，即馬丁・多布里茨霍費爾（Martin Dobrizhoffer，1717—1791），奧地利傳教士。
④ "亞比普人"，即阿比龐人（Abipon），南美印第安人的一支。
⑤ "利陀"，即威廉・溫伍德・里德（William Winwood Reade，1838—1875），英國歷史學家、探
　　險家。
⑥ "包爾敦亦謂非洲西部之新芝人。自嬰兒至十五六歲時常銳敏。十五六以後。則腦髓似腐蝕者"，
　　"包爾敦"，即理查德・弗朗西斯・伯頓（Richard Francis Burton，1821—1890），英國軍官、探
　　險家。此處稱 "非洲西部之新芝人"，翻譯有誤，原書意爲："非洲黑人和東印度人的孩童都比
　　歐洲的敏銳，但無法將這一優勢保持到青春期之後。"
⑦ "路土路諾"，即沙爾・讓・馬利・勒土爾諾（Charles Jean Marie Letourneau，1831—1902），法
　　國人類學家。
⑧ "輿地誌略"，《輿地志略》，日本人内田正雄在 19 世紀 70 年代編纂的世界地理叢書，共 10 卷。

蠻人之夫婦同棲。於羣皆無甚團結。又若象羣由小牝象而成。以牡象爲之
長。及小牡象長成。乃驅前象長於羣外。蓋由象長嫉妬故也。如此則社會
的性質。與家族的性質相反對。故皆不能爲大社會。原人之羣最初蓋如是耳。

　　夫其羣之薄弱如是。而較之物類勢終開展者何哉。是有數原因在。其
一則直立成而有相互之觀念與交接也。他動物四肢皆附於地。目常下視。
則觀念亦常不出此咫尺。既不能發高尚思想。即對羣集間。自不能有觀念
之增進。人惟自四肢析爲上下部而成直立。則觀念因以漸廣。故視他動物
常優。而手足分業。以下部專司進退。上部乃得以專司捕獲採作之事。相
互之間便易之協力萌焉。此局勢膨脹之一理由也。二則言語通而有相互之
意識也。歷史以前。既有言語。言語之力。使社會大進步。如數學數字哲
學文學。最關人類之思想與道德。皆由言語而成者也。言語有三種。曰音。
曰態度。曰有節音。音者。呵氣而成者也。有節音者。繼續成語也。態度
者。啞者多有之。以狀態表示意思之謂也。（美人倍爾[1]氏曾游日本與盲啞學校生相見
以指畫描摩形狀倍氏盡得其意思故知態度亦言語之一倍氏乃三十年前發明電話者）人類得以言
語傳其經驗。於是始有歷史。而下等動物與人類之別始分。因而增加智識
保存經驗。此又一理由也。三則孳殖繁而有相互之觀感也。穀物豐穰之地。
一配偶平均舉子三四人。二十五年或三十年。人口當增一倍。雖未開化之
時。養育及播種之法未明。難以比例。而輾轉孳殖。勢必常趨於蕃衍。蕃
衍既兆。而相互間之觀感亦漸廣。此又一理由也。四則慾望生而有相互之
計慮也。他動物之羣集。飲食牝牡。惟知縱慾。人漸進化。則嗜慾之中。
漸含有希望之一念。於是對愉快之場合。而偶生不足之感。對須臾之現在。
而懷永久之將來。則於羣集之間。有以發生其感情而益肇開展之勢矣。此

---

[1]　“倍爾”，即亞歷山大·格拉漢姆·貝爾（Alexander Graham Bell，1847—1922），美國發明家、
　　企業家。

又其一也。五則公寇防禦而有相互之聯合也。太古之時。兵事武器不完備。
鷙禽猛獸。爲害最烈。而原人析處。野蠻性質。亦多凌壓之事。於是慮患
之心成。而防禦之事起。則必有集所親愛聚處以防公寇者。雖事過境遷。
或復分散。而寇患日烈。團結亦以日堅。則開發之勢成矣。此又其一也。
故原始人類之羣。雖簡單質朴而勢終開展。下等動物之所以不及者。誠由
相互間無種種完全之要素也。

　　當時人類之羣。散在諸方。無長幼之序。無夫婦之別。（邦克洛夫脱[1]曰卡利
何爾尼亞[2]士民[3]無所謂婚姻媾合時如鳥獸縱慾而已德國動物學者布列姆[4]曰純粹一夫一婦之結婚惟
於鳥類見之因感歎其情之真摯）而如上所論。則其爲羣之生活。自最初已然。中世
學者謂人始獨居。其後乃爲社會。英人火布士曰。人與人之關係。有如狼
然。嚙噬相恐。始約爲羣。是皆以人類喻下等動物。過於失實。故科學家
不謂然也。原人既以相互而爲羣。而知識日以增加。性情日以發達。故此
簡單質朴之羣。爲團體所自發生。而爲社會之託始也。

第二目　母系

　　羣之勢既日張。積漸而生家族。其始則爲母系。母系者。知母不知父
之謂也。其源蓋基於雜婚。此制之行。其血族之關係。爲傳母之系統。從
女系線以正系統。蓋倫理不明。以爲所出者由母。母則由母之母。推而至
於無極。因名曰母系制度。爲圖明之如左。

---

[1]　"邦克洛夫脱"，即休伯特・豪・班克羅夫特（Hubert Howe Bancroft，1832—1918），美國歷史
　　學家。
[2]　"卡利何爾尼亞"，即加利福尼亞（California），此處指位於今墨西哥西北部的下加利福尼亞
　　（Baja California），又稱加利福尼亞半島。
[3]　"士民"，有誤，應爲"士民"。
[4]　"布列姆"，即阿爾弗雷德・埃德蒙・布雷姆（Alfred Edmund Brehm，1829—1884），德國動物
　　學家、作家。

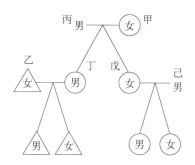

〇中男女。皆爲甲女子孫。△中男女。皆爲乙女子孫。

凡男子無所子。丙男丁男皆然。其爲一族者。獨爲甲女子孫。其乙女子孫。又別爲族。

女子在家。受兄弟援助。故不爲夫所制。而夫反從妻。厭或去求他婦。子女皆非所有。此固以母爲之長。然若母之兄弟。亦可爲之。

故在母系法之社會。以母爲社會之中心。其財産相續。亦稱女系。如天竺内地内亞種之制。不讓子而讓姪是也。又其時有一種宗教。以動植物之名自命。以爲己身與己所命名之動植物。有大關係。遂以其動植物爲保護神。且爲藥劑。病則食其根葉與毛血。其後相沿以母之保護神爲己之保護神。遂至爲一族之名稱。澳洲①等處。猶有此習。又如熊蛇龜諸族名。尚於亞美利加印度人②見之。其保護神謂之妥廳。Toten③蓋等之徽號。至刻諸刀矢弓劍間以自表云。現今猶行此法者。爲南阿非利加之陀馬羅人種④。西阿非利加之孔哥種族⑤。天竺孟加爾⑥地方之土人。馬達加士加⑦南洋諸島。

徵之歷史。父系制度之國。昔時亦有用母系者。如埃及至紀元前第三世。尚用母系制度。例如訴訟人對法官。不稱父某而稱母某之子。又新婚

---

①　“澳洲”，即澳大利亞。
②　“亞美利加印度人”，指美洲印第安人（American Indian）。
③　“Toten”，有誤，應爲“Totem”，即圖騰。
④　“陀馬羅人種”，不詳。
⑤　“孔哥種族”，即剛果人（Kongo）。
⑥　“孟加爾”，即孟加拉（Bengal）。
⑦　“馬達加士加”，即馬達加斯加島。

男子。爲財產傳子之計。多以財產託名於妻。蓋如此則不爲法所束而傳之姊妹之子也。是皆母系之證。特母系與母權亦自有別。世或混同之。則爲誤解。蓋獨爲血統之必要。而非實際之權力。即如母之兄弟姊妹。可爲家長。埃及哈拉俄①仍以男子爲家長。惟於裁判所則稱母某。是知母系不必有母權。而特爲血統之所屬耳。

　　於文、姓字女從生。又古史中所謂以母居處爲姓。或亦母系之故。此義學者解説不一。以社會學所論觀之。於理亦互相發明也。日本史中有母系法痕迹者。爲土蜘蛛②。大和民族。韓人。漢人。熊襲族③。蝦夷族。馬來人。此等諸族之血族相混。爲現今日本民族。但無復母系遺制耳。母系法既行。血緣之組合漸張。乃爲團體成立之基礎。

第三目　父系

　　羣之漸進。乃皆用父系法。今文明諸國。及古代黑勃留人④。羅馬人。日耳曼人等。在歷史以後。皆用父系法。如羅馬歷史家塔西他斯所記日耳曼人事⑤曰。母黨之叔父。愛姪猶子。又曰。財產傳之於子。然愛姪如子。至以其人爲質。則重姪過於子。猶有母系餘風。是則自母系而移爲父系可知矣。故父系法乃漸進之羣有之。野蠻人中。雖亦間有用此法者。然終不數數覯也。

　　父系制度之行。原因蓋有三。其一則由遠征也。野蠻之民。有遠征之必要。當夫逐水草移居時代。其移居之際。必攜家口而行。其結果遂變爲

---

① “哈拉俄”，即法老（pharaoh），此處指古埃及的法老時代。
② “土蜘蛛”，又稱“國棲”，日本古代傳說中的民族。
③ “熊襲族”，也作“熊曾族”，日本古代傳說中的民族。
④ “黑勃留人”，即希伯來人（Hebrew）。
⑤ “塔西他斯所記日耳曼人事”，“塔西他斯”，即普布利烏斯·克奈里烏斯·塔西佗（Publius Cornelius Tacitus，約56—120），古羅馬歷史學家。“所記日耳曼人事”，指《日耳曼尼亞志》（De origine et situ Germanorum）。

父系制度。是旅行家所目擊於美國也。其一則爲奪婚也。男子剽悍之行。不甘屬女羣。因而有捕女而歸者。又其時結婚或爲表武勇。非奪得敵首者。不得妻。其結果則爲此等習慣。於是子爲父之子。而以父系爲正。此等遺迹。不止存於古代羅馬之舊話。及其結婚式。今歐美猶有之。英國某地結婚式。有新婦之父母闕席者。又或新婚旅行。而馬來羣島中。今殊有此現象也。其一則爲牧業也。古代之牧業。不如近代之平和。或逐水草而徙。或爭家畜。其轉徙之際。既於經濟上感妻子之協力。而爭畜亦以有妻子者爲佔優勢。於是又感强奪結婚之不善。而生買牧之制。爲購求結婚制度。廢强奪者爲得承諾而購求者。以爲金所易之妻。價值優於强奪。抑亦自然之結果也。故由是父母妻子之關係。漸漸確立。且以戰爭頻仍。家長之勢力漸重。生理發達。父子之觀念亦生。故父系終以成立也。

　　此制既行。其始又或偏重父黨。則知父而不知母者亦有之。知南美食人人種。有捕敵而妻以女者。女得子則殺而食之。蓋以女之子爲敵人子。非己子也。日本史託始於天御中主神①。（日本古史言祖先有三説日本書紀②稱國常立尊③舊事記④稱天讓日天狹霧國禪月國狹務尊⑤古事紀⑥稱天御中主神）稱其後數世皆爲男神無偶。日本書紀云。乾道純化。此蓋取象於易之乾不交坤而生。而其時專重父系可知矣。

　　父系發明之後。其同族者漸相團結。非復如母系制度。因求妻而散處於外。而父系既立。崇拜祖先之風。亦漸行。時蓋猶以動植物爲己名者。（見

---

① "天御中主神"，日本《古事記》中記載的開天闢地之神。
② "日本書紀"，又稱《日本紀》，養老四年（720）由舍人親王、太安麻呂等編修而成，共 30 卷，記述自神代至持統天皇時期的神話與史事。
③ "國常立尊"，又稱"國底立尊"，《日本書紀》中記載的初代神。
④ "舊事記"，即《先代舊事本紀》，平安時代初期編纂的史書，共 10 卷，記述自神代至推古天皇時期的神話與史事。
⑤ "天讓日天狹霧國禪月國狹務尊"，《先代舊事本紀》中記載的天祖之神。
⑥ "古事紀"，即《古事記》，和銅五年（712）由稗田阿禮口授、太安萬侶撰録，共 3 卷，記述自神代至推古天皇時期的神話傳說與天皇系譜。

前）其後人之於先世。久或忘其狀而僅記其名。則訛而爲新奇可駭之稱説。如斯賓塞所論之人身牛首。蛇身牛首是已。其時崇敬祖先。於此蓋可概見。

在父系制之族。父爲之長。集妻子眷族爲一團。漸有村落之觀。而爲家族之始。其團結之强。殆非母族之比矣。

第四目　部族

部族者。羣與族之關係也。羣與族之併合。成一團體。其名曰部族。亦曰種族。然其中有由多數之族而成立者。有由一族個人而成立者。由多數之族而成立者。爲親族之關係。乃"皮勒"。Bena[1]結婚。（男子棄其羣而投他羣依婦以求生活也）及攘奪結婚（攘奪他羣婦女以爲妻）之結果也。由一族個人而成立者。爲同族之關係。例如一羣內有無數家族之"妥廳"而相爲一致者。乃家族發達之結果也。

羣與族既相併。則族既團結。而羣亦聯合。其羣與族爲一致者。則不迎本羣之妻。(此爲同姓不婚之濫觴古來東洋亦即有不娶同姓之習或曰此出於統一諸侯之策使諸侯因婚姻聯絡感情此論甚謬蓋忌諱同姓之結婚人與動物皆有之也)於是鄰近之羣。因通婚而有血緣之關係。若有公敵之來襲。洪水之爲災。及食源之關係等。則此等之羣。合爲一母系的部族。集合而共防之。而交際親密。對於外界。實有維持大社會之基礎。

部族者。住一定之土地。得認之爲渾一體而備體制者也。蓋部族之單位。即比家族而大之簇集。由此數箇簇集。組成最小渾一體的社會。即部族也。其中爲數箇村落而生活。村落大抵在湖水或海灣邊。以其便於漁獵也。如此之部族。其進動或有急遽者。是必由非常壓迫而成。若標準的狀態。則其進動爲遲緩。不能知其由何時而成。又部族非必由毗鄰者集成。

---

① "Bena"，即貝納人，又稱卡本德人（Kabende），主要分布在今贊比亞北部。

或遠地之羣。偶來與此羣結合。而爲親密之渾一體以成部族者亦有之。現今爲此生活者。如卡攸額①由三村落而成。（此爲血緣團體）各村落各隔一里許。各有百家上下。謝內卡②由四村落而成。其中大者有百五十家。次者百二十家。此二村落之距離。約三十里。從此二村落隔四五里。有由三十家而成者二。由二十四家而成者一。

　　當時之族或羣。有畊作者。有游牧者。畊作者定住不移。游牧者逐水草而轉徙。世界民族。大抵經過游牧時代。最後乃始有畊作也。如言得五穀者。中國則必歸於神農。日本亦追溯於天照太神③。（日本書紀神代上卷天照太神始得五穀）而神農之上。先有宓犧。即天照太神以前。亦有所謂國常立尊等。則可知其先世固捕獵游牧之民也。中國游牧時代。其族蓋出於崑崙。沿黃河而下。而先居河陽。後居河陰。觀古帝所都。若太皞都陳。（竹書紀年云都宛邱）神農初亦都陳。後都曲阜。而渡河而北。黃帝乃都於涿鹿之阿。所謂自古至漢。則黃河爲發達史也。即此可以想見。日本游牧時代。或云其始祖出於天都。又或謂從南方而來。一往日本。一往高麗。一往琉球。其說無確證。日本學者非之。而謂自亞細亞沿黃河而下東渡日本之說爲足據。此不足深論。而其爲游牧之證則一也。

　　現今野蠻人中。有未成部族。惟在接近生存之羣中而生活者。蓋其結合之勢。尚未足成爲部族。然其各羣之性質及組織。日漸變形。而有將成部族之狀態。例如錫蘭島④之倍大人⑤。孟加爾灣安陀曼島⑥之民哥比士人⑦。

---

① “卡攸額”，即卡尤加人（Cayuga），操易洛魁語的印第安部落，歷史上居住在今美國紐約州卡尤加湖東岸。
② “謝內卡”，即塞內卡人（Seneca），操易洛魁語的印第安部落，歷史上居住在今美國紐約州中部。
③ “天照太神”，即天照大神。
④ “錫蘭島”，斯里蘭卡（Sri Lanka）的舊稱。
⑤ “倍大人”，即維達人（Vedda），又稱吠陀人，分布在斯里蘭卡東南部。
⑥ “安陀曼島”，即安達曼群島。
⑦ “民哥比士人”，即明科毗斯人（Mincopis），是早期人種學家對包括安達曼群島人在內的南島語系（Austronesian family）各民族的統稱。

濠洲之黑人①。南美布休曼②非基安人③。北美東北及西北之印尼人④。洛幾山⑤之幽得人⑥。阿馬參森林⑦之印度人⑧等是也。此等諸人種中。民哥比士人爲移住的社會之生活。大抵由三十人或四十八人而成。然或攻禦外敵。則多數之結合亦易。布休曼人散居廣大面積上。而分爲十人或五十人的漂游之羣。非基安人亦各爲二三十人之社會。其羣由二三家族而成。全體人口僅二千。至濠洲人所作之羣。則益小矣。而羣與羣之交際爲親密。各羣常捕得他羣之妻。而其血緣。以母方爲蹤跡。"妥廳"之下。不知父方之血緣。其結合男女。專取自認。爲受同母方之血者。（同母系者始結婚）

　　凡爲部族者之間。雖非盡爲同一血緣者之集合。而爲同一人種則無疑。且其地方亦同。言語風俗與一切制度。皆略相似。故其同血緣者即族。否亦皆同一祖先之族也。世界各國之起原。必先有族而後有部族。故現今文明各國莫不有表古代血緣之文字。如中國之姓。日本之"烏基"。（ウヂ即ウミスヂ生系也）羅馬之"梗司"。Gens 希臘之"格羅斯"。Genos 英之"格蘭" Clan 是也⑨。

　　部族亦各有法父系母系者。故有父系部族。母系部族。而以次由母系部族。變爲父系部族。亦必然之勢也。現今當此變遷之機運者。爲虞伊列亞黑人⑩。其在法母系時。首領之妻中最主者（謂正妻）及所生子。皆屬妻族。而崇拜其保護神。舉族皆崇拜之。及法父系而以父爲長。亦爲舉族所

---

① "濠洲之黑人"，此處指澳大利亞的土著居民。
② "布休曼"，即布須曼人。
③ "非基安人"，即火地人（Fuegians）。
④ "印尼人"，即因紐特人。
⑤ "洛幾山"，即落基山脉（Rocky Mountains），位於北美洲西部。
⑥ "幽得人"，即猶特人（Ute），美洲印第安人的一種。
⑦ "阿馬參森林"，即亞馬孫雨林（Amazon Rain Forest）。
⑧ "印度人"，此處指西印度人，即印第安人。
⑨ "日本之'烏基'。（ウヂ即ウミスヂ生系也）羅馬之'梗司'。Gens 希臘之'格羅斯'。Genos 英之'格蘭' Clan 是也"，"ウヂ""Gens""Genos""Clan"皆爲家族、氏族之意。
⑩ "虞伊列亞黑人"，不詳。

崇拜。死則以爲其靈能保護子孫。尤益畏敬。以長子爲與父關係最密。凡有禱祭則屬之。娶婦不姙。則首慮無以爲禱祭地。至有中道離婚者。因而有崇拜祖先之風。

　　按崇拜祖先之風。西人擬之未開化之人民。於理未當。在西洋或有此比較。通論則不盡然也。中國至今猶存此風。其原因未可概論。蓋發生於倫理道德之觀念。而荒唐破壞於風俗習慣之遷流。夫報本返始。宗祐之所以立。奉先思孝。祭祀之所以興。忠厚悱惻之忱。概目之曰迷信。於理有未安矣。其或稱綏多福介繁祉[①]者。不過詩禮藻飾之詞。孔子言敬鬼神而遠[②]。於祭則致其愛存愨著[③]之思。其意可按而知也。然僋愚無知。忘其原始。積世之後。成爲具文。裨野[④]益之囈言。堪輿佐以師説。於是遂成爲荒誕不經之風習。第自其一方論之。情狀誠不值一哂。然其又一方。固大異歐西野蠻土人種之所爲也。夫但以風習論。則通常之流傳。可笑者何可勝道。如往古時代。希臘羅馬之論人。分肉體靈魂爲二。又拜火之俗。家燃一火於室曰神聖火。出入必致禮之。結婚詣火膜拜。人死則於墓次招魂。呼使向火。藏三月更新者。長年不息。息則爲一家滅亡之兆。日本古代俗尚鏡。人死以鏡附著之。凡神社亦然。此荒誕不經之流傳。試爲之溯其原始。恐猶非崇拜祖先之風之可同日語矣。社會之現象。有異源同流者。此不可以不辨。

凡族必有長。以血緣爲基礎。而族之於長。以情相交。長之於族人。

---

① “綏多福介繁祉”，周人祭祀先王時的頌詞。語出《詩經・周頌・載見》：“烈文闢公，綏以多福，俾緝熙於純嘏。”《詩經・周頌・雍》：“綏我眉壽，介以繁祉，既右烈考，亦右文母。”
② “敬鬼神而遠”，語出《論語・雍也》：“子曰：‘務民之義，敬鬼神而遠之，可謂知矣。’”
③ “愛存愨著”，語出《禮記・祭義》：“致愛則存，致愨則著。”
④ “裨野”，有誤，應爲“稗野”，指稗官野史。

亦以情相交。此最初一族之關係也。進而爲部族。長之於人民。則臨
之以權。人民之於部長。則效之以忠。於是漸生權力之關係。部長之
於人民。論有功者行賞賜。或賜以牧畜。乃爲牧畜封建之起源。或爲
一定之場所。則賜以土地。乃爲通常封建之起源。故部族者。政治之
稍發達者也。

第五目　民族

數部族之相合。成一團者。名曰民族。其類亦有二。一父系者。一母
系者。部族之爲性。好侵略人地以自益。而以併吞他族爲能。故其先各自
獨立。而一遇公共之敵人。或公共之損害。則又集合團結以資防守。如巴
塔哥尼亞①之數族。因與伊司帕尼亞②交戰而集合爲一。北亞美利加音的安
人③之六部。因與英人交戰而集合爲一。猶太始時。伊司列竦脫④之部族。
因與嗎奧巴伊⑤爭鬭而聯結。遂蔚爲一帝國。希臘古代散處之部落。因與脫
落伊⑥爭鬭而聯結。遂成立數小都會。故競爭之心日益增。斯團結之力日益
厚。亦民族成立之原因也。惟種類或殊。則終於不能聯合。如中國帝舜之
世。竄三苗於三危。日本大和民族。逐蝦夷（蝦夷實記⑦日⑧進達官之前屈
腰引足狀如蝦）於北方。是其明證。故種族不同者。必不能同地生息。而
爲共同之結合。其稍稍混一者。抑其人種之不甚懸絕者耳。

民族之範圍甚大。其中有都會。有村落。戴一君以爲主。爲封建制度。
時則以階級之念。司配人心。如古代埃及分君主僧侶武士平民四級之制。

---

① “巴塔哥尼亞”，巴塔哥尼亞（Patagonia），位於南美洲南端。
② “伊司帕尼亞”，Hispania 的音譯，是伊比利亞半島的別稱，此處指西班牙。
③ “音的安人”，即印第安人。
④ “伊司列竦脫”，即以色列人（Israelite）。
⑤ “嗎奧巴伊”，即摩押人（Moabite），西亞古代民族之一，閃米特人的一支。
⑥ “脫落伊”，即特洛伊（Troy），位於小亞細亞半島西端。
⑦ “蝦夷實記”，即《松前志》，日本江户後期松前廣長所著，共 10 卷。
⑧ “日”，有誤，應爲“曰”。

斯巴達分市民平民奴隸三級之制。而羣聚州處。血緣之組合。亦爲團結之
一大原動力。迨百官制度日鼇備①。社會體制日開展。而民族亦漸進化。於
是遂名曰國民。國民與民族之實質。無甚區異。特因進步而殊其觀念耳。

　　　按此時代之君。蓋酋長而已。酋長之起。爲族制制度變化之端緒。
（此不過就其普通論之。蓋社會之進步。各國異其程度。例如希臘羅馬之去族制制度。在紀元
數百年前。依雅典之歷史。則沙窿②之時。始改此制爲領土主權。而他國此問題之著落。又在
後世。故未可以一例視也。）其源蓋起於戰爭與神權。其一戰爭之際。須有職
掌法律之大權者。故必置酋長。而戰爭繼續。酋長亦不得不繼續。久
而酋長遂爲世襲。其權力益强。而身經百戰。必大爲諸部族所歡迎。
至獲許多之賞賚。故酋長饒有財產。而爲封建制度。其時農業未甚發
達。封建多以家畜爲基。如日耳曼之風俗。酋長與其部下以馬或武器
是。於是人民對於酋長。有忠誠之義務。遂生一種君臣之關係。此其
由於戰爭者也。其一依神權主義。酋長乃日益固。據列國歷史。其最
初之君主皆酋長。雖名位似甚輕賤。實則尊貴於後世之王。蓋皆信爲
神之子孫。宗教上有祭祀其祖先之大權。此即成於神權主義者。歐洲
各國帝王系統。稱最古者爲日耳曼人祖神瓦典③之子孫。有神權。是已。
故古代各國帝王之職務。多關於宗教。而最初則爲酋長。此其由於神
權者也。又封建制度。概爲社會組織之一階級。據卡爾提亞④埃及等歷
史。內部皆爲封建。埃及則僧侶之權最强。僧侶及武人。分割土地而
有之。農民惟納貢稅。希臘羅馬進步速。雖不存封建制度之遺風。猶

---

① “鼇備”，有誤，應爲“整備”。
② “沙窿”，即梭倫（Solon，約公元前630—前560），雅典政治活動家和詩人，古希臘“七賢”之一。
③ “瓦典”，即奧丁（Odin），北歐神話中的主神，世界的統治者。
④ “卡爾提亞”，Chaldea的音譯，即迦勒底，歷史地名，位於兩河流域南部，此處指迦勒底人建立的新巴比倫王國（公元前626—前539）。

有其形迹。蓋自族制制度移於國家組織。必經過封建制度。非獨中國日本爲然也。夫變族制制度者。爲封建制度。變成於血統之人種的社會。以爲今日之人民的社會者。亦封建制度也。故民族時代中之封建制度。最爲組織社會中一大關鍵。而農商亦各有關係焉。一曰農本主義之封建制度。自社會膨脹。不能應人口之繁殖。故由佃漁以至牧畜。佃漁以許多地養活少數之人。牧畜以多數人生活於少許之地。比較之間。已漸形開展矣。然部族既合爲一大民族。則人口倍而需求有所不能應。於是始牧業以務農。而農本之主義出。然其時人民尚以移住或戰爭爲事。不樂就隴畝以勤稼穡。而優等部族征服劣等部族。遂領其地而强其人以勞働於農。此武功之結果。關於農業之發達也。如北狄[①]蹂躪羅馬帝國。以其土人爲農奴。而有力者爲諸侯以控制之。今彼貴族猶以狩獵爲事。又法國以獵獸權大壓制人民。革命竟基於此。皆可以想見。此封建制度之以農業爲本者也。一曰商本主義之封建制度。蓋地中海周圍之諸國。當時變族制制度爲封建制度的組織之際。地中海附近之貿易。非常發達。外國商人交通往來。而與土人同居。其同居非族制制度。故如雅典不得以族制制度建國。於是沙窿基財産而組織社會。應財産之多寡。以分政權。是爲沙窿之改革。羅馬亦然。故希臘羅馬之成市府國家。基於商業。其國家主權。存於市民。市民之外。有多數奴隷。以零賣製造物品爲務。此封建制度之以商業爲本者也。

第六目　國民

當國民成形之始。野蠻國之偪處鄰疆者。常侵略爲害。又其時國內諸族。亦以未歸統一之故。叛附無常。是以國民以修葺武備爲第一要務。外

---

① "北狄"，此處指日耳曼蠻族。

防蠻夷。內抑叛族。其統一之要素。仍不外二種。一以武力。一以宗教。
蓋戰爭趨勢之所尚。其得居中央而司指揮監督之權者。必爲武勇優勝之人。
如布西曼人①。以有腕力者爲君長。塔司馬尼亞人②。擇武勇者爲酋長。而
指揮監督者。慮腕力有窮盡之時。乃託於隱妙不測之神力。謂王位由天神
所定。故其民視王如神。而王亦藉以保全其定靜不動之權力。古來中國之
稱皇天眷佑。歐西之有神意政治。胥是道耳。

　　凡建國伊始。君主首本神權。次設嚴法干涉民庶。此其作用。蓋以同
化異種之民族。如埃及古代政府。干涉人民之職業。不許無職業而居。並
須將職業開陳政府。巴比倫司巴達③等。亦禁金銀貨幣。以養成尚武風氣。
而民間衣食與住居。一一干涉。例最近而著明者。加④俄國彼得大帝⑤之統
一政策。禁民蓄長髯。不薙者徵以髯稅。次禁長袖。貴族有長袖者斷之。
舉國遂無敢犯者。此蓋以亞細亞中有蒙古之俗。欲使之悉化歐風也。英法
諸國。其初亦有類此者。雖爲統一秩序之要。而民間殊若⑥壓制。往往有憤
其苛橫者。故於是仁政之論。勃然興起。而社會人心道德之觀念。亦於是
發生。有如堯舜以來。謨典所載精一執中之心法。開發道德之淵源。日本
聖德太子創定十七憲法⑦。指示道義之標準。然道德之範圍。至廣亦至狹。
能感勸而不能制限。有觀念而不必服從。君主空託高談。罔有實際。故終
於不能持久。曠觀東西洋歷史。其間霸者挾智術以爭奪政權。而道德力失

---

① “布西曼人”，即布須曼人。
② “塔司馬尼亞人”，即塔斯馬尼亞人。
③ “司巴達”，即斯巴達。
④ “加”，有誤，應爲“如”。
⑤ “彼得大帝”，即彼得一世（Пётр Ⅰ，1672—1725），1682 年起爲俄國沙皇，1721 年起爲俄羅斯
　帝國皇帝。
⑥ “殊若”，有誤，應爲“殊苦”。
⑦ “聖德太子創定十七憲法”，“聖德太子”，即厩戶豐聰耳皇子（574—622），用明天皇之子。7 世
　紀初，聖德太子任推古天皇攝政期間，整頓內外政治，制定“十七條憲法”，强調以天皇爲中心
　的國家意識。

其存在者。實有同一之現象。蓋於是法律爲注意之點。而法治立憲之政。胚胎於茲矣。

法治之成。蓋教權衰歇政治改革。經幾許變遷而來也。故自法律之制定。君主依法以行政。人民亦得藉法保護其生命財產之安全。而智識開明。民心所向。只在滿足人間天賦之慾望。迨與外國交通。諸種團體。併起勃興。國與國之人民。其文明之發達。亦漸次相似。斯則爲人文範圍矣。

第七目　人文範圍

人文範圍。爲德國學者所命名。乃開發人性所賦一切能力之結果也。彼此國人相接搆。風俗習慣。隨之而混同。而人文之程度相埒。故稱之曰人文範圍。此其要有三。一尚人格。一無職業之貴賤。一尚協同也。蓋國家保護個人之權利。解散束縛。咸樂於自由。剗除階級。共躋於平等。故此時代之社會。如向榮草木。生發殊未有艾。以個人具備能力。享有權利。皆可由思想發達。集爲一大勢力。以益進於文明也。夫專制治下之人民。惴惴焉奉戴君命。祇知遵奉義務。而無能主張權利。生命財產之權。委之君主。人格之價值。一待君主而定。此其大可哀歎者也。今日則不然。凡人生活之必要。皆可以自謀安全。雖君主莫能强迫。古者士農工商。爲階級之判別。宗教族長。有惟一之督制。今則四民一體。個人爲社會單位。拘束力一就消滅。而通力合作。有協同之益。無孤立之懼。相互相需。而日增進其幸福。今歐美諸國。蓋有此現象。而影響及於東洋矣。

第八目　世界統一

考社會生成之由來。上古諸羣割據之時代。由兼併相次而成部族。部族既多。由兼併相次而成民族。民族之生存者亦多。又由兼併相次而成今日之國民。國民又以其程度之相若。而爲人文範圍。是故稱社會者亦不一而止。如家族社會也。學校亦社會也。各種協會之類。亦社會也。國家則爲一大社會。而亦即社會之社會也。在今日則世界亦可稱社會。蓋昔者鎖國時代。世界不過空名。東西洋互相隔絕。則有世界之名。而無世界之實。今則萬國交際。天涯比鄰。而入國際法之範圍者。皆爲文明國。而亦因經濟上生有機的關係。印度之改貨銀貨制度。影響及於美國之物價。中國團匪①之起。歐洲各國。咸懷戒心。故今日之世界。乃互通感覺之時也。

　　有賀長雄氏曰。體制開展。生物之通則。社會既爲有機體。亦莫不然。其發生之始。簡單純一。愈發達則愈龐雜。信如斯言。社會之進步。殊未有止境。而國民衆多。合爲一大國民者。其例已早開之。如墺匈帝國②。有歐羅巴亞細亞兩人種。瑞士共和國。有德法意三國民族。雖其間以種族之異。時有競爭。而墺匈終保有主權。瑞士乃與比利時號各國自由主義之最。夫論一國之文明。不日進則日退。論全球之文明。則方日進而未已。當世法律學者。論法律定義。不曰國而曰社會。或以異時之狀態。有不復可以國名者。是亦其未可臆量者矣。由是觀之。世界之統一。乃爲地域團體組織之終點。而理想家所謂黃金世界。儻亦進步趨勢之固然歟。

　　由現今世界觀察之。其關於統一上利用及妨害之故。則可以略言之。就其利用者而言。國際之交通既繁。文明真相。漸進於同一之地位。其交通之機關發達。則世界統一上。或利用之。其一如雜婚是也。血緣聯合。血族之觀念自生。欣戚與共。情誼日以親睦。尊我卑他之念。自歸於消滅。此其一端也。其一則文字也。自腓尼基首發明音標文字。爲全歐文章之祖。

---

① "團匪"，對義和團的污稱。
② "墺匈帝國"，即奧匈帝國（1867—1918）。

倉頡取形蹄远①。亞東文字之所由來。希臘衍派爲拉丁。假名②造端於伊呂③。其原始大概從一。相互講習。優者固相得益彰。稍劣者亦相形知拙。因時變通。漸定於一。此又其一端也。其一則語言也。意志之交乎。由於談論之款洽。斯賓塞論社會與有機體之別。謂原素相互間生空隙。惟言語繫之。則言語之要可見。交通既多。意志諧洽。或改良同化。忘其町畦。此又其一端也。數者爲統一上和平的必要之原素。而均基於交通。此則其利用之所在也。

　　然如上之所述。見諸實施。亦爲至難之事。蓋人種之觀念。深印於腦中。雜婚一事。說者各異其見。或以謂注入新血液於社會。精神上得美善之結果。或又謂其結果不良。而引南美爲例。且謂雖可繼續一代。漸次不免消滅。而因主張隔絕異族人種結婚之論。是則欲謀普及之聯合。勢固有所不能。若語言文字。各由其習慣相沿。其人則皆有國粹保守之觀念。而以一國家獨立固有之語言文字。滅亡於他國影響漸被之下。必爲人情之所不能堪。故於交通上覘世界之統一。蓋知其難也。文明諸國。國家之觀念日强。如德人以國土比之嚴父。至號稱父國。Vaterland 英人號稱母國。Motherland 勢力之平均。歸併既有所不可。而個人分子之主義。欲其無反抗力。不可得也。此則妨害之所在也。

　　按西曆千八百八十七年間。有波蘭眼科醫士查憫和夫④氏者。居波蘭瓦爾梭⑤首府。各國人士。雲集是都。言語互異。往往有因對話時情

---

① “倉頡取形蹄远”，出自漢代許慎《説文解字・序》：“黄帝史官倉頡，見鳥獸蹄远之迹，知分理之可相别異也，初造書契。”
② “假名”，日本通過簡化漢字筆畫或改變漢字字形而成的一套表音文字。
③ “伊呂”，即《伊呂波歌》，日本平安時期（794—1192）出現的一種排列假名次序的方法。
④ “查憫和夫”，即拉扎魯・路德維克・柴門霍夫（Lazarz Ludwik Zamenhof，1859—1917），世界語（Esperanto）的創立者。
⑤ “瓦爾梭”，即華沙（Warsaw）。

意扞格。釀成劇鬭者。氏因思得一共通語以救之。乃入大學研究俄德
法語各數年。最後又精研英語。於是集諸種異國語。擇其已經通用者。
取其語根以爲基礎。如英法俄德諸國語中。皆有所取。而尤以採自拉
丁語爲多。譯爲世界語。即所稱"耶司別蘭朶"Esperanto 者是也。言
語學家馬克苗爾①氏。稱爲現今一百五十餘種國語中獨一無二之完全國
語。三年前習此語者甫八萬人。其發行之雜誌。不過九種。近則日益
發達。今春歐美已有廿餘種雜誌之多。日本亦有題爲萬國學術評論之
一種月刊雜誌。自去歲（千九百五年）八月於法國之波龍艾②開第一次
世界語之萬國大會。其間二十二國之代表者。各以此語爲議事演說及
晤談之用。本年（千九百六年）又開於瑞士之岑哇③。與會者有巴黎大
學教頭愛姆④氏。及羅蘭公爵⑤諸名士。就中均操此語。商業界如倫敦
商法會議所⑥。萬國石版業聯合所⑦。活版印刷業聯合所⑧。皆久已採用。
又萬國哲學會⑨及萬國平和會⑩。亦決議採爲公用語。發達膨脹。駸駸
乎有撮合全球之勢。亦奇觀也。夫語言文字。爲世界統一之一原動力。
若此則集多數國語言文字之精粹。有交相推尚之概念。而無優劣勝敗
相形之感情。將來社會體制愈益開展之順序。或即以此爲嚆矢。亦未
可知耳。此與本節所論語言文字統一之要。極有關。因閱各報。得彙

① "馬克苗爾"，不詳。
② "波龍艾"，即布洛涅（Boulogne），法國北部海濱城市。
③ "岑哇"，即日內瓦（Geneva）。
④ "愛姆"，不詳。
⑤ "羅蘭公爵"，不詳。
⑥ "倫敦商法會議所"，不詳。
⑦ "萬國石版業聯合所"，不詳。
⑧ "活版印刷業聯合所"，不詳。
⑨ "萬國哲學會"，即國際哲學團體聯合會（International Federation of Philosophical Societies），1900
　年 8 月成立於法國巴黎。第二次世界大戰期間停止活動，1948 年恢復活動，1973 年改稱世界哲
　學大會（World Congress of Philosophy）。
⑩ "萬國平和會"，不詳。

考其事實。謹附識於此。

要而論之。地域團體之組織。由其精神發見之程度而異。其意志之結合。漸推而漸廣。愈引而愈伸。是固非地域觀念所能制限者。亦非必爲共同生活於一國家政府之下。而後爲統一之現實也。並處人文範圍之中。勢力平均。程度相若。工商以生其經濟之關係。則有互相保持之感情。學術以生其智識之關係。則有互相交換之感情。此感情之發達。則意志結合。自生一種之組織矣。故地域團體。就意志結合以究其進步。則世界統一。必成於人文範圍之後。亦其發達之自然趨勢也。

第二節　機能團體

機能團體云者。一部之集合團結。爲一種之作業。或一種之利益。如有機的之因應無窮。而於一般團體中。因結合而備一特別之能力者也。舊時學者。論爲社會之機關。今不謂然。蓋一部之結合。非全體之傾注。未爲關係社會之原素也。其組織之原因。爲滿足一種之要需。或別有一種之目的。其類殊難區分。約析之爲左之六種。

（一）有政治上之目的者。　國之政黨是也。政黨之方法。或爲改革的。或爲革命的。蓋有由法律與反法律而行之二派。改革者在法律之範圍內。冀社會之改良。如監督政府之行政。議會則要法律之起草。其有失當者抗之。使舉國人民皆知政法之得失是也。革命者超法律之範圍。而思新造社會。如虛無黨。革命軍。歐西燒炭之志士[1]。日本倒幕之黨派[2]是也。此其目的在社會中樞。而非爲應世之需要者。

---

① "燒炭之志士"，即燒炭黨（Carbonari），19 世紀初期意大利的秘密愛國革命團體，主張君主立憲、爭取民族獨立。後影響法國、西班牙等國。
② "日本倒幕之黨派"，指日本 19 世紀後半期主張推翻幕府統治、推行新政的政治團體。

（二）有實業上之目的者。　合衆集貲。以求達其目的。如鐵道公司之組合。銀行等之株式會社[①]。水利糾合。商業會議是也。此其目的。在專爲應世之需要者。

（三）有宗教學術上之目的者。　此有二方面。應世之需要者。如立學校與教育。寺院講習會。新聞雜誌是也。自達其目的者。如學術研究會宗教的集合倫理會是也。

（四）有娛樂上之目的者。　此亦爲生人活動之需要者。如劇場之供游觀。寄席之資談醼。外觀似無甚關係。而適足新鮮吾人之精神。於辛勤之餘。舒暢其意志。勞働之後。回復其元氣也。故其目的亦爲應世之需要。然亦有二種。若個人相互爲種種之游戲。則爲自達其目的也。

（五）有風習改良之目的者。　團體相互間。以改良風俗習慣爲目的。應社會上之需要。而爲慈善會養育院孤兒院等。如歐美曾有苛待小兒之習慣。蓋由風氣尚武與誤解宗教所致。因而有保護小兒之結社。又居民打貓。慘酷者至報巡警。因而有動物虐待防止會是也。

（六）有衛生上之目的者。　此亦有二方面。應世需要者。如醫業組合。衛生組合。體育會等是也。不應世之需要者。如美國節酒之結社。個人相互間之體育會是也。

如上各項。皆非判然之分類。故其中有攝屬不分明之點。有應世之需要者。有不應世之需要者。有一方面欲應世之需要者。或直接。或間接。或一時的。或比較的恆久的。均之無非意志之結合也。夫一學校之內。教育者與被教育者。乃兩者比較的恆久的意志結合也。製造會社者與其華客。

---

① “株式會社”，即股份有限公司。

（即顧客）或維持恆久的關係之意志結合。或止於一時之意志結合也。大凡此等結合。實多爲應世之需要。否亦必有與世人相關係爲目的者。例如政黨欲定一國之輿論。決勝議會。風俗改良。爲種種之組合。雖似非應世之需要。而其抱負之所在。則關社會之中樞。與社會之風俗也。

　　如此闡究。則知機能團體。其内部會員相互而意志結合。同時向其外部。亦必有謀意志結合者。蓋内部成立。必與外部爲對立之勢。應世需要者無論矣。即單止於内部之意志結合。如個人相互之學會。一部獨立之結社。内容完全。影響必漸及於外。此則可斷言者矣。夫機能團體。應世之需要。與欲爲社會之中樞者。以内外互謀結合之故。日增加其團體員。則擴充其勢力。強固其團結。亦社會發達之必要也。一人製造産殖。不能滿足多數人之需要。而多數公司會社之組織。成一方教授學術。不能收容多數之子弟。而多數學校之組織成。故機能團體之發達。實在人文時代也。

　　此團體之發達。個人者直情徑行。比之小兒之天真渾噩。任其意志之所向而無所束縛。如議會之代議士。結論不必皆良。政治上反對之結社。目的不必盡達。而能縱意自如者。蓋倚多數之勢力而忘一己之責任。此心理之作用也。

第一目　分業之緣起及種類

　　究機能之種類。則起原莫先於分業。從來社會學者。皆致重於此。以謂分業者協力之進步。乃社會分化之始也。蓋協力有二種。一同業協力。一分業協力。如引重物。獨力不支。必賴衆擎而舉。此同業協力也。夫事樵牧。妻操井臼。異事而各相輔助。此分業協力也。故分業之緣起。即基於男女夫婦之間。斯賓塞所謂開化社會之詩人哲學者流未始分化。而由男女精神及肉體的區別。惹起分業是也。

分業之種類。自經濟方面論之。約分爲五。交易、市、貨幣、賈人、商廛、是也。交易者。以有易無之謂。上古之所謂交易。蓋以物易物爲直接之交易耳。今世仍存此風者。如日本之蝦夷。亞細亞之堪察加印度之那加①是。市者。聚集之謂。分業日進。產業之種類既日繁。生產之地亦日異。所爲交易之物不必盡人而有。不能隨地而得。於是定神社或佛寺之祭日。集一所而互易有無。此市之所以起也。近世如撒特伊治島②諸人。定時集於伊竦克川③上。馬塔加斯加④。除首府外。每三四日交市一次是也。貨幣者。通貨也。當社會日進。土地廣。產物繁。此所餘者彼或不喜。甲所贏者乙或不需。物之多寡不同。價格亦難規定。而以物易物之道窮。於是通貨爲懋遷之媒介。以通貨與品互易。則貨幣之利也。各國貨幣異制。中國古用通貝。周始鑄貨幣。説文曰。貝。海甲蟲也。蓋古者貨貝而寶龜。至周而有泉。至秦而廢貝行泉。漢書曰。秦兼天下。幣爲二等。黃金爲上幣。銅鐵⑤質如周錢。墨西哥古時通用五品。一“卡卡俄”⑥之食物。二綿布。三積金粉於鵝毛中。四丁字形之銅版。五薄錫葉。英吉利人當羅馬時代。多行直接交易。間用銅鐵。厥後用外國輸入之金貨。至西歷七十八年。始於國內鑄造貨幣。日本古代課庸調。計賦額。皆以布帛爲之。及商人往來諸國。貯蓄滋多。始爲通貨之用。常於各地掘得半兩錢五銖錢。蓋由漢地及三韓輸入。其初無所鑄造耳。此各國貨幣沿革之畧也。賈人者。轉運販賣貨物者也。社會既日進。一部分爲數部。產物既異。道路又多懸隔。人民苦趣市之不便。於是有行商者。運甲地之產物。趣乙地而鬻之。又將乙地

①　“那加”，即那加人（Naga），分布在今緬甸西北部與印度交界的那加山區。
②　“撒特伊治島”，即夏威夷群島。
③　“伊竦克川”，不詳。
④　“馬塔加斯加”，即馬達加斯加島。
⑤　“銅鐵”，有誤，應爲“銅錢”。下“間用銅鐵”同。
⑥　“卡卡俄”，即可可。

之産物。歸而鬻諸甲地。此即所謂賈人也。其利在節勞而省時。免趣市之苦。商廛者。商之有定地與常時者也。野蠻國無商廛。後稍稍有之。而猶一廛兼備百物。所謂八百萬屋①是也。文明國之僻邑。至今亦尚有之。所謂雜貨屋是也。蓋一方司轉運。一方司販賣。則必多費時日而多所障礙。於是轉運販賣之人分。甲趣供給最多之地。購物品而運諸需用之地。乙則受其物品。鬻諸取求之人。此商廛所由起也。有定地則購者節勞。有常時則猝需者立致。至是而分業之利賴廣。而社會之活力益强矣。此分業種類之大原也。

第二目　分業之利益

分業者。所以濟同業之窮。而維持其分裂也。何者。同業協力。雖相爲聯合。而薄弱不足恃。若濠洲之生蕃。南非之柏修門人。北極之哀斯基穆人。三數廛宅。集爲村落。雖似能團結。而分裂亦易。由於分業之不行也。夫各部之材技性質。互相異劑。則部各相依。不可缺乏。如農者之不能爲粗。冶者之不能爲輔。一事一器。兼有賴於異工。斯所以不能分裂也。

學者論分業關社會之利益有三。一分業行而業務精。蓋社會初生時。以一人具萬能。則業必失於粗拙。漸次發達。始變萬能而爲兼業。久而又變兼業爲專業。則能事益進。所謂百工居肆以成其事。業精於勤而成於專也。二依賴成而團結固。蓋本部以外。皆所不習。則不得不依賴於他部。社會之目的。非交相依賴。固不得達也。三長技顯而利賴普。蓋各部相依。聯合愈密。一部固有之長技。日益精善。則富庶可期而社會益進也。

---

① "八百萬屋"，日語詞，即雜貨店。

第三目　分業非社會之根本

斯賓塞氏。依窩爾武斯①氏所評言。取亞他武斯②氏及其他經濟學者之言。以爲分業協力。應用於社會。乃富與生產之惟一方便。而爲社會之根本。以今觀之。其説失當。蓋分業協力二事。非必限於社會。如植物亦有分業協力。動物肉體。亦由分業協力而成立。不得因其複雜而指爲社會也。蓋社會者。用意識動精神遂生分業協力。是以分業協力之外。必別有一根本。學者不可不知也。試爲三説列論之如左。

　一分業與慾望。　分業之種類由慾望而規定無論已。社會學者論分業。則以列舉慾望之種類爲第一手叚③。然分業乃協動也。其目的則在求生命之幸福。各所執之一分業。實因希望自己生命之方便而爲之。函人④惟恐傷人。非必有兵凶戰危之觀念。良賈候時轉物。非必由周急濟變之感情。且窮其實際。並非必自己好此職業。爲欲滿足其慾望而起。雖或亦有因業適於己而務其所好者。然是已屬羣而欲得生活幸福之後矣。未至羣而欲得生活之幸福之前。未嘗直接發現特別之慾望也。

　二分業之組織。　分業者。析人事爲各部。而分配之於數人。爲執一之職業者是也。然分量與性質二者伴於職業。則爲必然之結果。〔分量指人數性質指執業之種類〕或個人行之。或同時因衆人而爲之。其間連絡不必存在。雖漸次發達。或有數人合同組織一分業會社。完成一業務以與他業務相交易。此等個人或他個人。於分業會社之間。有結合亦有競爭。各相資助以發達業務。一似即無連絡而必各有需求。

---

① “窩爾武斯”，即勒内・沃姆斯。
② “亞他武斯”，即莫里茨・拉扎勒斯（Moritz Lazarus，1824—1903），德國猶太裔哲學家、心理學家。
③ “手叚”，有誤，應爲“手段”。下同。
④ “函人”，指造鎧甲的工匠。

以爲一時或永久之關係者。然此乃社會實際之情態。而不必因同業者之連絡以維持社會。亦不必業者與交易者有一定關係。由是以維持社會。且有之亦不過一時或一部分之關係也。特其間交易之行。有關於意志結合者。如勞力與貨幣相爲交易。個人對自己勞力而受貨幣。對他人勞力而出貨幣。生自然親密之感情。而社會之結合。亦因而稍固。然皆不過一部分之關係耳。

三分業與個人之關係。 個人有一分業。而受他分業之影響以得利益。如美材所以供梁棟。無冶者搏土①。堊者飾壁。則匠石之門。雖杞梓將無人過問。農穀所以資營養。無杵臼以去糠覈。釜甑以受薪爨。則太倉之儲。紅朽不能爲食。更由一人觀之。舉其衣服什器食物家宅。皆資之人。非求之自然界而得也。苟無分業。則以一人之力。爲凡百之事。朝課農。夕服賈。燕函粵鎛。取之宮中。魯削宋斤。成於一手。將有終身勤勞而百不一償者。欲其享幸福之生活如今日。將不可得。固知個人斷難爲孤獨生活矣。然分業之影響於個人。乃爲社會形成後之一方面。亦終不足以概其全。法人伊剌列②氏曰。精神者都會之母也。蓋謂個人之精神。乃由社會的注入之者。德人孔布魯維資③亦曰。個人之思想。乃由社會有以開之。準是以觀。則個人之造成。亦由社會之影響。分業關係於個人。而不能爲社會之關係。又其明證也。

由上三説言之。分業之於意志結合上。無必要的連絡之存在。不得爲社會之解釋。經濟學上專注目於此。是已脱社會之定義矣。蓋窮其性質之所在。特爲由機能的作用。承社會之既成。而助其發達之勢力者耳。

---

① "搏土"，有誤，應爲"搏土"。
② "法人伊剌列"，"法人"，有誤，應爲"意人"。"伊剌列"，即維爾弗雷多·費代里科·達馬索·帕累托（Vilfredo Federico Damaso Pareto，1848—1923），意大利經濟學家、社會學家。
③ "孔布魯維資"，即路德維希·龔普洛維奇。

第三節　主權

主權者。自法律上觀之。爲最高無比之物。如憲法國際法之規定。歸重主權。民刑法實體及手續之範圍。不能被及主權者。法理學者論主權。皆推論其體制。未能探索其源也。故研究主權之淵源存於社會。而現今社會。尚不能謂已達完成之時代。則須據歷史盱衡古今。而研究其發達之故。及於社會上有何等關係與意味也。

第一目　主權之創始

就歷史上觀之。主權之立。蓋基於督制。督制者。一切社會公私之分爲。受其指揮監督而保持社會之存立也。野蠻時代。戰爭頻仍。必立指揮一人以司號令。而權力則尚未定。蓋原始社會之人。無真實團結之力。而有淩駕他人之性。因戰爭而立首領。戰爭息則退者有之。故今日指揮監督爲一人。明日指揮監督又爲一人。然指揮監督者終不能缺。其目的則爲服中央一人之指揮。使部落團結。得以合謀而禦敵。此則督制之始。主權之所由立也。

第二目　主權之資格

夫原始社會之時。督制者之權力。既不能定。則權力安得歸一。而發生主權乎。故當此之時。則必有備特別之資格者。乃能得主權而爲君長。資格有三種。析説如左。

一能力足勝衆人。　此戰爭之結果也。當社會未進之時。自愛之心強。團結之心乏。然能使指揮之權。操於中央一人之手者。蓋競爭生存。有不得不然之勢耳。當此之時。指揮出於一人者。其羣常獨強。

指揮出於多人者。其羣輒立敗。而於是其部落之中。有腕力傑出之人。遂爲一羣所震雪①。相與服從之。如伊司列竦伊人②曩時分離獨立。後與鄰敵交戰。乃服從於瑣爾③及達卑脱④王之權下。英吉利舊時七國並立。後與列的麥爾克⑤競争。乃合爲單一王國。而奉亞爾夫列特大王⑥。塔司馬尼亞酋長以武勇立。哥斯且克⑦酋長以才力定。是因能力而成者也。

　　二藉神道以御衆。　夫因武勇才力。爲一羣之長。固已。然少壯之武勇才力。至衰老則盡失其能。斯又不定之勢也。而當時人民。經驗少。智力劣。不知自然之定律。不究天律常恆之道。惟以敬神爲本務。雄豪之士。乃利用此迷信之心。藉神力以服衆固權。爲永久繼續地。如古代埃及之王。稱日神之子孫。希臘之王。稱天神之子孫。皆有神權。此因神道而立者也。

　　三系統之長。　迷信鬼神之外。又有一種原因。足以統一權力。曰族制是已。太古時代。無親子之別。無夫婦之倫。故有一男多妻。一女多夫。數男數女雜婚無定之事。如司巴達之制。貧者兄弟共一妻。布哇⑧之“布那兒安”Punaluan⑨一家兄弟與一家姊妹結婚是。自定婚之習慣起。而夫婦親子之道開。於是爲人子者尊其親。此亦自然之勢也。蓋子若背父之命。則子失父之保護。陷於危迫。久則父子之名立。

---

① “震雪”，有誤，應爲“震讋”。
② “伊司列竦伊人”，即以色列人。
③ “瑣爾”，即掃羅（Saul），古以色列國王（公元前 1021—前 1000）。
④ “達卑脱”，即大衛（David），古以色列國王（公元前 1000—前 962）。
⑤ “列的麥爾克”，即丹麥。
⑥ “亞爾夫列特大王”，即阿爾弗雷德大帝（Alfred the Great，848—899），英格蘭西南部韋塞克斯（Wessex）王國國王（871—899），率衆抵抗丹麥維京人（Viking）的入侵。
⑦ “哥斯且克”，疑即科曼切人。
⑧ “布哇”，即夏威夷。
⑨ “‘布那兒安’Punaluan”，即普那路亞，原始社會的一種婚姻形態。

推而至於兄弟。由是成爲家族。一族之中。擇其血統之嫡長。奉爲中央指揮之人。是即所謂族長。族長死。擇其次長而奉之。名分既定。乃無爭奪之禍。而門閥之觀念。亦基於此。如猶太希臘羅馬條頓印度古代。皆尊族長。擇血統之嫡長者爲督制之主。觀長男相續。家族操生殺妻子之權。族長有裁判之權。被害者之親屬。有復讐之義務。罪人則刑及三族。可以想見。此由系統而成立者也。

第三目　主權之服從

如上所述。主權起原之種類。固不外三者。然此特就歷史上之事實論之。乃構造主權之形式。而非發生主權之精神也。蓋凡社會必有長。而人民所以服從社會之長者。感情已自各殊。有由尊敬之感情而服從者。有由感謝之感情而服從者。有由不得己之感情而服從者。就日本論之。德川時代①。不得己之服從也。維新時代。尊敬與感謝之服從也。國民服從之感情。因時代而別。則知主權非有性質之異。不過程度之差。抑又可知主權之成立由人民之服從。人民之服從。由意志之結合。其他皆客觀之種類爾。

徵之動物。猿馬海狸之羣。莫不有長。證之人類。野蠻之羣。莫不有長。窮其所以服從之故。則一方面爲體力强勇。相率屈從。一方面爲抵禦外界。內謀統一。此兩心理作用之結果。遂生服從之關係也。

就開化之社會而論。其爲長者。率以人民之信賴爲根本。若英雄威德。門第勝人等。英雄爲半神的目的物。如前所述三者。其人民之信賴固。則其權力之發現强。換言之。即意志之結合大。而權力即因而强固也。故一備具資格之英雄者起。其人民之服從者。始常居少數。既而增加發達。乃有多數之服從。又其初權力者與權力者相抗。未定於一。其時之爲服從者。

---

① “德川時代”，指日本 1603—1868 年的時期，又稱江户時代。

各有一團。即各有主權。爲主權者既多。則又有一大主權者爲之統合。試觀哥曼起人①。分爲三大部。各部之中。又分爲數多小部落。一強力之酋長起。則團結爲一。緬甸之卡連②各村落。據一定之地。上有酋長以指揮之。有強力者起。各村落輒合爲一。亞非利加馬達加斯加亦然。進而論之。雄豪首出。遐邇向風。亞東漢唐之盛。歐西羅馬之烈。如出一揆。而其間當秩序紛擾之際。雄豪之崛起巨鄰間者。亦對君主而爲人民所服從。雖不必實得主權。而爲權力之所繫。如寇恂在漢。恩感河内③。子儀興唐。信及回紇④。英惠靈吞⑤之戰績。爲四國所歡迎。西班牙至空都會。日本德川家康⑥氏之勤王。完結文武兩道主義⑦。爲社會代表。是數人者。皆具一部權力。爲時所推戴。即可見服從存於人民。而主權無定靜不動之性質。其爲最高無比者。皆畏愛與信仰之意志。相爲結合而已。

第四目　服從之類別

　　主權由個人之集合。以物理論之。其成分即個人肉體之力所結合者也。是則就腕力而言。腕力爲權力之所出。而或有單獨結合之殊者何哉。蓋主權之確立。當於其原因結果間求之。始能探其實際。就一方爲言。不足以示標準也。夫主權之形式不一。而基於服從則同。服從之有類別。即所言程度之異。非主權之別有所根據。而呈一新奇之態狀也。今舉其類別如左。
　　（甲）習慣的　習慣的者。即建國已來。其君主之備具資格者之結

---

① “哥曼起人”，即科曼切人。
② “卡連”，即克倫人。
③ “寇恂在漢。恩感河内”，指東漢初期寇恂任河内太守期間講武習射，轉輸守備，卓有功績。
④ “子儀興唐。信及回紇”，指唐中期吐蕃、回紇聯兵侵唐，郭子儀孤身入營説服回紇，使其轉而與唐聯合擊破吐蕃。
⑤ “惠靈吞”，即第一代威靈頓公爵（1st Duke of Wellington），本名阿瑟・韋爾斯利（Arthur Wellesley，1769—1852），英國軍事家、政治家，曾任英國首相（1828—1830、1834）。
⑥ “德川家康”，德川家康（1543—1616），江户幕府第一代將軍。
⑦ “文武兩道主義”，指江户時期主張武士并修儒學、文武合一的思想。

果也。皇位繼承。延於奕葉。英雄門閥之觀念。佐以神命。人民遂視爲固有之天則。雖或暴君繼作。積重之威力。亦驟難轉移。此雖非出於集合。抑亦狃於集合已成之習慣而然也。特鬱積久則反動力亦猛。拿尊火布爾[1]曰。暴戾之君。亦未嘗無主權力。其結果終於不良。是知其帖然屈服於初。以成其主權者。乃基於習慣的也。

（乙）反射的　反射的者。不經意之感觸。貿然動作者也。社會秩序紛擾之際。思想疲於激刺。智識局於幼稚。一出類拔萃之英雄者出。利用羣衆之思想智識。以施其籠絡之手段。急不之擇。遂相與推奉崇拜。其結果亦集爲一大權力。俄國學者羅必哥[2]曰。法國人民之服從拿破崙者。全然心理的作用。是言其基於反射的也。

（丙）正義的概念　正義的概念者。開化社會思想智識之增進者也。古代人民經驗少。思想智識。亦因之而薄弱。故屈服於種種資格之下。不復知有所批評。迨經驗既多。思想智識亦漸進。於是生出正義的概念。正義云者。必主權者之合於正義之謂也。此概念之發生。亦基於社會上利害之結果。如殺人放火及盜賊。此有害於社會者。則以爲不善。至賑卹孤貧。慈惠及物者。則咸以爲善。久乃以此精神内的概念。判斷主權者之所爲。若者合於正義推尊之。若者愆於正義。即不能爲主權者。雖各國之所論正義。就外部論。或以歷史慣習而殊。如中國論正統閏位。日本則以屬天照太神。就内部論。則爲各欲達其意志以施政治而已。嬴政之興。不得爲正義時。則稱無道秦。故勝廣一倡。全體響應。沙爾[3]之虐。不得爲正義。至論以國賊公敵。故圓顱衝突。

---

① “拿尊火布爾”，即古斯塔夫·拉岑霍費爾。
② “羅必哥”，即雅克·諾維科。
③ “沙爾”，即查理一世（Charles I，1600—1649），英國國王（1625—1649）。

王黨瓦解[1]。是皆出於正義之判斷也。故主權雖一。而有權力權威之殊。權力半由於威壓。其結合屬精神的或肉體的。權威兼出於愛慕。其結合屬道德的。即從正義的判斷而出者。故服從之真確。而爲結合之完全者。乃成於正義的概念也。

有此三者之差。而主權自生異點。其繼續者實際異。而基於集合則同。其變遷者真相殊。而成爲結果則一。至正義的概念。發生真確之服從。則尤無俟解釋。故曰無性質之異。而有程度之差。非別有所根據而成爲主權也。

第五目　主權之真性

由上各項觀之。主權之成立與其實際。昭然可睹矣。就歷史言。起原有資格之必要。就客觀言。發展有形式之各殊。夫資格尚矣。非人民信賴則不成。備一資格者得主權。或同時有兼備數資格者起。則主權又爲之一變。故一方有失主權者。即一方有得主權者。主權無定。定於服從。服從所生。生於信賴。不以歸之精神上之結合不能矣。至其形式之異。乃由人民思想智識與體力而來。故只可推論其時代與境遇而屬之程度也。蒼生芸芸。大力虛懸其間焉。無古今。無東西。一而已矣。

夫主權之力。既爲集合之體。而法律上視爲絕對的者何也。蓋法律上之研究。未說明其本原。而姑爲此假定。且所謂絕對的者。對個人言之耳。夫以個人與主權較。主權爲一般人民之意志。個人乃單獨之意志。勢力懸絕。其不能居於對等地明已。故自社會學上觀之。意志之箇體與集合體相較。亦爲程度之差耳。且由泛論以定絕對的。則必以無能抵敵爲標準。主權之行於社會間。則有不可以無能抵敵爲言者。如公園爲國法保障人民之

---

① "圓顱衝突。王黨瓦解"，指 17 世紀英國内戰中議會派戰勝保王派。議會派成員多是清教徒，他們因頭剪短髮，被稱爲圓顱黨（Roundhead）。

地。而獸類或傷小孩。非意志結合之類。則尚有抵觸之者。斯亦可以概見矣。

雖然。由此之論。則有疑如盧梭派主張人民主權説之非者。謂人民自稱主權。必呈無政府及革命之觀。縱其行爲。則個人自命令。自聽斷社會之紛擾。將自此日起。其結果則必肇大亂。且主權爲國家之本質。若主權存於社會及輿論而地位不定。則社會在變動的境遇。未得成爲國家。凡此皆其疑問也。

然如此之説。皆就其後例與外部言之耳。國家及法律之規定。皆外部與後例之存在也。國家已成立。則主權不復能分。法律既規定。則主權自成獨立。換言之即億萬人之意志的結合。既已由成立而經規定。則個人不復能於集合的成立及規定之範圍外而放任也。蓋個人之精神。公共的發達。其意志爲由社會的而搆成之一意志。是爲經正當之順序而發生之社會精神。經由主權的機關。而施強制權於個人或團體者。由外部與後例以指其狀態。則爲國家與法律。而其本原爲意志的集合則一也。意志通國家。則箇體人民。不盡操主權。意志通法律。則個人行爲。自少受制限。斯亦意志集合自然之結果耳。

故就外觀言之。則國體之間。亦生差異。如一個人有主權者。爲君主國體。社會及國家有主權者。爲共和國體。共和又有二種。以少數團體運用主權者。爲貴族政體。多數人員集合而運用主權者。爲民主政體。其間則有國家與政府區別者。例如法國。國體則爲共和。政治則爲立憲。主權與政府異其所在。政府成於立法司法行政之三機關。主權存於特別組織上下兩院之合同會議。議員皆集於巴黎。若改正憲法及選舉大統領。則兩院合同於微薩勒①而成一院。其一院有絶對之主權。政府之權力。爲國家主權

---

① "微薩勒"，Versailles 的音譯，即凡爾賽宮。

所制限。英國則無普通議會之別。所成於君主及上下兩院之議會。有全能
主權。亦得改正憲法。故其議會含有君主。而行政官在主權外。其權力爲
法律所限定。不能於法律外稍有所縱。是所稱爲立憲政治者。故國體種種
之差異。難以畢舉。自社會學上觀之。主權存於一人或團體。或國家政府。
皆不異國家之本體。其爲國民之中心點者。或帝或王或大統領。亦皆無所
區別。蓋主權之眞際。悉成於民意之集合。而各依其國情歷史之狀態。公
認一種之政治的組織。又由社會精神之進步。而有所是非抉擇於其間。遂
成種種之政體。是其殊異之點。無非程度之差耳。此又不可不知者也。

　　按程度之差。雖包含歷史風習爲言。實際則仍爲精神之關係。故
曰精神進步之差。而生種種之政體。日本浮田和民氏。推論其原則有
三。一曰人民之性質駁雜而不均。則必不免爲壓制的組織。於個人之
自由。多所抑制。蓋雖或同一人種之人民。其中必有階級。上流知識
最進。中流次之。而下流者常居多數。其朦昧無知之意識。必至人自
爲私。於是欲維持全體之秩序及全其存在。則不得不行强制束縛。如
俄國列文明諸國之間。尚爲獨裁政治。蓋下等人民之知識未進耳。英
國人種平等。知識亦均。共感同情。故社會全部得行立憲政治議會政
治。而如天竺一部。則以人種宗教歷史之異。殊其制度。亦由知識不
及使然也。故如此者若率爾立憲。其害則如揠苗助長。反不如專制政
治之尚能維持秩序。而一種之政體因以存立。此其一方面也。二曰社
會人類無精神的同情。則亦不免爲壓制之組織。蓋雖人種平等。其人
民尚近小兒之品性。有如所謂反射衝動。呈不能思慮之狀態者。蓋肉
體感外物之激刺。及脊髓神經運動而生之作用也。由此激刺而生反動。
則全憑身體之感覺以任自由。必呈不良之結果。而終於莫睹自由之幸
福。故社會精神當教育未進之時代。爲反射衝動之害。而不得不藉壓

制以救之。此又其一方面也。三曰社會的精神少進步。而爲習慣形式
所拘束制馭。則雖較第一之程度稍高。而亦不能進於自由之域。蓋囿
於習慣形式。則更不能於習慣形式中辨其是非曲直。於此而有所反對。
則不免輿論之攻擊。與法律之制裁矣。習慣形式之成。多本於信仰或
感情。而不必有真確之道理。故如此之社會。亦尚强壓而自由。仍爲
缺點。此又其一方面也。依此以解釋程度之差。及主權之專屬於上。
久而不知其起原與變遷之所在。最爲真確顯著。與遠藤學士所論。亦
相得益彰。而其論習慣形式之一説。於吾國現今社會之現象。蓋其近
之。先進之文明。止於中道。優勝之種族。淪於劣敗。必欲以咎舊制
之不善。誠良不免喪心。而株守一王之法。歴百千年而不能稍有所改
變。甚且憑其坐井之見。戴盆之智。以臧否一世之所爲。欲如第一説
上流者之知識最進。第二説之反射衝動。猶能以多數激刺。而或有所
改良。亦將不可必得。河伯井黿。止於自大。而形式習慣之束縛。泰
然不以爲苦。其結果不至競争劣亡而不可以或止。未來之前途。此其
可爲哀痛者也。有賀長雄氏曰。社會之要素。屬於實際者多。則存立
之力强。屬於虛儀者多。則存立之力弱。又曰。其始非無實效之可見。
而日久遂失之虛。蓋要素惟有效用。然後社會得以進步。既進步則屬
之可有可無。而非大加革新。則無以收實效。觀各國古帝王尊爲國神
之裔。其初不過以規統一。久而徒衍空文。遂至奉爲神聖。而下民不
可得見。於是雍蔽甚而國家危。中國衰周之季。孔子布教理以救世。
不爲無功。而後人忘其實而羨其名。用人行政之道。一以孔教爲歸。
其弊則人智束縛。莫能進步以至於今。夫形式習慣。即要素虛實之存
在也。此其説較然明已。吾國上流之知識。殆猶限於此。此第三之説。
所以正爲吾國現今程度之所在也。故由精神的進步以進於自由。主權

不異其本質。而主權之真性。與所云程度之差異。由此益可考見矣。

第四節　倫理習慣

倫理之起原。學者不一其說。自來研究斯學而發明之者。中國最先。
西洋亦早見於希臘。其詭辨家如波爾大、克拉士①、哥知亞士②、攝比亞士③、
波路知卡士④等。怪誕離奇。與老莊玄虛派相似。斯固無足稱考矣。自哲學
三大家梭格拉底⑤柏拉圖阿里士多德者出。學風倡盛。而倫理之真際亦漸明。
其講論要旨。大較出入中國程朱陸王⑥之間。而最要以斯多亞⑦三派爲最備。
學者稱爲法律之始。羅馬法之淵源也。中更宗教之迷信。法皇之束縛。變
遷無定。及近世英國大政治家倍根⑧氏出。創始經驗派。爲科學之研究。於
是繼哲學宗教後而益達於文明。其間論究之主要。與宗尚之各殊。浩博難
以徧舉。揭其大概。可分爲先天說後天說之二派。

第一目　先天後天之派別

先天說者。以爲人生之初。自有倫理。如孟子之言仁義禮智。非由外
鑠。王陽明之言博觀萬彙。必返求諸自己之性情。德儒康德氏之言。人類
不可以草木禽獸類推。英加多奧斯⑨之論。我心固有之理性。非待經驗知慮
而得是也。後天之說。謂人生之後。受種種之影響而有倫理。如荀子之說

---

① “波爾大、克拉士”，即普羅塔哥拉（Protagoras，約公元前490—前420），古希臘哲學家。
② “哥知亞士”，即高爾吉亞（Gorgias，公元前483—前375），古希臘哲學家。
③ “攝比亞士”，即埃利斯的希庇阿斯（Hippias of Elis，生卒年不詳），古希臘哲學家、數學家。
④ “波路知卡士”，即普羅迪科斯（Prodicus，公元前465—約前395），古希臘哲學家、修辭家。
⑤ “梭格拉底”，即蘇格拉底（Socrates，公元前469—前399），古希臘哲學家、思想家。
⑥ “程朱陸王”，指理學大師程顥、程頤、朱熹、陸九淵、王守仁。
⑦ “斯多亞”，Stoa的音譯，即畫廊，此處指因在雅典廣場的畫廊講學而得名的斯多葛學派（Stoics）。
⑧ “倍根”，即弗蘭西斯·培根（Francis Bacon，1561—1626），英國哲學家、政治活動家、法學家
　　和歷史學家，啓蒙運動的倡導者。
⑨ “英加多奧斯”，即畢達哥拉斯（Pythagoras，約公元前580—約前500），古希臘哲學家、數學家。

性惡。莊子之言善僞。朱子①之論用力既久。一旦豁然貫通。雖旨趣各殊。於此論亦已脗合。又如科布士②之破天荒説。謂人性本無惻隱之心。即有之亦不過人羣進化。詩阿禄古之哲學的人智論③。謂理由其時與人而異。無一明確之道念在。日本加藤弘之著道德法律進化之理④。論先天道念之僞是也。

先天的方法。惟以各自之主觀爲直覺。如禪宗見性成佛。純任自然。其中不必含有後天的方法。後天的方法。綜歸納演繹二法而終始之。其結果必含有一種之直覺。且如原人情性之薄。軋轢相凌。不能成立社會。足見倫理之發達。必由多數人之附和與時代之進化。故二者比較。後天的方法爲完備。而爲近世學者之所宗也。然就倫理的種類成立之基礎。及統一之變遷發達。此屬於倫理學之範圍。社會學上之所研究者。特在其進動之間。而究一般人之所以服從於倫理者耳。

第二目　倫理之服從

夫人之所以服從於倫理者。亦受倫理之威壓故耳。侮逆之子。對父爲不孝。俶詭之行。對友爲不信。則非謗矢集。而爲社會之所不能容。故雖桀驁之夫。語之忠孝節義之事。未有不隨聲贊和者。心思智慮之間。先入者已爲之主。而一般人類。更挾唯一之標準。以是非臧否於其間。則服從之心自發生於不自覺。而如有固結不解者。是服從倫理之原。而社會學上之極宜推究者也。今自公德私德二方面。推論之如下。

第三目　公德與私德

公德與私德。乃倫理概念中第一大別也。公德者。對一切衆人。有自

---

① "朱子"，即朱熹。
② "科布士"，即托馬斯•霍布斯。
③ "詩阿禄古之哲學的人智論"，不詳。
④ "加藤弘之著道德法律進化之理"，加藤弘之（1836—1916），日本政治家、教育家和哲學家，東京大學首任校長，1900 年出版《道德法律進化之理》。

盡之德義。以近世學者之說證之。如鳩布蘭杜①之倡感情說公善說。囂謨②之論大同情。菲黎③邊沁二氏之主公利論。有如儒派所謂一視同仁。佛氏之皆大歡喜。耶教之所主博愛。而折衷至當。歸於一誠者是己。自社會學上論之。如公園樹木。不加毀傷。水道電柱。不加損害。凡眾人所賴之交通機關。必爲之愛護保持。不營利己之私。而謀公安之要。是皆可爲公德所包容之概念也。實現此等概念。乃羣眾之所欣望與服從。此羣眾之欣望與服從。則對概念間一方懷懇。一方畏懼。懷懇則有黽勉負荷之一念。畏懼則有慮受責罰之一念。是即依威壓而成者也。

　　私德者。對於自己特殊關係之一人格應自致之道也。夫公德之概念。有懷懇畏懼之兩心理作用。以定其由羣眾之威壓。斯固然己。若羣眾未集合之時。視聽不及之場所。或有反羣眾之所責望。而爲曖昧之事。以圖倖免其負荷與責罰者。故或謂公德之行。基於私德。私德不立。未有能建公德者。則試自私德言之。私德之種類。難以畢舉。社會學上以一語賅之。則個人之對個人爲維持自己之人格。不可不守之道義云爾。庭幃之間。能子者稱之以孝。君國之間。盡瘁者稱之以忠。寡慾稱之曰廉。汎愛稱之曰慈。剛直稱之曰正。不欺者以信稱之。不驕者以謙稱之。凡此品節之於人。莫非爲羣眾所公認。而聲稱播於社會者。夫此公認之存於羣眾。反之而爲羣眾之所批評所責罰者。又其勢之必然者也。則其爲羣眾之威壓。似異而正同耳。

　　以近世學者之說證之。科布士之言曰。人類自然之情態。爲絕對的自由。因欲除相互間爭鬭之痛若④。相謀而設和平之約束。欲勵行此約束之機

---

① "鳩布蘭杜"，即理查德・坎伯蘭（Richard Cumberland，約 1631—1718），英國哲學家、教士，提倡功利主義。
② "囂謨"，即大衛・休謨。
③ "菲黎"，疑即約翰・斯圖亞特・穆勒（John Stuart Mill，1806—1873），英國哲學家、古典政治經濟學家。
④ "痛若"，有誤，應爲"痛苦"。

關。致立國家政府而少受抑制。則善道由是而存。孟德維爾①之言曰。殺身成仁或捨身救國者。亦對於人而有自負心。是皆可認爲論究私德之成於羣衆者也。

要而論之。凡人品節之成立。實現則爲私德。私德之發達。則爲公德。而倫理爲完全。雖論由羣衆之威壓。或惟肇有倫理時代爲然。而成於羣衆之影響則一。夫緥褓之兒。知德義爲何物。孤獨之存在。德義將何所屬。是可以知其原矣。父母師友之教告漸摩於不自覺。因而印於腦。注於心。膨脹於四肢五體視聽言動之表。由是直接結合教告漸摩者之意志。間接結合羣衆者之意志。而若者倫理之所安。爲羣衆所許。上焉者遵行。次焉者困勉。若者倫理之所忌。爲羣衆所否。上焉者謝絕。次焉者畏慚。即威壓即影響也。換言之。則亦意志結合而已矣。

意志結合間。更有可注意之現象。則良心之判斷是也。倫理之發生。既基於威壓或影響。則爲依習慣的與反射的行動。而判斷固無自而施。於是調和其間。而有良心之主要。如阿弗俾尼②、乞崇③、多拉里多④、諸氏之主良心論。或以爲利己利他二心之中庸。或以爲利己利他二心交戰時。以良心裁判。或以爲邪正善惡。常識自能辨之。故承影響威壓之後。又由此種一致之結合。而爲一大原則也。親爲頑嚚。固知望子以孝。己即桀跖。罔不責人以德。是出於良心之判斷也。故能遵由倫理。則人人自感愉快。而社會終賴以維持。是亦熙來攘往間。意志結合之進步矣。

習慣者。風俗人情之相積。久而成一致之慣行也。究其內蘊則爲

---

① “孟德維爾”，即伯納德·曼德維爾（Bernard Mandeville，1670—1733），英國諷刺文學和民主主義倫理學作家，醫生和經濟學家。
② “阿弗俾尼”，不詳。
③ “乞崇”，不詳。
④ “多拉里多”，不詳。

倫理之淵源。故歐西於倫理二字中。多含有習慣之意義。如希臘之伊多斯[1]。（エトス）拉丁之莫司[2]。（モス）德意志之吉得[3]。（ジツラ）昔皆指習慣言。今則爲倫理之解釋。故倫理亦即習慣之進步。而分界殊難也。

　　就日本習慣徵之。如餅搗（以麥爲之搗爲團新歲用之）松飾〔歲除植松門首〕盆祭〔以祀先靈七月望或八月爲之凡三日〕籔入〔七月望後一日僕婢皆假歸凡雇工者悉休業正月望後一日同〕五月鯉幟〔縫布帛作鯉魚狀立竿以懸之爲祝男子立世之意〕三月雛人形〔翦綵爲偶人上巳展列室中以祭之爲祝女子宜男之意〕之屬。習俗流傳。其意義無足稱考。而真理一部。亦似流行於其間。非此則無以爲共同之生活者。又如西洋之脱帽爲禮。反是則爲倨傲。接吻爲敬。反是則爲疎慢。羣然遵由而不敢或有所違反。與倫理不復能殊。即謂之威壓或影響亦可也。

　　故以習慣論倫理。於情事似不免漠然。然真理實存於此。蓋習慣爲過去現在一切人之輿論之所繫。即羣衆人之意志之所在也。羣衆人之意志結合之所在。個人或被威壓或依模倣。或依反射。其遵由服從之必要。亦發生於不自覺之間。經良心之判斷。即漸而形成正確。於是制限其行爲束縛於道義。而又成爲倫理上服從遵由之必要。是由此而溯其緣起。其源於習慣無疑矣。語曰習慣成性。性先天的也。習慣後天的也。後天之勢力。爲能變更其先天。則執先天性善之説。亦莫不根於進化之習慣。由是觀之。習慣與倫理正同。而就習慣以説倫理。尤足證意志結合之真際。蓋習慣成於多數人。非個人之所能與。尤其較然者也。

---

① "伊多斯"，ἦθος 的音譯。
② "莫司"，mos 的音譯。
③ "吉得"，sitte 的音譯。

第五節　國教

社會之始。基血緣之團結。而家族之制生。本開闢創造之神説。羣衆之腦筋。常有天神之觀念。於是有一種相爲關係之教理。乘勢崛起於其間。而主權者因以保社會之平和。而定静鞏固其權力。是即國教之所以起也。國教之大別有三。一儒教。一佛教。一基督教。而實究其中之大原。不外鬼神族制二者。儒教以族制爲基本。基督教佛教以鬼神爲基本。而人民之團結於此教派中。亦各有牢不可破之勢力。今欲明其組織成立與其實際之所在。則其起原與變遷之點。不可不知也。析論如下。

第一目　基督教之創立及其主要

基督教者。萌芽於猶太古教者也。是教之起。當羅馬帝國敗壞之時。脱列伊巴爾[①]氏。述當時之形狀。謂肉慾主義盛行。人皆以恣睢行樂爲事。皇帝不過勢力之標章。人民並無對國家之義務。腐敗不可收拾。幸有東方屬地曰敍利亞。貧民會合。共奉一教。互相親愛。執四海兄弟之主義。蓋即此教之所由立也。此教既興。次第傳播。中經三百年之通塞。至君士但丁帝[②]之世。遂奉爲國教。歐洲各國多遵之。至十六世紀。經改革而分新舊二派。國際法之創始。惟行於奉基督教之列國間。如希臘所結國際契約。曰同教者。戰争之際。訂立二條件。一不破壞彼此之村落。二雖圍市街村落。不絶其水道。是國際學者所稱歐洲國際法之起源也。是教之主義。在崇奉上帝。愛人潔己。而設爲天堂地獄之説。以爲能守此三者昇天堂。否

---

① “脱列伊巴爾”，疑即普布利烏斯・克奈里烏斯・塔西佗。
② “君士但丁帝”，即君士坦丁一世（Constantine Ⅰ，約 280—337），第一位信仰基督教的羅馬皇帝（306—337）。

則陷於地獄。其目的蓋以調停社會全體之權力。與個人自由之角爭。是其
立教之主義也。

第二目　佛教之傳播及其主要

佛教者。導源於婆羅門教者也。釋迦初起之時。當印度擾亂時代。其
時如狗尸那①。遮羅國②。羅摩國③。比留提國④。毗舍利國⑤。摩竭提國⑥。
皆興兵搆釁。釋迦既起。乃感化而歸於平和。其意旨甚爲深遠。猝難究其
底蘊。大較其大乘之旨。在去輪迴之苦而歸於寂滅涅槃。小乘之旨。則以
五戒十戒以導世俗。就大乘論。奧旨精深。雖非普通所能辨識。而自社會
學上觀之。其寂滅之主要。蓋將使衆生知萬象皆空。泯其貪心。而放棄一
己之權利。由是對國家之權力。無復有所競爭。則社會之存立固。小乘則
爲使人捨淫貪慢嗔誑欺怨見枉訟之十習。而守不殺生不偷盜不邪淫不妄語
不飲酒不食肉不貪嗔不邪見不毀謗不欺誑之十戒。是將令個人之權力。不
與社會全體之權力相觸。而不至有擾亂破裂之禍。其義更簡單明瞭。是其
教之主義也。

第三目　儒教之發達及其主要

儒教者。基於家族而發達者也。族長政治。中國當唐虞以前。早已行
之。惟儒教獨行於中國。第就中國方面而論。則其時所謂族長者。殆率優
於智慧而劣於威武。專以仁愛爲主。其弊至春秋之末。社會分裂而無所依

---

① “狗尸那”，有誤，應爲“拘尸那”，即拘尸那揭羅（Kuśi-nagara），古印度十六大國之一末羅國
　　的都城。
② “遮羅國”，即般遮羅國（Pañcāla），古印度十六大國之一。
③ “羅摩國”，即藍摩國（Rāmagrāma），古印度信奉佛教的部族小國。
④ “比留提國”，即毗留提國（Vethadipa），古印度小國。
⑤ “毗舍利國”，即跋闍國（Vrji），都城是毗舍離（Vaiśālī），古印度十六大國之一。
⑥ “摩竭提國”，即摩揭陀國（Magadha），古印度十六大國之一。

歸。於是孔子者出。參考周室之記錄。深察古代君主之待臣民。與臣民所以事君主之道。採之以爲後世法。故於齊景公問政。以君君臣臣父父子子爲對[1]。此言雖簡。可以知儒教之旨。專在制限個人之權利。故君道以仁限之。臣道以忠限之。父限於慈。子限以孝。此實以社會之編制。作一家族觀也。是故君父並稱。而權力各有制限。君父之權力。爲仁慈所限。自不與個人之權力相抵觸。個人之權力。爲忠孝所限。自不與君父之權力相抵觸。於是上下和而足以制社會之紛擾。而基本則仍不外一家族之編制。是儒教之實際也。

第四目　各教之相互關係及其效力之異同

佛教之慈悲。基督教之親愛。儒教之仁厚。雖稍有異同。其大原則皆使生人棄一己之權力。以全他人之權力也。然如基督教之傳播。歷時既久。始得奉爲國教。廣布後亦未能立政體編制之基。佛教亦然。功用皆不及儒教。其間得失。固可以比較明之。

其一則儒教之勢順。蓋社會發達之始。必經族長政治而來。此其先已成風習。而儒教適以此爲本。因勢利導。擴充之以成國家之編制。則不啻行其固有之良。故較之基督教之天堂。佛教之樂園。徒懸之疑似有無間而不可推測者。信用深而服從獨固也。其一則儒教周於術。蓋擾亂之世。君主既握全社會之權力。自不得與個人立於同等之列。而君主主張專制。權力過橫。亦非個人之所樂。乃調和斯二者。而與君說仁義。與民談忠孝。使二者權力各有制限。因得以兩立而無猜。故較之基督教之汎博。佛教之淡漠。必破除族制而擴張範圍者。利賴普而遵由亦稍易也。

---

[1]　"故於齊景公問政。以君君臣臣父父子子爲對"，語出《論語·顏淵》："齊景公問政於孔子。孔子對曰：'君君，臣臣，父父，子子。'"

是故儒教與帝王相依附而不可離。君主皆利用之以爲靖亂之本。而中國所以行之數千年而不少衰也。特儒教僅行於中國一部。而不若宗教之及於全般。蓋亦即東西開明異趣之所在耳。

第五目　國教之實際

國教之緣始及異同既明。其成立之實際。乃可以考見。蓋國教之立。其發現爲教權。而當時之所以組織服從於其間。亦成於一種之信仰與感情耳。此信仰與感情。必爲教理之基本。而由教理以成爲國教。因而集爲主權者。必由個人集合之公認。即論教權之或基宗教。或基族制。非惟有互相關係之點。如儒教主族制。而天命帝天之稱謂。祭祀祈禱之儀式。其中亦含鬼神。基督教重敬父母。而稱法王以俄希意。Oahe①爲父之義。稱俄帖爾克齒。Oatrcarch②爲族長之義。其中亦含族制。爲已無絕對之差異。而不過互有主從之殊者。就令各不相輔。而一以血緣之觀念。一以神造之迷信。皆因先入羣衆之腦筋。而始有繼承之結合。固其必然之理也。故又即就族制鬼神互分主從爲論。固由其組織之始。人民思想念慮之各殊。其尊神之觀念深者。君主之權力。必因神道而固。而後此之教權。即以宗教爲本。如印度古時惑於天地間可驚可怖之現象。故至社會發展以後。敬神之習不可變。而因藉以立教權。族長之觀念深者。君主之權力。必因族制而固。而後此之教權。即以族制爲主。如中國上古即族制盛行。迨社會發達。遂以儒教爲宗。是其較著之明證也。故教權之基本。由社會最初之一般觀念。而殊其主從。則可知國教之所立。亦成於一意志之結合耳。

---

① "Oahe"，有誤，應爲"Pope"，即教皇。
② "Oatrcarch"，有誤，應爲"Patriarch"，即族長。

第六節　交際

交際者。個人相互之必要也。羣聚州處。視聽言動之相同。欣戚好惡之一致。其與接爲搆必生親密之感情。而朋友交際成焉。故究其相互間之組織。亦社會成立之一大原則也。

時代古今之殊。地域文野之別。皆有朋友交際之組織。其影響於社會。乃爲其進行及發達之必要。蓋就社會爲有機體論。則交際爲其前提。依社會爲集合體論。則友朋爲之先例。何者。其機關之聯絡。局部之搆成。亦爲社會體制上敏活開展之最初徑路也。

東西往哲。關交際之論說。最爲繁多。鄒魯緒論。散見於經籍。凡以注重於社會體制開展發達之大原耳。俄伊里德士①曰。並世而生。不能無疑難危迫之事。朋友者。乃救濟此疑難危迫之必要也。摩斯德烈士②曰。朋友之所以爲朋友。在臭味之相投。而不在語言形式之末。可知交際之重。東西一致。蓋就個人爲言。即社會性發現之存在。而社會機運局勢之敏活開展。不容有停滯之一日。其組織遂爲進化之所自。故論其社會組織之次第。其結合猶居最先。乃爲社會學上之首宜注意者也。

第一目　朋黨之結合

朋友相互之間。因其交誼之略殊。而生親疎之區別。或爲膠漆之雅。或止於泛常。此亦勢之必然者也。其親者志同道合。智能相埒。或由其勢力之充分。而結爲朋黨。則有關於社會中樞者。其組織之成立與否。乃爲

---

① “俄伊里德士”，Orestes 的音譯，即俄瑞斯忒斯，希臘神話人物。這裏指埃斯庫羅斯創作的悲劇《俄瑞斯忒斯》（Orestes）中的人物。
② “摩斯德烈士”，Polydorus 的音譯，即波呂多洛斯，希臘神話人物。這裏指歐里庇得斯創作的悲劇《赫卡柏》（Hecuba）中的人物。

社會上之一大樞要。若夫管鮑之交。聲稱於平時。及相繼柄用。而齊之霸業賴以舉。非勝西鄉二氏之投合。讓江戶城於官軍[①]。而日本勤王之績以成。由斯以論。交際之組織。其影響關係於社會更大。故或謂交際之道。宜爲一科學之研究。窮其意志結合之真相。間接以謀社會之幸福。斯言當已。

　　按朋黨之結合。爲社會間之一大樞要。於理論上似有一種之界説。而實際則不然。何者。其爲二方面之觀察。不過執君子小人之比較區異而已。夫君子亦黨。小人無所謂黨。此在中國宋明以來之學説已然。若歐西歷史。則又顆若畫一。尤不足以爲論。蓋有是非勝敗之跡。而無復所謂忠奸賢不肖之殊。其組織成立之狀態。大較不出於政治上之祕密結社及國事犯。非若個人相互間。爲意氣之傾軋。此勝彼敗。而成爲無意識無價值之黨禍者。此又其歷史上特殊之點。而爲吾國之所不及。蓋非盡由文野之別。而亦因社會間最初風習而殊。西洋專制時代之人民。因外界種種之競爭。富於國家之觀念。故其朋黨之結合。以國家爲主目的。以君主或異黨爲從目的。中國則盡反之。上焉者之結合。以個人品節爲主目的。政治爲從目的。下焉者之結合。則以傾陷異己爲主目的。以保身營寵爲從目的。於國家之觀念君主之對抗。固皆無之。主義懸絶。則狀態自殊。亦自然之勢也。然若黨之一言。無相互存在之實際。則有如出一轍者。陳竇十常侍之於漢[②]。牛李之於唐[③]。元祐諸賢與惠卿章蔡之於宋[④]。天啓諸賢與崔魏之於

---

① "非勝西鄉二氏之投合。讓江戶城於官軍","勝",指勝海舟（1823—1899），日本德川幕府末期至明治時代的政治家，幕府海軍的創始人。"西鄉",指西鄉隆盛（1828—1877），日本德川幕府末期的武士、軍人和政治家，明治維新的重要參與者。1868 年的倒幕運動中，勝海舟和西鄉隆盛分別代表幕府、政府軍談判，實現了江戶的和平開城。
② "陳竇十常侍之於漢",指東漢末期陳蕃、竇武代表的士族、外戚勢力與張讓、趙忠等十常侍組成的宦官勢力。
③ "牛李之於唐",指唐後期政壇上分別以牛僧孺和李德裕爲代表的兩派勢力。
④ "元祐諸賢與惠卿章蔡之於宋",指北宋後期圍繞王安石變法的黨爭，即以司馬光等爲首反對變法的元祐黨人，和呂惠卿、蔡京等支持變法的元豐黨人。

明①。其較然也。漢明之黨。氣節尚已。無君國對抗之價值。然南北部之覆。東林之禍。有穴胸陷胆不惜者。十常侍崔魏無聞也。唐宋之黨。全成於意氣。於所謂國家之觀念。政治上之結社。猶多慊焉。然鴟梟在朝。黃河之流爲之濁②。無或苟免。黨碑搆成。幾興詔獄之禍③。則猶有危難相赴者。福建子之擠排④。京佽同室之傾陷⑤不如也。故君子亦黨。小人無所謂黨。置之社會學上。無論點之必要。而證諸西史。則尤有深切著明者。如羅馬前後之三頭政治⑥。英吉利紅白薔薇之戰爭⑦"波羅特斯坦"⑧"岑古利"⑨"加爾音"⑩之教派。英之國會保守進步諸黨。法之"斐爾脫"⑪"平原"⑫"山岳"⑬諸派。德之青年少年體育諸會⑭。意之燒灰志士⑮。以至波蘭之"哥修士"⑯希臘之交友會⑰。德

---

① "天啟諸賢與崔魏之於明"，指明末顧憲成、高攀龍等代表的東林黨人與崔呈秀、魏忠賢的閹黨之間的鬥爭。
② "然鴟梟在朝。黃河之流爲之濁"，指唐末李振唆使朱溫殺戮忠於李唐的大臣并投尸黃河。
③ "黨碑搆成。幾興詔獄之禍"，指北宋後期政爭中元祐、元豐兩派互立黨人碑。
④ "福建子之擠排"，指北宋呂惠卿傾軋王安石。
⑤ "京佽同室之傾陷"，指北宋後期蔡京、蔡佽父子相構陷。
⑥ "羅馬前後之三頭政治"，指羅馬歷史上由三個最有威望的軍隊統帥分掌政權的專政。前三頭執政是龐培、凱撒和克拉蘇，後三頭執政是屋大維、安東尼和雷必達。
⑦ "紅白薔薇之戰爭"，即薔薇戰爭，又譯作玫瑰戰爭（Wars of the Roses，1455—1485），是英國約克家族和蘭開斯特家族之間爲爭奪王位而進行的戰爭。因約克家族族徽上飾有白玫瑰，蘭開斯特家族族徽上飾有紅玫瑰而得名。
⑧ "波羅特斯坦"，protestant 的音譯，即新教徒。
⑨ "岑古利"，即烏爾里希·茨溫利（Huldrych Zwingli，1484—1531），瑞士宗教改革家。
⑩ "加爾音"，即讓·加爾文（Jean Calvin，1509—1564），法國神學家和宗教改革運動的活動家，新教加爾文宗的創始人。
⑪ "斐爾脫"，即斐揚派（Feuillants），法國大革命中的君主立憲派，因在斐揚修道院集會而得名。
⑫ "平原"，即平原派（Plain），又稱沼澤派，法國大革命中的中間派，因國民公會開會時該派成員坐在會場最低處而得名。
⑬ "山岳"，即山岳派（Montagnard），法國大革命中的激進派，因國民公會開會時該派成員坐在會場左側最高處而得名。
⑭ "德之青年少年體育諸會"，指 19 世紀前期德意志各邦國中以青年大學生爲主體、追求政治民主和民族獨立的組織，主要有體育會（Turnverein）、兄弟會（Burschenschaft）等。
⑮ "燒灰志士"，有誤，應爲"燒炭志士"，即燒炭黨。
⑯ "哥修士"，即塔傑烏什·考斯丘什科（Tadeusz Kościuszko，1746—1817），波蘭民族英雄，出生於立陶宛大公國。1776 年赴美洲，曾參加美國獨立戰爭，1794 年領導波蘭人民起義，反抗俄羅斯、普魯士的入侵。
⑰ "交友會"，即友誼社（Society of Friends），旨在反抗奧斯曼土耳其統治，追求希臘獨立的秘密組織，1814 年成立於敖德薩。1821 年發動起義，起義失敗後逐漸瓦解。

意志支部之保工會^①。或爲政治之反對。或爲法律之改革。或爲平均財産之抗議。或爲宗教種族之競爭。雖得失勝負。與一般所稱黨派不殊。而目的固異。至爲一私人行事之抵敵。則固未之前聞也。要而論之。中國朋黨之結合。雖異己者無相當之對待。略似者又範圍稍狹。然或其遭遇得時。則貢禹彈冠^②。祁奚舉親^③。其結果福利於家國。若泰西朋黨之結合。則水火相持。影響並關於社會。雖紛擾之際。或不無盲動之事情。反射之作用。如激進虛無黨徒者。而演一慘怖之活劇。亦增一文明之進步。對待者既不可偏訾。而結果於政治法律之改良。皆有直接關係。故中國之朋黨。朋黨之狹義者也。爲間接關於社會者。泰西之朋黨。朋黨之廣義者也。爲直接關於社會者。其結合雖有區異。而其爲社會之樞要則同。其中無所容於界說也。獨是廣義之結合。卒以促文明之進步。而狹義之結合。則利一而害常百。而社會之退化轉以因之。斯則讀吾國歷史。察社會之變運。爲之痛心疾首矣。

第二目　交際團體

就朋友之義。推而大之。則爲交際團體。亦社會組織之一方面也。交際團體之作用。如機能團體。有相互便利之功能。其體制既開展。而範圍益以廣博。例如一會社成立。則多數之會員。因交通而聯結。一學校成立。則多數之學生。因會合而聯結是也。

---

① "德意志支部之保工會"，當指德國社會民主黨。
② "貢禹彈冠"，指西漢王吉、貢禹仕宦同進退。語出《漢書·王貢兩龔鮑傳》："吉與貢禹爲友，世稱'王陽在位，貢公彈冠'，言其取捨同也。"
③ "祁奚舉親"，指春秋時期晉國大夫祁奚舉薦其子之事，時人稱其"內舉不避親"。

第七節　社會中樞

社會中樞者。居社會之中心。而爲一般意志結合之主要。換言之。則對一般之人之意志。有特殊之統攝與位置。乃社會結合之終點也。社會之意義。個人與個人。原皆爲相互之關係。無階級之判別。無主從之區異。相忘於同等而已。就事實觀之。則殊不然。此有種種原因。析言之。如左之三種。

一天性。　此屬於精神身體間也。天賦本性。有身體及精神之差。賁育①之勇。力舉百鈞。而僬僥②之體。或不能勝拱把之木。婁曠③之於聾瞽。般倕④之於拙工。此至不齊之數也。他若人類學之發明。有長頭廣頭等之類殊。殖民史之考較。有鳶色金髮等之色別。而腦力思想。亦因而駁雜不均。如野幾斯魔人種⑤。身體矮小。精神不能發達。而開爾脫人種⑥。細毛碧瞳。有高尚之特性。希臘人以文學勝。則其性瀟灑而流於輕浮。羅馬人以勤勞勝。則性堅貞而趨於實務。此則尤其判別之顯著者也。

二自然界之影響。　此即物質界之關係也。前於社會物理中已詳之。茲更就其關於個人知識志慮者而論。其在氣候之一方面者。則酷熱之地。使人怠惰。祁寒之地。使人萎縮。觀埃及印度巴比倫之地。其人種一時文明。尋就衰歇。甚如赤道直下之人民。至今尚爲野蠻。而北

---

① “賁育”，指戰國時期的力士孟賁與夏育。《漢書·司馬相如傳下》顏師古注：“孟賁，古之勇士……夏育，亦猛士也。”
② “僬僥”，傳説中的矮人。《列子·湯問》：“從中州以東四十萬里得僬僥國，人長一尺五寸。”
③ “婁曠”，指離婁與師曠，前者善辨物，後者善辨音。《孟子·離婁上》云：“離婁之明，公輸子之巧，不以規矩，不能成方圓；師曠之聰，不以六律，不能正五音。”
④ “般倕”，指公輸般與工倕，都是傳説中的巧匠。
⑤ “野幾斯魔人種”，即因紐特人。
⑥ “開爾脫人種”，即凱爾特人（Celts），分布於西歐。

冰洋南冰洋及寒帶諸國。則歷史上未聞以文明稱者。又法人波丹之説曰。中帶之人。勢力多於南人而少譎詐。精神多於北人而少勢力。故氣候之不適中。其人之才力智識。亦伴之而多所變改也。其在地勢之一方面者。則瀕海之民。活潑而多智。負險之民。固執而常愚。境地之殊。能使人異其心志。處華膴之地位。與蓬蓽居民。其氣宇智慮。必不能齊一。所謂居移氣養移體[1]是已。更推論之。如賽密的克之民族[2]。因周圍多沙漠荒原。無山河風雲之奇變感觸。遂至崇奉一神。而美術不競。阿利安以所居地港灣迂迴。山脈沿遶。居民逍遥海陸間。則感覺穎敏而思想發達。可知地勢之異宜。而人之才智。亦必爲之變易也。其在動植物之一方面者。於經濟之影響。姑不具論。而第就人身遭遇。關於精神志慮者言之。觀安達馬尼斯之一部。居民以榛林叢蔽。遠徙海濱以避之。疲於奔走。智識終以幼穉。蘇蘭之蜉蝣。非州[3]東部之白螘。居民至有慵惰遷就。廢其職業。而流於羸弱昏瞶者。故動植物之爲害。亦使個人生差異之點也。此外之影響尚多。以自然界論。大較不出此三者。故如此之影響。皆能判別人類之優劣。

三社會條件。 此爲人間生後種種之事實。如境遇經驗社會關係是也。此所言境遇者。指貧富貴賤之殊。夫東洋重家族。基門閥之觀念。生貴賤之不平均。貧富更判於其間。而地位益以懸絶。若西洋重個人。階級固已消滅。然雇傭者之於雇主。勞働者之於資本家。雖成於契約。實際上實不平等。則貴賤之區别。未爲全無。至若貧富之隔。則雖有所謂社會主義。如社會黨。保工會。及同盟罷工事。而束縛於法律。

① “居移氣養移體”，語出《孟子·盡心上》：“孟子自范之齊，望見齊王之子，喟然歎曰：‘居移氣，養移體，大哉居乎！夫非盡人之子與？’”
② “賽密的克之民族”，即閃米特人。
③ “非州”，即非洲。

其氣宇智慮必不能齊一所謂居移氣養移體是已更推論之如賽密的克之民族因
周圍多沙漠荒原無山河風雲之奇變感觸遂至崇奉一神而美術不競阿利安以所
居地港灣迂迴山脈沿遠居民逍遙海陸間則感覺穎敏而思想發達可知地勢之異
宜而人之才智亦必爲之變易也其在動植物之一方面者於經濟之影響姑不具論
而第就人身遭遇關於精神志慮者言之觀安達馬尼斯之一部居民以榛林叢薉遠
徒海濱以避之智識終以幼稚蘇蘭之虰蜥非州東部之白蟻居民至有懍
惰遷就廢其職業而流於羸弱昏聵者故動植物之爲害亦使個人生差異之點也此
外之影響尚多以自然界論大較不出此三者故如此之影響皆能判別人類之優劣

三社會條件　此爲人間生後種種之事實如境遇經驗社會關係是也此所言境遇者
指貧富貴賤之殊夫東洋重家族基門閥之觀念生貴賤之不平均貧富更判於其間
而地位益以懸絕若西洋重個人階級固已消滅然雇傭者之於雇主勞働者之於資
本家雖成於契約實際上實不平等則貴賤之區別未爲全無至若貧富之隔則雖有
所謂社會主義如社會黨保工會及同盟罷工事而束縛於法律目的終不能達故富
者得勢要貧者疲於生計此其不能一致者也經驗云者學識之關係也如航海者知

目的終不能達。故富者得勢要。貧者疲於生計。此其不能一致者也。經驗云者。學識之關係也。如航海者知天文。而印度山族。則猶有不能就日光而抽象其光字之名義者。植物學者究炭酸之同化。而冰雪屋中之哀基斯穆人。且終身不識林木爲何物。更就其切近者而論之。都會居民之常識。常高於鄉村之居民。旅行者之識力。必優於伏處者。亦爲共通之例也。社會關係者。對父母師友之關係也。家庭之教育。不必能一致。而對於師友。學問上有程度之差。性情上有同化之異。依各國學校之調查。教育統計局之登記。學齡之遲早固異。缺典之救濟亦難。其以貧苦而不能及學者。亦無國不有。則其父母師友之間。亦自有相當之比例。於其人之藝術學識。自生差異。而事實益判然矣。

有此三者之差。而個人互異之原因。即於是乎在。天性判之於前。自然界影響承之於後。至有條件之隔別。則優劣勝敗。儼出於天演。愈不能爲平等矣。其優者備種種特殊之勢要。則對一般人而爲社會之中樞。此中樞上觀察之大概也。實則中樞云者。非就個人爲言。乃於一般羣衆中。因備種種之勢要。而爲一特別之羣衆。居社會之中心。而爲全體盛衰之所關係也。中樞有二方面。論如左。

甲政治方面。　夫由種種之不均。對一般人而爲中樞。則必爲政治之主體。或於政策上有先見之特識。而爲議會之請願。或於政事上有反對之必要。而爲政黨之結社。而通識長算。聲望行於全體。其勢力充分。社會蒙其福利。如是者乃爲中樞。而社會間信用推許於其初者。乃爲其組織之原素也。盧梭演説之善。因全國風動。而民約之主義遂張。路德[1]對聖書之反抗。得公會之判斷。而威顚堡寺

---

① “路德”，即馬丁・路德（Martin Luther，1483—1546），德國神學家、宗教改革家。

門之榜示①。竟達其目的。結果歐洲之人民。思潮爲之一新。而爲文明之序幕。此中樞組織之成於政治方面者也。

乙學問方面。　中樞之成立。進而論之。必又關於學問。如智識藝術。皆有過人之特色。則必爲一時所推崇。或被選舉而參預政權。成②膺講席而提倡學派。或著書演説而闡明真理。其勢力之膨脹。全社會受其影響。一時觀感爲之一變。直接關係於社會。而社會間之游揚聲譽於其初者。乃爲其組織之原素也。牛敦③發明引力之理。經歐洲學士。及輿論之公推。始爲真理之確定。康德折衷推理及經驗二派。經歐洲大陸學者之崇奉。而爲哲學之泰斗。於社會之技術文學。有革新之觀。而文明益以增進。此中樞組織之成於學問方面者也。

如上二説。中樞之意義已明。蓋社會因種種不平均之點。雖進於文明。而不能無國家政府之組織。至於局勢開展。範圍日趨於廣大。因而以定社會之中樞。而組織之主要。乃爲政治與學問之二方面。是不得謂非意志結合之進步矣。以現今世界交通之繁。全世界爲一社會。則中樞之存在。亦將對全社會爲言。而不以國家爲限。而由此二方面之主要。以應社會的發展之趨勢。則亦與其進化律相衡。故組織之種類。至中樞而爲終點矣。

雖然。自其進化之順序論之。社會日進。則人民之程度亦日以高。微特關自然界之影響。有以征服其天然之障害。如最近殖民之調查。自衛生及科學之進步。漸消滅風土氣候之故障。熱帶地方。如法領之安齊幽④。自

---

① “威顛堡寺門之榜示”，“威顛堡”，即維滕貝格（Wittenberg），位於易北河中游。1517 年 10 月，爲反對教皇售賣贖罪券，路德將《關於贖罪券效能的辯論》（今譯爲《九十五條論綱》）一文張貼在維滕貝格諸聖堂（Schlosskirche）的大門上。這被認爲是宗教改革運動之始。
② “成”，有誤，應爲“或”。
③ “牛敦”，即伊薩克·牛頓（Isaac Newton，1642—1727），英國物理學家、天文學家和數學家，經典力學創始人。
④ “安齊幽”，即阿爾及利亞（Algeria），位於非洲北部。

一千八百十九年。至一千八百五十五年。死亡者九割一分①。現今乃減至一割八分。或二割二分。蘭領印度②。自一千八百十九年。至一千八百二十八年。死亡者十七割。今乃減至一割六分。如是者不可勝舉。因知人治之盛。天行居於消極。而不復受自然界之障害。即天性與社會條件。亦可以人力淘汰。如生理學之發明。凡關人精神健康及身體諸部營養之要素。皆有變易本質之功能。工商實業之發達。交通之機關。日益靈便。個人不爲天然界所制限。而社會條件之缺陷悉泯。是則政治學問二方面。基一般羣衆而爲特別之組織。抑猶不足以盡之。故自其極端而言。個人皆爲中樞之主體。斯則意志結合。而進於同等之地位。爲最圓滿最完全者。特既爲意志結合之進步。則亦非外界之所能致。乃爲精神上統一之結合之問題矣。

---

① “九割一分”，即百分之九十一。“割”，十分之一；“分”，百分之一，下同。
② “蘭領印度”，“蘭”，即荷蘭；“蘭領印度”，指荷屬東印度（Holland East India），印度尼西亞的前身。

第
四
章
一

意志結合之統一

社會之形成。以時代言。自原始以至今日。以體制言。由家族以成國家。由政治及一切制度言之。則基野蠻以進文明。其間發生開展之順序。以達於文明進化。無不本於個人天賦慾望之傾向。經意志結合而成者。故分析種種現象以求其原素。實不離個人之精神。然若第以生理論之。以謂社會無腦髓。離個人意識。則不復有社會意識。則社會者。不外於個人意識之總計。否則一衆人精神之總稱。而無復有一種統一之社會精神以爲實體之存在。是又不然。析論如下。

自個人言。吾人之意識。日夜運動而不息。試分析觀之。則不過各種之感覺記憶思想感情而已。固無所謂固定者。而其意識之變遷。日增月累。有如逝川之流。辭柯之葉。既去而不可以復返。而由此各種經驗之結果。必有統一組織而遺形跡者。白吾知其爲白。而所守者或在黑。雄吾知其爲雄。而所守者或在雌。且淯其黑白雄雌。而自有一種之印象。存在於感覺思想記憶感情之表。若是者謂之精神。雖精神離肉體外無復有其本體。然若其人之精神。忽破組織而失統一。則身體容貌失其常。必如癲狂者之無所作用。故即在個人之精神。亦必有統一也。

　　社會亦然。吾人生世。年壽不過百齡。而其間種種之感覺思想。來去無窮。新陳代謝。其結果則或輸入言語。而發起羣衆之智識。或作爲文章。而擴張廣大之範圍。其先蔓延於同時。繼乃傳播於後世。以成一種之精神。是社會精神與個人精神相異之點也。故個人之精神。爲單獨行爲之精神。社會之精神。爲數多個人之經驗。或衝突。或融合。及同化之結果。而傳之後代者。雖後代之精神。不必盡囿於當代多數的一致之區域。而試觀其端緒無不爲承前代而進步者。且社會衆人各有所經驗。而其經驗之統一。生社會的知識。社會的感情。社會的意思者。而個人又吸收之。爲其所感化薰陶。故個人每受模範於社會。與受社會之精神。且或由自己精神進步之動作。以引伸發展社會之精神。於是由個人所受一種之共同精神。復有所貢獻於共同精神之表。以益助社會之發達。是可知社會精神。雖生於個人集合。而別有其存在之實體。以對於個人。則爲統一之所在也。

第一節　遺傳經驗之一致

　　個人與社會之關係。分遺傳的與經驗的二方面。遺傳云者。人類之社會。本來屬於自然。其接觸於社會的。使之發達諸種社會的智識及感情。因而以之陶冶其腦髓。則自然異於他動物。因而以之交通於人間。即生社會之傾向。是遺傳之説也。經驗云者。分析遺傳一致之個人爲言也。普通言遺傳一致。與阿里士多德所云適當造複雜的社會之説（見前）未能相通。於事實亦相戾。蓋造複雜之社會。於社會遺傳性之外。尚有個人自然能力之大小。性質及境遇之優劣。必由此種種之條件規定。而形成複雜之狀況。是經驗之説也。

　　是知社會精神。由遺傳的經驗的二者之別而生差異。於統一之點。不能無此二方面之殊。然此遺傳經驗之發達。亦有相爲一致之結果。蓋當前之遺傳。即過去社會之經驗。則當前之經驗。亦即爲將來社會之遺傳。而其間以時代進化。遞嬗轉變而異其原素。則由此順序觀之。社會之精神。以遺傳之簡單導於先。而以經驗之複雜承其後者。亦其最初之遺傳。未臻於發達。而後之經驗適值進動之機。乃呈此區異之狀態耳。此複雜的經驗之精神。更由組織統一而成遺傳。則後此遺傳之在社會間。將不復受經驗之制限。而有自繁而之簡者。是則精神統一之要。亦在其間矣。

第二節　個人特徵之同化

個人雖全染社會之色。而個人之特徵。亦存在於其間。特徵云者。自哲學語中論之。以謂因時間空間之異。發見諸種之差別。而社會乃爲外界之狀態。個人異於個人。則其經驗亦異。即血統相異所由生也。個人以此所有之各特徵。相互以導社會之進。因而廣社會的同化之範圍。雖風俗習慣。及其他分類。漸次歸於同一。而不能消滅個人之差別。蓋社會者。在古代甚爲狹小。以狹小者散居數地球之上。其人種爲固有性質之社會。自固有之外界。偶然經驗。則各小社會爲特異之發達也。

然由發達之歷程以觀之。如自氏族相融合以成部族。部族存在於數多之地域。而爲各異之發達。又各融合而爲國民。國民存在於今日數多之地球上。爲今日之社會。是則繼長增高。愈推愈展。抑亦自然之順序也。有各特異發達之社會。既融合爲大社會之時。自必有同化之作用。如現今人民於人文範圍中而相混同。則同化作用亦同也。由此同化作用而擴張之。則其範圍亦必有增大者。故特徵之結果。終歸於同一。特不足以擬最初時代耳。

第三節　二方面之順序及教育之要點

　　社會與個人之關係。就其相互存立之時以考察之。乃發見二方面。就此二方面以覘其統一。而皆有順序之所在。二方面者。即社會結合團體之方面。與社會組織之方面是也。

　　就社會結合團體之方面觀之。個人生存於家族都會國民人文範圍之中。其團體有必然之存在。蓋家族基於夫婦之關係。其成立無俟於法律都會。則由各社會中之個人。自集合便宜土地而起。亦非由政令教告而成者。皆生於自然之勢也。即國民與人文範圍。自其內容之順序推之。亦若出於固有。如都會成長以後。經一方內部之比較。一方外部之附和。因而成文明之國家。雖有內外部二者之異。而內部實佔最大多數。由其上惟一之國家的組織。因相與統一而居。則亦自然之勢也。人文範圍。雖爲社會結合之極緩者。而相互之交通既多。益助都會之成長。其結果則必有交相依賴者。其統一之順序。亦猶成於自然耳。此等社會團體之中。個人相互交通。而自各團體得各自己生命財産之安全幸福。則在其內部個人相調和。自交通而成統一之勢。而助此交通之道。即倫理與習慣爲之先。凡生活於家族以上之個人。不能不從倫理習慣。雖在都會則或習慣存於倫理之外。而如祭社新年之儀式等。由都會之個人。使滿足其社會的之慾望。則亦有混同之致。故家族都會國民三者。皆有共相一致之點。即至人文範圍。有彼此國民倫理習慣之異。而於其相衝突之場合。因維持結合團體之安全。有共同之必要。終則成於統一也。

　　就社會組織團體之方面觀察之。個人之存在於社會中。由數多之組織團體。圍繞而居者也。一人同時繫屬於多數之組織團體。其中則各具固有之倫理習慣及規則。例如實業團體中。雇人之與雇主。不能於他之組織團體間。發見一種特別之關係。而一種特別之倫理。即成立於其間。雇人與他雇人。但於有二之個人以上。存在特別之關係。因而其間又不得不存在多少特別之倫理。習慣規則亦然。一方固有之習慣。與社會之習慣相矛盾。則其習慣不得不爲特別之存在。固有之規則。用以束縛其會員。則其規則亦不得不爲特別之存在。社會組織團體。無論如何。必具備此三者。由此擴充其倫理習慣。如國民有君主與臣民之關係。存一種特別之倫理。國家有祭日臨時之祝典。存一種特別之習慣。久而遂成爲固有。其在規則。則如國家之法律。法律者。國家之意志。而國家之會員。有服從之義務者也。雖似與一般規則異致。然國家亦不過行其已集合之權力。比之各團體之以規則束縛會員。亦正相類。故國家在社會組織團體之中。實與實業團體及他團體無異。而各團體中會員。或屬男子。或屬女子。或屬同一年齡之人。終皆與國家會員相異者。則以國家權力爲已成之集合體。而包含各個人服從之精神也。是又可知一團體擴張。則積久而各團體亦同化於其下。其相互之勢終趨於統一。有斷然者。

　　如上所述。個人一面生活於社會結合團體中。一面生活於社會組織團體中。從其習慣倫理或規則。發生自己之活動。而終趨於一致。特是個人有肉體。肉體者勢力之所潛伏也。此勢力驅逐慾望。而發見人間種種之行爲。其發見之時。無一定之規則。則必不免有衝突。蓋個人精神之發見。多爲反射的及衝動的。反射的作用者。猶睡眠中物觸手足。則自引手足如欲避害者。不曾略假思慮與辨別之動作也。衝動的作用者。如小兒之四肢五官。應種種之激刺而動。無一定之制限也。是雖屬一種本能與自然之應。爲達目的之手段。然以其爲反射的與衝動的。任其行爲。結果必多生害惡。蓋如睡眠中或以手足移動。而爲物所損傷。小兒或以外物誘奪。而陷危害

是也。故欲調和衝突。與制限反射的及衝動的作用。以歸於正當合理之統
一。則外界之法律規則形式上之倫理習慣。猶不足以致之。導源於精神。
則必以教育普及爲基礎。而亦即社會之目的之所在也。

第四節　教育之分類及其方法

　　個人與社會。求其正當之統一。則不能不本於教育。而教育亦有分類。
一爲社會教育。一爲個人教育。使個人之精神。皆爲合理的動作。此個人
教育主義也。使社會之共同精神。爲合理的動作。此社會教育主義也。而
社會之精神。乃爲個人精神之結果。比較二者之先後。則不得不歸重於個
人教育矣。

　　夫當社會精神。未臻發達圓滿之際。猶睡夢者及小兒。由衝動反射等
作用。而不辨是非。有如辨士立演說會中。其新奇可喜之論。能聳動衆人
之耳目。拍手喝采。風靡一時。然此類猶無害於事實。若羣衆中生一大騷
動。則羣衆之精神。殆將如狂者之盲動。則其爲損害。有不可勝述者矣。
是故個人之精神。不因教育而充分發達。則社會之精神。亦終限於低度。
如倫理習慣規則法律。所以制御個人之反射的及衝動的作用。而或固守此
數者。雖爲保持國家之秩序。立國家進步之基礎。其失則膠守舊式。終不
能有所改良。則合理之統一精神。亦不得達也。

　　第自一方言。則個人精神之發達。弊害亦伴之而生。爲其進取之勢。
鄰於分裂。故主保守之政治家。慮其能使社會瓦解。而反對教育。至束縛
新聞紙之傳播。禁壓出版之自由。不知其進動中亦自含有倫理習慣法律等
之原則。而至於合理的精神。則善者保守。否者改良。非惟無分裂之懼。
而結局大促社會之進步。其原動力則存於普通教育也。無此普通教育。則

多數人民之精神。陷於睡夢者及小兒之狀態。若使此輩參與政治。其不歸於敗亂者幾何。立憲政治之重普通教育。職此故耳。由社會之興論。以定政治之方針。則社會不得不爲合理的精神之作用。故教育者。基個人精神。而養成社會之精神者也。

　個人教育之方法。可分爲四。一體育。二智育。三情育。四德育是也。體育者。使軀體發達期於健全。然後能供精神之運用也。智育有二方面。一在增多智識。一在發達智力。智識所以裕其體。智力所以擴其用也。情育者。所以陶冶其感情。蓋凡人高尚之理想。莫不由感情而致。有如美術。非徒爲愉樂之資。亦所以使品性臻於優尚也。德育者。所以使人辨別善惡。臻於善良也。生人慾望。本無絕對之惡。惟因上位慾望。與下位慾望相衝突。而善惡以分。使知從上位者之爲善。不從下位者之爲惡。而去就協宜。則德性完全矣。如此四者。謂之完具教育。故使個人。於體智情意間充分發達。則合理之精神。自臻於完具。而社會之精神。亦漸歸於一致。斯則正當之統一也。

　　按浮田和民氏。論教育之真意。謂自“沙伊哥羅其”言之。在使個人心身之發達圓滿。不偏一方。而以整齊爲歸結者。不能爲惟一之原則。蓋教育之目的。在養成社會之各個人。故有不能使精神及肉體滿圓整齊。而發達之時。必欲致之。則社會亦不必成立。觀希臘古代史。斯巴達之教育法。尚武廢文。於教育不能圓滿。雖侵略吞併。威震一時。而精神陷於一偏。雅典之教育。則重個人之自由。又欲爲社會之一人。其所以使個人發達之要。在各適合其地位與職業。而不爲同一之發達。其結果藝術思想。開歐洲文明之源。故圓滿之發達。無論精神肉體。因應社會之要。有時或缺其圓滿。而惟養成社會一員適當之資格。隨社會之漸進。以達於完成。故不得惟以圓滿之發達爲教育也。據此之説。則以解釋本節前所論社會教育個人教育之分際。亦似甚爲明瞭。而於本節所論方法之分類。可爲一種之界説。蓋本節專論教育普及之要素。此則推論其要素中之大別。其意義適相成也。

又按岸本能武太氏。論慾望之種類。別之爲七。而析其位爲三。其論七別曰。在軀體者。爲衣慾。食慾。居慾。睡慾。牝牡慾。長壽慾。在社會者。爲名譽慾。貯産慾。權利慾。社交慾。在家族者。爲孝慈慾。静好慾。友悌慾。在學術者。爲數學慾。哲學慾。生物學慾。機械學慾。在壯美者。爲自然壯美慾。人爲美術慾。在道德者。爲慕義慾。忠愛慾。殺身成仁慾。在宗教者。爲崇拜慾。依賴慾。而謂此諸種之慾。紛至沓來於人心。則必生一種之衝突。乃就各種慾望。等級之爲三位。而各著爲定律以示趨向。一曰品位識別律。謂各種愉樂。當以意識別其品位之貴賤。如形體之樂。卑於精神。名譽之慾。下於正義。其識別之道存於天性也。二曰下位自由律。謂貴賤兩種之愉樂不相衝突時。則得充分任受。世或以情慾爲罪戾而務絶之者。如佛教耆那教[①]基督教之論牝牡慾爲當去。夫天性自然。何足爲罪。且萬物無絶對之罪戾。高尚愉樂與卑下愉樂相衝突時。則當視卑下者爲罪戾耳。若情感互動。互動而各無牴觸。雖卑下亦不妨爲充分任受也。三曰上位制限律。謂貴賤兩種愉樂相衝突時。則下位當服從上位。上位當制限下位。而當下位凌轢上位之時。則由意識之辨別而制限之也。氏舉此論。以爲人生完具之幸福。於是乎。在其論慾望。固不出前所舉瓦特氏及斯打根倍爾克氏所論之範圍。而分類亦稍鄰於泛。至所論三律。

---

① “耆那教”，耆那教（Jainism），公元前 6—前 5 世紀産生於南亞次大陸的宗教，認爲信徒可以擺脱物質世界的束縛而達到靈魂的解脱。“耆那”（Jaina）是創始人筏馱摩那的稱號，原意爲“勝利者”。

則確有見地。然非普通教育不足以致此也。因與此節所論教育四方面
互有關係。故附述於此。

第五節　社會究極之目的

社會本於精神。而發見其組織之種類。又就其複雜而發見其統一之趨
勢。更由此而求其當於各理的精神。以爲正當社會的精神之統一。則歸本
於教育。今日之社會。尚未足以語此。則姑懸爲未來社會之希望。是則社
會學者研究之終點矣。然而社會之起原。託始於慾望。則社會發生成立與
發達。一言蔽之。一慾望之進化而已。太古洪荒時。已有原人之羣集。則
黃金時代。由進化之結果。不能無望於將來。而此進化之慾望。爲積極的
必自有其究極的目的之所在。是固有之實際。爲吾人所不可不知者也。

自來學者。於此多爲客觀之概論。其本神命之說。以爲人生目的。必
使上帝之意志光烈。實現於人世者。太空元元。固無足稱考者也。而或以
爲在文明之進步。或以爲在品性軀體智識等之完全。皆不出客觀之一方面。
蓋社會成於慾望。則其究極之目的。亦只存於慾望而無俟外求也。

然則目的如何。曰慾望之究極。必使人類皆得圓滿具足之幸福。而由
精神之發達將徧使外界之境遇。皆臻於文明。而社會精神之統一。因而悉
達於完成之域。故向以個人沿社會之潮流。而任爲飄蕩。是則以個人掌社
會之橐鑰。而自爲弛張。於是圓滿具足之幸福乃可得。而社會究極之目的。
亦於是焉始達也。由教育普及之既成。同時所以促境遇之文明者。亦有二
端。一在於物質之進步。一在於團體之改良。

第一目　物質之進步

物質進步者。如機械進步而利益日增。徵之負擔者。其初以一杖任重。

足以節省膂力矣。輦車發見而所任者數倍。又可以節省轉運。鐵道發見而所任者百倍。又可以節省日時。他如利用動物而爲漁牧。利用土壤而爲農畊。以至風水磁電。皆受宰制。而什器日進於優美。故最初仰給於天然力。繼或屈服於天然力。今則利用此天然力。此物質之進步爲能滿足其慾望者。而達究極之目的。則將見生人之勞力愈減。而所獲之利益愈多。雖或論物質進於文明。亦有弊害與之相伴。如珍奇交炫。則開奢侈浮華之習。工商互傾。則生競爭激烈之風。資本者與勞力者相需。則成貧富懸隔之勢。然一般人民之精神。既爲各由其職業與地位而達於完成之域。則道德可以相儗。勢力可以相衡。其弊害自歸消滅。果具教育普及之精神。於此非所宜措慮者也。

第二目　團體之改良

團體之改良者。首則爲家族。夫如雜婚多婦多夫之諸時代。固陷於亂。而共產家之欲破除家族以廣兼愛。亦失其真。蓋人尚利己而感情之能推及於人。必肇始家族。有如一夫一婦之定制。而門內雍睦。戶主相續人之兼資。而倫理發達。則家族之完善也。次在國家。夫專制則有暴主。貴族則有寡人。而平民參政。亦有徇私自便之患。然若理想社會之說。謂人民之智識感情道義皆全。政府可以廢絕。亦未爲當。蓋人民雖甚發達。聚處則互有關係。政府焉能即廢。且有理想人民。亦可有理想政府。亦未見其可廢耳。或刑罰可省。律令可弛。法院可以消滅。而爲人民謀便利與整飭秩序。仍有賴政府之存。有如上有議院以防輿論之激變。下有志士以餘力益潛發民智。乃國家之完善也。次在國際。如拍拉圖[①]氏所懸擬之諸國互合而成一大共和國。固不可必得。而亦不爲完全之利。而現今如海牙萬國平和

---

① "拍拉圖"，即柏拉圖。

會赤十字會①。其目的均在消弭戰爭。固知火器愈盛。人皆思避戰禍之烈。必能從此漸歸平謐。而考之地利。參之民性。或以分業協力之法。施行於各國。如甲爲農國。乙爲工國。丙爲商國。長於音樂雕繪者爲美術國。長於思想名理者爲智識國。如此則互相模倣。互相依賴。而生同情之結果。因而增其輯睦。兵禍以之永息。人羣以之混合。乃國際之完成也。他如學校教會工場商會之屬。皆依良法以更造之。則利賴亦云普矣。

第三目　結論

如上之論。則圓滿具足之幸福。將於此焉期之。而達此目的以充其慾望。亦仍與教育相終始。非教育普及不可遽得也。精神之結合。有大小廣狹之殊。而不能有中止退步之境。慾望之傾向。斯亦有固然者矣。因慾望之見端。而知慾望之究極。社會之歷程。均挾此目的以俱進。非必於意志結合之統一時始見之。緜延五十萬年。而後代速率常加迅。過此以往。雖不知其進行時期之如何。而由其目的導以教育。雖旦暮致焉可也。

---

① “赤十字會”，即紅十字國際委員會（International Committee of the Red Cross）。1863 年成立的國際人道主義機構，總部在瑞士日内瓦。

結果因而增其輯睦兵禍以之永息人羣以之混合乃國際之完成也他如學校教會工場

商會之屬皆依良法以更造之則利賴亦云普矣

　　第三目　結論

如上之論則圓滿具足之幸福將於此爲期之而達此目的以充其慾望亦仍與教育相終

始非教育普及不可遽得也精神之結合有大小廣狹之殊而不能有中止退步之境慾望

之傾向斯亦有固然者矣因慾望之見端而知慾望之究極社會之歷程均挾此目的以俱

進非必於意志結合之統一時始見之縣延五十萬年而後代速率常加迅過此以往雖不

知其進行時期之如何而由其目的導以教育雖旦暮致焉可也

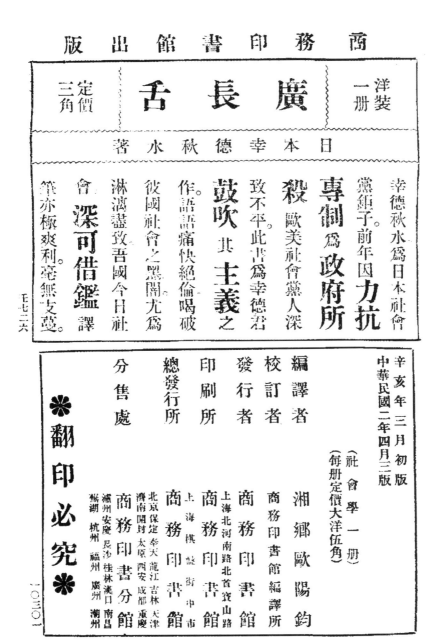

（社會學 一冊）
（每冊定價大洋伍角）

辛亥年三月初版
中華民國二年四月三版

編譯者　湘鄉歐陽鈞

校訂者　商務印書館編譯所

發行者　商務印書館

印刷所　商務印書館

總發行所　商務印書館
　　　　　上海棋盤街中市

分售處
北京保定奉天龍江吉林天津
濟南開封太原西安成都重慶
上海北河南路北首寶山路
蕪湖 杭州 安慶 長沙 桂林 漢口 南昌
瀘州 福州 廣州 潮州
商務印書分館

毛七二六

一〇三〇一

《社會學》歐陽鈞編譯本廣告、版權頁

《社會學》歐陽鈞編譯本編者説明

孫超　編校

1. 底本描述

《社會學》，共一册，封面分三欄，中爲楷書"社會學"，右欄題"湘鄉歐陽鈞編譯"，左欄爲"上海商務印書館印行"，下有"敬贈"二字，爲墨筆另書。首有"例言"2頁，次爲"社會學目録"6頁，均單獨編頁碼。正文文首署書名"社會學"，下署"湖南湘鄉歐陽鈞編"，正文146頁。自"例言"始，至正文末，每頁書眉均有"社會學"及頁碼；頁側標"例言""目録"及正文之編、章、節、目名稱。封三上爲商務印書館出版的幸德秋水所著《廣長舌》的廣告，下爲版權事項，著爲"辛亥年三月初版，中華民國二年四月三版"，則該書初版於1911年3月底或4月。封底有商務印書館標識。今據四川大學圖書館藏1913年第三版録排。

2. 歐陽鈞

歐陽鈞（1878—1909），字子和，又字淮生，自號彌庵，湖南湘鄉人。其父歐陽正塘，字崇如，湘軍將領李續賓舊部，同治年間爲湖北安襄鄖荆道，光緒初年（1875）轉任兩淮鹽運使，五年（1879）十二月改派湖北按察使，未到任，死於揚州。

因喪父緣故，歐陽鈞"幼失學，年十三始專力書史"[①]。光緒二十年

[①]　李翠平，尋霖. 歷代湘潭著作述録：湘鄉卷［M］. 湘潭：湘潭大學出版社，2019：165.

（1894）"中儲元"，三十年（1904）夏由江西候選知州任武備學堂監督。據稱在其努力下，學堂"規模大備，綱紀秩然"，後來在此基礎上改建爲江西陸軍小學堂，"學課規條多僅君手訂之舊。贛中聲譽之隆，推此校爲首，學生念君不能忘"。[1]光緒三十一年（1905），歐陽鈞兼任江西陸軍講武堂事，同年赴日。光緒三十四年（1908）回國，爲湖北補用道。次年去世。

歐陽鈞出身官宦之家，早年工於詩文，時人稱其"天才卓犖不羈，如泰山出雲，不崇朝而遍天下；如江湖恣肆，波瀾壯闊，乃魏默深、湯海秋之流亞"[2]。娶李元度[3]之女爲妻，"唱隨一室，揚扢風雅，爲里黨所推重"[4]，在湖南頗有聲名。

歐陽鈞赴日前，將其此前作品按"詩""詞""文""雜"分類，編爲《率觚錄》，以抄本形式贈送友人，1908年回國後又在武昌刊印。

3. 遠藤隆吉

該書根據多家著述編譯而來，其中主要是遠藤隆吉的相關著作。

遠藤隆吉（1874—1946），日本社會學家、教育學家。1874年出生於群馬縣前橋市，1899年畢業於東京帝國大學哲學科，曾任東洋大學、早稻田大學教授。

遠藤在多所大學講授社會學，主張從心理因素和集體意識出發解釋社會有機體。1898年創辦《社會》雜誌，1907年建立日本社會學研究所，對20世紀前期日本社會學的發展產生了重要影響。

---

① 李翠平，尋霖. 歷代湘潭著作述錄：湘鄉卷[M]. 湘潭：湘潭大學出版社，2019：167.
② 李翠平，尋霖. 歷代湘潭著作述錄：湘鄉卷[M]. 湘潭：湘潭大學出版社，2019：167.
③ 李元度（1821—1887），字次青，又字笏庭，自號天岳山樵，晚年號超然老人，湖南平江人。早年爲曾國藩幕僚，後任雲南按察使、貴州布政使，著有《國朝先正事略》《天岳山館文鈔》等。
④ 李翠平，尋霖. 歷代湘潭著作述錄：湘鄉卷[M]. 湘潭：湘潭大學出版社，2019：166.

遠藤涉獵廣泛，除了社會學，他的研究領域還包括中國哲學、教育理論、倫理學等。他在前人研究的基礎上提出中國哲學史的古代、中古、近世三階段劃分，被日本學界長期沿用。此外，他還關注國民教育，強調"硬教育"，爲此於 1910 年個人出資建立了私塾性質的巢園學舍，并長期擔任校長，該校 1920 年改建爲巢鴨中學。1928 年，遠藤創立巢鴨高等商業學校（今千葉商科大學）。遠藤還曾兼任成美高等女校校長。

遠藤一生成果豐富，譯有吉丁斯的《社會學》（1900），著有《當今社會學》（1901）、《日本社會的發展及思想變遷》（1904）、《近世社會學》（1907）、《東洋倫理學》（1909）、《孔子傳》（1910）、《社會力》（1916）、《社會學原理》（1922）等。

4. 商務印書館

商務印書館（The Commercial Press）是近代中國人創辦的第一家也是規模最大的文化出版機構，創立於清光緒二十三年（1897），館址在上海。發起人爲夏瑞芳、鮑咸恩、鮑咸昌、高鳳池等，四人均爲教會學校的工讀生，原習英文排字。創辦之初，以印刷名片、賬册、廣告傳單等商業用品爲主業，"商務"一名即由此而來。

1902 年正式開設印刷所、編譯所及發行所，聘蔡元培爲編譯所所長，張元濟、高鳳岐、夏曾佑先後加入。1903 年，蔡元培因"蘇報案"離開上海避居青島，張元濟開始擔任編譯所所長，并延請了一大批知名學者和專家加盟，如高夢旦、王雲五等，制訂了系統全面的編輯出版計劃，開展以出版爲中心的多種經營，奠定了商務印書館新型出版事業的堅實根基。1903 年出版了"說部叢書"和"小本小說"，創辦了《繡像小說》雜誌。1904 年創辦《東方雜誌》，後來還創辦了《小說月報》。1906 年，清政府學部第一次審定初等小學教科書暫用書目，共計 102 册，商務所出《最新初等小學國文教科書》等 54 册入選，占一半以上，内容包括算術、歷史、地理等各個方面，受到各地新學堂的歡迎。與此同時，商務印書館開始有系統地編寫出版大、中、小學等各類學校教科書。商務印書館編纂了《辭源》等大型工具書，譯介了《天演論》《國富論》等西方學術名著，出版了魯迅、巴金、冰心、老舍等現當代著名作家的文學作品，整理了《四部叢刊》等重要古籍，編輯了"萬有文庫""大學叢書"等大型系列圖書，擴大了雜誌出版的領域；創辦了東方圖書館、尚公小學校，同時還製造了教育器械，甚至拍攝了電影等。陳雲、茅盾早年都在商務印書館工作過。

中華人民共和國成立後，商務印書館於 1954 年遷北京。

5. 該書編譯背景

歐陽鈞赴日，很大程度上源於他對新學的興趣。他曾自陳："世局奇變之日，於世所爲新學既未有所得，而成就又只如此，是兩失之道也"[①]，友人説他"往來通都之間，習見世所傳新學，翻然變計，思所以自立"[②]，於是"重洋萬里，折節求學"[③]。正因如此，歐陽鈞抵日後努力學習新知識、接觸社會學也就不足爲奇了。

"例言"中説編譯該書時"學校逐日課程忙迫"。這裏的"學校"應指早稻田大學。隨着中國赴日留學人數日增，早稻田大學在 1905 年 9 月率先設立清國留學生部，設計專門培養方案，成爲官派和自費留日學生的首選之地。此外，歐陽均在書中稱，除遠藤外，有賀長雄、浮田和民、岸本能武太三人的學説，他也曾"親聆講述"，這一時期上述幾位學者恰好都在早

---

① 李翠平，尋霖. 歷代湘潭著作述録：湘鄉卷[M]. 湘潭：湘潭大學出版社，2019：165.
② 李翠平，尋霖. 歷代湘潭著作述録：湘鄉卷[M]. 湘潭：湘潭大學出版社，2019：166.
③ 李翠平，尋霖. 歷代湘潭著作述録：湘鄉卷[M]. 湘潭：湘潭大學出版社，2019：165.

稻田大學任教。

　　歐陽鈞於光緒三十一年（1905）冬月做出發前的最後準備，到達日本大概已是 1905 年底或次年初了。一般來説，抵日後要先學語言，他可能要到 1906 年下半年的學期才能接觸到遠藤的課程，開始編譯工作。另外，"例言"中介紹遠藤時説，"先生最近著述，刊行者有《近世社會學》、《社會史論》、教育學術研究會編行之講義"。《近世社會學》與《社會史論》，明治四十年（1907）3 月由成美堂書店合刊發行，同年 6 月遠藤又出版了新著《社會學講話》。歐陽鈞并未提到後者，説明他撰寫"例言"時，《社會學講話》可能尚未出版。

　　由此可見，《社會學》的主要編譯工作應是在 1906 年下半年到 1907 年上半年進行的。只是歐陽鈞 1908 年回國後未及整理刊印便去世。直到 1911年，書稿經商務印書館校訂後才最終出版。

6. 該書材料來源

　　有學者認爲該書只是對遠藤隆吉部分著作的選譯，甚至明確指出"歐陽鈞之《社會學》，是根據遠藤隆吉的《現今之社會學》（1901）及《近世社會學》（1907）編譯而成"[①]。這一判斷可能是因爲歐陽鈞自陳該書"爲文學士遠藤隆吉先生所講述"，他所做的是參照遠藤其他著作，"移譯引證以足之"；對各種引用材料，也"不悖講師所述本義"，似乎《社會學》只是對日文著作的簡單翻譯。

　　這其實是歐陽鈞的自謙之詞。該書雖然很大程度上受到遠藤的影響，但并未局限於其一家之説，而是吸收補充了很多背景性知識和其他學者的

---

① 左玉河. 從四部之學到七科之學——學術分科與近代中國知識系統之創建[M]. 上海：上海書店出版社，2004：277.

觀點，可視爲歐陽鈞對他接觸到的包括遠藤在內的社會進化論各學派思想主張的總結和介紹。

事實上，結合"例言"可以判斷，該書材料大體有三個來源：一是遠藤隆吉的課堂講授、已出版著作和講義；二是有賀長雄、浮田和民、岸本能武太等日本社會學家的論著；三是相關新聞、傳記和中國典籍。以下分別舉例説明。

首先，書中大量內容來自遠藤隆吉。如"本論"第三章應當是直接參考了《近世社會學》的"本論"第六章（表1）。不過歐陽鈞并非原文照抄，而是在遠藤所作分類的基礎上進行調整，既删去了對當時中國人而言還比較陌生的"社會心意"（即輿論）和"流行團體"；又將"傳説團體""家族團體""繼承團體"重新編排組合成"地域團體"和"倫理習慣"兩節；還依據其他材料增寫了"國教"一節。

表1　《社會學》與《近世社會學》相關章節比較

書名	《社會學》	《近世社會學》
章名	意志結合之種類	意志結合の種類及び系統
第一節	地域團體	社會組織に就て
第二節	機能團體	主權及び國家
第三節	主權	社會中樞
第四節	倫理習慣	機能團體
第五節	國教	社會心意
第六節	交際	傳説團體
第七節	社會中樞	流行團體
第八節		交際團體
第九節		家族團體
第十節		繼承團體
第十一節		結論

　　再如，該書提到："有機體之説，前此甚佔勢力。七八年前，世界學者會於法京巴黎，遵此説者惟二人，一即利利抗費爾特，餘多以爲不足採。"此處"七八年前"的表述很像課堂講授記録。查得《近世社會學》中有相似内容："社會有機體説，讀者雖驚其精奇，然試再讀之，當知吾人之駁論爲然也。此説，一千八百九十七年，萬國社會學學會，在巴黎開會，已被否定。"[①]可知"世界學者會於法京巴黎"是指 1897 年的國際社會學協會第三次大會。由此反推，這一内容的講授時間當是 1904—1905 年。此時歐陽鈞尚未接觸課程，不可能作課堂記録，因此這部分應該來自"例言"中所説教育學術研究會編印的遠藤課程講義。

　　其次，該書編譯時參考了有賀長雄、浮田和民、岸本能武太等人的著作。直接標明引自有賀論著的有四處，浮田的有兩處，岸本的有三處。涉及社會進化論的部分更是如此。如該書"各論"第二章的許多内容很可能就是直接取自有賀《社會進化論》第二篇第二章和岸本《社會學》的"本論"第二章[②]（表 2）。

表 2　歐陽鈞《社會學》與有賀長雄《社會進化論》、岸本能武太《社會學》相關章節比較

書名	歐陽鈞《社會學》	有賀長雄《社會進化論》[(1)]	岸本能武太《社會學》[(2)]
章名	社會物理	社會發生之外部要素	社會與境遇
第一節	氣候	社會發生之要素有内部外部相互三種	社會發生發達皆被境遇之影響
第二節	土壤	氣候上之要素	無機境遇　其一　氣候
第三節	植物動物	地形上之要素	無機境遇　其二　土壤
第四節	諸無機物	植物上之要素	有機境遇　其一　植物

①　此處采用覃壽公《近世社會學》（初版由泰東圖書局於 1920 年出版）的譯文。參見遠藤隆吉. 近世社會學[M]. 覃壽公，譯. 上海：上海社會科學院出版社，2017：20.
②　有賀和岸本書中的相關内容則來自斯賓塞《社會學原理》第一卷第二章"社會現象的影響因素"（The factors of social phenomena）和第三章"原初外在因素"（Original external factors）。不過斯賓塞主要是列舉實例，并未對影響因素做進一步區分。氣候、地形/土壤、植物、動物的分類似乎是日本學者自己總結的。

續表

書名	歐陽鈞《社會學》	有賀長雄《社會進化論》[(1)]	岸本能武太《社會學》[(2)]
第五節	物理結論	動物上之要素	有機境遇 其二 動物
第六節		社會所以難發生之理	

（1）此處采用薩端《社會進化論》（閩學會，光緒二十九年）的譯文，參見北京大學《馬藏》編纂與研究中心.馬藏：第一部第三卷[M]. 北京：科學出版社，2019：307-308。

（2）此處采用章炳麟《社會學》（廣智書局，光緒二十八年）的譯文，參見北京大學《馬藏》編纂與研究中心.馬藏：第一部第九卷[M]. 北京：科學出版社，2023：8

再次，歐陽鈞還搜集了不少報章中的資料。如書中論述“世界統一”時，在按語中比較詳細地介紹了世界語，這些內容就是“因閱各報，得彙考其事實”而成，其中明確提到“去歲（千九百五年）八月於法國之波龍艾開第一次世界語之萬國大會”，可知參考的是 1906 年的報道，這在當時是比較新鮮的知識。

最後，編譯中對中國典籍的引用比比皆是。如“交際”一節中有關於中國古代黨爭的長段論述，這部分不見於遠藤的著作，從用典和句式上看，應當出自具備扎實經史功底的歐陽鈞本人。

7. 該書內容述評

自 19 世紀中期誕生之初，社會學就試圖總結人類社會變遷的一般規律。到 19 世紀後期，隨着進化論影響的不斷擴大，社會進化成爲社會學理論的核心議題，出現了不同的流派。

日本社會學界也受到這一大勢的影響。19 世紀後期，在有賀長雄、加藤弘之等人的推動下，以斯賓塞理論爲代表、強調自然和社會進化具有同一性的生物學派在日本盛行一時。到 20 世紀初，岸本能武太、建部遯吾和遠藤隆吉等引入塔爾德、吉丁斯的學説，強調人類進化的獨特性，認爲精神因素在其中起到關鍵作用，心理學派隨之興起。歐陽鈞的編譯工作正是在這一學術思潮演變大背景下進行的。

　　從結構上看，該書分爲三編：總論、各論和本論①；編下分章，章下立節，節下有目，層次較多。

　　"總論"是對社會學學科的整體性介紹，包括學科史、在學術體系中的位置，以及研究對象、方法和意義等。書中指出，社會學一詞源於孔德的《實證哲學教程》。"社會云者，乃指人間相互之作用，及其相互影響之動作之謂也。""於此研究其普通發表之現象與其實際，是即社會學意義之所在也。"與經濟學、政治學、法學、歷史學、心理學、數學、哲學相比，社會學是"獨立之科學而爲諸科學之所隸屬者也"，因此"諸科學皆以社會學爲根本，不依社會學之原理原則以組織他諸學，不獨各相矛盾，而歸結必反事實"。這些比較準確地反映了 20 世紀初期西方社會學的一些基本看法。

　　"各論"近乎理論綜述，分別介紹了"社會物理"（即生物學派）和"社會心理"（即心理學派）。"社會物理"一章從氣候、土壤、動植物和諸無機物四個角度解釋人類社會的發展規律，指出："境遇之利害，生社會之盛衰，是亦自然之徵驗。特皆存於外部，爲歷史上之觀察，而於其原素未明也。故偏此一方，則不能得社會之真理與實際"，由此轉入心理學派。"社會心理"一章細分出墮落説、民約結托説、衝突壓迫説、社會性説、模仿説、同類意識説等具體理論，一一進行評論，認爲心理學派"較滯於物界者尚已，然如上諸説雖各包含真理之一部，而皆不免陷於一偏"。面對這種各有所偏的局面，書中試圖通過時間序列整合兩者："蓋社會之發達，文明之進步，生天然與人生之差異。如初期爲天然者左右人生，次則以人生左右天

---

①　這種以"論"爲一級標題的做法可能是受當時日本社會學著作的影響，如岸本能武太 1900 年出版的《社會學》就分爲緒論和本論，遠藤隆吉 1907 年出版的《近世社會學》分爲序論和本論。

然，再次乃天然與人生合併，即精神的作用與物質的作用相互關係之結果。故欲調和二法，不得不由此研究之結果而定。”這一思路頗有新意。

“本論”意在辨明“社會的真正起原之所在”，占了全書一半以上篇幅。這部分的核心邏輯接近遠藤的“意志論”，但又通過引入其他學者的觀點和材料加以印證拓寬。書中認爲，社會能成一有機整體，根源在個體意志之結合，因此“學者研究斯學，由概論以定其趨向，固當於精神上求之，窮其意志之根本作用與其歸宿”。具體而言，要探究意志結合的動力、類型及其維繫。書中指出，意志結合的動力是個人欲望，這包括了“第一慾望”（即先天本能）與“第二慾望”（即後天塑造）。在欲望的推動下，人與人以不同的方式結合，成爲社會的基本要素和單元：有家族、部族、民族等地域團體，有因職業、興趣而結成的“機能團體”（即社會團體），有因服從同一主權而成之國家，有儒教、基督教、佛教等宗教，有以政黨爲代表的“交際團體”等。“意志結合之統一”就是社會的延續，其中雖然有生物性的遺傳繼承，但更重要的是社會性的教育同化。人類社會的最終目的是“圓滿具足之幸福”，要“達此目的以充其慾望，亦仍與教育相終始，非教育普及不可遽得也”。

8. 該書思想傾向及與社會主義相關的內容

該書多處明確提出反對專制皇權、宣傳資産階級民主思想，在清末這一時期來看，有明顯的進步意義。

書中指出，“當鎖港時代，蠶蜀閉拒，交通無由。人民之對於國家，惟有忠君、勤王二主義而已。於全體之國民，則漠然無以爲念者”。於是，“專制治下之人民，惴惴焉奉戴君命，祇知遵奉義務，而無能主張權利。生命財産之權，委之君主；人格之價值，一待君主而定。此其大可哀歎者也”。

　　書中主張，國家的目的應當是"保護個人之權利，解散束縛，咸樂於自由；剷除階級，共躋於平等"。"凡人生活之必要，皆可以自謀安全。雖君主，莫能強迫。""以個人具備能力，享有權利，皆可由思想發達，集爲一大勢力，以益進於文明也。"譯介社會學正是爲了讓國人多了解各國、各民族的情況，通過國際比較，將狹隘的忠君思想轉變爲針對全體國民的愛國心。

　　該書還傳播了一些與社會主義相關的知識，這在當時并不多見。

　　書中沿用岸本能武太《社會學》中的表述，對"社會學"和"社會主義"作了比較明確的區分，指出"西語譯爲社會學之索西奧羅基，與索西奧利士姆（Socialism）有別"。"索西奧利士姆者，千八百三十五年，英人擬改良社會，組織一大協會，始見此名，其意義則爲廢私有財産爲社會財産。其後傳播法國，全洲皆用此語。日本譯爲社會主義，或共産主義，獨其義專爲平均社會財産。"將廢除私有制作爲社會主義的核心，還是比較準確的。書中明確提到馬克思、恩格斯主張"社會黨主義"，認爲他們的學説"以經濟爲主要"，這反映了那一時期日本學術界偏重從經濟層面理解馬克思主義。當時社會上常有人混淆與社會主義有關的一些概念，該書的論述起到了一定的澄清作用[①]。

　　書中關注到了社會中的不平等現象，指出："雇傭者之於雇主，勞働者之於資本家，雖成於契約，實際上實不平等。則貴賤之區別，未爲全無。"

　　對當時歐洲工人的運動狀況，書中也有比較粗略的介紹："至若貧富之隔，則雖有所謂社會主義，如社會黨、保工會及同盟罷工事，而束縛於法律，目的終不能達。故富者得勢要，貧者疲於生計。"

---

① 　關於這一時期譯著中社會學與社會主義相混淆的情況，參見姚純安. 社會學在近代中國的進程：1895—1919[M]. 北京：生活・讀書・新知三聯書店，2006：354-375.

不過也要看到，該書總體上并没有超出資産階級民主主義的範圍，在很多問題上有明顯的保守性。面對如何改造社會時，書中仍寄希望於舊的家族制度，反對以階級爲基礎的重構，批評説：“共産家之欲破除家族以廣兼愛，亦失其真。”對於革命，書中更是持懷疑態度，認爲“革命之進化者，破敗政府，紊亂秩序，期於新造社會。此以激烈促其進步，其結果非無利益，然過激而境殊痛苦，且易生反動之退步”。因此，該書大談社會學是“直接而發現學問真理者也。真理研究之結果，如改良社會之所在，而其應用於社會者既非任自然，亦非全恃革命，乃由學術的方法以計其進步也”，表現出了明顯的改良色彩和保守傾向。

9. 該書傳播及研究情況

該書 1911 年 3 月出版後，就被認爲“擇詞選材，精確周詳，文筆亦修飾”，“實爲研究社會學初步最便之書”[①]。儘管書中存在譯名不統一等問題[②]，但截至 1923 年，短短 12 年間已再版 9 次之多。到 1930 年前後，商務印書館仍準備再版此書[③]。據當時的人回憶，“歐陽鈞編譯的《社會學》出版以來，一時頗受歡迎”[④]。“它在當時一般思想界所引起的影響，比嚴氏的《群學肄言》，實有過之而無不及。”[⑤]

不過到了 20 世紀 20 年代之後，隨着國内社會學研究範式的整體轉變，社會進化論顯得陳舊過時，對該書的評價也急轉直下。1930 年的《社會學雜誌》就批評説：“這本書的毛病和近年來所出版的其他新譯本一樣——求

---

① 佚名. 紹介新刊[J]. 法政雜誌（上海），1911（5）：18.
② 1914 年的一篇書評就認爲《社會學》“叙述詳瞻，證引鴻博，惟定名多不劃一”。參見前人. 社會學[J]. 神州，1914（2）：2.
③ 浩評. 社會學[J]. 社會學雜誌，1930（5）：147.
④ 孫本文. 孫本文文集：第 3 卷[M]. 北京：社會科學文獻出版社，2012：169.
⑤ 韓明謨. 中國社會學史[M]. 天津：天津人民出版社，1987：37.

治過急——立刻要成功，結果就弄出一種不牛不馬的亂七八糟的東西。"①認爲"這本書在十年前還勉强可以看，但是到了現在已經不大適用了"②。此後，該書迅速淡出社會學主流書目，只在社會學史中被偶爾提及。

最早從社會學史角度論及該書的是孫本文，他在 1930 年中國社會學社第一次年會的演講中稱該書是中國社會學萌芽時期"最後一部之著作。在此書前，著譯甚少"③。他對該書的定位是"心理學派的社會學"④。

後來的社會學史基本沿襲了孫本文的看法，認爲該書是中國早期社會學從生物學派向心理學派轉變過程中的重要著作。如韓明謨認爲，該書"持心理學派的思想，比從前的社會進化論，即生物學派的思想進了一步，議論已相當中肯。同時這本書在社會學的研究方法上也有較全面和新鮮的論點"⑤。韓承樺指出，"歐陽鈞編譯的《社會學》，在表述心理社會學這套知識系統上，比前舉章太炎與梁啓超的作品，是更爲清晰和完備的"⑥。

① 浩評. 社會學[J]. 社會學雜誌, 1930（5）：147.
② 浩評. 社會學[J]. 社會學雜誌, 1930（5）：147.
③ 孫本文. 孫本文文集：第 8 卷[M]. 北京：社會科學文獻出版社, 2012：239.
④ 孫本文. 孫本文文集：第 3 卷[M]. 北京：社會科學文獻出版社, 2012：166.
⑤ 韓明謨. 中國社會學史[M]. 天津：天津人民出版社, 1987：37.
⑥ 章太炎與梁啓超的作品指 1902 年出版的章譯岸本能武太《社會學》，和 1904 年梁啓超依據建部遯吾《社會學序説》譯寫的《新釋名一》一文。參見韓承樺. 從翻譯到編寫教科書——近代中國心理傾向社會學知識的引介與生産（1902—1935）[M]//張仲民，章可. 近代中國的知識生産與文化政治——以教科書爲中心. 上海：復旦大學出版社, 2014：138.

洪　水　集

江亢虎 / 著

江元氏三十歲以前舊作之一

洪水集

中華民國三年九月一日印行

《洪水集》扉頁

自壽四律

　　急景催長夏。流光照壯年。荷花共生日。明月正中天。故我幸無恙。如人亦可憐。窮通身外事。此意獨陶然。

　　哀樂關天下。蒼生奈若何。埋頭向文史。繭足走山河。兀兀殘年盡。栖栖一代過。倒尊教慰藉。暫駐笑顏酡。

　　世路叢荆棘。人身足苦辛。未知上壽樂。已耐半生貧。畫虎文章賤。傷麟涕淚新。不須憂夕死。聞道有傳人。

　　亥步窮黿背。丁年浪馬蹄。青袍黏艸重。絳帳護花低。造化供陶冶。風流自品題。天涯雲樹遠。惆悵夕陽西。

江亢虎三十造象

自壽四律

急景催長夏流光照壯年荷花共生
日明月正中天故我幸無恙如人亦
可憐窮通身外事此意獨陶然
哀樂關天下蒼生奈若何埋頭向文
史蘭足走山河兀兀殘年盡栖栖一
代過倒尊教慰藉暫駐笑顏酡
世路叢荊棘人身足苦辛賤傷麟涕
樂已耐半生貧畫虎文章未知上壽
淚新不須憂夕死聞道有傳人
亥步窮籬背丁年浪馬蹄青袍黏艸
重絳帳護花低造化供陶冶風流自
品題天涯雲樹遠惆悵夕陽西

《洪水集》中江亢虎照片

洪水集自叙

余自十歲。即屬文字。二十年以來。隨作隨棄。中更兵燹。百不存一。癸丑六月望日①。余三十一初度也。蒐輯前此論箸關涉社會主義者。都十餘萬言。彙爲一集。付印發行。非傳文字也。傳社會主義也。且文字爲傳社會主義而作。亦不可更以文字論之矣。惟是社會主義學説非一。集中諸作。大抵隨緣説法。因事立言。有叩而鳴。無意垂久。故執是集者。以爲社會主義如是。社會黨之宗旨如是。固不可也。即以爲余生平對於社會主義之主張一切如是。亦不可也。糟粕②而已矣。鱗爪而已矣。三年前余始演説社會主義於杭州③。滿中丞增韞④君以禍甚於洪水猛獸電奏清廷。余昕然曰。江洪水也。虎猛獸也。不亦宜乎。因自號洪水。且以名是集。意者社會主義之在中國今日也。一如洪水之滔天而來。浩浩乎懷山襄陵。沛然其莫之能禦也。千里一曲。盈科而進。不善治水者。激而行之。放浪橫決。不見其害。但見其利⑤。善治水者。因而導之。交通灌潤。不見其害。但見其利。水哉水哉。固有取於水也。中華民國大總統命令解散社會黨之日⑥江亢虎⑦識

---

① "癸丑六月望日"，即 1913 年 7 月 18 日。
② "糟粕"，有誤，"校勘記"改作"糟粕"。
③ "始演説社會主義於杭州"，1911 年 6 月 1 日，江亢虎在杭州發表了《社會主義與女學之關係》的演講，這是他在國內第一次公開鼓吹"社會主義"的演講。見汪佩偉. 江亢虎研究[M]. 武漢：武漢出版社，1998：54.
④ "增韞"，增韞（1869—1946），字子固，蒙古族，博爾津氏。清朝附生。光緒二十三年（1897）起，歷任安東縣知縣、承德縣知縣、新民府知府、奉天府府尹、湖北按察使、直隸按察使、直隸布政使、浙江巡撫等職。1911 年江亢虎在杭州演講，時任浙江巡撫的增韞派軍警前往查辦，江亢虎的演講稿被銷毀，江亢虎本人被"驅逐出境"。增韞還以"非聖無法，禍甚於洪水猛獸"上奏清政府，要求逮捕江亢虎。
⑤ "不見其害。但見其利"，"校勘記"改爲"不見其利。但見其害"。
⑥ "中華民國大總統命令解散社會黨之日"，1913 年 8 月 7 日，袁世凱下令解散中國社會黨。
⑦ "江亢虎"，江亢虎（1883—1954），原名紹銓，江西弋陽人，近代中國無政府主義者。詳見本篇"編者説明"。

洪水集自叙

余自十歲卽屬文字二十年以來隨作隨棄中更兵燹百不存一癸丑六月望日余

三十一初度也蒐輯前此論箸關涉社會主義者都十餘萬言彙爲一集付印發行

非傳文字也傳社會主義也且文字爲傳社會主義而作亦不可更以文字論之矣

惟是社會主義學說非一集中諸作大抵隨緣說法因事立言有叩而鳴無意垂久

故執是集者以爲社會黨之宗旨如是固不可也卽以爲余生平對

於社會主義之主張一切如是亦不可也糟粕而已矣三年前余始演

說社會主義於杭州滿中丞增韞君以禍甚於洪水猛獸電奏清廷余昕然曰江洪

水也虎猛獸也不亦宜乎因自號洪水且以名是集意者社會主義之在中國今日

也一如洪水之滔天而來浩浩乎懷山襄陵沛然其莫之能禦也千里一曲盈科而

進不善治水者激而行之放浪橫決不見其害但見其利善治水者因而導之交通

灌潤不見其害但見其利水哉水哉固有取於水也中華民國大總統命令解散社

會黨之日江亢虎識

《洪水集》自叙

目録

① "別見"，該文正文中無，另見《社會世界》1912 年第 1 期。
② "漏刊"，該文正文中無，可能是排版時漏刊了，目前亦未見於別處。

附編

洪水集目錄

一

《洪水集》目錄第 1 頁 a

《洪水集》目錄第 1 頁 b

世界教育公會^①公啓 己酉三月^②

教育者。非一國家之私事。實全世界之公事也。近代文化日趨大同。
國家主義馴變爲世界主義。舉凡政治實業學術技藝。多各有萬國聯合之公
會。專門教育。其規制方法。亦大致從同。至有兩國交換教師。數國共立
一校者。蓋企望平和。必務爲心理的解決。而先從教育上著手。否則徒囂
囂焉言弭兵。言國際裁判。猶之無濟也。中國學務漸見改良。願^③疏略之點
尚甚多。則研究之事不容緩。或封於故步。或囿於一隅。或背轍而絶馳。
或望洋而空歎。其他國代謀者。立教宗則流爲迷信。憑國力則嫌似殖民。
意雖美而法不盡良。利未宏而害已先見。人心猜忌。邦交動搖。懲前車。
毖後轍。鄙人等竊有願焉。破除成見。竭盡愚忱。聯學界之同心。結私人
之團體。發起世界教育公會。以研究世界教育理法爲主要宗旨。以提倡中
國教育事業爲附屬宗旨。不談宗教。不涉政事。不分國界。不立會長。天
下一家。大公無我。布東亞平和之種子。樹全球統一之先聲。此誠根本之
圖。亦實切要之計也。謹此通告。附呈簡章。（簡章略）

右文係在北京教授大學時作。實私欲假此爲輸布社會主義計。約

---

① "世界教育公會"，1909 年江亢虎以京師大學堂教習的身份在北京發起建立"世界教育公會"，
  其他發起人還有英國、美國、德國、法國等國人士，多爲使館參贊和大學教師。"世界教育公會"
  以研究世界教育理法爲"主要宗旨"，提倡中國教育事業爲"附屬宗旨"。
② 《洪水集》正文中文章的標題後幾乎都附有年月，目録中無。"己酉三月"，即宣統元年三月（1909
  年 4 月 20 日—5 月 18 日）。
③ "願"，有誤，"校勘記"改爲"顧"。

世界教育公會公啓己酉三月　　　　　　江亢虎卅歲以前舊作之一

教育者非一國家之私事實全世界之公事也近代文化日趨大同國家主義馴變

爲世界主義舉凡政治實業學術技藝多各有萬國聯合之公會專門教育其規制

方法亦大致從同至有兩國交換教師數國共立一校者蓋企望平和必務爲心理

的解決而先從教育上著手否則徒囂囂焉言弭兵言國際裁判猶之無濟也中國

學務漸見改良願疏略之點尚甚多則研究之事不容緩或封於故步或囿於一隅

或背轍而絕馳或望洋而空歎其他國代謀者立教宗則流爲迷信憑國力則嫌似

殖民意雖美而法不盡良利未宏而害已先見人心猜忌邦交動搖懲前車惢後轍

鄙人等竊有願焉破除成見竭盡愚忱聯學界之同心結私人之團體發起世界教

育公會以研究世界教育理法爲主要宗旨以提倡中國教育事業爲附屬宗旨不

談宗教不涉政事不分國界不立會長天下一家大公無我布東亞平和之種子樹

全球統一之先聲此誠根本之圖亦實切要之計也謹此通告附呈簡章（簡章略）

一

同發起者。英美德法俄奧義^①比和^②瑞士日本凡十二國人。皆使館參贊或大學教師也。是年六月。開成立會。鄙人及美國人丁家立^③君被舉爲本會書記。未幾鄙人西行^④。而此舉乃漸廢。可惜也。

---

① "義"，指意大利。
② "和"，指荷蘭。
③ "丁家立"，查爾斯·丹尼爾·坦尼（Charles Daniel Tenney，1857—1930）的中文名，亦譯"丁嘉利"。美國傳教士、外交官。
④ "未幾鄙人西行"，指 1910—1911 年江亢虎游歷歐洲。

環游留別詞_{庚戌二月①}

紹銓^②將有環球之游。束裝戒途。承諸君枉步見送。感愧交至。竊願附古人臨別贈言之義。而行色怱邊。語無詮理。惟愛我者諒之。慨自海通以後。大夢乍醒。向之僅知有身僅知有家者。今而漸知有國矣。此不可謂非思想界一進步。然而不佞竊以爲未足者。則世界觀念其最要也。憶在髫齡讀禮運^③一篇。即慨然慕天下爲公之盛。中間更歷世變。汎覽載籍。而益歎現政之腐敗。民生之苦辛。一皆小康之治^④害之。此匪從老大帝國未晉昇平。即彼號稱文明者。其去吾所懸擬之程度。尚不可以道里計也。雖然。進化者天演之公理。合羣者人類之本性。繼是以往。其由通而同。由同而公。而所謂世界主義者。由理想而言論。由言論而實行。可以斷言。故生值今日。當廣求世界的智識。致力世界的事業。外講溝合之策。内樹自立之基。必溝合然後可進於大同。必自立然後可躋於平等。此二十世紀中國國民之天職。顧其事不當責望於政府。而不可不自社會方面任之。蓋昔日則社會爲政府所造成。而今日則政府爲社會所造成。政府者社會之代表。代表而不良。固團體之罪也。不務養成左右政府之能力。而視政府過高。期政府

---

① “庚戌二月”，即宣統二年二月（1910 年 3 月 11 日—4 月 9 日）。
② “紹銓”，江亢虎的原名。
③ “禮運”，即《禮記·禮運》。
④ “小康之治”，語出《禮記·禮運》：“如有不由此者，在執者去，衆以爲殃，是謂小康。”孔穎達疏云：“康，安也。行禮自衛，乃得不去執位及不爲衆所殃，而比大道爲劣，故曰小安也。”

過厚。奔走喘息於最高支配權之下。徒痛哭流涕長太息而莫可如何。斯非無志之尤者歟。紹銓不學。不揣冒昧。妄欲以迂闊謬悠之詞。爲諸君更進一解。諸君既知個人與國家之關係。尤須念國家在世界之地位。要使中國爲世界的國家。吾人爲世界的人物。勉爲主動。毋爲被動。勉爲積極。毋爲消極。心理丕變。自然運會轉移。天下事庶有豸乎。臨歧悵惘。言不盡意。前途萬里。願各勉旃。

右文係去北京時作。因不能昌言社會主義。故恆以大同主義世界觀念等名詞代用之。

無家庭主義意見書 庚戌六月①

　　人生斯世。無不願求快樂者。而苦惱之來。千態萬狀。究其原委。約有三端。即政府之迫壓。宗教之錮蔽。家庭之牽制。是已。就中家庭爲害尤甚。人有恆言曰。親愛自由平等。有家庭則男女之事。由生理問題。變爲道德問題。（如男子戒淫。視爲首惡。女子守節。不從二夫是。由此觀念。衍爲風習。見色心動。人之情也。而强遏制之。或激爲手淫獸交晏姦。皆足戕生。男女相悅。無由接合。有抑鬱以死。爲人發覺。有羞憤以死。雖未發覺。而隱微之間。若負重愆。不能暢所欲爲。又以一度婚姻。即不當更有私交。故決擇綦難。往往抱遲暮之歎。且慾念乃一時勃起。本不可以持久。況性情氣質。亦常有變遷。定爲夫婦。則必相偕終身。故有情義已殊而名義仍屬者。其苦可知。離婚則終嫌有痕迹。感不快。非善之善者。）法律問題。（如有夫姦無夫姦等罪名。至因家庭制度逼成不法律之行爲尤多。如妒殺之案。繼承之爭之類是。）經濟問題。（如男子之聘禮。女子之奩資。貧富懸絕則婚姻難諧。又女子生活費必仰給於男子。以及買妾嫖妓。視人身如貨品。恃交媾爲職業者皆是。）是無真親愛。有家庭則上脅長親無理凌虐之威。中受夫婦互相累贅之困。（東方女子不能自立。受制於男子。固不自由。而男子扶持供應此等不能自立之女子。其不自由亦甚。即彼此皆能

---

① "庚戌六月"，即宣統二年六月（1910 年 7 月 7 日—8 月 4 日）。

自立。然一定爲夫婦。即已不免互相累贅之困矣。）下執子女代謀教養之勞。（西方女子多視生育爲畏途。非祇爲九個月間之懷姙也。蓋教養子女。至少須十年。糜金錢。耗心思。銷志氣。廢職業。悮學問。損娛藥①。妨健康。其苦不勝言。）是無真自由。有家庭則不能盡人受一致之教育。（因父母不皆有教育者之資格。且家庭不皆能出教育費。）而智愚貧富貴賤之差益大。且門第遺產。最悖人道。有家庭則此惡制度緣附而長存。是無真平等。（門第遺產。非但道理上不平等而已。即事實上。於本人。於社會。皆多弊端。蓋人爲子孫長久計。則貪婪無厭。爲富不仁。不恤倒行逆施以聚斂之。而罪惡之事叢生。一弊也。多藏厚亡。悖入悖出。家業亦終難保存。二弊也。守錢虜慳吝成性。掊克②爲能。其影響致使全世界經濟不流通。而物質的文明不易進步。三弊也。富貴家兒有依賴之性質。無進取之精神。多一分利者。即少一生利者。四弊也。階級之限制既嚴。貧賤家兒無所憑藉。埋沒累世。除最少數英雄豪傑外。不能自奮爲崛起之人。五弊也。反動力激出詐騙盜竊搶刼殘殺暴亂等事。六弊也。）故欲求親愛自由平等等快樂者。必先破家庭。破家庭較之廢宗教傾政府。論事則根本之圖。而程功則咄嗟立辦。更不難以平和手段得之。蓋人可自了。即知即行。無所需求。亦無假激戰也。惟歐美個人已多循此主義者。而其現象。醜業婦③之增加。私生子之輾轉。避孕既無良策。墮胎尤多慘聞。（避孕法或不驗。或雖驗而減交媾之快樂。墮胎則較自然生育爲痛苦。非不得已。誰甘爲之。如後法實行。可無避孕與墮胎之必要矣。）社會之幸福日消。人類之生機日蹙。國家雖定不婚之罰。減多子之租。而終不能有所救正焉。是宜用積極之方法。立公

---

① "娛藥"，有誤，"校勘記"改爲"娛樂"。
② "掊克"，意謂聚斂、搜刮。
③ "醜業婦"，指妓女。

共之機關。以示模範。而利推行。（如後集會約章。蓋本主義包括三大事。一自由戀愛。一公共教養。一廢止遺產。必同時並舉乃佳。）方能收有利無弊之效也。（出胎以後。強迫入學年齡以前。此間蒙養教育。最爲重要。亦最爲煩難。斷不可聽人自爲謀。必須特立一公共機關管理之。爲個人計。則無爲子女代謀教養之勞。女子亦不至更視生育爲畏途。一利也。爲社會計。則秀民日衆。生產力日盛。二利也。蒙養教育成爲專門學術專門職業。愈研究即愈改良。三利也。分業細而成材多。金錢時日人力俱省。四利也。盡人受一致之教育。智愚貧富貴賤之差漸減漸消。五利也。斷絕親子之關係。門第遺產等惡制度自無由而存。六利也。）作者不敏。發表意見。草具約章。見者苟謂宗旨有當。大體無訛。即祈惠以好音。表其同意。藉徵輿論。并集衆思。一切辦法章程。統容訂期擇地開會招徠。公議決定之。此固人生最切近最緊要一大議案也。有心人其毋忽。（約章略）①

先是數年。曾以無家庭主義②一書。（分上中下三篇。凡五章。曰原始。曰陳弊。曰變俗。曰垂制。曰解難。）託名徐徐③。投稿巴黎新世紀雜誌④。各報迻譯。一時風行。今其原稿不可見。此則留學比京時作也。亦曾譯爲英法文。各國社會黨來函讚許者數十百通。美國自由戀愛會⑤并稱已採用之。爲修訂該會約章之議案云。

---

① "有心人其毋忽。（約章略）"，1912 年 3 月《社會黨月刊》第 1 期所載，"有心人其毋忽"下有"西歷千九百十一年九月印行"，無"（約章略）"。
② "無家庭主義"，載 1909 年 4 月 17 日《新世紀》第 93 號第 11—13 頁。
③ "託名徐徐"，《新世紀》所載《無家庭主義》一文，署名"某君來稿"。前有小引，謂此文爲"亡友徐君安誠之遺墨"，由其"爲之代傳"。
④ "新世紀雜誌"，1907 年 6 月 22 日在巴黎創刊的中文無政府主義雜誌，周刊，主要創辦人爲吳稚暉、張繼、李石曾等，由張靜江出資，李石曾、褚民誼、吳稚暉任主編，自設中文印刷所。該刊以掃除一切政府、顛覆一切政權爲宗旨，鼓吹無政府主義的"社會革命"，以大量篇幅介紹巴枯寧、克魯泡特金、蒲魯東的無政府主義學説。1910 年 5 月停刊，共出 121 期。
⑤ "自由戀愛會"，疑爲新英格蘭自由戀愛聯盟（New England Free Love League），19 世紀末在美國成立的支持、推動自由戀愛運動的組織。

幼稚教育宜立公共機關説 辛亥四月①

動物通性。無不愛護其所生。人爲動物最靈秀者。故愛護之情尤摯。而愛護之法滋多。教育其要也。凡父母必教育其子女。非唯天職應爾。抑亦本能有然。（本能者秉自生初。如孟子所謂良能②。）然中國古者。學必有師。易子而教。三代以來。有庠序之制。今則東西各國。罔不立學校以爲之機關。由家庭教育變而社會教育。（此社會教育乃指廣義的。對家庭而言。非指狹義的。對學校而言也。）即由個別教育變而公共教育。夫君師之代爲謀。豈盡若父母之自爲謀之深切而周至哉。然而若是。是有説焉。父母之於子女也。責善則離。溺愛則昏。無善處之道。一也。父母不皆能具教育者之資格。（教育者是一名詞。即指施教育之人。對受教育者而言。）不得其法。愛之反以害之。二也。家庭不皆能出教育費。不能盡人受相當之教育。而智愚賢否之差日大。即貧富貴賤之差日大。社會益趨於不平。三也。凡事專治則愈精。兼務則兩敗。人間生計。執務非一。勢不能悉驅使從事教育一途。而教育又決非可僅以餘力了之。故與其作爲普通事業。任之全體之人。不如作爲專門事業。責之一部分之人。四也。教一人與教十人。教十人與教百人。需用精神勞力金錢時日。不甚懸殊。而綜所成就。則什伯相絶。五也。有比較乃有競爭。有競爭乃有進步。此相觀而善所以可貴。

---

① “辛亥四月”，即宣統三年四月（1911 年 4 月 29 日—5 月 27 日）。
② “良能”，語出《孟子·盡心上》：“人之所不學而能者，其良能也。”

而獨學無友所以難成也。六也。右特一時錯舉之詞耳。若本論理①學式演繹言之。其條件猶不止此。惟變爲公共教育。而後諸弊胥捐矣。顧愚以爲猶有未盡者。近日各國義務教育年齡。大抵斷自八歲以上。而於幼稚忽焉。雖有蒙養院。亦祇視爲補助機關。初未編入强迫制度也。况蒙養院率以滿三歲爲最低限。自墮地至滿三歲間。仍一唯家庭教育是賴。夫有生以後。八歲以前。固教育極喫緊時期也。非第如前所陳六弊者。爲家庭教育缺憾已也。六弊之外。尤有弊焉。哺乳之劬勞。保抱之勤苦。使女子視生産爲畏途。男子歎多男爲厚累。墮胎避孕諸術乃盛行。（此等情形。歐美最烈。國家特設種種法律補救之。終於無效。蓋用消極政策不如取積極主義也。）一也。小家則釀成鬻兒溺女之風。巨室則委諸傭嫗賤婢之手。中人亦困於顧復拊翼。而職業曠廢。志氣銷磨。二也。聖功不講。性根早成②。重議改良。事倍功半。三也。蒙養院時間短少。僅當全日六分之一。所肄習者。不足戰所漸染者而尅之。四也。幼稚之時。育重於教。乳質之選擇。襁褓之製裁。空气溫度光綫之配置。體格姿勢之修整。周圍接觸之檢查。稍一失宜。輕則殘攣。重則夭札。而其事斷非素人所盡知。（素人即平常人。對專門業者而言。）亦非私家所能備。五也。幸不夭札。亦不殘攣。往往生機大虧。隱疾潛伏。終身憂患。種姓荏弱。終無以勝天演而争自存。六也。右亦所謂一時錯舉之詞。而已有如此云云者。故愚謂幼稚教育。必宜立公共機關。質而言之。即將義務年齡提前八年。而育嬰堂蒙養院亦編入强迫制度是也。曩在歐陸。曾爲法國一議員言之。大蒙推許。即據此意草説帖。向議院提出議案。當時社會黨非社會黨一致歡迎。現不識究已通過否。歸國偶有所觸。泚筆記之。願我全國教育家暨主持學務者。亦一注意。此實

① "論理"，即邏輯學。
② "早成"，有誤，應爲"早戕"。

人生最重要最切近一根本問題。而天下蒼生無窮之幸福也。

　　右文係居憂南京時作。實社會主義根本方法之第一步。曾請於寗紳張季直①仇淶之②兩君。得徧觀寗蘇育嬰堂。歎爲人間世多一地獄。擬就南京勸業會場創設模範育嬰堂。附設保姆傳習所。草具章程預算表甚詳。又與英美教士馬林③裴義理④都春圃⑤諸君。相度龍潭山中。議辦農賑會。爲地稅歸公之試驗場。亦草具緣起章程。（此文已佚。）商之前總督張安圃⑥前勸業道李子川⑦兩君。有成説矣。會革命事起。遂以中止。後裴義理君等卒有義農會⑧之舉行。惟此幼稚教育之公共機關。尚在理想界中。而各省原有育嬰堂。其黑闇腐敗如舊。思之有餘憾焉。

---

① “張季直”，即張謇（1853—1926），字季直，號嗇庵，江蘇南通人，中國近代著名實業家、教育家。主張實業救國，一生創辦 20 多個企業、370 多所學校。
② “仇淶之”，即仇繼恒（1855—1935），字淶之，晚號贅叟，江蘇上元（今江蘇南京）人，光緒八年（1882）舉人。1909 年，清政府開始在各省推行咨議局選舉，張謇當選江蘇咨議局議長，仇繼恒、蔣炳章當選副議長。
③ “馬林”，威廉姆·愛德華·麥克林（William Edward Macklin，1860—1947）的中文名。基督會在華傳教士，曾創辦南京鼓樓醫院和中華中學。
④ “裴義理”，約瑟夫·巴利（Joseph Ballie，1860—1935）的中文名。英裔加拿大人，美北長老會傳教士，1911 年發起成立中國義農會，1914 年創辦金陵大學農科，爲中國高等農業教育的開始。
⑤ “都春圃”，埃爾伍德·加德納·圖克斯伯里（Elwood Gardner Tewksbury，1865—1945）的中文名。美國公理會傳教士，哈佛大學文學士。
⑥ “張安圃”，即張人駿（1846—1927），原字健庵，後改字千里，號安圃，晚號湛存居士，直隸豐潤縣（今河北豐潤）人。1911 年任兩江總督時，批准江亢虎在南京發起農賑會。後來浙江巡撫增韞欲治罪江亢虎，也是因張人駿力保得免。
⑦ “李子川”，即李哲濬（1875—1920），字子川，定海普陀（今浙江舟山市普陀區）勾山人。張人駿調任兩江總督後，曾五次奏請李哲濬任江蘇補用道、江寧勸業道。
⑧ “義農會”，裴義理得孫中山支持，1912 年創辦於南京，“專爲中國貧民種植荒地，自謀生計”，以工代賑，并教以改良農藝方法的機構，同時設有災民子弟學校，傳授種植技術。

擬發起個人會意見書_{辛亥三月}①

　　中國社會與泰西社會。其根本大不同。泰西社會由個人的分子構成。
中國社會由家庭的分子構成。家庭積弊。至今而極。種種苦惱。種種劣根
性。種種惡行爲。罔不緣此而生。由此而欲策富強濬聰智。真北轍而南其
轅也。不佞有所灼見。不忍恝懷。犧牲身名。號召志俠。擬發起個人會。
括其要旨。約爲兩端。一生計獨立。夫中國今日民窮財盡。餓莩載途。豈
盡其人之不能自活哉。無亦家庭之負擔實累之。一人而食十人。雖秉上智
席恆産者。猶有所不堪。何論中人以下。舉畢生聰明才力。悉瘁於仰事俛
畜之中。而社會萬事隳矣。甚者倒行逆施。傷天害理。爲子孫作馬牛。罪
罰所以日滋。道德所以日下也。必父子異財。不相嬗襲。兄弟夫婦。亦人
自經營。斯無繫累苦。無倚賴心。毋使經濟問題。羼入倫理問題。此對於
完成個人言之也。一教育公共。教育乃專門職事。宜設爲公共機關。而後
分業精。進步速。需用省。成材多。自初生迄中學。無富貴貧賤階級。同
受一致之裁成。各具相當之能力。泯門第之陋見。革遺産之敝風。以公財
培公人。一屆責任年齡。即使自由營業。躋平等。進大同。此對於未完成
個人言之也。此皆社會主義之真髓也。即爲種族計。爲國家計。亦舍是無
二法。世有贊可者乎。惠我好音。表其同意。藉覘輿論。并集衆思。然後

① "辛亥三月"，即宣統三年三月（1911 年 3 月 30 日—4 月 28 日）。

開會招徠。公議決定。籌實行之方法。組團體爲模範。移易風俗。改造生民。世界之福也。人類之責也。

右文亦居憂南京時作。因不能昌言社會黨。故託名個人會。蓋社會者。個人之團體。個人者。社會之分子。稱名異而取義同也。然當時卒以贊成無人。不能成立。

忠告女同胞文 辛亥三月

　　不佞自廿二歲倡辦女學傳習所。爲京師女學破天荒。推廣四校。經營五年。邦媛閨秀執贄問字者。奚啻數千人。雖成效不逮預期之百一。顧自信所以爲我女同胞者。亦頗瘁心力矣。比者環游全球。歷觀列強女界發達之盛況。人人自立。人人平等。益深感今日主持女學教育者。斷宜採用積極的主觀的世界主義。而萬不可徒採用消極的客觀的家庭主義。世界主義者。使女子各成爲世界上一完全個人。非如家庭主義。僅造就淑女良妻賢母。終身爲社會附屬品補助品已也。故世界所有智識。女子必應一一吸收之。世界所有學術。女子必應一一研究之。世界所有事業。女子必應一一營求之。世界所有權利。女子必應一一享受之。此近來歐美婦人大多數之新思潮也。回顧我國。長夜千古。女界光明。特朝霞一綫耳。於此而欲言改革。正如一部十七史。不知當從何處説起。其頭緒棼繁。既非三數語所能概。其學理奧賾。又非普通人所盡知。茲特先就淺近易曉。簡單可行者。約舉端隅。爲我一般女同胞進忠告。其言必稱泰西者。非輸心歐化也。以吾人平日理想衡之。白族文明。誠不足道。以世界今日現勢斷之。則彼善於此云爾。且吾新自歐陸來。故輒徵引以爲比較之資。烏乎。天雞鳴矣。晨鐘動矣。我女同胞其速警醒。毋長顛倒迷離於沈沈春夢中也。

　　人之生也。心與身相附麗而存。心即精神。身即體質。精神體質。皆必需供給料。以長養之。精神之供給料曰智識。體質之供給料曰生計。如衣食住等。是智識由學問閱歷而來。閱歷一學問也。生計由職業而來。故人之生也。必求學問。必操職業。然後智識日進。生計日充。而精神體質乃日強。此自積極一方面言之。若自消極一方面言之。則欲開智識。必破迷信。欲謀生計。必絕依賴。迷信依賴。皆由全社會之政教之風俗。而釀成各個人之心理者也。茲就精神與體質。各析爲積極與消極。按切女界。相對言之。其實精神體質。積極消極諸名詞。皆由論理學上方便分析。而在實際本無犖然界畫之可尋也。故所條列者。往往彼此參伍錯綜。而其義乃備。是與其謂相對言之。毋寧謂相互言之耳。

破迷信

迷信約分爲宗教。禮教。風俗三種。

（宗教）信仰自由。此文明國之通例也。顧今日世界。形而上之哲學。與形而下之科學。皆逐漸發明。逐漸進步。不啻舉宗教之根據。全行推倒而無餘。凡創立教宗者。類生於上古據亂之世。其時人心庬昧。異説紛起。自有賴於出類拔萃之人物。爲之董理而整率之。然神道設教。罔不含有迷信之性質。緣當時社會心理。非如是不足以廣號召而資利用也。多神教無足論。即進而一神教。其傅會支離荒誕之説。亦已不值識者之一噱。蓋宗教者。應時勢而生滅。前此所不可無。而後此所不應有者也。況其末流。分門別戶。推波助瀾。真義浸亡。貽毒滋大。昌黎[1]有言。非愚則誣。愚者可憐。誣者可誅。傳教者假爲糊口之術。奉教者恃爲護身之符。如基督教。雖宣布較盛。而泰西學問家。十八九鄙夷不屑道。其攻擊詆罯之。譬諸洪

---

[1] "昌黎"，即韓愈（768—824），字退之，河南河陽（今河南孟州）人，自稱郡望昌黎，世稱"韓昌黎""昌黎先生"。

水猛獸者。尤多有其人。回教式微已甚。佛教祇爲古代哲學之一種耳。至中國女界所信仰之佛教。乃並不得謂之佛教。凡焚香。卜珓。唪經。拜讖①。符籙。禁呪之類。吾直等之風俗上之迷信而已。

　　（禮教）女子亦人也。中國承上古酋長時代之敝制。役以爲奴隸。鞭撻唯所施。視之如貨品。交易唯所用。相習既久。安若天然。女子亦不敢復以正當之人類自居。其與男子交際。限制尤極嚴苛。不相問名。不親授受。見人則擁面頯顔。趑趄囁嚅。醜態百出。終日閉置深閨曲房中。而帷簿②之事。中冓之言。往往内亂宗親。下通僕園。防閑之效。亦可睹矣。結婚離婚。皆不自由。秉命自父母。撮合於氷人。素昧生平。一朝胖合③。年貌不必相若。學識不必相當。性情不必相諧。良懦者飲氣吞聲。抑鬱没世。不然則交謫一室。姦殺相緣。吾不忍言。其美滿因緣。特偶然之幸事耳。夫死不嫁。尤悖中道。夫夫婦以情交以義合者也。故情義未絕。雖死可守。而情義既絕。雖生可離。自有宋腐儒刱爲餓死事小失節事大④之説。社會之制裁。家族之督責。有司之激揚。罔不以下堂爲辱。守樓爲榮。於是柏舟之詠。百不從心。而青年紅顔之含辛茹苦。銜恤人間。埋愁泉壤者。伊古以來。不知幾萬萬輩。況死者一人。而守者或數人。其傷天和賊人道孰甚焉。更有甫繫朱絲。未接鴻案。乃亦望門矢志。幽錮終身。尤爲大惑不解。自來男子。例許多妻。天子後宮。備位三千。卿大夫士庶人。咸得公然廣置妾御。恣爲荒嬉。而反動之來。百弊叢集。家庭遂爲一切罪惡苦惱之淵藪。而躬其衝而醑其毒者。乃無往而非女子。嘻其酷矣。至子婦之見陵於舅姑。婢媵之刼持於主婦。娼妓之備虐於淫鴇。猶不在此數。某女士嘗曰。

① “拜讖”，有誤，應爲“拜懺”。下同。
② “帷簿”，有誤，“校勘記”改爲“帷薄”。
③ “胖合”，有誤，應爲“胖合”。
④ “餓死事小失節事大”，語出《河南程氏遺書》卷二十二，程頤語：“然餓死事極小，失節事極大。”

女子者重犯之代名。昏姻者非刑之別種。其言至憫。我觀在昔。初不如是。仲尼。聖人也。聖人。人倫之至也。而野合所生。見於傳記。孔門三世有出婦。其離合之際。蓋頗自由矣。泰西諸國。結婚必經自選擇。選擇必先廣交游。惟未成年。其保護人得禁約之。蓋慮失身太早。則生理虧損。子姓不強。非屑屑爲名節計也。日本結婚雖不自由。而離婚則甚自由。猶得補救於一二。人亦何不幸而獨生爲老大帝國之女子乎。夫處開明之世。則服從輿論爲大順。處過渡之世。則反對輿論爲英豪。我女同胞。誰是能犧牲浮俗之名譽。增進人類之幸福者乎。我願馨香而尸祝之。

（風俗）風俗上之迷信。如前所稱焚香。卜玅。唪經。拜懺。符籙。禁呪諸事皆是。夫天助自助者。富貴貧賤。緣境遇爲異同。健弱壽夭。視衛生之良否。求神佞佛。何爲者乎。今人病不愼視醫藥。死則妄言超度。若以是爲能盡後死者之心也者。其有不然。衆口交譏。以爲寡恩。搢紳倡行。草野風靡。水陸道場。金銀紙箔。一喪所費。動以千百計。其主謀者。必女子也。春秋佳日。城鄉朝山進香者。跋涉修阻。肩背接觸於道途。糜金錢。曠時日。舉國若狂。恬不知怪。校其大數。則女子居十之七八。平居固閉深藏。雖至戚通家。不輕一見。及是拋頭露面。流汗相屬。奔走跪拜稠人廣衆中。無賴輩追逐品評。備諸惡劇。亦安然隱忍僶受不能爲詞。父兄姆傅膛目[①]末可如何。而意外事變。且不時有之。又有巫覡。卜筮。星命。風鑑。堪輿。諸流氓。其説至謬妄。無可辨論之價值。而女界特崇拜之。趨避從違。一決之數。無幾微自信心。他若裝飾修整。本女子天然美術性。初無可議。顧乃穿耳纏足。戕害體膚。供人玩弄。不已褻歟。穿耳之弊猶細。纏足之害彌烈。女子亦自知之而能言之。重以明詔提撕。時論鼓吹。

----

① "膛目"，有誤，應爲"瞠目"。

自非至愚極頑。度無橫生阻閡者。而牽於積習。猶觀望因循。不知自愛。莫甚於此。女子之無自治力。愈爲男子所輕賤者。此亦一大端也。一身不改良。何暇言改良家庭。改良社會乎。

求學問

人之所以異於禽獸者。以其能求學問而已。文明世界。無人不學。無事不學。無時不學。茲爲女子分未嫁者。已嫁者。有子女者。言之。

（未嫁者）未嫁者。乃女子一生求學問之最好時期也。女子聰明才力。本不遜於男子。然古今中外學問家。事業家。女子皆較男子爲至稀。則以女子求學問之時期極短。一經嫁人。則門户井臼之計。胎産哺乳之責。樊然並來。更無餘隙爲覃求講貫地矣。故近日社會主義。多主張戀愛自由。教育公共。以絶家庭之羈靮。卸兒女之負擔。救敝補偏。法良意美。此趨勢所必至。亦事理所當然也。顧中國一般女子。既不足以遽語此。則唯有趁此極短時期。人一己百。人十己千。急起直追。有進無退。或庶幾耳。今日女學雖建立不多。辦理未善。然慰情聊勝無。都邑城鎮已所在有之。凡我女同胞。必宜痛自振拔。及早入校。雖阻力四生。蜚語麻起。然須認定求學問乃一極重要極尊榮之事。父母亂命亦可不遵。市井讕言尤無足恤。韶華易逝。人生幾何。少一遲疑。而貽悮終身。悔且無及矣。可不懼哉。可不念哉。

（已嫁者）已嫁者而求學問。本不免有後時之歎矣。顧凡人精神體質。恆至四十而始衰。前此固猶有推陳出新之效者也。況古有耄而好學大器晚成者。是求學問固不可盡以年齒限之。又況中國俗尚早婚。往往二七三五之雛娃。已居然擁青廬拜翠翟矣。此正高等小學肄業之年齡也。且已嫁者。

尤有勸夫就學之責。蓋中國女子。結婚離婚既不自由。則一生之禍福菀枯。恆倚其良人爲運命。故鄭女之警旦[①]。樂羊氏之斷機[②]。相夫亦所以自相也。人生莫作婦人身。百般苦樂由他人。幸而琴瑟和諧。閨房靜好。則舉案相莊。添香問字。夫復何求。否則自立之道。尤不可緩。然舍求學問外。又豈有自立之可言哉。

　　（有子女者）教育者。社會公共之事業也。斷不可任父母之自爲謀之。余別箸論。詳陳其弊。即就爲母者一方面言。耗心思。銷志氣。廢職業。悞學問。損娛樂。妨健康。害已不勝僂指矣。方今公共教育機關既尚未成立。則雖欲擺脫諸苦惱而有所不行。烏乎。此女子人才之所以消乏也。有子女者而自求學問。蓋難乎其難。惟當一及學齡。即急送入蒙養院。初等小學。養成其子女異日獨立自營之風。亦減免爲母者當時累贅繫屬之苦。而撥冗偷閒。少從事於普通必要諸學科。冀收桑榆之一效。所謂無聊之極思。必不得已之下策也。若徇姑息之愛。而不早爲之計。則自悞悞他。有淪胥以斃而已。

絕衣賴[③]

　　三從[④]之説。其來舊矣。顧從者追隨之謂。非附屬之謂。自近世個人主義大昌。女子既爲完全的個人。斷無依賴他力以爲生存之理。附屬固悖謬不倫。追隨亦卑鄙可恥。茲因論絕依賴。特舉三從妖説。辭而闢之。撥雲

① “鄭女之警旦”，典出《鄭風・女曰雞鳴》：“女曰雞鳴，士曰昧旦。”
② “樂羊氏之斷機”，典出《後漢書・列女傳・樂羊子妻》。樂羊子遠尋師學，一年來歸。妻問其故，對曰：“久行懷思，無它異也。”妻乃引刀趨機而言曰：“……今若斷斯織也，則捐失成功，稽廢時月。夫子積學，當日知其所亡，以就懿德。若中道而歸，何異斷斯織乎？”羊子感其言，復還終業，遂七年不返。
③ “衣賴”，有誤，“校勘記”改爲“依賴”。
④ “三從”，語出《儀禮・喪服》：“婦人有三從之義，無專用之道，故未嫁從父，既嫁從夫，夫死從子。”

霧而見青天。雖躬蹈非聖無法之誅不恤也。

　　（從父）公共教育尚未成立。則親子之關係自不可離。生我非恩。而養我爲恩。故盡敬盡孝者。毛裏之私情。亦報施之正誼也。然一屆責任年齡。既受普通教育。則與父母立於對待的地位。而應各伸其天賦之自由。父母無干涉子女之權。子女即無仰給父母之權。故泰西諸國。子女成立。例應析居。否則亦照繳衣食住費。蓋親子間義務所負。權利所及。均有一定之界限。一定之時期。而後愛情常若有餘。幸福不致相奪。其意可深長思也。中國父母長受子女之累。而垂死盡氣。爲作馬牛。子女恆恃父母以生。而游手好閒。終成敗類。吾嘗謂社會一切苦惱。一切罪惡。一切不自由。一切不平等。皆世襲遺産之惡制度致之。既害大公。亦害小己。循此不變。天下終無郅平之一日也。女子在家則父母豢畜之。適人則父母貲遣之。於是行動交際婚姻諸事。一一俛首受成。而不復能揚眉吐氣。略參末議。語曰。求人者常畏人[①]。斯非自作之孽也耶。

　　（從夫）中國夫婦之道苦矣。女子不能自立。而受壓制於男子。固苦。男子有此不能自立之女子。而必扶持供給之。亦苦。女子之心理。莫不以爲。良人者。仰望以終身者也。一與之齊。則美食鮮衣。予取予携。分所應爾。此大誤也。夫婦者。愛情問題也。愛情者。神聖也。羼以經濟問題。而愛情渙然矣。脫輻[②]之占。谷風[③]之詠。未有不由此者也。況以愛情問題爲經濟問題者。此娼妓之用心耳。娼妓視皮肉爲商品。據枕席爲營業。依賴其夫者。何以異於是。以色事他人。能得幾時好。色衰愛弛。秋扇見捐。有轉徙溝壑而已。故愛情與經濟。必兩不相蒙。有獨立之能。乃有唱隨之

――――――――――

① “求人者常畏人”，語出《孔子家語·在厄》：“吾聞受人施者常畏人，與人者常驕人。”
② “脫輻”，指夫妻離異。語出《周易·小畜》：“九三：輿説輻，夫妻反目。”
③ “谷風”，指《邶風·谷風》，是《詩經》中的一首弃婦詩。

樂。俛仰自足。進退有餘。男子雖欲肆其無理之威。烏可得乎。不自樹立。而苟且求容。覷視息於人間。寄生命於俎下。沁沁倪倪[①]。搖尾乞憐。雖不餓死。多應愧死。

（從子）子女未成人。父母負教育者之責任。而具有主動的資格者也。子女既成人。推反哺之愛。而執負米之勞。自今日社會制度論之。亦天理人情之至也。顧爲子女者。當以是報之父母。而爲父母者不當定以是責之子女。各盡所能。各行其是。斯爲兩得。乃可相安。蓋子女既已殊體異形矣。若必以生計託之。猶之依賴之劣根性也。況俯畜之外。重以仰事[②]。一人而食數人。雖賢者力有所不逮。不肖者則假爲家貧母老之詞。遂其倒行逆施之計。其末流尤不可問。社會學家主張。老安少懷[③]兩者。皆作爲公共事業。禮運所謂不獨親其親。不獨子其子者近之。泰西諸國。人人有保險費。養老費。皆儲自壯歲。而受之晚年。亦以求人不如求己耳。要之。吾所持者。財產獨立論也。個人主義既未能一致實行。舊日倫理自不能立地剷盡。然倫理是一事。財產另是一事。倫理可互相維繫。財產必各自經營。夫女子至親者。莫如父。莫如夫。莫如子。而猶不可有絲豪依賴心。而非父非夫非子者。更何論矣。

謀生計

不能自立。未有能自由者也。自由以謀生計爲先。今日女子少有思想者。孰不知家庭束縛之苦。顧一去其父若夫若子。即不能爲一日之生存。

---

① "沁沁倪倪"，小心恐懼的樣子。
② "俯畜之外。重以仰事"，語出《孟子·梁惠王上》："是故明君制民之產，必使仰足以事父母，俯足以畜妻子。"
③ "老安少懷"，語出《論語·公冶長》："老者安之，朋友信之，少者懷之。"

不度德。不量力。而浮慕自由。一失足成千古恨者。不知凡幾。惟無生計故也。夫謀生計必操正當之職業。職業者。男女共之。吾意除兵役外。女子無一不能爲。除娼妓外。女子無一不可爲。今日女子所操職業較男子爲少。故其謀生計也。亦較男子爲難。然在泰西諸國。小學教習。醫士。看護人。打字人。印刷人。商店公司經紀人。會計人。郵電收發人。皆女子占大多數。且有爲律師者。爲辨護士者。爲大學專門教習者。爲報館主筆者。訪事者。更有選充地方自治委員者。代理公使領事官者。女國會議員。亦駸駸告成功矣。中國則其涂特隘。是有數因。一因女子實力未充。二因社會信用未著。三因歷史上禮教之腐説誤之。茲惟舉女子性質最宜。而風俗習慣所能通行者。揭述一二。

（教習）女子天然教育家也。故學師範充教習爲特宜。而小學教習爲尤宜。此理論上實際上所公認也。世界各國小學制度。有男女分校者。有男女合校而分班者。有男女合校且合班者。而皆多用女職員。中國女子昔除乳媪傭嫗外。幾別無職業之可爲。近始漸有充學校職員者矣。然在男學教授筦理者尚無聞。女學職員猶且不得不借才於男子。外國則不惟小學女學。即男大學亦間參用女教習。因形而上諸學科。女子往往獨擅專長也。且外國爲事擇人。但程功效。不問男女。女子而自剏學校自任監督者。所在有之。公立男學時或推女子爲主持。其教授筦理。井然可觀。初不必倚男子以爲重。而男子反執役於其支配下者。非罕事也。

（保姆）保姆者。一身兼母與師之責。即以社會教育代家庭教育者也。余嘗草幼稚教育宜立公共機關説。以爲就學義務年齡。當斷自有生以來。而以育嬰堂。蒙養院。亦編入強迫制度。其説至繁。茲姑不贅。今日各國蒙養院已極發達。育嬰堂亦逐漸而增其數。此實教育日趨於公共之明徵也。將來當更無所謂家庭教育者矣。育嬰堂所用保姆。與蒙養院所用保姆。大

同而小異。哺乳保抱。其事特勤。然初不必適人生子者。方能爲之。固應
先學養子而後嫁也。大抵高等小學畢業。更專門肄學一年。實地練習一年。
即足勝任而愉快。其課目略如初級師範。而附加三數特別學科。故初級師
範畢業入保姆研究所者。亦事半而功倍也。中國各省府縣多有育嬰堂。命
意自佳。而辦法不善。其黑闇情狀。不啻爲人間世多闢一地獄。聞原有經
費皆甚充饒。頑劣紳衿。盤踞深固。無敢發難言改良者。倘得其人廓清而
更造之。遠可爲世界平添多數公共之人才。近可爲女子推廣一種適當之職
業。其功德何減恆河沙。有地方自治之責者。亦曾一念及此否。

　　（看護人）女子又特富於慈善性者也。故世界慈善事業。發起於女子者。
不遑更僕。紅十字會其尤著也。今日會員各國有之。累萬萬人矣。看護可
分病院與戰陣兩種。一平時。一臨時。各國后妃華族多躬親其事。以爲至
榮。中國女子顧鄙夷之。可爲浩歎也。此等風氣必亟開通。今民政部所屬
諸醫院。類腐敗不足道。看護皆雇用下流無知之男子。草菅人命。害何可
言。語有之曰。治國多醫。亂國多兵。醫之關係大矣哉。入其境。觀其醫
院之組織如何。看護人之程度如何。衛生法之設備如何。而國運之隆替。
人種之興衰。可卜也。烏乎。願我大慈大悲女同胞。三復吾言。一洒此恥。
更能挈求新岐黃術。爲女界醫界開一大紀元。則扶蘭志斯。南丁格爾[1]諸人
豪。不能專美千古。有志者任自爲之耳。

　　（産婆）産科亦醫學之一種。其重要不待陳。外國産醫多有男子。中國
風俗習慣。則以女子爲合用。此學夙不講求。大小二命。一委諸傭保賤嫗
之手。生理。解剖。理論。手術。一切瞢然。乃妄爲種種神怪禁忌之説。

---

① “扶蘭志斯。南丁格爾”，即弗羅倫斯・南丁格爾（Florence Nightingale，1820—1910），英國護
　士，克里米亞戰争期間，她極力向英國軍方爭取在戰地開設醫院，爲士兵提供醫療護理。南丁
　格爾的貢獻讓護士的社會地位與形象都大爲提高，“南丁格爾”也成爲護士精神的代名詞。

有如兒戲。蓋不得其生。不得其死者。至夥頤矣。東西洋婦人。臨蓐多居產科醫院中。調護得宜。母子均適。其產醫來華。道亦大行。而中國女子竟無能自操此技者。豈真其事之不可學而能哉。進而求之。固甚平易耳。曩在京師。曾發起產科講習所。凡分兩班。一爲素人講授關於產科必需之學識。半年一年可畢業。一爲造就專門產科之醫才。二年三年可畢業。夫胎產爲生民之初。亦女子生死一大關紐。顧世人多恥不屑言。忽不加意。寧非怪事。我願女同胞。一矯其敝風。或普通習之。或專精治之。自度度人。非惟執藝以游。抑亦造福無量也。

（職工）今日之世界。一工藝之世界也。社會主義尤尊重勞働家。以爲人類以相需而存。必通功易事。各竭其才。然後義務權利交劑而得其平。而侵越爭敚之風幾乎熄矣。貨惡其棄於地也。不必藏於己。力惡其不出於身也。不必爲己[1]。此一說也。一夫不耕。或受之飢。一婦不織。或受之寒[2]。天下皆飢皆寒。雖欲獨保其溫飽而不可得矣。此又一說也。凡人皆有生利之責。而工藝則直接生利之事。文明之世。分業極細而益精。操作極少而不惰。休息游戲。皆有定時。筋骨心神。交受其益。又非止僅裨生計而已。各國工廠林立。職工多者至數十萬人。少者亦數百千人。女子恆居其過半數。懸想將來。政府家庭皆無久存之理。胥天下惟工團耳。試觀歐美諸大工廠。其編置規模。不已儼然一國家哉。中國工藝最爲幼稚。其招用女工。祇寥寥數紗廠絲廠。及其他一二關於農桑者。吾嘗恨女子職業。上則教習。下則傭媼。其間距離差太遠。且教習非盡人可爲。即保姆。產婆。看護婦。亦皆非普遍[3]之執事。傭媼則奴隸之變相耳。不得認爲一職業。惟職工商業。

----

① "貨惡其棄於地也。不必藏於己。力惡其不出於身也。不必爲己"，語出《禮記·禮運》。
② "一夫不耕。或受之飢。一婦不織。或受之寒"，語出《漢書·食貨志》。
③ "普遍"，有誤，應爲"普通"。

需人特衆。又非甚煩難。雖下材可以勉而爲之。故爲一般女子謀生計。必先此二者。職工種類繁多。如前所稱郵電。印刷。打字等。今日殆成女子之專利事業矣。

（商業）甚矣是非黑白之顚倒淆亂也。女子飽食煖衣。逸居無教。仰夫子爲生活。此娼妓之行。而禽獸之歸耳。而輿論以爲當然。至於經商營業。獨立自養。固人道之正軌。而須眉所難能也。而輿論乃譁然賤之。今人見日本料理店諸當壚者。搔首弄姿。周旋欵曲。輒以爲商業不過如是。女子斷非所宜。而不知歐美通都大邑。自官立局所銀行。以至零星露攤肆市。其經紀會計。酬應往來。幾僅見女子而不見男子。叩其出身。罔非中等以上商業學堂之畢業生也。烏乎盛哉。夫女子倘甘長爲男子之玩具。則閉錮隔離。什襲珍藏。最爲萬全而無失。若猶覥然以萬物之靈秀者自居。處現世商戰激烈時代。舍是何以苟免於生存競爭之天然淘汰哉。惟商業較職工爲難。學術經驗不可缺一。今日中國爲根柢計。既無女子商業學堂。爲應用計。各商家又不習任使女子。積重難返。我爲之閣筆徬徨矣。

今於結尾。更有一言。新（即積極的主觀的）與舊（即消極的客觀的）不兩立者也。主持女學者。苟謂原有禮教風俗。醇粹優長。如日月經天。江河行地。亘萬世而不可動搖。則宜毅然決然。厲行古制。斷不可使女子認識一字。而以才濟奸。更不可使於本夫外接見一人。致生不可說之變。復纏足。罷學校。斷交通。未始非保存國粹之一道也。若以爲世界大勢不可不遵。新式教育不可不採。則宜另起爐竈。全撤樊籠。尊重自由。蹧蹐平等。爲天空任鳥之計。幸毋跋胡疐尾[1]。罅漏補苴。執中無權。騎牆不下。內懷首鼠。外託調和。使二萬萬女子。求生不得。求死不能。非徒無益。

---

[1]　"跋胡疐尾"，前進就踩着下巴下垂下的肉，後退又會被尾巴絆倒，喻進退兩難，語出《詩經·豳風·狼跋》："狼跋其胡，載疐其尾。"

而又害之。我女同胞亦宜早自審思。必先有犧牲之精神。乃能成獨立之事業。否則無才是德①。惟庸庸者自多厚福耳。識字憂患之始②。智識愈高。憂患愈大。心知其意。而身不敢行。顧忌太多。周章失度。於邑待盡。夫復何言。今有人生於桁楊狴狱之中。以爲世界固如是。亦忍而與之終古而已。及一見宇宙品彙之盛。人生紛華富麗之樂。始而駭。繼而疑。終而忻羨之情生矣。退而埋首幽獄。繫累長年。刑罰不必加劇。而罪苦則覺十倍於前而未已。其痿斃可計日而待也。我女同胞於意云何。從前種種。譬如昨日死。自後種種。譬如今日生。生死關頭。一念立決。請誦先儒王陽明子③言。以爲最後之鞭策可乎。曰即知即行。

---

① "無才是德"，語出張岱《公祭祁夫人文》："眉公曰：'丈夫有德便是才，女子無才便是德。'此語殊爲未確。"
② "識字憂患之始"，語出蘇軾《石蒼舒醉墨堂》詩："人生識字憂患始，姓名粗記可以休。"
③ "王陽明子"，即王守仁（1472—1529），幼名雲，字伯安，號陽明子，謚文成，浙江紹興府余姚縣（今浙江寧波余姚）人，明代思想家、哲學家、書法家、軍事家、教育家，心學的集大成者，強調即知即行，知行合一。

社會主義與女學之關係_{辛亥五月①}

　　余素主張社會主義。今承招致演說。特定此題。社會主義之名詞。雖自泰西經日本轉譯而來。社會主義之思想。則凡含靈負秀者。無不有之。其概括之大目的。惟求人類共同之幸福。而彌經濟界不平等之缺憾而已。今我國朝野上下。一聞社會主義四字。罔不有談虎色變之象。此坐於世界大勢。太不了然。且未獲一聆此種學說之緒論故耳。社會主義乃極寬泛之話頭。其流派至繁夥。有近似專制者。有近似立憲者。有近似共和者。有分國界種界者。有不分國界種界者。有有政府及法律者。有無政府及法律者。有持共財產者。有持均財產者。有持廢財產者。其辦法有從教育下手者。有從實業下手者。有運動國會員多數協贊者。有鼓吹勞働家同盟罷工者。有暴動者。有暗殺者。近年東方幸德秋水②輩。特一極端之急進派。如立憲黨中。英有克林威爾③。日本有西鄉隆盛④。若執數人以概全體。則立憲不亦同爲大逆不道之主義哉。且就全球現勢按之。民主國不必言。即君主立憲。如英俄德比。其在朝在野。社會黨學說之流行。實力之膨脹。著

① "辛亥五月"，即宣統三年五月（1911 年 5 月 28 日—6 月 25 日）。
② "幸德秋水"，幸德秋水（1871—1911），日本社會主義運動理論家和先驅者之一，馬克思主義在日本的最早傳播者之一。
③ "克林威爾"，即奧利弗·克倫威爾（Oliver Cromwell，1599—1658），英國政治家，英倫三島共和國的護國公（1653—1658）。
④ "西鄉隆盛"，西鄉隆盛（1828—1877），日本江户幕府末期的薩摩藩武士、軍人、政治家。明治維新的領導人之一，與木户孝允、大久保利通一起被稱爲"明治維新三杰"。

著進步。班班可徵。而一二強有力之反對者。亦惟著論以辨難之。立法以範圍之。無敢公然冒大不韙爲芟夷蘊崇①之計。誠以公理不可泯。輿論不可違。而思潮所趨。一日千里。防川無效。徒歎淪胥。雖愚者不爲也。蓋今日社會主義。在學界已成一極有根據之學科。在政界已成一極有勢力之政黨。昭昭乎揭日月而行。決非祕密黑闇危險之事。如中國一般人心目中所懸想者然也。試思十年前。專制政體下。有倡言立憲者。輒已羣焉驚吠其怪。今則不惟草野討論之。亦且朝廷實行之。十年後之社會主義。亦視此而已。余生也早。提倡社會主義於今日之中國。舉名譽權利進而身家生命。恐悉將供筆舌之犧牲。然其必能得同志於方來。收美果於身後。則固深自信而不疑。且余之抱負此種思想。實遠在勝衣就傅之年。憶幼受大學②。至治國平天下。嘗叩師天下何以不曰治而曰平。又不患寡而患不均。天下國家可均也。亦請其意義。師均無以應。懷疑既久。觸悟亦多。及讀禮運。慨然慕大同之治。妄草議案。條列多端。以爲必如何如何。而後天下可企於均平。因虛擬一理想世界。如佛陀耶穌所謂天國者。特宗教家希望天國於既死以後。余則妄欲建設天國於有生之時。且彼自精神的方面想入。余則自物質的方面想入。十七歲留學日本。偶聞社會主義之説。竊心識之。以爲與己夙所蘊蓄者。必多互相印證之妙。惜當時此主義尚未發達完成。彼都人士。尤罕能道其梗概。故雖心有所見。亦不敢妄以示人。比環遊地球。觀歐美社會黨之盛況。凡余向所以爲必如何如何者。乃不期而暗合十之八九。益歎人心一致。斯道不孤。俟諸百世而不疑。放之四海而皆準。而天民先覺。舍我其誰。一種狂妄之責任觀念始生。夫社會主義。其説至

---

① "芟夷蘊崇"，語出《左傳·隱公六年》："見惡，如農夫之務去草焉，芟夷蘊崇之。"
② "大學"，即《禮記·大學》。

棼矣。余則認定教育平等財産獨立爲原始要終之不二法。約而言之。即破除富貴貧賤等階級。自初生至成人。人人受同一之教育。各成爲社會單純分子之完全個人。營業可以自由。財産不相遞嬗。是矣。其理論之由來。方法之着手。當別爲專書論之。非咄嗟所可辦。亦非立談所能詳也。然最初一步。要必自改革現在之家庭制度始。故與女子教育。實有最密切之關係。在余意女子教育宗旨。必當由消極的變爲積極的。由被動的變爲主動的。由造就淑女良妻賢母者。變爲造就世界的個人。所謂個人。惟同受平等之教育。各有獨立之財産者。方可以當之。外國除兒童外。皆得謂之個人。中國除家長外。皆不得謂之個人。故雖民數號稱四萬萬。而以一家八口扣算之。實不過五千萬個人耳。所餘四萬五千萬①。非徒無益。而又害之。使生利者負擔加重。不倒行逆施以取盈。則闉室待斃而已。而分利者依賴性成。不奴顔婢膝爲容悦。則行險徼倖而已。生計所以日蹙。道德所以日隳。風俗所以日壞。罪罰所以日滋。罔不由是。中國女子向爲純粹分利而不生利之人。視學問爲多事。無職業之可操。與社會主義所稱教育平等財産獨立者。蓋處於絶對的反對之地位者也。於此而欲改革家庭制度。宜先使女子與男子學識相當。而父女夫婦母子之間。各營職業。各圖生存。提出個人之經濟問題。斷不容與家庭之倫理問題相屬。則社會主義之進行。其殆庶幾乎。是在主持女學者。獨具隻眼。認準方針。放手做去。不爲浮俗之讕言所搖。而承學之女子。亦須心知其意。身體力行。曩嘗語人。明理者天下無奇理。任事者天下無難事。但不能不有所犧牲耳。聞者試與拙作忠告女同胞文參觀。必更能知余命意之所在。其有譁然反對者。不啻爲

---

① "所餘四萬五千萬"，有誤，應爲"所餘三萬五千萬"。

異日奏凱之先聲。而其詞尤有進乎此者。則姑留以有待云。

　　右兩文①一係在南京作。一係在杭州作。當時處忌諱之朝。所懷欲陳者。十不敢盡其一二。惟以女學經驗較久。故言之頗親切而易動人。友人貴中權②君方主惠興女學③。尤爲傾倒。發願代印十萬紙。并召集杭州女學聯合大會。招往演說。兩文遂同發表。一時官紳大譁。浙巡撫增韞札派軍警干涉禁止。驅逐出境。印件悉數銷燬。又以非聖無法禍甚於洪水猛獸。電奏清廷。革職逮捕。惠興女學亦大爲動搖。今瞬息兩年。滄桑萬變。貴君既以冤死。余亦幾以盲廢。惠興女學刼灰已冷。社會主義新火始然。此文乃於燼餘復出行世。不禁感慨繫之。

---

① “右兩文”，即本文與《忠告女同胞文》。
② “貴中權”，即貴林（？—1911），姓畢嚕氏，字翰香，號中權，滿洲正紅旗人，辛亥革命時任杭州駐防旗營協領，兼任惠興女學堂校長。杭州起義後，貴林代表署理杭州將軍德濟赴軍政府談判議降，却在數日後因“私藏軍火，陰謀反叛”之名被拘拿槍決。
③ “惠興女學”，即惠興女學堂，是杭州最早由中國人自己開辦的兩所女學堂之一。1904年惠興女士創辦時名爲“杭州貞文女學堂”，1906年改爲官辦，更名爲“杭州官立惠興女學堂”。

江南工商研究會演說詞 辛亥五月

今日江南工商研究會開始。承招演説。頗幸躬逢。鄙人非工非商。而爲提倡社會主義之人。夫社會主義。固與工商界有極密切之關係者也。社會主義之盛況。非立談所能詳。顧歐美諸國之唱道者。多工商界人。而中國則惟學界報界之最少少數。犆知其名義。間嘗論究。約有二因。一爲生計程度問題。歐美諸國多大地主大資本家。即中等社會通常職業。其收入其享用。已十倍於我。惟小本商人勞働工人。獨憤慨於勞逸苦樂之懸絶。務欲徹底推翻現世生産制度。以期機會平等。利益均霑。中國則外患内憂。民窮財盡。上而朝廷。下而閭閻。無人無日不在經濟困難之中。即貴官富豪。向之養尊處優。揮霍如意者。今亦點金乏術仰屋興嗟矣。固不獨工商界獨蒙影響已也。故就理論上言。社會主義之在中國。鼓吹必更易。贊同必更多。推行必更速。乃其實際上。僅止學界報界之最少少數。犆知其名義者。則教育程度問題限之。歐美諸國人人有普通之智識。人人得文明之自由。雖小本商人。勞働工人。無不能識現社會組織之不善及其所以然。而惟社會主義可以挽救之。故極口鼓吹。悉心贊同。竭力推行。即彼大地主大資本家。亦何嘗不真知灼見及此。而反對之而壓制之者。一迫於保持特權之私心耳。中國則朝野上下。昧於不患寡而患不均之明訓。興利除弊。徒託空談。罅漏補苴。終底淪胥而後已。一言社會主義。罔不談虎色變。狂駭却走。并管窺蠡測之見而無之。士夫且然。工商何責。惟學界報界。

摭拾浮詞。展轉相炫而已。夫社會主義之定義。誠有未易一二言者。要其
原因起於現世經濟之不平。其目的在乎個人直接以生利。而直接生利事業。
除農務外。允推工商。故社會主義。實工商發達之極則也。中國今日工商
所以不發達。一由於內部之腐敗。一由於外界之漏卮。欲救內部之腐敗。
惟有講求學術。改良規制。欲塞外界之漏卮。惟有提倡土產。抵制舶來。
工商研究會之大旨。度亦不出此數端。近日提倡國貨抵制外貨之論甚昌。
鄙意以爲斷宜用積極方法。不宜用消極方法。不究質料之精粗。不計價值
之貴賤。國貨則用之。外貨則拒之。此消極方法也。或仿造成式。或別出
心裁。必使工本較輕。物色相埒。然後利用廣告。多設分銷。國貨不提倡
而自行。外貨不抵制而自滯。此積極方法也。外盱時勢。內審人情。消極
方法終歸無效。假使有效。而自封故步。永杜新機。害更大矣。偶有所見。
輒貢一言。雖然。是戔戔者。亦復何裨萬一。若夫統籌全局。高踞題巔。
正本清源。提綱挈領。以彌現世經濟不平之缺憾。而達個人直接生利之良
規。則舍唱道社會主義。其何由乎。諸君有能從吾游者。竊願爲更進一解也。

　　　　右文係自杭州驅逐回南京時作。緣先有成約。故冒險登臺。當塲
頗有反對者。并有人摭文中徹底推翻現世生產制度一語。搆於當道。
謀復興大獄。前總督張安圃君力持不可乃罷。然自是不復能在內地演
說。亦可見當時立言之難已。又憶庚戌春間。攝政邸前炸藥一案[1]。汪
兆銘[2]君未就捕時。鄙人實先受嫌疑。軍警日在門牆。偵諜不離左右。

---

① “庚戌春間。攝政邸前炸藥一案”，指 1910 年 4 月，汪精衛、陳璧君、黃復生、喻培倫、黎仲實
等人刺殺攝政王載灃未遂一事。
② “汪兆銘”，即汪精衛（1883—1944），名兆銘，字季新，原籍浙江山陰（今浙江紹興），廣東三
水人。早年參加同盟會，曾任《民報》主編。辛亥革命後受袁世凱收買，參加組織國事共濟會，
擁袁竊國。袁死後，投奔孫中山。1925 年在廣州任國民政府常務委員會主席兼軍事委員會主席。
1927 年在武漢發動“七一五”反革命政變，後任南京國民政府行政院院長兼外交部部長。1939
年底與日本簽訂賣國密約。1940 年 3 月在南京成立偽國民政府，任主席。1944 年赴日治病，11
月病亡。

至以五千金賄鄰右。誘傭媼竊取日記函札各件。至今存北京警廳中。
及鄙人出京。尚派警官二人沿途伺察。隨時報告。復命民政部郎中朱
綸①尾隨出洋。調查其作何舉動。與何人交際。事見滬上各報專電。前
直隸總督陳筱石②君獨爲陳於攝政。力保其無他。兩君皆庶幾昌黎所謂
感恩者。附筆於此。以誌弗諼。

---

① "朱綸"，朱綸（生卒年不詳），安徽巡撫朱家寶（1860—1923）之子。
② "陳筱石"，即陳夔龍（1857—1948），又名夔麟，字筱石，一作小石、韶石，號庸庵、庸叟、花
  近樓主，室名花近樓、松壽堂等，原籍江西撫州崇仁縣，貴州貴築（今貴州貴陽）人。光緒十
  二年（1886）進士，歷任順天府尹、河南布政使、河南巡撫、江蘇巡撫、四川總督，宣統元年
  （1909）調任直隸總督兼北洋大臣。

城東女學社[①]畢業演説詞辛亥六月[②]

上海城東女學社小學科手工科畢業之期。校長楊先生[③]以鄙人向於女學小有經驗。且新自寰游歸來。囑爲演説。其何敢辭。愚以謂人類之遲於進化。由於女子之不皆能獨立。女子之不皆能獨立。由於男子之視女子及女子之自待。均若爲社會上一種特別人而非普通人。夫男女之差異。惟於生理學解剖學見之耳。雖心思才力亦各有獨到。而學問職業要無大逕庭。而主持女學者。往往謂孰者爲男子應求之學問。而女子非必要。孰者爲男子應操之職業。而女子非所宜。於是教育之區分。不惟有專門普通高等初學之殊。而女學亦別劃爲一部分。至於生計。尤若與女子無與焉者。真大謬見也。夫學問所以供給智識也。智識之發源。外有感覺。内有神經。女子感覺之器官。神經之系統。與男子有偏全之異否乎。職業所以供給生計也。生計莫要於衣食住。女子能不衣不食不住否乎。叩余者輒曰。歐美文明。女學堂必甚發達。顧據所見聞。但可謂學堂發達耳。至於女學堂之發達。乃遠不逮我東洋。蓋爲女子特別建設之學堂。固甚尠也。懸想數十年後。西洋當無一女學堂。世界主義之女子教育論浸盛。女子將悉投身社會事業

① "城東女學社"，楊士照 1903 年在上海創辦的女子學校，初名女子苦學社，後更名城東女學社。1911 年 7 月 5 日，城東女學社小學科和手工科學生畢業，學校舉行畢業典禮，請刑部右侍郎伍廷芳蒞會并頒發畢業文憑。
② "辛亥六月"，即宣統三年六月（1911 年 6 月 26 日—7 月 25 日）。
③ "楊先生"，指楊士照（1874—1924），字白民，江蘇婁縣楓涇鎮（今上海金山區）人，近代藝術教育家。1901 年東渡日本，考察女子教育，1903 年回上海，籌創女學，後在自家設立女學社，即城東女學社，自任校長，并兼教職。

中。其決不能以家庭之範圍爲滿足者。勢有必至。理有固然。且主持家庭主義者。不亦曰女子有相夫教子之責任乎。顧其最注重者。乃不過保育中饋裁縫及一二關於美術之學科。與爲主婦者之心得已耳。彼固以爲女子特家庭的人物。能是而已足也。顧所相之夫所教之子。豈非儼然社會的人物哉。使爲之母爲之妻者。其智識其能力。僅限於家庭。將何以爲相何以爲教。抑亦相之教之爲保育中饋裁縫等而遂已哉。其殆必不然矣。由是論之。雖主持家庭主義。亦不可不使女子各具世界之智識與能力。而後可以盡相夫教子之責任。又況世運日新。思潮大變。此後之女子。固將由家庭的人物。一躍而爲世界的人物。而向所間接以之相人教人者。今且直接而首當其衝。而親歷其境乎。僕於女學。絕對的主持世界主義。近復不自揣度。倡導社會主義。自社會主義家眼光觀察之。女子一社會之普通個人。毫無特別之可言。個人之義務所當同盡。個人之權利所當同享。彼視女子爲奴隸者。爲玩具者。有神聖者[①]。爲美術品者。皆蹂躪個人。而大悖乎社會之公理者也。小學爲個人資格之初步。手工爲個人生活之技術。諸君須知今日畢業之日。即加入社會事業之日。其通功易事。小往大來。盡一己之藝能。謀公共之幸福者。道將安在。可不念諸。

右文係避地上海時作。其校長楊白民君。後亦爲社會黨黨員。當時演說於此外頗有發揮。有嗜痂者。速記其詞。輒摘錄之如下。"女子教育之宗旨。約分其派爲三。即家庭主義國家主義世界主義是也。家庭主義之女子教育。以造就淑女良妻賢母。即家庭之主婦爲宗旨。國家主義之女子教育。以造就國家分子之國民爲宗旨。世界主義之女子教育。以造就社會分子之個人爲宗旨。東洋女子教育。皆家庭主義。中國爲尤甚。自頃以來。乃漸有持國家主義者。男子之尊視女子。輒

---

① "有神聖者"，有誤，應爲 "爲神聖者"。

交口相推曰。女子者國民之母也。女子之傲睨男子。亦自鳴得意曰。女子者國民之母也。著之教科。播之歌詠。以爲此女子教育之進於國家主義者矣。不知國家主義以造就國民爲宗旨。則其言當曰。男子者國民也。女子者亦國民也。今男子不曰國民之父。而女子獨曰國民之母。尊之乎實卑之耳。其意若謂男子直接爲國民。女子則間接爲國民。間接云者。一附屬之代名詞而已。故一語及參政權。則所謂國民之母者。固絲毫不容其預聞。可見今日中國之女子教育。完全爲家庭主義。尚未逮國家主義。更何論世界主義。云云。”聞者頗爲動容。

惜陰公會①演説詞 辛亥六月

　　上海惜陰公會。爲鄙人開演説特會。幹事員來請曰。此商學界所立之社會教育機關也。夫社會教育普及之效。實較學校教育爲大。世界偉人。爲社會教育所造成者。史不絕書。而按班授課。循資畢業者。往往僅爲普通之學者。而不能爲特別之人豪。其意至可深長思也。中國今日。學校教育初興而未盛。年長者。家貧者。有職事者。皆不能人人入學。則社會教育爲尤要矣。社會教育之方法甚多。如演説報章戲劇圖書館。其最著者。聞公會皆將逐漸推廣行之。其前途成績。詎復可量。鄙人向蓄志倡辦一社會教育團。嘗草具意見。而訖未發表。茲緣公會。偶觸前想。特約略言之。諸君或遂能踵成其事乎。社會教育團。一名内地探檢隊。除鼓吹社會教育外。兼可調查風俗。測繪形勝。採集物產。傳習國語。所謂一舉而備數善者也。其辦法。隊長一人。隊員二三十人。由有相當資格之同志者組成。須能演説拍照測量繪畫演劇演電影奏音樂者。具傳教之精神。而用行軍之紀律。甘苦與共。勞怨不辭。巡行各行省間。先至交通便利處。後至交通不便利處。所至即爲演説拍照測量繪畫演劇演電影奏音樂等事。隨售新聞雜誌及合用圖書。以輸入世界之智識。交通内地之情狀。酌收小費。藉供

---

① “惜陰公會”，1911 年 6 月由邵廷玉等創辦於上海，以“愛惜光陰，補助教育，謀人類幸福，實行互相扶助”爲宗旨，創辦《社會》雜誌、《惜陰周刊》。社址在英租界大馬路（今南京東路）保安司徒廟對面三層樓上。

川資。或一過即行。或勾留小住。遇公益事。可發起者發起。可維持者維持。有價值者。褒譽而宣揚之。甚腐敗者。忠告而糾正之。并於上海設一報告機關。沿途見聞。按期刊布。既備參考。亦示勸懲。計中國本部。暨滿蒙回藏。進而朝暹緬越。南洋羣島華僑最多之地。約五六年。或三四年。可以一周。一周以來。爲益鉅矣。其有形之功效。可得各種精密實測之地圖。可得各種詳細實驗之報告書。而風俗習慣行政教育實業之孰良孰否。當因當革。如燭照而數計也。可得無數名勝風俗。及各團體之寫真。可得全份動植鑛物工藝製造品之標本模型。其無形之功效。更不可以意想逆計。不可以言語形容。諸君多商界中人。實於此事爲特宜。諸君不見日本行商之周歷我内地乎。假書藥玩具等商品。以行其偵探視察之伎倆。凡通都大邑。窮鄉僻壤。無處不見若輩之蹤跡焉。而我國貿易史物産史。且轉拾其牙慧爲材料。斯不大可愧耶。蓋我國内地行商。本不發達。有之又皆蚩蚩之氓。毫無智識者。決不足以語此。微諸君其將何望乎。茲事體大。圖始實難。誰著祖生之先鞭。願進繞朝之後策。鄙人坐而言之。倘諸君起而行之。毅然興作。期以必成。其造福於我同胞者。將較固定的團體。尤爲宏遠。不禁拭目俟之。馨香祝之。抑尤有進者。社會教育一虛而無薄之名詞也。教育必有教育之宗旨。社會教育又必有社會教育之宗旨。既定宗旨。乃利進行。如人之有骨。如舟之有舵。此一先決問題。所當特別注意者也。鄙人以社會主義爲唯一之信仰。以倡道社會主義爲唯一之天職。故言皆有物。語不離宗。所謂社會教育團者。爲鼓吹社會教育。實爲鼓吹社會主義耳。諸君歡迎鄙人。當歡迎社會主義。採社會主義爲社會教育之宗旨。鄙人夙昔所禱祈。尤貴會今日之先務已。

　　　　社會主義倡道之始。個人首先贊成者。亡友貴中權君。團體首先贊成者。惜陰公會。天鐸報①館。女子進行社②也。此次演説。公會主要幹事邵廷玉③畢雲程④兩君。隨加入社會主義研究會⑤。比社會黨成立⑥。即假公會爲事務所。風雨如晦。雞鳴不已。中心藏之。何日忘之。

---

① "天鐸報"，清末資産階級革命派報紙，1910 年 3 月 11 日創刊於上海，1913 年停刊。
② "女子進行社"，1911 年 3 月張馥真等人在上海創辦的團體，以謀女界種種之進行而得名，宗旨爲 "擴充慈善、消除依賴、養成自立，以期擔任國家之責任"。
③ "邵廷玉"，邵廷玉（生卒年不詳），近代上海商人，1911 年 12 月曾發起售物助餉會以支持民軍，呼籲同胞或以貨品，或以衣服，送會變售，所得悉數充餉。
④ "畢雲程"，畢雲程（1891—1971），筆名新生，浙江海鹽人，近代愛國民主人士。早年曾在上海商務印書館工作，後曾任生活書店總經理。中華人民共和國成立後任上海文史館館員、韜奮紀念館館長等。
⑤ "社會主義研究會"，辛亥革命前夕的學術團體，1911 年 7 月 10 日由江亢虎在上海發起成立，宣稱其宗旨爲 "研究廣義的社會主義"，任務是研究和宣傳社會主義。機關刊物爲《社會星》雜誌。
⑥ "社會黨成立"，1911 年 11 月 5 日，江亢虎以 "社會主義研究會" 發起人的名義，召集特別會議，改 "社會主義研究會" 爲 "中國社會黨"。

社會星①發刊詞 辛亥六月

　　社會主義者。二十世紀最流行之主義也。其在中國。則本雜誌實爲社會主義最初惟一之言論機關。本雜誌自覺所負之職任綦重。區別言之。約有四端。茲屆發刊。特先宣布。

　　一輸布全世界廣義的社會主義之學說。社會主義云者。一極寬泛之術語。所包流派。至爲繁夥。一致而百慮。同歸而殊途。有彼此近似者。亦有彼此反對者。有互相印證而愈明者。亦有互相非難而待決者。今中國朝野上下。既毫未聞知此等學說之緒言。則輸布之初。理論之研究。似較實際之進行尤爲先著。是必於種種異同之學說。均能略識其近似或反對之所在。暨其印證或非難之所以然。乃能著手於研究。研究之結果。決擇其是非。揣度其難易。根據學理。按切時勢。而後從事於進行。故實際之進行。宜有貫徹終始一定不移之成算。而理論之研究。則貴參觀借鑑。兼收并蓄。凡以人類幸福爲前提者。雖帝國社會主義。民族社會主義。共產主義。均財主義等。皆與記者平昔所主持者頗有逕庭。而亦一律輸布。以供大眾研究之資。所謂廣義的而非狹義的。特記者間亦自表其意見。爲討論批評之附加而已。

---

① "社會星"，"社會主義研究會"的機關刊物，1911 年 7 月 9 日在上海創刊。周刊，社址設於上海旅館，發行者爲女子進行社。從 1911 年 7 月 9 日至 8 月 20 日，共出版 3 期，後由於"當道干涉禁止"，惜陰公會另出《社會》雜誌代替。

　　一詳載內外國社會主義進行者或反對者及一切與有關係之事情。社會主義勢力之宏大不待言。其黨人之運動進行者。尤多可歌可哭可欽可慕之歷史。凡有血氣。當無不曲原其意。而力玉其成。乃道高一尺。魔高一丈。一般喪心病狂之民賊。仍有起而試種種反對之手段者。簧鼓異說。濫用刑威。限制其行爲。誅鋤其魁率。甘犯眾怒。自便私圖。卒之壓力愈重。拗力愈強。致演出暗殺暴動危險恐惶之現象。此非社會黨人之罪。實反對者以頓進法驅迫之。以漸進法醞釀之。使出於此一途。而此一途者。亦社會主義進行上必不可避之徑線也。反對者直爲之推挽以加其速率而已。他如皇族之恣肆。官場之黑闇。軍備之增加。外交之捭闔。資本家專利之驕侈。勞働者生計之困窮。萑苻之驛騷。金融之壅滯。乃至天災地變。暑怨寒咨。民德之墮落。人格之污下。家庭制度之拘牽。男女交際之轇轕。一聞一見。罔非社會主義旁敲側擊之好材料。惟五光十色。罄竹難書。且本雜誌不以消息靈敏記載詳備爲長。意有所觸。信手拈來。間綴短評。藉示勸懲於萬一耳。

　　一發揮中國古來社會主義之思想。社會主義者。人類同具之思想也。特隨所生之時期。所處之境壤。而變其旨趣。異其名詞。且古時爲無系統的非科學的。今則組織而爲一有系統之學科。故社會主義可謂圓成於近時。而不可謂創造於近時。此不第社會主義爲然。一切學科蓋無不皆然。東西學說多有不期而暗合者。即人同此心心同此理之明徵也。記者中國產也。粵稽往籍。自有書契以來。社會主義已隱約發現於神話時代。周秦之間。流傳極盛。焚坑而後。政體趨於專制。學術統於一尊。此思想少晦昧矣。且存之心者不敢矢之口。矢之口者不敢筆之書。故文不足徵。絕無而猶不害其爲僅有也。夫文明各有特色。學問不可偏私。記者心目中豪無國家民族之界限。非必謂歐美現有之新思想。皆我國原有之舊思想。牽強傅會以爲光榮。而妄生我慢之見也。誠以中國朝野上下。既茫然不知社會主義之爲何。則解釋説明。頗費周折。不得不引據經典。就所原有者。設法喚起其抽象的概念。而使易於了悟。敢於聽聞。不致大駭却走深閉固拒斯可矣。語云。教亦多術。能近取譬。作如是觀。又況社會主義本人類同具而中國不能獨無之思想乎。然則發揮而光大之。固後死者之責也。其又何可辭。

　　一交通中國近日社會主義之言論。寰瀛大通。天涯咫尺。歐風美雨。與川俱東。社會主義之思潮。亦如一線銀河。傾天注下。夫以人類同具之思想。更得倡道者爲先鋒。反對者爲後盾。則一日千里。固勢所必然。故以社會主義之成立不二三十年而風靡全球者。吾知本雜誌之成立不二三年而將風靡禹域也。本雜誌未出版。已得内地同志書函數十百通。學界。軍界。政界。報界。女界。實業界。勞働界。均有其人。或輸誠贊成。或質疑下問。或籌實行之先後。或究黨派之源流。雖見地有偏全。識解有深淺。要皆對於此事極注意極熱心者也。記者學殖荒疎。瑣務栗六[①]。苦未能逐一裁復。殊負殷殷執訊之盛情。本雜誌出見。當選擇披露。并附簡括之答詞。尤望此後魚雁常通。賞奇析疑。集思廣益。代表輿論。徵集鴻文。介紹問答。鷄鳴風雨[②]。不啻互相唯諾於一堂。非所謂一舉而數善備者乎。歐美各國皆特訂通信專員。爲輸入品之轉運公司。其有裨益於讀者。尤較記者一人之筆舌萬萬也。

　　抑又有不能不先爲讀者正告者。則以本雜誌與普通各雜誌有相異之要點。讀者不可等量齊觀。而當用特別眼光視察之。但此非是非佳否之問題。夫亦各有所當耳。

　　一宗旨。非謂社會主義與非社會主義之差也。同是社會主義。而所主

[①]　"栗六"，同"栗碌"，指事務忙碌。
[②]　"鷄鳴風雨"，語出《詩經・鄭風・風雨》："風雨如晦，雞鳴不已。"

張者。或竟各立於絕對的反對之地位。蓋前既申明爲廣義的。重在理論之
研究。則此中固自有辨駁攻擊之餘地也。故一論之中。或丹素並陳。一册
之中。或矛盾相陷。讀者不得妄譏其宗旨之不統一。且正唯宗旨不統一。
而可予讀者以思審之自由。此如環游地球者。或東行。或西行。方針全反。
經歷各殊。相背極馳。惟期聚首於一目的地。此目的地即社會主義家理想
上具體的極樂世界也。惟極樂世界必爲具體的。而確能實現於人間。且所
以達之者。必有可循之手續。當然之步驟焉。故與宗教家之觀念不同。記
者於社會主義。別抱專門之宗仰。而本雜誌不敢爲門户主奴之爭執。惟悉
其鋒鋭。對於非社會主義。以外禦其侮云爾。

一文字。本雜誌非國粹叢書也。不尚詞華。本雜誌非聖諭廣訓也。無
取典重。有時樸實説理。則躁釋矜平。有時憤激駡人。則髮指皆裂。鄉僻
方言。市井猥語。俗書別體。闌入無禁。莊諧並作。言文互用。聞之菩薩
度人。化種種身。現種種相。吾輩説法。正當如是。若云言之無文。行之
不遠。而以文章爾雅責之。則孤負讀者之厚望矣。中國文字之優劣存亡姑
不論。本雜誌固絲毫不加剪裁潤色之工夫。但求意達興盡而止。凡投函者。
苟大體無迕。詞氣可通。雖出騶儈傭豎之手。一與社會主義有直接間接之
關係。則必過而存之。意在宣胼手胝足者之下情。而暴頤指氣使者之罪狀。
文字所不論也。讀者若欲致意於脩辭學。剪裁潤色之事。自有高文典册之
古今文鈔。按步就班之國文教科書在。

一體裁。本雜誌每册無一定之篇次。每篇無一定之字數。論説。紀事。
專件。叢録。説部。文苑。來函。繪畫。等名目。不必一一具備。不必續
續相銜。亦不必區爲嚴重之界畫。論説不必恆有若干行。紀事不必恆有若
干則。轟轟烈烈衆所宣傳者。或不贊一詞。瑣瑣屑屑人不注意者。或別爲
闡發。或專述一學説。專記一事件。如叢書之單行本。或零星散碎。如五

雜俎①。如多寶囊。插畫或多或少。字體或小或大。舉無成法。各視其宜。惟各期紙數。不甚相懸。以均工本。而便購求。餘皆非所計。不善讀者。或譏其規律之紛更。則無整齊顓一之觀。善讀者當感其趣味之濃郁。而有變化調節之妙也。

　　本雜誌名社會星者。以社會主義在中國之今日。正如漫漫長夜。涼蟾已墜。曙色未晞。惟見數點疎星。依稀閃爍於沈陰積晦之中。然佛陀枯坐樹下十有九年。仰視明星而悟大道。耶穌降世。則星現於東。其事不足考。要之星固幽闇之華燈。而光明之顯象也。且本雜誌每星期日出版一次。嘉名肇錫。疇曰不宜。讀者識之。本雜誌發刊。爲社會主義在中國言論機關成立之始。卿雲糾縵。日月重光。固當與三千大千之星氣星雲。共相輝映於無際也。

　　社會星始刊於辛亥六月十五日②。假上海旅館爲通訊機關。女子進行社爲發行機關。編輯印刷均無定處。防意外也。第一二期皆余一人手筆。第三期因病瘝甚劇。託人代理。旋被當道干涉禁止。乃由惜陰公會別組織社會雜誌③云。

---

① “五雜俎”，亦名《五雜組》，明人謝肇淛撰的十六卷筆記，分天、地、人、物、事五部，大多記錄作者本人的讀書心得，亦有國事、史事之考證。
② “辛亥六月十五日”，即宣統三年六月十五日（1911 年 7 月 10 日）。但按照《社會星》雜誌 1911年第 1 期的廣告頁，其第 1 期出版時間應爲辛亥六月十四日（1911 年 7 月 9 日）。
③ “社會雜誌”，上海惜陰公會機關刊物，1911 年 10 月 11 日創刊，月刊。從第 2 期開始，由惜陰公會與中國社會黨合辦，江亢虎任總編輯。1912 年 3 月第 6 期起，又由惜陰公會自辦。該刊自稱“意在提倡社會教育，以爲推行社會主義之先聲”。

社會主義研究會宣言 辛亥六月

今日爲社會主義研究會在上海開幕之始。即社會主義在中國開幕之始。社會主義之爲何。有非立談之頃所能得其梗概者。但今日中國知此名義者已居最少少數。偶有知者。又往往抱謬誤之見解。此大足阻礙社會主義前途之進行。不可不亟爲明辨。以養成其正當之概念者也。

社會主義者。正大光明之主義。非祕密黑闇之主義。平和幸福之主義。非激烈危險之主義。建設之主義。非破壞之主義。雖其進行之間。時或不幸而演悲慘恐惶之景象。要此乃反動力偪迫而成。不則萬不獲已出奇制勝之方便法。非社會主義之本體然也。搏而躍之。可使過顙。激而行之。可使在山。是豈水之性也哉。且當經營締造伊始。必以廓清掃除爲先。理有固然。勢所難免。惟①疾風迅雷之手段。無非慈雲法雨之襟懷。所當觀其究竟者矣。

社會主義者。大同之主義。非差別之主義。不分種界。不分國界。不分宗教界。大公無我。一視同仁。絕對平等。絕對自由。絕對親愛。若黨同伐異。流血相尋。民族之革命。國際之戰爭。教團之仇殺。皆社會主義所不取者也。惟對於強權無限者。爲富不仁者。則人道公敵也。必一致反抗之。

---

① "惟"，有誤，"校勘記"改爲"雖用"。

社會主義者。世界通行之主義。非各國禁止之主義。某中丞[①]以各國禁止爲藉口。而摧抑中國社會主義之萌芽。其於世情。憒然無見。庸知各國在朝在野。社會黨均公然獨樹一幟。列席上下議院者。恆十而四五。更有爲國務大臣內閣總理者矣。且凡一學説一事業。倡導之始。真知灼見之人。每不多其選。而拘墟成見者。或懷挾私心者。必譁然羣起而反對之。又况社會主義。利於將來多數普通之人。而不利於現在少數特權之人。橫被禁止。亦固其宜。然時至今日。趨勢已成。源委甚長。輸布甚廣。各國政府亦惟有因勢利導。而不敢揚波激流。蓋禁止之時代。已爲過去之歷史矣。而中國當軸諸公。方且曉曉爲蜀犬之吠。其事可笑。其情亦可憫也。

社會主義者。人類共有之主義。非西人獨有之主義。論者或曰。社會主義雖於歐美盛行。而在中國則禮教政刑風俗習慣。均非所宜。不免遷地弗良之憾。此似是而非之論也。夫中國今日禮教政刑風俗習慣。誠多與社會主義大相反者。然正惟其相反。益不可不亟圖改良。以期推行之盡利也。且相反者。亦衹禮教政刑風俗習慣耳。至於人類之思想。則固無往而不大同。易書詩之記載。孔孟之緒言。周秦諸子之箸作。其吻合社會主義者。隨在而是。特觸類引伸發揮光大。則存乎其人。暇當別泐專書。表其崖略。茲姑不贅。但論者須知社會主義爲中外古今含靈負秀者所同具之思想。顧中國學術。自炎漢後。百家罷黜。統於一尊。致無獨立之精神。而專制政體下。又有種種法律束縛而牽掣之。致無自由之言論。故社會主義在中國迄未成一有系統之學科。而不能不認西方諸哲人爲先進。是誰之罪歟。

本會之發起。其宗旨在研究廣義的社會主義。既曰廣義。則一致而百慮。同歸而殊途。消積並陳。主奴無擇。有辨難之餘地。不偏倚於極端。

---

① “某中丞”，指浙江巡撫增韞。

亦不強作解事人。爲武斷折衷論者。介紹西來之學說。發揮古人之思想。交通近世之言論。一以公平的眼光。論理學的論法出之。研究之義。如是如是。

本會除研究學說外。單注重鼓吹二字。至於實行。當別爲組織。非本會所有事也。鼓吹之道。惟在言論。本會爲談話的言論機關。更有社會星雜誌者。爲文字的言論機關。其餘方法尚甚多。當視所值。便宜行之。不能先定成規。爲預算之約束也。

本會與他種集會結社大有不同。本會不具法人的資格。不過同志者偶然之集合體耳。將來雖有第二次第三次以至第任何次。然與此次初無系統之關係。來會諸君。亦無繼續之責任。無制定之會期。無指定之會所。無額定之會費。無會長會員幹事等名目。及一切儀式一切設備。所有者但一代理通信處而已。

諸君涖止。度必爲贊成者。然則有應盡之義務一焉。義務爲何。即鼓吹是矣。夫來會爲研究也。一方面研究。即一方面鼓吹。研究亦正爲鼓吹耳。無人不可鼓吹。無時不可鼓吹。無處不可鼓吹。人人鼓吹。時時鼓吹。處處鼓吹。務使社會主義正當之概念。普及於一般心目中。至鼓吹社會主義中之何種主義。則諸君有選擇之自由。非本會所得而範圍者。然無論鼓吹社會主義中之何種主義。亦皆在本會之範圍中耳。

社會主義研究會演說詞 辛亥六月

　　開會之始。余既以發起人資格。宣布本會之宗旨矣。茲承諸君演說贊同。足徵輿論漸有進步。內有數人尚懷疑義。謹據所見爲剖白之。余之提倡社會主義。平昔知交。贊同者不及百一。而非難者則九十九人而強。惟多拘泥成見。或且懷挾私心。無可與辨論之價值。其持之有故言之成理者。約可分爲三派。今日諸君間有懷疑。亦必居三派之一者也。甲派之言曰。社會主義道則高矣美矣。其如其事至大且難。終不能辦到何。余則以爲天下事本無大小難易之可言。且所謂辦得到辦不到者。更不與事之大小難易有任何之關係。惟在乎人之辦不辦耳。試舉一實例證之。余客臘自西比利^①歸來。長途寂寞。幸遇留學畢業回國者數人。車中閒談。有聞余將提倡社會主義者。大笑不止。余轉叩所志。則曰。某吳人也。故鄉景物。色色可人。惟蘇城^②街衢湫隘。不利交通。擬爲興修馳道。坦坦平平。於願足矣。夫提倡社會主義。與興修馬路。其大小難易不可同日而語也。然今已半年。社會主義之名義。漸騰踴於一般人之心思言論中。本會即其進行之開始。更有機關雜誌輔之。前途希望正未可量。而蘇城馬路則迄未動工。其辦得到辦不到之數何如也。乙派之言曰。社會主義雖辦得到。顧在今日仍是空言。空言何補矣。然凡事必經理想言論實行三段而成。而理想恆比言論高

---

① "西比利"，即西伯利亞（Siberia）。
② "蘇城"，即蘇州。

一級。言論恆比實行高一級。且理想恆比言論早一步。言論恆比實行早一步。此社會之所以能進化也。空言烏可已已。丙派之言曰。中國今日朝不保夕。惟當提倡切近之國家主義民族主義。不當提倡迂闊之社會主義。不知廣義的社會主義中。原包有所謂國家社會主義者。至民族主義。余向不主持。而竊謂主持民族主義者。尤不可不知社會主義。否則以暴易暴。帝制自爲。於吾民何與。中外古今治亂往復。漢高皇①明太祖②拿坡侖大帝③其已事可鑒也。非難諸君。其審思之。今當發表余個人對於社會主義之意見。亦可括以三言。曰教育公共。曰營業自由。曰財產獨立。夫社會主義緣經濟之不平等而起。於是有主張共產論者。財歸公業。力出私人。各取所需。各勤所職。然徒取所需不勤所職者當奈何。於是有主張均產論者。以人口之比例。制財產之均平。然人口增減靡常。財產盈絀無準。萬不能有分配恰當之一時。假令有之。不旋踵而又淆然矣。況人之性分既有能有不能。其見之操行又有力有不力。故曰。物之不齊。物之情也④。若盡十分義務者。得十分權利。而盡一分義務者。亦得一分權利。就所得之權利言。看似平等。就所盡之義務言。實是不平等。且無比較即無競爭。無競爭即無進化。意美而法殊未良也。余所謂教育公共者。自初生至成人。無貧富貴賤。同在公共社會中。受一致之教育。如此則智識平等。智識平等則能力平等。而經濟自平等矣。所謂營業自由者。一屆責任年齡。即使各謀生計。人竭其才。自求多福。如此則賢者可以絕塵高步。不肖者亦不敢游手好閒。而義務權利調劑得宜矣。所謂財產獨立者。財產必由自力得來。其支配權即

---

① "漢高皇"，即漢高祖劉邦（公元前 256—前 195），字季，沛縣豐邑中陽里（今江蘇豐縣）人，漢朝開國之君（公元前 206—前 195）。
② "明太祖"，即朱元璋（1328—1398），字國瑞，濠州（今安徽鳳陽）人，明朝開國之君（1368—1398），年號洪武。
③ "拿坡侖大帝"，即拿破侖一世（Napoléon Ⅰ，1769—1821），法國政治家、軍事家，法蘭西第一共和國第一執政（1799—1804）、法蘭西第一帝國皇帝（1804—1814、1815）。
④ "物之不齊。物之情也"，語出《孟子·滕文公上》。

以有生時期爲限。雖父子兄弟夫婦。界畫較然。不相遞嬗。死後一律充公。社會公共事業。如教育等費。即取資焉。如此則倚賴之劣根性除。而世襲遺産之惡制度絶矣。其始雖仍有貧富貴賤不平等之現象。然教育既一致矣。三五世而後。人之聰明才力。當必不甚懸絶。雖所學各異。所操亦殊。而此爲分業問題。非復階級問題。且聰明才力既略相似。又各無所憑藉。而享受有豐儉者。必其用力有勤惰耳。菀枯榮辱。聽人自爲。此正天然之勸懲也。故愚意社會主義實行第一步。積極則建設公共教育機關。消極則破壞①世襲遺産制度。至其手段。或激烈。或和平。初無容心。惟視所值耳。

　　社會主義研究會成立之日。即社會星雜誌出版之日。六月十五日。實中國社會主義之攬揆嘉辰也。會場在張家花園②。天氣炎歊。而來賓踴躍。簽名者近四百人。演説者亦廿餘人。以爲上海交通最早。人文最盛。固應如是。竊爲欣喜。乃其結果。殊不盡然。所謂四百人者。大抵以好奇心隨喜而來。所謂廿餘人者。語多敷衍。義或背馳。中題之文。十無一二。以爲上海交通最早。人文最盛。尚且如是。又竊爲隱憂。憂喜交集一念中。而余率先投身社會主義之心乃益決。當時入會者約五十人。即後來社會黨之基本黨員也。至名研究會者。固爲案而不斷之意。亦以防當道干涉耳。

---

① "破壞"，有誤，應爲"破壞"。
② "張家花園"，即張園，在上海石庫門舊里，因原址曾爲無錫張叔和購得并擴展爲園林，故稱張園。1919 年張園易主後，被逐漸改建爲里弄住宅，今爲上海威海路 590 弄。

釋個人 _{辛亥六月}

　　近世新個人主義漸昌。其學理上正當的解釋。頗非數語所可了。茲特
從對待各方面指點出之。亦解釋術語一種方便法門也。

　　個人對世界而言。個人者世界之原分子。世界者個人之集合體。即世
界由單純個人直接搆成。

　　個人對國家而言。單純個人直接搆成世界。故不應更有國家之界限。
自國家爲有機體之謬説盛行。而犧牲人民之利益。以維持國家之利益。如
軍備關税等惡制度。繁然並起。流毒無窮。推波助瀾。不知伊於胡底。蹂
躪個人。其罪大矣。

　　個人對家庭而言。單純個人直接搆成世界。故不應更有家庭之階段。
西方重視國家。而謬以爲世界由多數國家搆成。東方尤重視家庭。而謬以
爲國家由多數家庭搆成。皆不知個人爲單純分子。而與世界實有直接關係
者也。重視國家者。如前所陳。軍備之傷耗。一旦有警。則伏屍流血。殘
忍慘酷。尤不可説。關税之煩苛。更附以種種租賦。巧立名目。剝削脂膏。
重視家庭者。倫紀之間。互相牽掣。又有世襲遺産爲一切不平等之源泉。
一方面則罪及妻孥。仇復九世。以此一個人而牽涉彼多數個人。不明個人
之界説。而蔑視個人之權利。殊堪痛恨也。

　　個人對民族而言。國家家庭二者。既不應爲世界與個人直接關係之中
梗。民族自不待言。民族乃同血統之多數個人所集合者之名稱。其實血統

問題最爲淆亂。中國今日誰是純粹黃帝之子孫乎。原有之苗族。及三代以來。六朝五代遼金元之際。屢入雜居之夷戎蠻氐羌胡羯。匈奴鮮卑契丹突厥蒙古韃靼等等。久矣同化而不可解。又況滿漢之通婚。重以黃白之合種。於此而必爾疆我界。伐異黨同。毋乃多事自擾乎。故將來世界新人類。必爲五色混和而成。而狹義的民族革命。甚悖大公。所不取也。

個人對宗教團而言。宗教非哲學科學時代所能久存。宗教團之戰爭尤爲慘無人理。此風歐西極烈。曠觀歷史。回教。猶太教。基督新舊教。尋仇不已。直接間接死於是者。當略等於全地球現存之人口。宗教家救人之功。實不足償其殺人之罪。尊重個人者。信仰自由。各行其是。既不可強迫他人。亦不當盲從古人。如佛教所稱賴他力得度。耶教所稱專一崇拜。無擬議心。回教所稱聖經假兵器以推行。均妄論也。

個人對未成人而言。未及責任年齡。未具普通智識者。爲未成人。此應受社會公共之教養扶持。而其義務權利。均無確實鞏固之可守。不得謂之個人。

個人對不完全人而言。爲奴隸者。有精神病者。廢疾者。犯罪者。不能自立謀生者。（各條界說另詳）此皆社會之附屬物累贅物。其義務權利之放棄。亦與未成人等。不得謂之個人。

綜右各條觀之。則個人之爲個人。從可推知矣。個人主義一行。其影響無所不及。而全社會心理將爲之一變。此如古人主張天動說。後人主張地動說。其立論之中心點不同。則一切思想想像觀察法。皆緣之而大異。試錯舉其概。如政治上。必以個人之利益爲主題。而抽象的團體利益論不能成立矣。於法律上。此個人無代彼個人負責任之理。而繼承之爭株連之罰可免。於交際上。則恩仇愛惡均限於個人之本身。於財產上。其支配權即自死亡時截止。而遺囑貽傳爲無效。於生計上。當各圖自活。除未成人不完全人由社會公共處置外。不必更供養人。亦不得再受供養於人。於倫理上。無三綱之可言。而同立於對待之地位。舉前此所謂精理名言良法善政醇風美俗者。皆將由此一意念。而徹底推翻之。而個人之價值。乃加重千萬倍。人當各自審思。我固世界之一個人。然我果有直接搆成世界一單純分子的個人之價值否乎。質而言之。即不仰國家家庭民族宗教團之庇護。絶去其依賴心。果能自免於未成人不完全人之誚。而於世界上占一生存之位置否乎。

　　余始終承認個人爲世界之單位。與一般社會主義家專以社會爲前提者不同。專以社會爲前提。其結果必至蔑視個人。蹂躪個人。而個人乃喪失其單位之價值。且抹殺其獨立與自働之精神。僅如魚龍之一鱗。機械之一片。離社會外。毫無意味之可言。故論者或謂社會主義爲干涉主義服從主義。而絕對的不自由不平等。意蓋指此。此與個人主義似乎極端相反矣。然個人主義亦凡三變。最初者一損人利己之觀念而已。進而爲人權論。十八世紀以來最盛。更進而爲新個人主義。近似一種無政府主義。一方面承認個人有相互扶持調節之必要。一方面承認個人有完全獨立自働之効能。不啻合爲我兼愛兩説而同鑪共冶之。此余所倡道之個人主義。即余所倡道之社會主義。其詳散見他文。

介紹地稅歸公之學説 _{辛亥六月}

　　東方則貴賤之別嚴。西方則貧富之差大。皆人間世極不平等事。而社會主義之所由起也。社會主義多主張土地國有者。誠以土地爲致富之源。土地歸公。則大地主大資本家之淫威可以少殺。而勞働者亦得脱主奴之關係。而同飫此一杯羹。顧學者恐其説易爲惡政府所利用。而所謂國有者。或反變爲皇室及政府三數人之私有。則其勢益危。而其不平也將益甚。且土地之賣買授受。已成爲歷史之習慣。一旦收爲國有。價購則不貲。强奪則非理。事亦有所不能行。美國非拉得非州①人亨利喬治②君者。創爲地稅歸公之説。産仍屬之本人。稅則納諸公用。有地皆課稅。稅率至高者當地價百分之五。每年核定而徵收之。地面建築栽種等物。凡人工所作者。均不計。其法得行。廣田無自荒之虞。游惰有歸農之路。而所征稅額。即充本地方公共事業費用。舉凡行政教育交通慈善一切所需。皆不必别事誅求。而取攜悉足。并罷地以外各稅。以便商旅而惠閭閻。喬氏著作初版於千八百七十九年③。銷售至二萬萬餘册。今日英美德瑞士坎拿大④諸大市。多有採用其制者。措施易而功效速。故坐言即可起行也。英國醫學士馬林氏嘗

---

① "非拉得非州"，即費拉德爾菲亞（Philadelphia），簡稱費城。
② "亨利喬治"，即亨利・喬治（Henry George，1839—1897），美國經濟學家、社會活動家，著有《進步與貧困》（*Progress and Poverty*）等書。
③ "喬氏著作初版於千八百七十九年"，亨利・喬治的著作《進步與貧困》於 1879 年初次出版，後多次再版，在全球銷售了數百萬册。
④ "坎拿大"，即加拿大（Canada）。

節譯其書爲漢文。名富民策①。馬氏留華二十餘年。能讀周秦古書。以爲喬氏之説深有合於我孟子之義。特較井田爲圓活耳。兹取其所論孟子與地稅歸公一篇。介紹於讀者。而爲略述其學説之梗概如此。

　　地稅歸公。乃歐美最新之學説。各國皆有專會會員。有謂爲社會主義之一派者。有謂非社會主義者。要其用心與社會主義家從同。顧社會主義必先徹底改革。然後一致推行。其事較難。其功較緩。地稅則一局部一時期。皆可實施。且易奏效。至如地稅學家自謂一了百了。更無餘事。則似未免偏見耳。余聞此學説最早。時徧國中知其義者。寥寥無幾人。西人則馬林。李德立②。史特孟③。裴義理。華人則孫中山④。唐少川⑤諸君而已。馬君鼓吹特勤。既譯書多種。又有華文地稅報⑥之發行。社會黨成立。採此學説。箸之黨綱。嘗擬就崇明島爲試驗場。特設地稅研究會⑦。編印講義。按期演説。然亦第言論而已。花城勝境。西望悵然。（花城譯名也。城市在花木中。爲社會主義試驗場。在倫敦附近有一區。實行地稅歸公。其成效尤著。）又按地稅亦非一種。此所稱道。乃亨利喬治氏主張之實地價稅。即唯一稅。簡稱單稅者是。

① "富民策"，《富民策》，由傳教士馬林與他的中文教師李玉書合譯，主要内容譯自《進步與貧困》，光緒二十五年（1899）第一次發行。《富民策》已收入《馬藏》第一部第一卷（科學出版社 2019 年出版）。
② "李德立"，愛德華・塞爾比・利特爾（Edward Selby Little，1864—1939）的中文名。英國人，來華實業家。
③ "史特孟"，即 S.E.Strumensky（生卒年不詳），俄國人，無政府主義者，律師，在上海設有律師事務所。
④ "孫中山"，孫中山（1866—1925），名文，字德明，號日新，後改號逸仙，廣東香山（今廣東中山）人。中國近代民主革命的先行者，中華民國和中國國民黨的締造者，三民主義的倡導者。
⑤ "唐少川"，即唐紹儀（1862—1938），又名紹怡，字少川。同治十三年（1874）赴美留學，光緒七年（1881）回國，在清政府外交部門任職，參與《中英續訂藏印條約》談判，官至郵傳部尚書。民國初年曾任國務總理（1912、1922）。1938 年 9 月，因涉嫌勾連日本侵略者被暗殺於上海。
⑥ "華文地稅報"，不詳。
⑦ "地稅研究會"，1912 年夏，江亢虎在崇明島組織中國社會黨崇明支部，發起成立"地稅研究會"，自任會長，計劃把崇明島作爲"社會主義研究"和"地產歸公"的試驗地。之後，他專函邀請孫中山、唐紹儀等人爲名譽會長。孫中山欣然接受，并在回函中盛贊江亢虎"深具救世之婆心"。

三無主義懸論上篇 辛亥六月

世界大問題有二。曰宇宙問題。曰人生問題。宇宙問題茲非所論。人生問題又有三。一曰過去問題。即人何由而生。二曰現在問題。即人生時應如何。三曰將來問題。即人死後是何景象。第一問題。據地質學家生物學家人類學家之研究。則人類發生之狀況。可得而言。又據生理學家解剖學家之研究。則吾人發生之狀況。亦可得而言。第三問題。殆非吾人研究所能及。古來學說至爲繁夥。而確有根據者絶希。以余武斷之見論之。精神必附體質而後存。體質有變遷。而全部分無消滅。精神有遺傳。而一部分不消滅。至於鬼魂。未敢深信。唯此均不在此論範圍中。且此兩問題固爲重要矣。然以第二問題較之。則頓失其重要之地位。蓋人生最赤緊須研究者。即此現在之一問題耳。

今世形而上諸學科。無不注意研究此現在問題。形而下諸學科。又無不緣此現在問題而發生。研究之結果。而人生行爲之標準出焉。曰當如何不當如何。古今東西宗教家教育家政治家。皆各舉其論定之標準以示人者也。至問何以當如何。何以不當如何。則哲學家所有事。然其答案。聚訟紛如。曼衍無極。彼亦一是非。此亦一是非。今尚未達完全圓滿顛撲不破之一境。吾人涉世。如張孤帆滄海中。一片汪洋。不知何處是岸。又如驅羊歧路。瞻望徘徊。顧此失彼。醉生夢死。顛倒迷亂。至可哀已。

吾嘗審之於己。推之於人。徵之歷史之成蹟。參之社會之現狀。而知人生唯有一單純的利己心。質而言之。即自求安樂而已。惟自求安樂之意志同。而所認爲安樂者不同。於是有程度焉。或高尚。或卑下。有性質焉。或精神的。或體質的。有量數焉。或大或小。或多或少。或久或暫。或偏或全。且所以達其所認之安樂更不同。於是有方法焉。或順或逆。或頓或漸。有途徑焉。或遠或近。或安或危。因認爲安樂者及所以達其安樂者種種不同。故其結果亦不同。或難或易。或遲或速。或得或否。雖然。分析言之。萬有不齊。概括言之。片語可決。吾惟用最便利之手段。求達此究竟之安樂之目的可耳。故無程度性質數量之異同。惟問果安樂乎否乎。亦不拘方法涂徑之異同。惟問果能達此安樂乎否乎。吾說於此爲一致矣。

聞者疑吾言乎。以爲理論雖無矛盾。而事實必多鑿柄。蓋安樂同則彼此不相容。安樂不同則彼此不相洽。皆足以啓衝突而召戰争。其說甚是。然試問衝突云戰争云者。爲安樂乎否乎。夫以求安樂而至於衝突與戰争。則所謂安樂者。已失其安樂之價值矣。然則必無衝突與戰争者。方謂之安樂可知。衝突云戰争云者。其原因起於己安樂而人不安樂。其結果至於人不安樂而己亦不安樂。故自求安樂者。必毋使人不安樂。而後己能安樂。此西哲所謂自由以不侵犯他人之自由爲界也。進而言之。自求安樂者。必使人亦安樂。而後己能安樂。此孔子所謂己欲立而立人己欲達而達人[1]。孟子所謂與衆樂樂也[2]。於是吾敢下一定義曰。利己必利他。利己者目的也。利他者達此目的之手段也。

是故不利他即不利己。此可自兩方面攷證之。一事實上客觀的。即利己不利他。他必不容己之專利也。天下皆飢。不能獨飽。天下皆寒。不能

---

[1] "己欲立而立人己欲達而達人"，語出《論語·雍也》。
[2] "與衆樂樂也"，語出《孟子·梁惠王下》："曰：'與少樂樂，與衆樂樂，孰樂？'曰：'不若與衆。'"

獨温。世亂則身命危。年荒則蓋藏盡。況於朘削爲肥淫刑以逼者。則反動力之強大。勢不至窮慘極酷不止。亡國覆轍。千古相尋。其例至多。不遑更僕。反是。愛人者人恆愛之。敬人者人恆敬之。故利人者人恆利之。惠政在民。則近悅遠來。博施濟衆。則生榮死哀。施報之間。捷於影響。其機如此。安可誣也。一理想上主觀的。即利己不利他。己亦且自覺其不利也。餓殍橫陳。則八珍無味。一人向隅。則四座寡歡。陰謀賊人者。獨行畏影。非義攫貨者。夜夢自驚。專利暴戾之君主。居則重衛。出則警蹕。幾無日不在荆天棘地中。反是。老安少懷。而聖心斯慰。民胞物與。而性分乃完。故禹視天下有溺者。猶己溺之。稷視天下有飢者。猶己飢之。一夫不得其所。若己推而納之溝中也。故洪水平而禹安樂矣。烝民粒而稷安樂矣。故禹之治水。禹之自求安樂也。稷之教民稼穡。稷之自求安樂也。其手段皆利他也。而其目的則皆利己也。其義不已深切而著明乎。

　　難者或曰。世固有不利他而己乃利者。其在個人。爲富不仁。臨財忘義。博塞必彼絀而後我盈。商業必居奇以爲壟斷。其在國家。對外則争城争地。惟取鯨吞蠶食之政策。對内則民脂民膏。悉供急公奉上之誅求。世更有因利他而己即不利者。一簞食。一瓢飲。得之則生。不得則死。推以與人。而己槁斃矣。橫逆之來。實偪處此。禮義不能喻。逃避無所之。少一退讓。而己齏粉矣。事之以皮幣。事之以犬馬。而太王奔矣[1]。不鼓不成列。不禽二毛。而宋襄潰矣[2]。若是者將奈何。應之曰。言非一端。事各有

---

[1]　“事之以皮幣。事之以犬馬。而太王奔矣”，語出《孟子·梁惠王下》：“昔者大王居邠，狄人侵之。事之以皮幣，不得免焉；事之以犬馬，不得免焉；事之以珠玉，不得免焉。乃屬其耆老而告之曰：‘狄人之所欲者，吾土地也。吾聞之也：君子不以其所以養人者害人。二三子何患乎無君！我將去之。’”

[2]　“不鼓不成列。不禽二毛。而宋襄潰矣”，語出《左傳·僖公二十二年》：楚宋戰於泓，宋人既成列，楚人未既濟，司馬請擊之，宋襄公謂不可；既濟而未成列，又請擊，仍不可。既陳而後擊之，宋師敗績，襄公傷股。國人咎公，襄公曰：“君子不重傷，不禽二毛。古之爲軍也，不以阻隘也。寡人雖亡國之餘，不鼓不成列。”

當。吾語其常。不語其變也。夫審之於己。推之於人。徵之歷史之成蹟。
參之社會之現狀。既確知人惟此利己之目的矣。且審之於己。推之於人。
徵之歷史之成蹟。參之社會之現狀。又確知人惟用利他之手段爲能達此利
己之目的矣。則心惟而口誦之。身體而力行之。其有不得。反求諸己。吾
所心惟而口誦者。身體而力行者。果皆當乎否乎。其心安而理得矣。則百
折而不撓其故。萬變而不離其宗。悉吾聰明材力。以盡其當然。以期其必
然。其或有不然。則非所計也。所謂盡其在我。聽其在人。故君子惟居易
以俟之。決不行險以徼之。蓋居易以俟之者。得者其常。而不得者其偶。
而行險以徼之者。則得者其偶。而不得者其常。且行險以徼之者。一有不
得。則尋未直而尺已先枉。其苦惱有不可勝言。而居易以俟之者。雖有不
得。而俯仰無愧。進退有餘。則利己孰大乎是。夫利之觀念各不同。孔席
不暇煖。墨突不得黔①。栖栖皇皇。如喪家之犬。彼豈不知世有堂高數仞。
榱題數尺。食前方丈。侍妾數百人之一境哉。然而寧老死道路而不顧者。
其所利誠不在彼而在此也。故曰。樂在其中。又曰。不改其樂。至如吳泰
伯之遜國②。伯夷叔齊之恥食周粟③。以及烈士殉名。忠臣殉國。孝子殉親。
夫婦殉情。其事是非不論。要其胸中皆有一種不可名言之興趣。而踊躍以
赴之。非有所勉強敦迫而然也。故有殺身以成仁。無求生以害仁④。求仁而
得仁又何怨⑤。夫無怨則心安。心安則樂。樂則利矣。

---

① "孔席不暇煖。墨突不得黔"，語出《淮南子·修務訓》："孔子無黔突，墨子無暖席。"唐·吳筠
　《覽古十四首》（其一）："孔席不暇暖，墨突何嘗緇。"
② "吳泰伯之遜國"，"泰伯"，春秋吳國第一代君主，商末岐山周部落首領古公亶父（即周太王）
　長子。太王欲傳位三子季歷，泰伯乃與仲雍出逃，讓位於季歷。"遜國"，指把國君的位置讓給
　別人。
③ "伯夷叔齊之恥食周粟"，殷商遺民伯夷、叔齊在商亡後以食周粟爲恥，隱居首陽山采薇而食。
　有婦人曰："子義不食周粟，此亦周之草木也。"伯夷、叔齊二人羞憤絕食，死於首陽山。
④ "有殺身以成仁。無求生以害仁"，語出《論語·衛靈公》："志士仁人，無求生以害仁，有殺身
　以成仁。"
⑤ "求仁而得仁又何怨"，語出《論語·述而》，孔子評價伯夷、叔齊之語。

　　吾請重言以申明之曰。利己者。人生唯一之目的也。利他者。達此目
的惟一之手段也。雖然。目的定矣。手段定矣。然目的之注點。與手段之
應用。必愈研求乃愈明瞭。愈發揮乃愈貫通。愈試驗乃愈真確。愈運用乃
愈圓妙。此合無量數人之腦力。互無量數年之時間。以研求之。發揮之。
試驗之。運用之。而不盡者也。進一境焉。又一境焉。學者學此者也。教
者教此者也。政者行此者也。法者制此者也。文明者比較的近此者也。世
界之所以進化。人智之所以開通。罔非此目的所激盪而出。罔非此手段所
彌綸而成。此可斷言。無疑義者。

　　於此有因時制宜因地制宜之義焉。蓋目的同而目的之注點不同。譬如
同是保體溫之適度也。而冬則求煖。夏則求凉。寒帶人則恆求煖。熱帶人
則恆求凉。目的之注點同。而所以達之之手段不同。同是求煖也。而或求
之飲食。以煖其臟腑。或求之被服。以煖其皮膚。求凉者亦類是。手段同
而手段之應用又不同。同是煖其臟腑也。而或飲湯。或飲酒。或食炙。或
進袪寒之藥劑。同是煖其皮膚也。而或擁衾。或披裘。或向陽而爆日①。或
杜戶而燃薪。求凉者亦類是。茲既認定此唯一之目的矣。而吾人今日目的
之注點果安在。且既認定達此目的之唯一之手段矣。而吾人今日手段之應
用當如何。此正急宜研求之。發揮之。試驗之。運用之。大有一番喫緊工
夫也。吾不敢謂吾人所研求所發揮所試驗所運用者。必可適於將來。吾却
敢謂古人所研求所發揮所試驗所運用者。已不適於現在。然後人必藉手於
吾人。吾人必藉手於古人。且此唯一之目的與此唯一之手段者。非唯吾人
爾爾。古人固已爾爾。後人亦必爾爾。特注點不同。應用不同。而所謂明
瞭貫通真確圓妙之境。古人不逮吾人。吾人又不逮後人。由是觀之。吾人

---

① "爆日"，有誤，應爲"曝日"。

不可薄古人。吾人亦不必羨後人。我唯求我現在目的之注點所在。與現在
應用此手段之方策而已。夫吾人今日果如何而能利己者。果如何而得安
樂者。

欲求安樂。當先求得不安樂之根蒂而務去之。吾人今日至不安樂矣。
不獨生老大帝國戴專制政府者爲然。即歐美諸邦所相誇以人民幸福者。微
論其初未普遍也。就令普遍。而由今之道。無變今之俗。猶如犴狴中人。
苟免敲扑。則侈爲奇幸焉耳。唯心派學者曰。安樂不在物而在心。心以爲
安樂。則無物非安樂矣。此所謂片面的理由。而實非全體之解決也。蓋心
與物交相引而不可離。心外無物。即物外無心。心固能移物。物亦能動心。
周圍之事情。官器所感覺。種種煩惱。種種不自由。而從懸擬一理想的極
樂世界以虛相慰藉焉。其末流不入於厭世觀者幾希。故一方面宜正誼明道。
窮理盡性。參天人。了生死。以安心也。心安而物安矣。一方面必改良社
會之組織。促進物質的文明。以安物也。物安而心安矣。一表一裏。一體
一用。一而二二而一者也。夫人生數十寒暑。固電光石火之頃耳。而既已
有生。不能即死。畏死者愚。祈死者誣。一息尚存。獨安能忍而與此終古
乎。吾嘗就吾人今日不安樂之現象。而一一進求其原因。頭緒何啻萬千。
概括約爲三事。根蒂庶幾其在是矣。曰有宗教之苦。曰有國家之苦。曰有
家庭之苦。

夫宗教國家家庭云者。非天然物。而人造物。固自無而之有者也。其
所以自無而之有者。亦同此唯一之目的所激盪而出。亦同此唯一之手段所
彌縫而成。方其未有宗教也。心志昏迷。事爲跋疐。有宗教而趨向一。則
人安樂矣。方其未有國家也。興仆倉皇。殺敓無藝。有國家而經界定。則
人安樂矣。方其未有家庭也。羣雄競雌。流血相逐。有家庭而配偶別。則
人安樂矣。故有宗教有國家有家庭者。古人當日目的之注點所在。而自無

而之有者。則其手段應用之方策也。乃有宗教而宗教之苦生。有國家而國家之苦生。有家庭而家庭之苦生。其於安樂猶未也。於是宗教則由多神變而爲一神。國家則由專制變而爲立憲共和。家庭則由不自由結婚變而爲自由結婚。凡以求比較的安樂而已。然至吾人今日觀之。一神教有一神教之苦。立憲共和有立憲共和之苦。自由結婚有自由結婚之苦。則其於安樂亦猶未也。欲求安樂。必舉其苦的根本掀翻之。由有宗教變而爲無宗教。由有國家變而爲無國家。由有家庭變而爲無家庭。故無宗教無國家無家庭者。吾人今日目的之注點所在。而自有而之無者。則其手段應用之方策也。是與古人當日之自無而之有者。事實正相反。而理由則從同。

　　所謂宗教之苦者。多神教不論。一神教之一神胡爲者。人生罪惡之説胡爲者。末日裁判之説胡爲者。或曰。十字軍後。西人受宗教之苦者已稀。東方則孔子非宗教家。本無迷信。佛教雖一盛而已衰。是其受宗教之苦者尤稀。然吾固就人口統計上最大多數言之。其心理之支配於宗教者。實十而七八。況於梟雄陰鷙之利用之以收拾人心併吞土地者乎。中國自漢武罷黜百家表章六經以後。歷代帝王因其便己。益變本而加厲焉。言論思想。範圍日狹。羣治退化。職是之由。其無形之禍患。更烈於有宗教。況於佛説流弊。愚夫愚婦之瞻禮膜拜者乎。所謂國家之苦者。專制不論。立憲君主不負責任。而神聖不可侵犯。胡爲者。守衛之尊嚴。皇室之糜費。胡爲者。擲少壯有爲之歲月。充義務徵兵。刮生活所需之資財。備海陸軍費。一旦有事。則率土地而食人肉。胡爲者。爲關以厄行旅。設税以困外商。胡爲者。況於異族相仇之見。世界大勢所趨。且將由國家戰爭變而爲人種戰爭。則流毒愈廣。而受害愈酷矣。所謂家庭之苦者。不自由結婚不論。而既結婚矣。即不自由。曩箸無家庭主義。陳弊章中。曾錯舉數十事。（略）皆自由結婚而不能免之苦也。故治水必清其源。伐木必絶其株。其道奈何。

要之於無。大哉三無主義乎。

　　方孫中山君之盛倡三民主義於日東也。余方弱冠。留學彼中。標新領異。獨揭三無主義之說。除張博泉[①]君外。無應和者。右文前半。實屬稿於當時。以病返國。又遭沈愚溪[②]君之變。遂閣置之。從不敢以示人。庚戌夏間。留學比利時。與鄉人洪得之[③]君。居止密邇。過從頻煩。偶見此文。歡喜讚歎。敦促賡續甚勤。以方研究法文。卒卒未果。又一年。社會星出版。乃悉發篋衍。謀勒爲專書。凡分三篇。上篇追原三無主義所從出之理由。中篇敷述三無主義進行間之手續。下篇虛搆三無主義實現後之狀況。即就舊作足其後半爲上篇。將以實我雜誌也。乃擔任印刷發行之某君堅持不聽付刊。因以輟筆。今事過境遷。時移勢異。此文不復能成章。惟檢校叢殘。存爲十年來之紀念而已。

---

① “張博泉”，即張繼（1882—1947），原名溥，字溥泉，別署博泉，直隸滄州（今河北滄縣）人。1899 年赴日本早稻田大學留學，1903 年回國宣傳革命，1905 年加入中國同盟會。1907 年與劉師培創辦社會主義講習會於東京。後至歐洲，參與巴黎《新世紀》雜誌編輯工作，并考察無政府主義試驗場。辛亥革命後，放弃無政府主義主張，反對孫中山聯俄聯共政策。

② “沈愚溪”，即沈藎（1872—1903），原名克誠，字愚溪，湖南善化（今湖南長沙）人。曾參與維新變法，變法失敗後成爲革命派。1903 年因揭露清政府計劃與沙皇俄國簽訂密約的內容而被捕，7 月 31 日遭酷刑處死。

③ “洪得之”，不詳。

社會主義商榷案 辛亥七月①

  鄙人自寰游歸來。極力倡道社會主義。近數月間。政界學界報界實業界。社會主義之名詞。口耳相郵。筆舌互戰。漸漸輸入一般人頭腦中。即所得同志通信。已不下數十百件。大都憤慨現社會組織之不平。而對於本主義掬熱血以表同情者也。顧平心静氣。辨難質疑。爲理論之研究者。尚不多覯其人。昨閱民立報②得漁父③社會主義商榷④一文。爲之狂喜。漁父之本意不可見。據所稱道。固非反對社會主義者。其言雖不專爲鄙人説法。而鄙人實極力提倡本主義之一人。意偶有異同。誼不容緘默。輒本商榷之恉。聊貢區區。原名書後。所以寄執鞭之慕。而非有對壘之心也。

  原文所商榷者。不外兩大問題。一曰精審其自身之性質與作用。即社會主義派別甚多。果以何者爲標準乎。二曰斟酌其客體事物之現狀。以推定將來所受之結果。即社會主義實行。則於中國前途果有何影響乎。按前者可謂爲學理的商榷。後者可謂爲事實的商榷。鄙人於此。先以個人之意見。爲簡括之答案。一曰鄙人所倡道者爲廣義的社會主義。二曰鄙人認中

① "辛亥七月"，即宣統三年七月（1911 年 8 月 24 日—9 月 21 日）。
② "民立報"，清末資産階級革命派報紙。1910 年 10 月 11 日在上海創刊，于右任任社長，宋教仁、呂志伊、范鴻仙、章士釗等先後任主筆，以提倡國民的獨立精神爲宗旨，批判封建專制制度，爲資産階級民主革命運動鼓與呼。1913 年 9 月因揭露袁世凱爲刺殺宋教仁的元凶而被查封。
③ "漁父"，即宋教仁（1882—1913），字遯初，號漁父，湖南常德桃源人。中國近代資産階級民主革命家，中國國民黨創始人之一，提倡資産階級責任内閣制。因抨擊袁世凱獨裁專政，1913 年 3 月被刺殺。
④ "社會主義商榷"，該文連載於 1911 年 8 月《民立報》第 300、301 號上。

國今日或尚非社會主義實行之時代。而確是社會主義鼓吹之時代。茲本此答案之宗旨。就原文所列之條項。用論理學解剖之方法。疏論如下。

上學理的商榷。 學理的商榷。可分爲四項。甲名稱。乙種類。原文所謂性質是也。丙作用。原文亦同。丁評論。原文所謂精審之工夫也。

甲名稱 社會主義之各種名稱。皆由展轉迻譯而來。原有之語義。與現用之字義。不盡密合無閒。今惟一仍原文。

無治主義。通稱無政府主義。其實並禮教政治法律。凡範圍的。契約的。一切推翻。不止推翻政府已也。譯爲無治亦宜。無政府黨無章程。無規則。無儀式。無組織。惟以合意相聯結。實不成其爲黨也。莊子曰。聖人不死。大盜不止。剖斗折衡。而民不爭[1]。此派議論似之。

共產主義。產分動產不動產。此派中有主張一切共有者。有主張不動產共有而動產仍私有者。有主張不動產共有而動產則廢除者。即廢產主義。廢產主義。有名實俱廢者。各盡所能。各取所需。不計價值也。有名廢實不廢者。即一種進化的銀行匯劃法[2]也。此外更有均產主義。集產主義。與共產頗不同。

社會民主主義。按有民主即有國家。故社會民主主義。可稱爲社會國家主義。亦可稱爲國家社會主義。其理想的國家。以法美瑞士等爲胚型。而於參政制度生產制度軍備問題關稅問題。皆大加修改之。以期益進於民主立國根本自由平等親愛三者之精神。

國家社會主義。此名稱不甚當。以與前條混同也。又有稱爲帝國社會主義者。亦不甚當。毋寧略仿原文。稱爲國家主義之社會的政策。

---

[1] "聖人不死。大盜不止。剖斗折衡。而民不爭"，語出《莊子·胠篋》："聖人不死，大盜不止。" "故絕聖弃知，大盜乃止；擿玉毀珠，小盜不起；焚符破璽，而民樸鄙；掊斗折衡，而民不爭；殫殘天下之聖法，而民始可與論議。"

[2] "一種進化的銀行匯劃法"，指部分無政府主義者設想的一種不可流通的勞動券。

乙種類　社會主義分類法。聚訟紛如。訖無定論。因其中有相反者。有近似者。有名相反而實近似者。有名近似而實相反者。茲唯按原文所舉言之。

無治主義。與社會主義根本的理想相同。歷有密切之關係。而久已歧異。自成一宗。雖聲應氣求。而源遠流別。社會主義之名詞。殆不足以包括之。故凡原文論無治主義者。皆置而不辨。因不必加入此商榷之範圍中。使社會主義愈爲驚世駭俗之主義。反致可言者亦不能言耳。

共產主義。乃社會主義之中堅。蓋社會主義固直接緣經濟之不平等而發生者也。至於廢產主義。其精神仍與共產相同。均產主義集產主義。其方法不如共產之善。故雖以共產主義爲社會主義不祧之宗可也。

社會民主主義。乃社會主義最普通者。但在系統上。若與共產主義並列或相承。均有未安。無已。惟交互存之。蓋民主主義仍可主張共產。共產主義仍可主張民主。民主是政治一方面事。共產是經濟一方面事。雖可合亦可分。然必相輔而行。庶幾各得其道耳。

原文所謂國家社會主義。正名定分。不可加入社會主義種類中。故不論。下並同。

丙作用　共產主義之作用。必須根本上改革現在之經濟制度。而舉個人私有者。悉變爲社會公有者。先自土地著手。然後用頓進法或漸進法。由固定的推至流通的。一切財產。皆使名義統屬於總團體之社會。而利益勻配諸各分子之個人。惟按其所盡義務勞力或勞心之程度。以爲制定所受權利之標準。其法有主張天然調劑者。有主張人工計算者。而下級生計及普通教育。則必一致普及。盡人得而享用之。當此之時。惟抽象之社會字樣。爲資本家。而具體之個人。無一不爲勞働家。更無貧富貴賤等階級矣。至於實施。則或用平和手段。由教育實業輸進。以全社會大多數之同意起行。或用激烈手段。先舉大革命大罷工。俾現社會惡制度破壞無餘。然後重新改造建設。絲毫不受歷史與習慣之拘束。而純由理想實現之。二者之難易當否。頗非立談所可決。顧近世學者多贊同後說。

　　社會民主主義之作用。絕對的反對世襲君主之存在。而以普通選舉法。公推總統。且人民有少數彈劾權。及未滿期免任權。或用政府之組織。或不用政府之組織。惟以單院制的國會代之。地租歸公。軍備廢止。必不得已亦加嚴重之限制。豁免內地稅。訂國際關稅同盟。停徵出入境稅。不定國教。本新個人主義修改法律。當此之時。除未成人不完全人外。無一無參政權。更無支配人者。亦更無支配於人者。即現任總統。祇在國會時。假定爲國家主體之代表。一出國會外。即仍爲社會普通之平民。此共和政體之極軌也。其實施之手段。亦分平和激烈兩派。一如前條。

　　丁評論　共產主義及社會民主主義。爲社會主義大中至正之道。公論自在。何待妄評。按共產主義之精言。不外各盡所能各取所需二語。然徒取所需不盡所能者。將何以待之。若制定規條。過於繁密。則措施之際。必多煩難。近於無事自擾。且甚妨害個人之絕對自由。否則無比較。無競爭。無希望。孟子所謂巨屨小屨同價。誰則爲之[①]。其於人類進化。似頗沮滯矣。若夫不勸而興。不懲而戒。無所爲而爲之者。恐又非一般人之程度所能驟及也。故鄙人主張教育平等營業自由財產獨立。廢除遺產制度。凡人自初生至成人。同在公共社會中。受平等之教育。一屆責任年齡。即令自由營業。所得財產。仍爲私有。惟各個獨立。雖父子兄弟夫婦之間。界畫較然。不相遞嬗。不相授受。且其支配權。限於在生之時。死即收入社會公有。如此則經濟可日趨於平。而仍不妨害個人之絕對自由。亦不沮滯

────────────

① “巨屨小屨同價。誰則爲之”，語出《孟子·滕文公上》：“巨屨、小屨同賈，人豈爲之哉？”

社會之競爭進化。調和補救。或庶幾乎。民主政體之國家。各洲有之。惟非全用社會主義。故其功果不能盡圓滿如所期。如法如美。選舉之傾軋。官吏之腐敗。富豪之專橫。軍備之縻耗。昭昭可見。自鄶無譏[1]。亦足見民主政體之尤不可不用社會主義矣。瑞士較爲完美。實食社會主義之賜居多。然其壤地褊小。且爲四強大權力相持之交點。故得爲永久中立。而行政自然簡單。若廣土衆民。內政叢脞。外交頻煩。自籌攻守者。渡淮之橘。亦不敢遽必其遷地之果良也。然其作用。如前所陳犖犖諸大端。實任何國家唯一祈嚮之目的。而鄙人夙昔所主張者。亦於此無異詞。

　　雖然。更有向上一義。爲本題正文。而原文所未及者。則世界社會主義是也。世界社會主義之名稱。近於疊床架屋。其實可逕謂之社會主義。蓋社會主義云者。廣義的賅各種社會主義。狹義的即指此世界社會主義。無國家種族家庭宗教等等界限。而以個人爲單純之分子。世界爲直接之團體。其中雖有部類。亦必不以國家種族家庭宗教等等爲識別。而以學術或職業爲區分。而軍備關稅諸弊政。自爲無用之長物矣。即法律政治生計禮教風俗。亦靡不一改舊觀。別成新制。此實天然之趨勢。人間世將來必至之境界。而社會主義家萬衆一心。延頸企踵。勞精敝神。以期其早日湧現者也。繼此以往。或竟能純任自然。無爲而治。如無政府主義所夢想者。孔之大同。耶之天國。佛之極樂世界。即社會主義之究竟也。若社會民主主義。猶是一過渡之手續耳。

　　鄙人之主張雖如此。而第一答案已先聲明。所倡道者。爲廣義的社會主義。或問既有正確明瞭之主張。何必又爲廣漠寬泛之倡道乎。是有三義。一致不妨百慮。殊塗要於同歸。兼容幷包。參觀互證。不敢武斷論事。尤

────────────

① "自鄶無譏"，語出《左傳·襄公二十九年》："自鄶以下，無譏焉。"

不敢強迫脅人。所以尊重學者之自由。而資以思審選擇之材料。一也。吾道不孤。而知音有幾。宜棄小異。以從大同。欲收集思廣益之功。必破入主出奴之見。二也。專治一種主義。亦必兼通他種主義。占三從二。執兩用中。比較之餘。是非乃見。罕譬喻之。如漢儒言。通羣經方能治一經也。三也。然世勢所趨。思潮暗合。折衷盡善。會有其時。況同是社會主義者乎。

　　下事實的商榷　今先申述鄙人第二答案。即認中國今日。或尚非社會主義實行之時代。而確是社會主義鼓吹之時代也。故所謂事實者。原文就實行言。而此文僅就鼓吹言。究而論之。鼓吹即實行之第一步耳。所以認中國今日確是社會主義鼓吹之時代者。可分爲積極消極兩原因。

　　甲積極原因　即中國今日可鼓吹社會主義之理由也。嘗就歷史上心理上觀察得之。如左三者。自一方面言。爲中國人之缺點。自又一方面言。實中國人之優點也。

　　一中國人國家的觀念不完全　中國向來所謂國家。不外三義。一如今之行省然。即封建諸侯之社稷也。一則皇室。即朝廷一姓之起仆。或君主一人之死生也。一則天下。即世界也。以爲除中國外更無世界之存在也。三者皆與今日國家之定義不同。夫社會主義。無國家之界限者也。而歐美人國家思想。至爲深固。頗難湔除。中國不然。故可鼓吹社會主義。

　　二中國人種族的觀念不完全　中國人血統最雜。而同化力最大。自苗漢種外。夷蠻戎狄。三代以降。戰國之交。歷六朝五季。經遼金元清。異種名氏見於載記者。不下百數。今皆同文字。通婚姻。風俗習慣。無甚懸絕。歷代政策。不主歧視。和親賜姓。史不絕書。亦有尊己賤人之風。却少黨同伐異之禍。即如近來黨事慘變。平心而論。實由不良之政治構成。不專爲民族問題也。夫社會主義無種族之界限者也。他國之待異種人。政治教育婚姻交通。種種箝制。奴隸之不足。而犬馬驅策之。犬馬之不足。

而草木芟夷之。紅黑漸亡。可爲痛憤。中國不然。故可鼓吹社會主義。

　　三中國人宗教的觀念不完全　中國本無宗教。孔子不過一哲學家教育家。佛教傳自漢時。信從者雖甚衆。以全國人口計。亦止九牛之一毛。況大半無業游民。或有託而逃焉者。不足爲真正教徒。其與儒者衝突。特一二文人筆尖遊戲而已。景教假國力以行。方在極盛時代。而人數不過僅如佛教。其別有所爲。屬於生計問題或權利問題者。尤十而八九。義和拳之亂①。正由此兩問題反動而起。而在上者故利用之。豈真仇教哉。夫社會主義無宗教之界限者也。若婆羅門教佛教之數世尋仇。耶教回教十字軍之役②。死萬萬人。亘百餘載。窮凶極慘。無道極矣。中國不然。故可鼓吹社會主義。

　　乙消極原因　即中國今日不可不鼓吹社會主義之理由也。嘗就歴史心理上。及近來內政外交上觀察得之。如左四者。天時人事。相偪而來。雖欲趨避。其可得乎。

　　一政體之專制　中國自有史來。即爲專制政體。至夏而完成。至秦而堅穩。長夜不旦。於茲數千年。蚩蚩者氓。顛倒困頓於醉生夢死之中。宛轉呼號於刀鋸桁楊之下。一治一亂。視爲當然。文明自由。從未夢見。今雖號稱立憲。而大權仍在少數貴族之手。不過一成文的專制。依舊寡人政體之變相而已。夫人民欲謀公共永久之幸福者。斷乎必以共和政體爲皈依。世界大潮流。匯專制之江河。過立憲之港汊。以入於共和之海洋。人之順流而下者。由江河而港汊。猶可用舊製之帆船。由港汊而海洋。則必乘新式之輪舶。社會主義即是也。故爲政體之改革。不可不鼓吹社會主義。

　　二家庭之弊害　中國社會最重宗法。而家庭敝制至今而極。家長受家

---

① "義和拳之亂"，指義和團運動。
② "十字軍之役"，11—13世紀西歐天主教會、封建主和大商人以宗教的名義發動的侵略戰爭。

屬牽累之苦。家屬迫家長壓制之威。男女老幼尊卑親疏。無一人無一時不在煩惱苦難中。此不必父子責善兄弟鬩牆姑婦勃谿夫婦反目嫡庶妒寵而後然。即積善餘慶和氣致祥之家庭。其無形的痛楚。已有不可言語盡者。古人所以垂百忍之訓[1]也。所謂天倫樂事。特如犴狴中人。苟免敲扑。則歌呼相慰藉耳。其影響所及。社會一切不道德不法律不名譽之行爲。罔不由家庭敝制直接間接醞釀而成。鄙人別有專書。論之綦詳。而其決論。則惟社會主義爲對證之良藥度世之金針也。故爲家庭制度之改革。不可不鼓吹社會主義。

三內界之恐慌　中國今日公私上下。無不以經濟困難爲憂。質而言之。即人人有餓死之分也。此問題之原因。千端百緒。不易爬梳。如前條家庭之弊害。亦其一重要者。而財產不平等又其一也。餘則有由於政治者。有由於外交者。有由於實業者。而水火爲災。疾疫傳布。寇盜四起。市肆紛閉。此等事在他國受害三四分者。我國則必至十分。則以人事之不備也。鴻嗷徧野。菜色載途。亡國之音哀以思。亂國之日短以促。人人羨無知之樂。而屢有身之患。烏乎。誰實爲之。夫何使我至於此極也。此等敗象。決非補苴罅漏之政策所能彌縫。亦決非消極慈善事業所能救濟。惟社會主義爲正本清源之至計。故內界之恐慌。不可不鼓吹社會主義。

四外交之挫辱　中國外交之失敗。不忍言矣。不但少年有志者知之恥之。即彼無才無德癡頑老子。亦何嘗不知之恥之。蓋羞惡之心。固盡人而具也。庚子朝廷之利用義和拳。即出自此羞惡之心。而野蠻排外。遂成五洲千古未有之笑談。其實近世列強揭櫫之帝國主義軍國民主義。而中國所

---

[1] "百忍之訓"，典出《舊唐書·孝友傳·張公藝》："鄆州壽張人張公藝九代同居……麟德中，高宗有事泰山，路過鄆州，親幸其宅，問其義由。其人請紙筆，但書百餘'忍'字。高宗爲之流涕，賜以縑帛。"

亟擬學步者。其手段似較文明。其心理亦何嘗不同此野蠻也。且手段愈文明者。則其結果殺人愈多而愈酷耳。挽此狂瀾。惟有社會主義。世多疑中國今日而鼓吹社會主義。如宋襄公之不禽二毛。梁元帝之戎服談經。直自爲魚肉而已。此不知社會主義之真諦者也。社會主義尊重個人。反抗強權。惟其尊重個人。故必人人有完全個人之資格。學術上生計上。皆能對於世界各占一位置。而誰敢侮之。惟其反抗強權。故不問國家種族宗教之界限。凡有以強權對待者。必一律反抗之。不自由。毋寧死。不甘服同胞之強權。豈甘服外人之強權乎。且其心目中。亦不知有同胞。亦不知有外人。惟與強權勢不兩立而已。人道正義。所向無前。而豈婦人之仁匹夫之勇哉。故欲雪外交之挫辱。不可不鼓吹社會主義。

　　四者之外。更有一大原因。則世界之大勢是也。中國非世界中之一國乎。今日非二十世紀中之一日乎。二十世紀世界之大勢。日趨重於社會主義。千口一舌。千流一穴。其學說之弘通。勢力之盛大。共聞共見。不假一二談也。中國今日實偪處此。門戶洞開。舟車靈便。歐美政學界之一顰一笑。工商界之一針一縷。罔不與東方大陸有消息之相關。魯酒薄而邯鄲圍[1]。其機如此。而謂社會主義獨能深閉固拒斷絕交通乎。鄙人斟酌於客體之現狀者如此。至於推斷將來所受之結果。則成敗利鈍。非所敢知。祇當論是非。不當計利害也。雖然。姑妄言之。吾知倡道者必極危險。舉名譽地位財產。進而身家性命。恐悉將供筆舌之犧牲。而所倡道者必極亨通。恰成一反比例。所惜者。中國勞働家程度較低。而此事非勞働家普及。則不易實行。一因社會主義亦緊與有生死存亡之關係。二則社會中固以此種人占最大多數也。然中國則必先由學界報界。而政界工商界。迨及勞働界。

―――――――――

① "魯酒薄而邯鄲圍"，典出《莊子·胠篋》。

則實行之機熟矣。夫社會主義本期於實行。且鼓吹亦未始不是實行。但凡事必經理想言論實行三段而成。而理想恆比言論高一級。言論恆比實行高一級。且理想恆比言論早一步。言論恆比實行早一步。此所謂實行。非指作爲而指成功也。理解未明。輿論未附。雖有作爲。難望成功。故曰。中國今日或尚非實行之時代。而確是鼓吹之時代。莫問收穫。但問耕耘。有志者好自爲之。

中國今日之社會主義。胚胎耳。萌芽耳。涓流耳。星火耳。鄙人不自揣度。抱一種狂妄之責任思想。倡道以來。日困於四面楚歌聲裏。徘徊瞻眺。邈然寡儔。前不見古人。後不見來者。並世同調。彌復寥寥。如空谷蟄居。見似人者而亦喜矣。況漁父之卓有見地者哉。惟細繹原文。似於社會主義尚不能無疑。偶有所知。敢不奉白。切磋之雅。永矢弗諼。憶端午削迹杭垣。留別詩有句曰。湘纍憔悴行吟日。漁父差堪共往還。蓋汎用楚騷故事。而初無所專指也。今不意竟得一漁父。與締此文字因緑①。款乃②一聲。烟消日出。伊人宛在。方將溯洄從之矣。

撰論既竟。偶繙原文。有云。中國而行社會主義。必國家之內部外部。皆已康樂和親。達於安甯之域。而無待維持。人民之精神方面物質方面。皆已充實發達。臻於幸福之境。而無待增進。社會之生産分配。皆已圓滿調和。適於生活之用。而不必更求滿足之方。云云。夫此等現象。惟社會主義實行以後。始得見之。而下接云。正因安甯幸福及生活過高之故。而生種種不自由不平等。故政治與財産制度變爲不必要之長物。而不得不以社會主義救濟之。其意若曰。至此程度而後社會主義能實行。倒果爲因。誤解甚矣。且安甯幸福生活過高。豈反能生不自由不平等。所以不自由不

---

① "因緑"，有誤，應爲"因緣"。
② "款乃"，有誤，應爲"欸乃"。

與生產制度不能求得安寧幸福滿足生活者也·故欲求得安寧幸福滿足生活·必

廢除現世政治與生產制度以實行社會主義

附宋漁父君社會主義商榷原文

近來國人往往唱社會主義以爲講公理好人道進世界於太平登羣生於安樂·
皆賴於茲善哉仁人之用心也雖然吾人有不能不懷疑於其間者以謂社會主
義派別甚多果以何者爲標準乎行社會主義則於中國前途果有何影響乎此
二問題實不能不與世之有志研究社會主義者一商榷之想亦識者所樂聞也·
社會主義之發生蓋原於社會組織之弊自歐西各國物質文明進步產業制度·
生大變革經濟組織成不平等之現象貧富懸隔苦樂不均於是向來所有平等
自由之思想益激急增盛乃唱爲改革現社會一切組織之說而欲造成其所謂
理想社會其說逐漸繁衍殖長於歐西各國遂析爲種種派別而分馳迄於
今日語其旗幟鮮明主張堅實約有四焉一無治主義即所謂無政府主義在社
會主義中最爲激烈其主張之要點謂國家原以資本家與地主爲本位而成立·

平等。實坐政治與生產制度之敝耳。故當易其詞曰。正因政治與生產制度之敝。而生種種不自由不平等。故不得不以社會主義救濟之。以期安甯幸福生活愈高。乃原文則謂政治足以維持安甯。生產制度足以增進幸福。財產之爲物足以滿足生活。苟其如此。則作者所揭櫫之真正社會主義。乃真變爲不必要之長物矣。而豈其然。蓋其所稱安甯幸福滿足者。均僅指一部分最少數人言。未嘗就全世界大多數人一着想也。試就全世界大多數人着想。當知政治之不足維持安甯。生產制度之不足增進幸福。而財產之爲物之不足以滿足生活也。惟有實行社會主義。方能達此境界耳。又安甯或可不假維持。而幸福豈可無待增進。生活豈可不必再求滿足之方。社會主義正爲增進幸福。正爲再求滿足生活者。而顧曰無待曰不必。一筆抹殺之。非惟不知社會主義。亦大悖乎生物進化之例。與人心向上之理矣。今請以論理學式。制爲簡括之斷案。社會主義。所以求得安甯幸福滿足生活者也。現世政治與生產制度。不能求得安甯幸福滿足生活者也。故欲求得安甯幸福滿足生活。必廢除現世政治與生產制度。以實行社會主義。[1]

附宋漁父君社會主義商榷原文[2]

　　近來國人往往唱社會主義。以爲講公理。好人道。進世界於太平。登羣生於安樂。皆賴於茲。善哉仁人之用心也。雖然。吾人有不能不懷疑於其間者。以謂社會主義派別甚多。果以何者爲標準乎。行社會主義。則於中國前途。果有何影響乎。此二問題。實不能不與世之有志研究社會主義者。一商榷之。想亦識者所樂聞也。社會主義之發生。

---

[1] "撰論既竟"至"以實行社會主義"，江亢虎在《民立報》發表本文後又整理發表於《社會》雜誌 1912 年第 2 期上，該段文字最初即附在《社會》雜誌"附社會主義商榷"之後，爲江亢虎對《社會主義商榷》一文的補充評論，《洪水集》將其與正文合併。
[2] 本冊文章名下的標題，只有附文的標題上目錄，其他小節標題未上目錄。

蓋原於社會組織之弊。自歐西各國物質文明進步。產業制度。生大變革。經濟組織。成不平等之現象。貧富懸隔。苦樂不均。於是向來所有平等自由之思想。益激急增盛。乃唱爲改革現社會一切組織之説。而欲造成其所謂理想社會。其説逐漸繁衍。殖長於歐西各國。遂析爲種種派別。而分馳並茂。迄於今日。語其旗幟鮮明。主張堅實。約有四焉。一無治主義。即所謂無政府主義。在社會主義中。最爲激烈。其主張之要點。謂國家原以資本家與地主爲本位而成立。以是其所施政治法律。專以保護彼等爲目的。其偏私可謂實甚。故國家及政府萬不可不廢去之。云云。各國之無政府黨皆屬此派。一共產主義。謂一切之資本及財產。皆爲社會共通生活之結果。以爲私有。實爲不當。宜歸之社會公有。由各個人公處理之。云云。各國之共產黨及科學的社會主義家。皆屬此派。一社會民主主義。謂現社會之生產手段。皆歸於少數富人之私有。實侵奪大多數人之自由。宜以一切之生產手段。歸之社會共有。由社會或國家公經營之。廢止一切特權。而各個人平等受其生產結果之分配。云云。各國之社會民主黨勞働黨。社會民主主義修正派。皆屬此派。一國家社會主義。即所謂社會改良主義。亦名講壇社會主義[①]。謂現今國家及社會之組織。不可破壞。宜假國家權力。以救濟社會之不平均。改良社會之惡點。云云。各國之政府及政治家之主張社會政策者。皆屬此派。此四派中。第一第二派絕對否認現社會之組織。不認國家爲必要。惟以破壞現狀爲事。與現社會萬不能相容。故稱爲極端的社會主義。第三派不絕對否認現社會組織。惟

---

① “講壇社會主義”，德國新歷史學派社會政策論者所鼓吹的社會改良思想。1872 年德國新歷史學派社會政策論者組織了“社會政策學會”，以尋求通過調整社會政策、實行社會改良、緩和勞資對抗、調和階級矛盾來逐步實現社會主義，被奧本海姆譏諷爲“講壇社會主義”。但這一稱號亦被社會政策論者所接受。

欲以人民參與政權。而實行其國民主權及生産公有分配平等之制度。故稱爲穩和的社會主義。第四派承認現社會之組織。於不紊亂國家秩序之範圍內。而實行其政策。所重在國家而不在社會。故亦有以爲非社會主義者。四派之根本理想與見解。雖各不相同。而要皆有其立足點。以卓然成一家言。且皆有其手段。推行運動。以期其理想的社會之實現者。今吾中國而欲行社會主義。果以何派之學說爲標準乎。將採第一派耶。則必用極激烈之手段。破壞現在之國家政府。及一切主治之機關。此後無論何種美善之政治。皆不復建設。將採第二派耶。則除用極激烈之手段破壞現在之國家政府外。更必消滅現在之一切資本家地主及生産機關。此後既不建設政治。復不存留私有財産。將採第三派耶。則必組織大團體日與現政府戰。以謀得參與政權。此後且以興論勢力。改革現在之主權者與政府之組織。並一切生産分配手段。將採第四派耶。則必己身親居現政府之地位。假藉國家權力。以實行其政策。今之唱社會主義者。果有如何之見地如何之決心。而確以爲何派之學說可行於中國而謀其實行之道乎。此吾人所不能不亟爲商榷者也。

以吾人之意衡之。竊謂苟不主張真正之社會主義則已。果主張真正之社會主義而欲實行之者。則非力持無治主義或共産主義不爲功。而社會民主主義與國家社會主義。皆非所宜尊崇者也。蓋真正社會主義。在改革社會組織。以社會爲惟一之主體。而謀公共全體之幸福。再不容有其他之團體之權力。加於其上者。以故凡政治的權力。（國家）經濟的權力。（資本家）宗教的權力。（教會）倫理的權力。（家族）皆不得容其存在。而主張其學說時。若稍有此等權力之類似的觀念。插入其中者。皆不得謂爲真正之社會主義。此固理論所當然也。無治主義與共産主義者。其基礎既在絕對否認現社會之組織。則凡各種權力。

自不能容其存在。而其目的即在以社會爲惟一之主體。而謀公共全體之幸福。亦無所於疑。故欲行真正之社會主義。舍此實無他可採之説。社會民主主義。與國家社會主義則不然。前者所主張仍非政治權力不能實行。實不過改良國家組織。與國家經濟組織之説。而不可語於改革社會組織。謂爲社會主義。母寕①謂爲社會的國家主義。後者乃國家政策之一端。其所主張。不但不能改革社會組織。且與主義二字亦相去遠甚。只宜稱爲社會的政策。二者皆與真正之社會主義異其性質與統系。以學理的論法繩之。固不可附和流俗之見而概稱曰社會主義者。欲行社會主義而主張是二説。是適以維持現社會之組織。而使之永久不變。而以社會爲主體以謀公共全體幸福之理想。必因是不能實現。其結果遂與唱社會主義之本意相悖。故欲行真正之社會主義。此二派之説。實無可主張之理由。如必主張者。則必其無行真正社會主義之見地與決心。且未嘗以社會主義揭櫫於世而後可者。此亦理論所不得不然者矣。是故吾國之唱社會主義者。其所揭櫫。雖不明確。吾以爲必是主張無治主義或共産主義。若不是之務。而徒拘墟於所謂社會民主主義與國家社會主義者。則是猶不解社會主義之真正意義爲何物者也。

　　雖然。凡一主義之推行。每視其客體事物之現狀如何。以爲結果。其客體事物之現狀。與其主義相適者。則其結果良。其客體事物之現狀。與其主義不相適者。則其結果惡。今假定行真正之社會主義。（無治主義共産主義）於中國。則其所生結果爲何如。唱社會主義者。果一計及之乎。吾人試擬一良結果之現象。與惡結果之現象。而各就其所及影響以論之。使吾國行真正社會主義。而得良結果也。則是吾國社會必已躋於不可不行無治共産二主義之現狀。與能行無治共産二主

---

① "母寕"，同"毋寕"。下同。

義之程度。夫政治之爲物。所以維持安甯。增進幸福者。財產之爲物。所以滿足生活者。蓋皆爲社會進化上不得已之制度。今因破壞一切組織而並去此。則必國家之内部外部。皆已康樂和親。達於安甯之域。而無待維持。人民之精神方面物質方面。皆已充實發達。臻於幸福之境。而無待增進。社會經濟之生產分配。皆已圓滿調和。適於生活之用。而不必再求滿足之方。且正因其安甯幸福及生活過高之故。而生種種不自由不平等之害。故政治與財產制度。變爲不必要之長物。而不得不以此二主義救濟之。既去此二物之後。真正之自由平等。因以享得。人類社會乃成太平大同之景象。古人所謂大道之行。天下爲公。選賢與能。講信修睦。人人不獨親其親子其子。貨惡棄於地。不必藏於己[①]者。夫然後實現於今日。各國社會主義學者所擬之理想的社會。而求之不得者。而吾人乃竟一躍而達。其快樂固可知也。使吾國行真正社會主義而得惡結果也。則是吾國社會必尚未躋於行此二主義之現狀與程度。政治或不足以維持安甯。增進幸福。財産或不足以滿足國民生活。國家之内部外部。憂患叢生。人民之精神方面物質方面。頹落備至。社會經濟之生產分配。耗竭凌亂。莫可名狀。國之所以幸存者。蓋亦不過賴有此僅存之政治與財產制度。以爲維繫。一旦變本加厲。並此而去之。人類社會。必至全然不得安甯幸福及生活。以成爲毫無秩序之世界。亡國滅種之禍。因是促成。乃至欲求政治與財産制度時代之不自由不平等而不可得。畫虎不成。反至類狗。吾人試想像此悲慘之狀況。其亦不能不生恐怖之心者矣。噫。行社會主義結果之良惡。如是。然則唱社會主義者。果有如何之觀察。如何之推測。而以爲將來必得如何之結果。且於中國前途必有如何之影響乎。此吾人

---

① "大道之行。天下爲公。選賢與能。講信修睦。人人不獨親其親子其子。貨惡棄於地。不必藏於己"，語出《禮記·禮運》。

所又不能不亟爲商榷者也。

　　夫吾人非反對社會主義者。吾人惟以爲凡唱一主義。不可不精審其主義自身之性質與作用。並斟酌其客體事物之現狀。以推定其將來所受之結果。夫如是乃可以坐言而起行。故就己意所及。陳列其派別及將來之影響。以爲研究之參考。世之有志於社會主義者。其當以爲何如耶。（終）

　　余早持革命主義。而始終未挂名各黨藉。雖與老同盟會人多所往還。然初不識宋漁父君。社會主義商榷文出。乃因于右任①李懷霜②兩君而略知其爲人。壬子③夏間。余以社會黨事北上。始獲相見於萬生園④。傾蓋如舊交。右文尤備辱推許。時社會黨黨員熱心政治者頗居多數。而宋君方主同盟會改組事。原有土地國有男女平權諸政綱多所犧牲。余力進盡言。謂同盟會與其遷就合併於他團體。寧使社會黨多數人悉入同盟會。而成一社會主義的政黨。余及少數人則改組學會。爲在野輿論之後援。宋君韙之。而不能用。宋君既以政治死。其遺命顧諄諄圖書館事。國民黨人爲謀所以不朽者至爲周詳。余獨倡議。就遇害地。建教仁圖書館。備庋宋君手澤。兼收中西載籍。以爲紀念死者。嘉惠後人。一舉兩得。莫尚於此。當事者不甚措意。送喪營葬。糜費鉅萬。殆非宋君之志矣。展讀遺文。追惟往事。車過腹痛。我勞如何。

① “于右任”，于右任（1879—1964），原名伯循，字誘人，後以“誘人”諧音“右任”爲名，陝西涇陽人（生於三原）。早年加入同盟會，辛亥革命前在上海創辦《神州日報》《民立報》。辛亥革命後，反對袁世凱竊國，逃亡日本。1924 年當選中國國民黨第一屆中央執行委員。1927 年後歷任國民政府委員、軍事委員會委員、中央政治會議委員、國民政府審計院院長、監察院院長等職。1964 年病逝於臺北。
② “李懷霜”，李懷霜（1874—1950），原名李葭榮，字兼浦，又字懷江，1910 年改名懷霜，廣東信宜人。早年加入同盟會，辛亥革命後，因反對袁世凱竊國，逃亡海外。1917 年創辦《珠江日刊》，支持護法運動。1929 年任江西省政府秘書。抗戰期間，反對內戰，擁護抗日。晚年定居香港。
③ “壬子”，即民國元年（1912）。
④ “萬生園”，清政府於光緒三十二年（1906）在北京西直門外建立，初稱“萬牲園”，後稱農事試驗場，由動物園、植物園、農事試驗三部分組成。中華人民共和國成立後於 1955 年改建爲北京動物園。

社會雜誌發刊祝詞辛亥八月①

中國今日實社會主義鼓吹之時代也。鼓吹亦多術矣。或以言論。或以文字。以言論者。或以歌劇。或以演說談話講授。以文字者。或以小册傳單。或以新聞雜誌。各視所值。無有偏畸。自不佞倡道社會主義以來。杭州有女學演說會。召增中丞之札飭拘拏。有逐虎記之小説出現。上海有社會主義研究會。來三百餘人之同志者。有社會教育團之發起。有天鐸報民立報之商榷辯難。有社會星雜誌之刊行。有海內外五百餘函之通信。將彙爲星訊集。皆鼓吹也。然此豈區區一筆一舌之力所能逮哉。人心同具。大勢攸趨。其機如此。沛然誰能禦之。社會星近以內部牽掣。外界干涉。困難種種。不得言論出版之自由。其持續與否。尚難逆計。而別有雜誌曰社會者。應運而挺生。亦與於社會主義鼓吹之一者也。社會雜誌本上海惜陰公會之言論機關。惜陰公會性兼商學。會員多實業界好學深思之青年。一耳不佞社會主義之説。輒翕然開特別會以招邀之。既得其義。而相悦以解。則膺服而躬行之。茲組織機關雜誌。又特以社會字字之。甚哉會員執德之弘。信道之篤。而社會主義鼓吹得人。果將風靡乎禹域也。會中夙主張社會教育。而輸入社會主義。端賴乎社會教育。故鼓吹之法。一方面宜有教育之團體。一方面宜有言論之機關。如車之兩輪。如鳥之兩翼。而尤必有

---

① "辛亥八月"，即宣統三年八月（1911 年 9 月 22 日—10 月 21 日）。

徹上徹下徹始徹終一貫之方針。雖然。一貫云者。就目的言。非就手段言。手段則或左或右。或疾或徐。或隱或現。或止或行。故社會之與社會星。不啻鐘鳴而山應薪盡而火傳者也。發刊伊始。輒進祝詞。詞曰。社會主義。縱貫永刼。橫行寰宇。以覆載爲量。與日月同壽。永不消磨。至人類滅絕時。社會雜誌。亦縱貫永刼。橫行寰宇。以覆載爲量。與日月同壽。永不停止。至人類滅絕時。又更其詞曰。社會雜誌可以停止。社會主義不可以消磨。社會雜誌出一册。社會主義得一册之鼓吹。社會雜誌著一字。社會主義得一字之鼓吹。乃至不出一册。不著一字。而社會主義之精神。幻爲無量數社會雜誌之化身。永不消磨。永不停止。至人類滅絕時。

　　社會雜誌始刊於辛亥八月。月出一册。以社會教育爲前提。以社會主義爲究竟。而其言論特平易近人。最合於普通社會之程度。與社會日報社會黨月刊①新世界②人道周報③等相輔而行。不愆不忘。持續至今。前途未可量也。

---

① "社會日報社會黨月刊"，《社會日報》和《社會黨月刊》都是中國社會黨本部在上海創辦的機關報刊。《社會日報》創刊於 1912 年 2 月 1 日，日出 4 開 1 張，標榜社會主義，主要傾向則是無政府主義。《社會黨月刊》創刊於 1912 年 4 月，出至第 4 期後，於同年 11 月停刊。
② "新世界"，中國社會黨紹興分部 1912 年 5 月創辦於上海，半月刊。停刊時間不詳，現存 1—8 期。
③ "人道周報"，中國社會黨上海本部創辦，1913 年 1 月 26 日創刊，安真（徐安鎮）任主編，曾發表江亢虎撰《中國社會黨請願國會書》，同年 5 月停刊，共出版 16 期。

社會主義述古緒言 辛亥八月

社會主義。非西人新剏之學説也。我中國夙有之。顧無能倡道之成一教宗。組織之成一科學者。蓋自秦漢以降。政體趨於專制。學術統於一尊。朝野上下。方兢兢焉禮樂兵刑之是規。詞章考據之是亟。少有自異者。則危刑中之。而此學遂澌絶矣。我讀學官所立十三經。暨周經諸子之今存者。社會主義隱躍起滅於行間字裏。如金沈沙。披之乃見。如水汩井。汲之乃出。最而錄之。爲述古篇。其義有二。一以示人心之所同然也。社會主義之思想。賦自生初。周乎人類。此心此理。慮百致一。放之四海而皆準。質諸百世而不疑。其有反對焉者。非拘墟成見。則懷挾私心耳。一以方便法養成一般人抽象的觀念也。社會主義之名詞。産於歐陸。譯自日東。我國讀書解事之人。知之者千百而一二。而恐懼危險黑闇破壞慘殺暴亂種種悲觀。若與此名詞相緣屬而起。相附麗而存。聞者怵心。見者咋舌。如市人之談虎。如駥稚之驚雷。烏乎。此社會主義前途之大不幸也。今就羣經諸子有關涉者。證據原文。比附新義。使知社會主義乃我國往籍所固有。不過如是如是。引伸助長。觸類旁通。不必其密合也。而思過半矣。夫可與樂成者難與慮始。可與道古者難與論今。因勢而利導之。則作者之心苦也。其例有三。一中國向無社會主義之專學。更無社會主義之專書。羣經諸子。東雲一鱗。西雲一爪。亦模糊影響焉耳。無系統。無範圍。無明晰之定義。無正確之主張。學説之不成立無容諱也。兹唯刺取其有合者。而餘皆存而不論。意固以爲社會主義亦偶散見羣經諸子中。而非謂羣經諸子即社會主義也。一訓詁之學。聚訟棼如。茲所詮釋。尤爲創解。嚮壁虛造之謗。牽題就文之評。必將風起泉湧。洋洋盈耳。不知仁者見仁。智者見智。主觀既別。取義自殊。我註六經。正是六經註我。作者固無意與經生家爭一日之短長也。一社會主義流派歧出。積極消極。各趨一端。作者以爲中國今日此事方在鼓吹時代。宜取廣義的。標新領異。兼容并包。今述此篇。猶此志也。甄錄期寬。持論期平。無門戶主奴之紛持。有矛盾相陷之餘地。而以作者一人之心思意見經之緯之。如綴碎錦使成章。貫散錢於一串也。此書尚無成稿。隨筆隨出。以實社會雜誌。脩正釐訂。勒爲定本。請俟它日。

　　社會主義述古之作。經始於辛亥七月初旬。第一編論語孟子。成書過半。八月三十日。南京事急。倉猝出城。原稿散佚。惟右文以先期郵致社會雜誌獲存。

致武昌革命軍書論興漢滅滿事_{辛亥九月①}

革命軍麾下。不佞爲中國倡道社會主義之一人。嘗以爲社會主義當自破除世襲遺産之惡制度入手。故於政體絶對的反對君主立憲。而比較的贊成民主共和。然書生寡術。第能發理想爲言論而已。不圖大軍一起。即定爲國是。宣布實行。欽佩何極。據鄂以來。一日千里。規模弘遠。節制嚴明。薄海歸心。寰球騰頌。社會主義家尤咸表同情。而不佞至愚極頑。獨有不能已於一言者。則謂今日之事。斷宜揭櫫政治革命主義。而不必牽涉民族革命問題也。比者道路流傳。函電迭載。倒戈漂杵。不絶聽聞。讀大軍各文檄。亦恆以民族問題爲前提。一若推翻不良之政治。必先剿絶不良之民族也者。於是興漢滅滿之論大昌。區區竊計。有大不可者十二。試錯雜陳之。佛言慈悲救度。孔言四海兄弟。耶言愛敵如友。本原思想。中外從同。翻其反而。實悖人道。此大不可者一。九世復仇之誼。是非頗謬於聖人。柳柳州②已能辭而闢之。況近世新個人主義日盛。恩怨關係。皆限於其人之一身。揚州十日。嘉定三屠。今日滿人。誰與其事。若必纍推而上。則漢人假詞以滅滿人。恐苗人又將援例以滅漢人。此大不可者二。即論復仇。而滿人入關。意主羈縻。初無滅漢之政策。茲乃概遭攘斥。報施殊失

① "辛亥九月",即宣統三年九月（1911 年 10 月 22 日—11 月 20 日）。
② "柳柳州",即柳宗元（773—819）,字子厚,唐代文學家。因祖籍河東（今山西永濟）,終於柳州刺史任上,世稱"柳河東"或"柳柳州",有《柳河東集》。

其平。且尤而效之。罪又甚焉。展轉相尋。曷其有極。此大不可者三。滿人才四百萬衆耳。以百敵一。尅之不武。殺之不仁。此大不可者四。中國民族至爲繁糅。和親賜姓。混合華夷。六朝五季遼金元之際。外種麕集。宗法蕩然。純粹黃帝之子孫有幾。獨排滿人。於義未徧。兼排他族。在勢難行。此大不可者五。民主共和之精髓。不出自由平等親愛三言。興漢滅滿。矛盾相陷。根柢已傾。此大不可者六。右皆就理論言。漢滿同化。二百餘年。服色文言。了無識別。保無誣指誤聽之失乎。況通婚既久。血統相和。何以待之。此大不可者七。不嗜殺人者爲能一天下。多所誅戮。易失民心。而蒙藏回疆。必懷疑懼。樊然並起。肆應爲難。此大不可者八。歐美人士方懽迎崇拜。交讚文明。獨於滅滿。不無遺議。輿論具在。干涉堪虞。此大不可者九。蠆蠆有毒。困獸猶鬥。鋌而走險。何所不爲。粵防荊防之轟城。漢口鎮江之毒井。皆此反動激盪而成。綜其會歸。仍苦吾民耳。此大不可者十。設滿人求庇於外人。則漁夫得利。瓜分立成。此大不可者十一。所謂中華民國者。東三省亦入範圍乎。據其地而滅其人。雖甚殘暴。不應有是。若遂坐此而棄置之。將四塞藩邊。盡成甌脫。一着偶失。蹙地過半。而僑居父老。長爲異域之人。非惟自隘樊籬。直是自殘肢體矣。此大不可者十二。右皆就事實言。故今日之事。但當揭櫫單純之政治革命。以實行共和政體而已。君主宜去也。爲其爲君主而去之。非爲滿人也。大吏宜逐也。官軍宜擊也。爲其爲君主之鷹犬而逐之擊之。非爲滿人也。夫政治腐敗至於斯極。豈漢人當國而遂可以不革命乎。且君主雖滿人。而君主之鷹犬則仍多漢人。是漢人亦宜肩其責而分其罪。伐毛洗髓。以革故也。戮力同心。以鼎新也。無漢滿一也。從前皇位世襲。異姓代起。於勝朝宗胄。必盡法芟夷。今民主則天下爲公。何用多事以自擾。不佞於滿人豪無特別之感情。惟夙昔倡道社會主義。泯差別而企大同。其屬望於大軍者。

又至遠且大。不避斧鉞。輒貢所懷。至對於此次事變社會主義之主張。則姑有待而言。惟希裁察。無任主臣。

　　右文係武昌起義後自南京挈眷避地上海時作。以九月朔日^①付郵。時排滿風潮最爲激烈。創夷滿目。不忍見聞。亡友貴中權君及其長子量海^②君。即死於此時。而人心狂熱。輿論沸揚。勢且陷於暴民專制。上海各報紙無敢稍持異議者。惟天鐸報録此文入來函中。爲匿其姓氏。但題曰社會主義家某君。又附著論辨。以明不負責任之意。然革軍駐滬事務所尚干涉之。日本社會黨人北輝次郎^③君謂此爲中國革命史中極有關係之文字。特親寫副本。譯爲日文。以廣流傳。余亦別印單行。并加案語。分寄各界。其後五族共和宣布。此文或與有力焉。茲將原印案語照録如左。"此文發寄。即接革軍駐滬事務所來函。痛加詰斥。又得匿名警告多件。謂僕倡邪説以媚滿奴。疑亂軍心。當膺顯戮。將以野蠻手段對付之。云云。僕既以主張共和見惡政府。又以破除種界開罪革軍。危險至矣。惟念言論自由。雖君主政體亦所弗禁。豈以共和爲號召者。而顧出此。且講學一秉大公。論事期衷至是。詞窮理屈。則謝過不遑。勢刧威脅。則守死不變。僕固不恤犧牲一身。爲億萬同胞請命。人心不死。真理長存。顧同志者益鼓吹之。則勝殘去殺。終有其時耳。"

① "九月朔日"，即辛亥年九月初一（1911 年 10 月 22 日）。
② "量海"，量海（？—1911），貴林之子，辛亥革命爆發後與其父同被槍殺。
③ "北輝次郎"，北輝次郎（1883—1937），後改名北一輝，日本新潟縣人，黑龍會會員，日本社會黨黨員。

中國社會黨宣告 辛亥九月

　　民軍起義。假種族革命。演政治革命。惟政治由社會造成。故社會革命尤爲萬事根本。社會主義歐美極盛。在中國則本黨實最初惟一之團體機關。迭經公議。組織完成。凡有志入黨者。不論男女。不分國界種界宗教界。均請隨時親臨上海本部各地支部。檢閱規章。簽名宣誓。共圖進行。採定黨綱。條述如左。

　　一贊同共和　世界政體進化。由專制而立憲。由立憲而共和。共和雖非郅治之極軌。而在今日實較善之制度。亦必經之階梯也。民軍既定爲國是。本黨亦極表同情。切望吾人顧名思義。實力推行耳。

　　一融化種界　人道主義。四海兄弟。社會黨本無國界。尤不應於國内更分種界。務期融化。互泯猜疑。血統混和。文明溥徧。將無識別之可尋矣。

　　一改良法律尊重個人　舊法律恆以國家或家族爲主位。而於個人自由多所犧牲。宜徹底改良。認個人爲社會之單純分子。認社會爲個人之直接團體。凡爲保障國家或家族而妨害個人之條件。悉革除之。

　　一破除世襲遺産制度　貴賤貧富各階級。皆由世襲遺産制度而生。此實人間世一切罪惡之源泉也。凡完全個人。准自由營業。惟其財産支配權。當以有生爲斷。死則悉數充公。有均産共産之利。而無其弊。家庭制度於以破除焉。

　　一組織公共機關普及平等教育　普通教育。宜設公共機關執行。人自爲謀斷非善法。自初生至成年。無論何人。教育平等。而能力平等。即經濟亦平等矣。至其費用。則取之遺産而已有餘。以公共之資財。造公共之人才。不獨親其親。不獨子其子。是謂大同。

一振興直接生利之事業獎勵勞動家　勞動者神聖也。農工各業。生命攸關。雖世不能無間接生利之人。而人必勉爲直接生利之事。資本公諸社會。而勞動普及個人。有分業。無等差。通功易事。各盡所能。此善之善者。

一專徵地稅罷免一切稅　凡人力所生者。皆不應徵稅以困之。宜專徵惟一之實地價稅。每年按時估計。約當二十而一。以殺富豪兼并之勢。而開游惰歸農之途。公共用費即取資焉。至於人畜建築物種植物製造品。所有就地關津一切稅。除對外者暫緩。餘宜概予罷免。

一限制軍備併力軍備以外之競争　軍備之糜耗。戰事之慘毒。各國所同苦也。廢兵當即在指顧間。爲目下維持均勢計。必不得已。亦宜嚴重限制。而併其資力。專注教育實業諸端。軍備雖減。誰敢侮之。所謂不戰而屈人。況志不在屈人者乎。

　　中國社會黨開幕於辛亥九月十五日[①]。爲中國有黨之始。（古所謂黨。乃普通名詞。且他人指斥之言耳。若團體自命爲名稱者。實自本黨始。）又爲中華民國一切集會結社之始。宣告黨綱八條及規章。（規章略）皆余所手草。全體五十餘人可決印行。後此四百起支部三十萬黨員。悉假此號召之集合之者也。當時自我作古。煞費苦心。原本夙所主張之社會主義。參考各國社會黨之規章。按切中國固有社會主義之理想。及近世社會之狀況。斟酌結撰而成。第一條實中華民國成立之先驅。第二條乃五族共和宣布之導綫。自今視之。似乎贅疣。而不

---

① “辛亥九月十五日”，即 1911 年 11 月 5 日。

知當日關係特爲重大也。第三條認個人爲社會之單位。認世界爲社會之範圍。泯除家庭國家民族宗教等等界限。即世界社會主義之精神也。第四條以遺産歸公爲一切共有之張本。第五條以教育普及爲一切平等之樞機。兩者並行。百事都了。第六條獎勵勞動家。與泰西之推倒資本家。手段不同。而目的則一。其結果總期人人爲勞動家。即人人爲資本家。第七條採用單稅主義。所謂平均地權。亦一切共有一切平等最初之簡便法門也。第八條反對軍備主義。則萬國社會黨①共同之條件也。總之。本黨之宗旨。不違反國家社會主義。而可達到無治共産主義。本黨之性質。可以在野。可以在朝。可以爲政黨。可以不爲政黨。本黨之進行。務取光明正大和平穩健之途徑。而其第一步。則普遍鼓吹。以轉移心理製造輿論而已。但本黨既爲公共團體。自別成一有機的人格。余雖本黨發起之第一人。且迭被公舉爲總代表。然一方面固尚有其個人之宗旨之性質之進行。而與此不免略有異同。讀者不可不分別觀之。又黨綱發表。頗得各國社會黨之同情。惟英國獨立工黨②代表韓嵩③君。以爲第八條競爭字義。宜改用經營字義。萬國社會黨公會④來函。歡迎加入同盟。而要求聲敍生產機關交易機關悉歸公有一條。謹并識之。

---

① "萬國社會黨"，即第二國際（Second International），1889 年 7 月在法國巴黎成立。
② "英國獨立工黨"，英國獨立工黨（British Independent Labour Party），1893 年 1 月在英國布拉德福德（Bradford）成立。創建者是凱爾·哈第和拉·麥克唐納等，成員主要是一些工人運動活動家、工會成員和社會主義者。
③ "韓嵩"，即漢森（Hanson，生卒年不詳），英國獨立工黨黨員，高等化學師，久居上海。
④ "萬國社會黨公會"，即總部設在布魯塞爾的社會黨國際執行局，是第二國際 1900 年開始設立的常設機構。

中國社會黨懽迎^①孫中山君辭^② 辛亥十一月^③

　　孫中山先生内渡。全國各界一致懽迎。而本黨之懽迎先生。尤有特别之感情二。武漢倡義。四方從風。旬日之間。光復太半。人徒知刈果之易。而不知種因之難。先生革命之種因。二十年於兹。二十年前之革命黨。其困苦艱難。不啻倍蓰於吾黨之今日。而先生卒百折不變以底於成。此先生之所以爲先生。而本黨所應是則是傚者也。所謂特别之感情一也。先生夙昔揭櫫民族民權民生三主義。今民族事業。大功垂蔵矣。而民權甫奠基礎。民生猶待設施。先生對此兩主義之主張。於本黨宗旨多不謀而同。至謂平均地權。必宜專徵地税。尤與黨綱訢合無間。然則本黨前途之進行。其有賴於先生之匡扶誘掖者正大也。所謂特别之感情二也。謹筆其意。以詰先生。以詔國人。不敢妄以游辭贅辭進。具瞻所在。責望彌殷。先生其敬念之哉。

　　　余於革命諸偉人中。比較的贊成孫中山君。其故即如右文所陳。本黨所爲懽迎之者。其本意亦止如是。而外間論者。於本黨與同盟會國民黨及余與孫君之關係。多揣度擬議之詞。或疑各存意見。或謂互相利用。北方某要人告余。據聞孫君曾以比國借欵捐助本黨基本金十萬圓。無稽之談。可發一噱也。

---

① "懽迎"，同 "歡迎"。
② 目録爲 "中國社會黨歡迎孫中山君詞"。
③ "辛亥十一月"，即宣統三年十一月（1911 年 12 月 20 日—1912 年 1 月 18 日）。

中國社會黨第一次聯合會後宣言 民國元年一月

中國社會黨成立。三閱月間。得黨員五千餘人。支部三十餘起。日昨各部代表聯合大會。公議修訂規章。均經通過。惟關於全黨率先者之名稱。有主張用領袖者。有主張用總代表者。有主張用主任幹事者。持論各歧。未衷一是。而全體公意。悉以責難於鄙人之一身。自顧菲才。至深惶悚。鄙人自發起本黨以來。夙以傳布本黨宗旨籌畫本黨進行。爲唯一之天職。初不待我黨員之推舉而然。亦無取此名稱紛紜。徒亂人意。轉悖社會主義之精神。繼今以往。本黨對內對外各責任。力所能逮。誼無可辭。惟義務平等。既不敢受特別之嘉名。而流動鼓吹。亦不能就固定之職事。我行我素。我盡我能。呼牛呼馬。聽之天下。維我同志共鑒諒之。

本黨第一次聯合會。召集於民國元年一月十五日。與會者。各部代表三十餘人。本部黨員三百餘人。議定各部置主任幹事。本部主任幹事。對外稱總代表。每年陰曆九月十五日。爲本黨紀念。開聯合會一次。右文係會後作。原稿久佚。今採自商務印書館出版之中國革命紀事本末[①]中。

[①] "中國革命紀事本末"，1912年辛亥革命一周年時，商務印書館出版了兩本紀念圖書：一爲《大革命寫真畫》，專刊辛亥革命時期孫中山等革命黨人的活動、武昌起義、各地響應和清軍投降、官吏逃亡等新聞照片，16開橫本，道林紙銅版印刷，共出14集，約收照片600張，文字說明使用中、英兩種文字。二爲郭孝成編《中國革命紀事本末》，全書分爲中國革命緣起及湖北革命始末、各省革命志略、民清議和及共和立國等三編，每編各分章節，多取材於當時的報章雜誌，對辛亥革命中有關文牘、佚事、瑣談等，亦有采録。

社會日報發刊詞_{元年二月}

一報之出現。例有發刊詞。發刊詞者。揭櫫一報之宗旨。以預告於讀者諸君者也。本報之宗旨。無待揭櫫。其對於讀者諸君。亦無待預告。本報記者之心目中。讀者諸君之心目中。當莫不有一極簡單極明瞭之觀念。可以不謀而同。不言而喻者。蓋本報固社會黨之機關新聞也。記者之所服膺。讀者諸君之所注意。一言以蔽之曰。鼓吹社會主義而已。雖然。鼓吹之法。方面各殊。解剖而言。則有三義。

一曰代表中國社會主義之思想。本黨發起人江亢虎君有言。社會主義之思想。本中國固有品。特其名詞。乃由泰西日本稗販而來耳。俄國某社會主義家。歎爲名言。蓋社會主義。固世界人類所一致祈嚮者。而中國之民族之歷史之制度之風俗。尤較爲切近而甚易施行。讀者諸君疑吾言乎。本黨之成立。才八十日耳。而黨員已五千餘人。支部已三十餘起。社會主義之名義。向之瞠目結舌掩耳却走者。今則朝野內外。縉紳傭豎。婦人孺子。罔不耳濡而目染之。口誦而心唯之。此豈一手一足之烈。一朝一夕之功哉。使吾國人本無此思想之萌蘗存乎其腦間。雖江亢虎君化億萬身。一一身中含一一舌。一一舌中發一一聲。強聒而不捨。善誘而不倦。亦安能使跛者履而眇者視乎。此其明效大驗者已。特是有此思想。而無一代表思想之機關。則終不能經之緯之。使成有系統的學說。而智識不能交換。即研究無從著手。中國社會主義所以發明在前而成立在後者。亦職是之由。

本報出現。凡我黨員非黨員。關於社會主義之言論文字。廣爲徵集。登載靡遺。消積並陳。純駁錯見。過渡時代之思潮。原宜因勢而利導之。盈科而進。萬壑朝宗。觀於海者。知所會歸矣。

一曰發布本黨對於黨員非黨員之意見。八十日而得黨員五千人。準是以往。以幾何級數增加。則道一風同。直意中事耳。顧我黨員果能一一了解本黨宗旨否。不可知也。了解矣。果能一一援據所了解者。而隨機應變。推陳出新。以自由鼓吹否。不可知也。鼓吹矣。果能一一恰如題分。吻合無間。無毫釐千里之差否。尤不可知也。故黨員愈增加。事業愈發達。而言論乃愈不能不統一。本報對於黨員所發表之意見。是非筆削。頗具微權。時或本所主張。發爲論著。爲造成輿論之標準。至於非黨員。識解互歧。譏嘲間作。或隔靴搔癢。未剥寸膚。或坐井觀天。但闚一孔。非執成見。即挾私心。本報亦無暇悉取而辨難攻擊之。惟偶舉一二。略綴評騭。以示折中。江河萬古。社會主義自有真耳。

一曰紀載及評論國內國外關係社會主義之事情。世界事情。無一不與社會主義相關係。特有直接間接正面反面之不同耳。社會主義者。世界一切根本的問題也。此問題一解決。則形形色色。罔不有移步換形之觀。而任取現世界一事情。試以社會主義家眼光觀察之。咸覺別有意趣。別有見地。紀載評論。萬難遍及。特就耳目感觸之最切近者。借題發揮。所謂垂之空文。不如徵之實事。不必問其事自身輕重緩急之價值如何也。告往知來。舉一反三。引伸觸類。存乎其人。罣漏之譏。初非所計。本報原不以消息靈通材料豐富見長也。

此外則輸入歐美社會主義之學説。亦鼓吹之最要者。惟其事宜讓雜誌或單行本爲之。斷非戔戔尺楮所能勝任而愉快者也。文章各有體裁。亦事之無可如何者。至於大恉微言。單詞片義。縱筆所至。往往散見。夫本報

豈不欲擴張外表。增輯内容。日試萬言。以自儕於著作之林哉。其如記者
日力既促。黨中經濟尤艱。又雅不欲藉口①招股。任意募捐。故僅僅先出此
一小紙。此一小紙。其於鼓吹社會主義也。猶蚊負纖塵耳。然語有之。芥
子中可現須彌世界。自一端言之。大至吾人感覺力想像力所及達者。不能
謂之全世界。自又一端言之。小至吾人感覺力想像力所不及達者。不能謂
之非世界。盈尺之棰。取之萬世而不竭②。是在讀者諸君。

　　社會日報始刊於民國元年二月一日。四十號後。改名社會黨日刊。
隨天鐸報送閱。其印刷經費。黨員陳紫瀾③君獨力任之。編輯則黨員李
懷霜張克恭④殷仁安⑤劉鐵民⑥褚禪真⑦諸君。皆賢勞從事。至五月杪。
陳君返粵。欻紬中止。於是言論文字。分見社會黨月刊社會新世界諸
雜誌。而逐日消息。則附載上海各報紙。右文係社論名義。並未署名。
故篇中語氣如此。

---

① "籍口"，同"藉口"。
② "盈尺之棰。取之萬世而不竭"，語出《莊子‧天下》："一尺之棰，日取其半，萬世不竭。"
③ "陳紫瀾"，陳紫瀾（生卒年不詳），字樵琴，號默存，福建閩侯人，光緒二十三年（1897）丁酉
科舉人。1914年任遼寧興城縣知事，次年五月任遼中縣（今遼寧瀋陽遼中區）知事。中國社會
黨黨員。
④ "張克恭"，張克恭（生卒年不詳），中國社會黨黨員，中國社會黨幹事之一。因主任幹事江亢虎
經常在外活動，中國社會黨本部工作常由張克恭代理。
⑤ "殷仁安"，不詳。
⑥ "劉鐵民"，劉鐵民（生卒年不詳），民國初年爲中國社會黨黨員，上海宗孟女校法政教員，《社
會日報》主編。
⑦ "褚禪真"，中國社會黨嘉禾支部在浙江嘉興創辦的機關刊物《人道》雜誌撰稿人之一，餘不詳。

和議糾正會①宣言 元年二月

南北和議條件見報。滬上各團體發起反對事。鄙人歸自維揚。會逢其適。被舉爲和議糾正會臨時主席及代表人。當即本人道主義。駁詰優待皇室之無理。乃聞論者頗謂。僕既主張社會主義。即不應加入糾正會中。至堪駭詫。鄙人於革軍初起。妄戮滿人。曾力陳十二大不可之説。一時譁然。目爲漢奸。至有欲以炸彈對待者。今於和議。優待皇室。又極不贊成。非矛盾也。社會主義乃絕對平等主義。妄戮滿人。不平等也。優待皇室。亦不平等也。不平等即反對社會主義。反對社會主義者。鄙人皆得而反對之。故前日之事。與今日之事。皆社會主義應有之事。雖社會日報言論容有激昂太過者。然鄙人意見。則始終一致。初無容心。吾恐世人或惑於以紫奪朱之論。而使社會主義之真相不見。特聲其意。以詔天下。惟公鑒之。

和議糾正會發起時。余原未與聞。迨被舉爲代表。乃偕李懷霜君詣南軍議和代表伍秩庸②君。一再磋商。不盡滿意。後和議條件簽約。

---

① "和議糾正會"，南北議和時，南京政府代表伍廷芳於 1912 年 2 月 9 日提出清帝退位的 8 項優待條件，其中包括"清帝退位後，仍稱皇帝"等，鄒銓、夏重民、柳亞子等人對此極爲憤慨，當即組織"和議糾正會"（後更名爲國事糾正會），推派代表詰問伍廷芳。
② "伍秩庸"，即伍廷芳（1842—1922），本名叙，字文爵，又名伍才，號秩庸，後改名廷芳，祖籍廣東新會，生於英屬馬六甲。清末民初外交家、法學家、書法家。1911 年辛亥革命後，伍廷芳支持革命，上《奏請監國贊成共和文》《致清慶邸書》，在辛亥革命後的南北議和中代表南方政府，出任民軍總代表。

諸發起人改名國事糾正會。爲組織政黨之預備。余遂宣言脱離關係。又與中華民國聯合會^①共和建設會^②亦同時脱離關係。并聲明一切政治集會結社概不加入云。（此文已佚）

---

① "中華民國聯合會"，民國初年第一個全國性政治團體。1911 年 11 月 19 日由武昌軍政府臨時代表胡仰、胡瑛、何海鳴等人發起，1912 年 1 月 3 日正式成立，總部設於上海，各省設分會，會員一度發展至 700 餘人，機關報爲《大共和日報》。3 月 2 日，改稱統一黨。
② "共和建設會"，辛亥革命時期的政治團體。由中國社會黨聯合部分中國同盟會會員和立憲派分子發起，1911 年 12 月 3 日成立於上海，旨在研究共和政體之組織與前途，咨詢國民公意，以供政府采擇。舉姚文枬爲會長，王河屏、秦檳爲副會長。南北議和時與商界共和團體等聯名反對君主立憲，又致電 14 省代表團，請舉孫中山爲總統。次年 3 月後基本停止活動。

社會日報短評 _{元年二月至五月}

社會黨與社會社會主義與社會學

社會者。團體也。普通名詞也。社會黨者。對於社會有一特別之主張。而同此主張者所結合而成之團體也。特別名詞也。乃吾見人有稱本黨爲中國社會者。非是。

社會學者。研究社會組織進化之一種學科也。社會主義者。對於社會有一特別之主張。而本此主張。成一家言者也。兩者雖有密切之關係。然普通各學校所設置者並非社會主義。而吾輩社會黨人所揭櫫者並非社會學。乃吾見人有稱本黨黨員爲社會學家者。非是。

建都議

南北統一之局成。建都所在。未衷一是。其有力之主張凡三。一北京。一南京。一武昌是也。是莫不言之有故。持之成理。足以號召天下。渙汗人心。而尤以主張北京者。理由特長。一控御滿蒙。一牽制俄日。一監察亡清。其最重要之理由也。一建設可省。内容之部署較易。一使館仍舊。外交之承認不難。其次重要之理由也。然而主張武昌者。主張南京者。尚紛紛然。

或曰。永久之國都。可在北京。而臨時之國都。必在南京。此就現在之時勢言之。有不得不如此者。若移都北去。則渡江之鯽。將爲入甕之鱉。新黨危而夫己氏之計遂矣。此言頗有意味。有足供吾人之咀嚼者。

或曰。主張南京者。多南京政府中人。不然。必其有特別關係者也。主張武昌者。必武昌政府中人。不然。必其有特別關係者也。主張北京者。除所謂重要之理由外。亦必更有其特別關係。此言亦頗有意味。有足供吾人之咀嚼者。

社會黨人曰。姑舍是。吾不遑問國都之何在。吾心目中但急欲覓得一適當之新殖民地。爲吾黨人實際試驗之中央模範塲而已。

冒充社會黨

凡信仰社會主義者。皆可爲社會黨員。其正式手續。亦不過一簽名宣誓而已。凡社會黨員。皆可就所在地發起支部。其正式手續。亦不過函知本部索發規章而已。乃台州來電。因發起支部兩歧。而有冒名另立之案出現。

所謂冒名者。冒社會黨員之名乎。則某君固明明社會黨員也。冒支部之名乎。則某君來電所發起之支部。固已明明成立也。社會黨有義務。無權利。有責任。無名譽。何必冒名。何待冒名。果有冒名者。必其毫不了解社會主義者也。而加人以冒名之名者。亦必其毫不了解社會主義者也。雖然。此自狹義的冒名言之耳。若自廣義的冒名言之。則凡身入社會黨。而言論謬於社會主義。口道社會黨。而行爲悖乎社會主義。循其名則是。覈其實則非。皆冒名也。爲問我黨員八千人。其非冒名者有幾。

然同一地點。有兩支部。於理論雖無不可。於事勢實有難行。蓋事務所之開支。幹事員之公費。以及所費時間勞力。皆必加倍。固不如同力合作通功易事之爲愈。此即社會主義之作用也。又不僅齊觀聽謀統一而已。吾願台州兩支部發起人。各引冒名爲恥。共惟另立之弊。速謀歸併。以從大同。吾黨幸甚。社會主義幸甚。

果其見解互有異同。但使無悖黨綱。不妨各持一是。或別向他處。更謀發起新事業。搏搏大地。莽莽神州。社會黨支部之尚未發起者。何止一台州。社會黨支部之亟待發起者。又何止一台州。願有志者好自爲之。

一笑

某先生者。演説於某黨本部。痛詆本黨。黨人不平。請加詰問。夫某先生學問文章。海内夙所景仰。某黨乃政黨。而本黨非政黨。道不同而並行。不相謀亦不相悖。痛詆團體。豈公德私德所宜。此不能不令崇拜某先生者爲之發深太息也。本黨初立。反對必多。惟若以有理由之辨難來。本黨固樂得與商榷討論之。若無意識之痛詆。且不以文字而以口説。此豈有可以詰問之價值也耶。社會主義乃顛撲不破之主義。本黨主張爲貫徹終始之主張。認定宗旨。妥慎進行。終有轉移輿論之一日。悠悠之口。惟有付之一笑。

自由婚姻與共和家庭

亡友秋瑾[①]君之言曰。家庭者地獄之變相也。婚姻者非刑之別種也。吾嘗誦其言而痛之。

今中華民國成立矣。政體則倒君主而建共和。人民則脱專制而得自由。

---

① "秋瑾"，秋瑾（1875—1907），初名閨瑾，字璿卿，號旦吾，留學後改名瑾，字競雄，曾用筆名白萍，浙江紹興人，生於福建廈門。中國近代資産階級民主革命家、詩人。因策應徐錫麟安慶起義，被清政府殺害。

我中華民國男女新國民。結自由之婚姻。搆共和之家庭。雍容唱隨。其樂何極。

　　吾儕社會黨人。獨持極端偏至之言。期期不敢以是爲圓滿之止境。蓋有家庭即不能共和。有婚姻即不能自由。故欲求真自由。必廢婚姻。欲求真共和。必破家庭。秋君已矣。環顧後死。誰是知言。

戀愛自由

　　社會黨人有主張戀愛自由者。某女士投函。頗引爲駭怪。而危言悚論。以爲大謬不然。烏乎。某女士蓋中三從四德之毒太深。而於社會主義。猶茫乎其未之有聞也。須知戀愛自由。乃人道正理。天之生人。祇有男女。本無夫婦。夫婦之名定。而男女之道苦矣。一也。戀愛自由。乃社會主義題中應有之事。戀愛不自由。則婚姻之制嚴。而家庭之累重。教育何以能平等。遺產何以能歸公。故主張社會主義。必主張戀愛自由。二也。戀愛自由。乃個人之權限。任誰不得而干涉之。某女士何人。干卿甚事。顧得妄議其後乎。三也。且戀愛自由一語。氣足神完。慮周藻密。果係戀愛。且出自由。必無流弊。但又必與教育平等遺產歸公二語。相提並論。同時施行。其結果乃尤爲圓滿耳。

遺產歸公

　　純粹社會黨。無不主張共產者。本黨因國家界限未易泯除。特採用穩健簡捷之方策。主張遺產歸公。遺產歸公之利益。累千萬言而不能盡。而其施行手續。則自社會一方面著想。仿彿傳教辦法。先爲普通之鼓吹。後結實行之團體。初非強人人以必行。即已入黨者。其實行與否。亦各聽其便。且本黨因公共教育機關尚未成立。雖有渴願實行者。猶不敢貿然招致之。其審慎躊躇也如此。乃某報著論。以爲遺産歸公。將見有中人之産者。皆改隸他國籍以自保。一日之間。而國中無一民焉可也。烏乎。此直小兒囈語耳。

　　社會日報發刊期間。余方奔走各支部。道路栖皇。口説多而文字尟。故報中言論。不惟不克執筆。乃至不遑厲目。右文數則。署名草草。自居勞人。且示信筆塗抹之意耳。

復某君書論社會黨首領事元年四月

得書。承詢孫中山先生本極贊成社會主義。日前蔡孑民①先生向外交團宣言。謂中山卸總統後。將爲社會黨首領。本黨何不乘此時機。援自由黨例。電請就任。云云。此於本黨性質。似尚有未了解者。謹爲左右約略陳之。本黨非純粹政黨。本無首領。第一次聯合會時。已決議宣布矣。假令有之。不過黨內外交推默認之一人。非有一定之名位。與一定之職守也。更烏有所謂電請就任者。此其一。本黨成立。先有黨綱。今日之萬數千人。固假此以號召之集合之者也。萬不能因首領一人之意見。而可以有所變更。中山雖贊成社會主義。然其同盟會所採取者。則爲一種社會政策。與本黨黨綱頗有逕庭。夫使中山以同盟會總理而兼爲本黨首領乎。勢不能於彼則主張社會政策。而於此又主張社會主義。一身斷不能同時爲兩種之主張。即一身斷不能同時爲兩會黨之首領也。使中山辭同盟會總理而爲本黨首領乎。吾恐中山必不忍犧牲其二十年之精神。而同盟會全體會員亦必不能容其決去也。此其二。即使前二者皆不如此。而中山本非本黨黨員。尚未經簽名宣誓諸手續。本黨亦何敢冒昧邃以首領加之。此其三。然中山研究社會主義最深。懷抱社會主義最早。其學說亦多與本黨黨綱相近。實本黨最

① "蔡孑民"，即蔡元培（1868—1940），字鶴卿，號孑民，浙江紹興人。中國資産階級民主革命家、教育家、政治家。早年加入同盟會，創辦愛國學社。中華民國成立後的首任教育總長，1916年至1927年任北京大學校長，開"學術"與"自由"之風。

高尚之師友。私心竊信中山必不忘我社會黨。鄙人臥病淹苦①。於其去任。竟不能力起一握手候教。歉仄無極。惟望時賜誨言。誘掖進步。本黨前途。實利賴之。若如尊見。必強中山爲本黨首領。而挾之以爲重。則未免不知中山。尤不知本黨。不知社會主義矣。伏枕布復。不盡欲言。

　　某君蓋同盟會自由黨②而兼本黨者。聞孫中山君曾語某君。同盟會將改組社會主義之政黨。某君力勸自由黨及本黨與之合併。事不果行。而其後同盟會乃別與他政黨合併爲國民黨。其去社會主義彌遠。殊可惜也。

---

① "淹苦"，同"腌苦"。
② "自由黨"，即中華民國自由黨，1912 年 1 月由林與樂、梁舜傳、謝樹華等人在上海發起，2 月 3 日正式宣告成立，成員大多爲資産階級和小資産階級知識分子。該黨奉孫中山、黄興爲正、副主裁，李懷霜爲臨時副主裁，主持黨務。

致率群①君書論教育平等事元年四月

　　讀大論社會主義。既聲明崇拜社會主義矣。又極口主張國家主義的社
會政策。而謂社會主義斷不可行。至滋疑惑。共產制度。乃全世界社會黨
之公言。無俟鄙人申辯。惟大論教育平等。以爲各國靡不皆然。即亡清亦
無限制。而以愚妄見責。毋乃已甚乎。夫今日教育果已平等耶。微論亡清。
即歐美極文明國。教育一事。何莫非富貴子弟偏受之惠乎。強迫普及。空
垂具文。其實貧且賤者。在家庭則以其父母無教育者之資格。而不能受教
育。在學校則學費縱可豁免。而衣食雜費之供給。已大不支。就令一切皆
仰賴於慈善家。而其父母尚將責以生產之事。而奪其至可寶貴之光陰。是
仍不能受教育。此猶就普通學校論之。若高等學校。則一切爲富豪貴族壟
斷盡矣。謂之平等。果心安而理得乎。本黨所主張者。不獨親其親。不獨
子其子。如周禮所云。二十以下。上所長也。凡教育年齡內一切資用。均
由公共社會擔任之。然後教育平等。乃可得而言也。大論又謂智識平等。
爲必不可能之事。似未深思。試問人類智識。果何自而來。蓋不外遺傳與
感受兩要素和合而成。使無論貧富貴賤均受一致之教育。則感受大抵相同
矣。然而智愚猶或懸殊者。則唯以遺傳迥別耳。例如甲乙兩人。自初生至

---

① "率群"，即康寶忠（1884—1919），字心孚，號蝶庵，筆名率群，陝西城固人，生於四川。早年
　赴日本留學，加入同盟會，參與反清革命。辛亥革命後任臨時大總統府秘書等職。不久赴上海，
　任《民立報》記者。創辦《雅言》，與章士釗創辦《獨立週報》，1915年起任北京大學講師、教授。

成人。同居同學。而一龍一豬。必甲之父母教育之程度。較乙之父母爲甚高。否則其父母之父母若祖宗。異點太多故也。若教育真實平等。則其子若孫雖尚不齊一。而數傳之後必愈趨而愈近。所謂雖愚必明。雖柔必強。人人皆有士君子之行。堯舜之世。比戶可封。豈唯智識。將道德亦漸平等矣。人羣進化。自必以向上主義爲依歸。抑智就愚。豈理也哉。惟教育雖極平等。而職業仍各區分。或勞心。或勞力。或識大。或識小。然此間却毫無貧富貴賤等階級。並無智愚賢不肖等階級。特趨向與地位之不同而已。子輿①氏所謂物之不齊。正是如此解法。非謂愚者必不可使智。不肖者必不可使賢。特功效有緩急難易。未可一概而言。若其事爲絶對不可能者。則教育爲無益之作爲矣。教育本以變化氣質。而本黨主張。苟能實行。則並先天的氣質而變化之。本黨初意。原自經濟之不平等想入。累究其原。則經濟不平等。由於能力不平等。能力不平等。由於教育不平等。故主張教育平等。正爲主張經濟平等也。鄙人學識謭陋。夙性不喜議論短長。惟本黨黨綱。則確有正當明瞭之宗旨。貴報宜尊重團體。何可輕以愚妄二字。抹殺吾黨二萬人。代表陳詞。至希裁察。

---

① "子輿"，即孟軻（公元前 372—前 289），世稱孟子，字子輿，戰國時鄒國人，儒家學派代表之一，後世尊爲"亞聖"。

[致率群君書論教育平等事]其二

頃讀答書。至深紉佩。今早須赴本黨他支部。倚裝待發。不及詳陳。社會主義。當自社會學上觀察之。鄙見亦同。共産制度。必破除國家。蓋純粹社會主義。本以世界爲範圍也。本黨贊同共和。承認國家之存在。故不遽主張共産。而先主張遺産歸公。正是爲此。勞心勞力。職業雖宜細別。而行爲必當平均。將來吾人每日。除寢食游息外。必區爲何時間治勞力之事。何時間治勞心之事。以普通計之。各二時間爲得中。非惟合於社會原理。抑尤適於衛生問題。至於智識平等。能力平等。則仍毫無衝突。蓋就客觀的。即其所執之事務而言。雖有繁簡。而就主觀的。即其所具之精神而言。則無高下。語有之。獅子搏虎用全力。搏兔亦用全力。可以罕譬而喻矣。且正惟智識極平等。而職務極細分。以最高之智識。治最簡之職業。而後物質文明。乃愈進步。人生幸樂。乃愈增多耳。足下又何疑焉。率布區區。不盡萬一。

率羣君姓康。上海民立報記者。夙爲政法學家。故主張國家主義之社會政策。嘗箸論批評本黨。頗多失詞。自兩次通函。乃遂相悦以解矣。其後民立報記者多數贊成社會主義。本黨本部日刊。自

天鐸報停版。該報率先爲之登載。中華民報①民國新聞②民強報③等
繼之。外埠尤多不勝計。鼓吹普遍。皆諸報記者之賜也。

① "中華民報"，1912 年 7 月 20 日創刊於上海，主要創辦人爲鄧家彦，劉民畏等擔任主筆。以 "擁
　　護共和進行，防止專制復活" 爲宗旨。與《民國新聞》《民權報》并稱 "橫三民"。"二次革命"
　　失敗後不久被迫停刊。
② "民國新聞"，1912 年 7 月 25 日創刊於上海。由吕志伊、姚勇忱、陳陶遺、陳恭、吴稚暉等發
　　起，吕志伊主辦，邵元冲任總編輯，鄧恢宇等編撰。以 "造正大之輿論，扶初步之共和" 爲宗
　　旨，宣傳資産階級民主政治，鼓吹實行責任内閣，保障共和政體。"二次革命" 失敗後被袁世凱
　　政府查封。
③ "民強報"，1912 年 5 月 28 日創刊於上海，由王博謙、章佩乙主編。

中國社會黨重大問題元年四月

　　社會黨者。社會黨也。非政黨。然社會主義本有數派。有極端主張無政府主義者。亦有極端主張國家主義者。本黨發生於中國專制共和絕續之交。按切時事。制定黨綱。其曰贊同共和。是明明承認國家與民政府之存在也。其曰破除世襲遺産制度。是推行共産之一法。由是以企於無政府的境界可也。自餘諸條。亦皆由國家主義進入世界主義。雖不必揭櫫爲何派。而意志一貫。秩序井然。固不失爲正確明瞭之主張。其中亦含有多少政黨之性質。特目的所在。與純粹政黨頗有逕庭耳。成立以來。發達極驟。社會主義之意義。雖未必盡人了解。而風聲所被。口耳相郵。已引起全國大多數人之注意。不惟本黨黨員達二萬人。即後起各政黨。亦皆憬然於社會主義之不可以已。而相率採用。以爲政策。但政策自政策。主義自主義。一爲手段。一爲目的。主觀各異。未可混同。即本黨黨員。雖以同一黨綱爲號召而結合者。而各個人對於黨綱之觀察法。亦言人人殊。除少數無意識之盲從者不計外。大抵高尚卓越之士。多祈望本黨爲粹純①社會黨。以達到無家庭無政府無宗教之理想世界爲宗旨。而一般磊落英多者流。則渴欲組織成一完全政黨。即所謂民主社會黨。以運動政權。實行黨綱。若以現時黨員心理觀之。則贊成後説者。實居太半。鄙人對此。亦非絶對不贊成

---

① "粹純"，有誤，應爲"純粹"。

者。但必子細研求。反復討論。然後可以明白宣布。作爲正式之議案。質諸輿論。以決從違。故此事斷非第二次聯合大會不能輕付表決者也。惟此等重大問題。若非先事預爲准備。則臨時忽卒。必仍無圓滿之結果。故特假本黨日刊。蒐集黨員意見。并姑就大多數人意。假定本黨爲一完全政黨。則有必須研究者數條。

　　一黨名　本黨本不分國界。然名中國社會黨者。義謂社會黨人在中國所組織之團體也。今假定作爲完全政黨。則當以國家爲範圍。而本黨或仍用舊名。但其義則須變爲中國的社會黨。或改用普通習見之名稱。爲中國民主社會黨。

　　一黨綱　黨綱固萬不可輕議脩訂。但假定作爲完全政黨。則破除世襲遺產制度一條。似不宜宣布。或逕删除。或用本黨前次發布之臨時政綱。改爲限制遺產相續。其餘各條。則與完全政黨并無妨礙。且與各國社會政黨所主張者。亦大致相同。

　　一黨規　本黨因非完全政黨。故所訂規章。極其簡單。爲服從天然之秩序。尊重個人之道德自由也。各黨皆有評議員。而本黨無之。爲人人皆有提議決議權。而不限以少數人爲代表也。本黨各支部。無論地域大小。皆直接本部。爲總機關。不拘行政上的區劃也。今假定作爲完全政黨。則規章之應脩改加入者正多。其綱領條目。必重新詳悉規定之。

　　一黨員　本黨黨員不分國界。不拘資格。不用介紹。社會黨性質固應如是也。今假定作爲完全政黨。則黨員必以本國人爲斷。而資格必限於有政治常識者。以積極或消極條件規定執行。其入黨又必有介紹或保證人。惟對於以前各黨員。亟應設一兩全辦法。即程度不及爲政黨者。或志願不欲爲政黨者。當善爲處置之。以毋負其入黨之初心也。

　　一黨魁　本黨因非純粹政黨。黨中義務權利。一切平等。故第一次聯合會決議。不置黨魁。所有者惟事務所之主任幹事而已。黨員各盡所能。并無特別之職務名稱。即鄙人各處奔走演說。亦以發起人資格個人資格。辱大衆之懽迎。初非挾本部主任以爲重也。今假定作爲完全政黨。則必共擁戴一黨魁。而聽其指揮。以爲進行。此黨魁之資格。一必有政治上之學識與經驗。二必確實主張社會主義。且向係本黨黨員。三必對於黨内有統率之能力。而使黨員一致服從。對於黨外有運動之能力。而使本黨價值增重。以聲望爲前提。假權術爲妙用。方足以勝任而愉快。試問本黨中有是人乎。若有是人。吾必聞知之。若有是人而未爲吾黨全體所聞知之。則其人即已無黨魁之資格矣。夫無資格相當之黨魁。則政黨將何恃以爲成立乎。吾願主張本黨爲政黨者。於此鄭重思之。至於鄙人性質學問能力。皆與此極不相近。固萬萬不可比擬牽傅者也。諸君知我。或不逮我之自知。故特先披露焉。

鄙人個人夙所主張。與其謂爲國家社會主義。毋寧謂爲無政府社會主義。鄙人之性質之學問之能力。與其使爲一黨魁。母寗使爲著書演說鼓吹倡道之人。且鄙人因承乏本黨主任。而言論行動。種種不自由。設一旦而得脱離此關係。必更有新穎之理想。奇闢之文字。以貢獻於我親愛之黨員諸君。其效用必較現任主任爲大。蓋此等新穎之理想。奇闢之文字。以今日所處之地位。實不暇爲。且不敢爲。深恐駭人聽聞。惹人譏評。以牽動本黨大局耳。至今日發表此重大問題。則非以個人資格發表之。乃以現時所處地位之資格發表之。以覘輿論。而集衆思。蓋今日之社會黨。實我黨員二萬人共有之社會黨也。我黨員當各絞腦汁。鉥心肝。以謀解決此重大問題。鄙人不敏。斷不敢橫著成見。妨阻前途。幸賜盡言。無任翹企。

中國社會黨重大問題之答案_{元年四月}

　　鄙人前者。以本黨發起人資格。就代表的地位。發表本黨重大問題。案而不斷。以徵集同黨之意見。茲更以個人資格。就黨員的地位。作爲簡捷了當之答案。并先爲宣布。以要求同黨之同情。倘第二次聯合會時。得大多數之表決以通過。實本黨前途之幸。即社會主義之幸也。

　　社會黨者。社會黨也。非政黨。若如論者竟將本黨改爲完全政黨。則純粹社會黨不膏隨以取消。非惟大悖鄙人發起之本心。抑亦甚違同人入黨之初意。萬不可行。蓋本黨不必揭櫫爲何種學派。而所主張者。確有正當明瞭貫澈終始之宗旨與精神。概括言之。即於不妨害國家之存在範圍内。主張世界的社會主義。是也。理論本自完成。事實亦無衝突。欲更求推行之盡利。則修訂規章足矣。其根本上曷嘗有改革變更之必要乎。但既有多數黨員。主張完全政黨者。又有多數黨員。主張純粹社會黨者。兩趨於極端。固不可無調和解決之方法。其方法將奈何。鄙人以爲宜適用本黨規章事務條。各以其特別目的組成兩種團體可也。茲本此意旨。依問題各欸。逐一答復如左。

　　一黨名　本黨名義最爲正大。無論爲純粹社會黨。或完全政黨。皆可沿用。不待他求。今若組織兩種團體。則純粹社會黨。可假定爲中國社會黨之無治黨。完全政黨。可假定爲中國社會黨之民主黨。仍冠原名。以該舉之。且從其朔也。

一黨綱　本黨固先有黨綱而後有黨員。自事理言之。黨員應絕無不信從黨綱者。黨綱動搖。則黨員瓦解矣。故非有例外大變。黨綱斷不容有修改之議。惟無治黨。可於黨綱外。標舉無政府無家庭無宗教。爲其究竟之宗旨。而民主黨。亦可於黨綱外。發布臨時政綱。按切現勢。企畫實行。則與原訂黨綱。相輔相成。不觸不背矣。

一黨規　黨規本可應時提議脩改。今擬以原訂者爲本黨普通黨員即折中派之黨規。而無治黨可徑不用黨規。或更脩改簡單。民主黨則必增加詳備。如參議部之組織。行政疆域之區分等等皆是。此事自有人主持。無俟預爲借箸者。

一黨員　折中派仍爲普通黨員。而主張純粹社會黨者。可更入無治黨。主張完全政黨者。可更入民主黨無治黨純任信仰自由。民主黨。或有資格限制。臨時定之。

一黨魁　無治黨不須黨魁。民主黨必須黨魁。當由主張完全政黨者自推舉之。至普通黨員。即折中派。則或仍照第一次聯合會決議。由本部主任幹事代表。或別有辦法。屆期公決施行。

據右所陳。自離心力言之。可以調處兩派之異見。而收同歸殊途之功。自向心力言之。可以鞏固本黨之基礎。而免破碎分裂之象。事蓋無便於此者。鄙人個人仍當恪守其至死不變之方針。在廣義的。則以原訂黨綱。渙汗大衆。號召同人。在狹義的。則願爲無治黨一學子。期與吾黨有志者爲更進一步之研求。鄙人爲社會主義計。爲本黨前途計。特宣布其答案如此。并欲以一掬血忱。懇祈同黨諸君。爲社會主義計。爲本黨前途計。予以大多數之贊同。企予望之。

本黨成立以後。各政黨風起泉涌。並駕爭驅。黨員多健羨之。提出意見書。前後數十通。要余改組完全政黨。余以心有未安。義無獨斷。特發表右文。輿論頗爲之一變。而民主派與無治派。猶小有争持。迨第二次聯合會。各部代表否決更張之議。兩派乃益致乖離。而純粹社會黨①出焉。論者或歸罪右文。以爲自召分裂。不知余意惟求社會主義之普遍之進行。本無統一獨尊之思想。至純粹社會黨之發起者。又別有不可説之原因在。非關主義問題也。純粹二字。頗嫌曖昧。苦無標準。其實右文所謂純粹社會黨。乃對完全政黨而言。即非政黨的社會黨也。所謂純粹社會主義。乃對國家主義而言。即非國家主義之社會主義也。若離相對義。則不能成一獨立名詞。故以此命名。無有是處。一切辨論。尤不足言矣。

---

① "純粹社會黨"，沙淦等人從中國社會黨中分裂之後另組的政黨，1912 年 11 月 2 日成立，宣布要以"純粹社會主義"爲宗旨組織"社會黨"，鼓吹無政府主義，聲言要"實行共産""剷除强權，預備世界大革命"。11 月 13 日袁世凱即下令嚴格查禁社會黨，沙淦本人則在"二次革命"中被殺害。

致袁大總統①書論會社黨②十事 元年五月

慰公大總統座下。少辱知遇③。報稱無狀。不舞之鶴。重累羊公④。嗣創女校於京師。復荷撥欵次助⑤維持。公私感佩。夙昔懷抱社會主義。内國苦無同調之人。三年前周游太平大西兩洋。獲交彼中名人。綜攬全球趨勢。益信社會主義爲二十世紀之天驕。人羣進化必至之境界。而在我國。則今日其鼓吹倡道之絶好時期也。返轍以來。不遑暇息。奔走講説。備極艱辛。道非楊墨。而來洪水猛獸之誅。德媿文宣。而蒙削迹伐樹之禍。處專制政體下。惟以祕密結社爲潛勢力之養成而已。民軍起義。斯道大昌。自陰歷客秋九月間。中國社會黨本部成立以來。纔百五十日。而支部已三百餘起。黨員已十萬五千人。舉國從風。列强聳聽。此豈一手一足之烈哉。人心同然。萬流共穴。固沛然莫之能禦也。南北統一政府成立。曾電貢臨時政見。苦於語焉不詳。且本黨發起滬濱。自邇及遠。朔方支部尚稀。而京津間生徒故舊。願聞此説者。日以函電來相招邀。鄙意亦謂人能弘道。未可偏枯。擬溯揚子江而上。沿途調查各支部情狀。趁京漢線以北行。號召同人。渙

---

① "袁大總統"，即袁世凱（1859—1916），字慰亭，號容庵，河南項城人。
② "會社黨"，有誤，"校勘記"改爲"社會黨"，與目録中的表述一致。
③ "少辱知遇"，袁世凱任直隸總督兼北洋大臣時，曾任命江亢虎爲北洋編譯局總辦和《北洋官報》總纂，江亢虎任職不久即再度赴日（見後文）。
④ "不舞之鶴。重累羊公"，典出南朝宋劉義慶《世説新語·排調》，羊叔子向客人誇耀自己所養的鶴善舞，但是鶴在客人面前羽毛鬆散，不肯起舞。
⑤ "次助"，有誤，應爲"伙助"。

汗大衆。並顒謁左右。略陳所懷。夫強聒不舍。固墨氏之遺。而未同而言。亦子輿所戒。特先撮舉要義。發其大凡。竊以爲公於社會黨。有必應預知者數事。一。社會主義乃光明正大和平幸福之主義。其目的在使人人同登極樂。永慶昇平。而激烈危險黑闇恐惶等現象。與社會主義之本體。絶不相關。二。社會主義雖有無政府一派。然其義乃謂個人自治。萬國大同。則政府自退歸於無用。並非現在即須推倒一切政府。破壞一切國家。三。社會主義在中國方始萌芽。而自全世界觀之。在學理上已成最有根柢之學說。在政治上已成最有聲援之黨派。其發源遠而無從遏抑。其樹本堅而不可動搖。四。社會主義有溫和及激烈兩種。大抵隨各國政府之待遇爲轉移。壓制愈甚。則爆發愈烈。觀於英美德法之社會黨。放任自由。而寧謐無虞。俄日意西之社會黨。干涉嚴重。而禍變相尋。證據較然。可資法戒。五。社會主義與共和政體。誼實相成。蓋共和根本思想。不外自由平等博愛三言。而社會主義即本此精神。以課諸行事。六。本黨所主張雖係世界社會主義。而並不妨害國家之存在。且贊同共和。融化種界。尤與中國今日之國是契符。七。本黨提倡教育平等。遺産歸公。多與三代井田學校制度。及孔子禮運所稱道者。先後一揆。實吾人固有之理想。在中國特易於施行。八。本黨原非政黨。凡事均在社會一方面著手。不欲瑣瑣干預政府之行爲。更無取而代之之野心。對執政者。亦不存成見。非至兩不相容時。固無所用其抵抗之手段者。九。本黨發生較早。國中尚無大地主大富豪。故先事預防。推行無滯。不至蹈歐美覆轍。而釀成經濟界之大劇戰。十。本黨獎勵勞動家。振興直接生利事業。正爲國人對證下藥。可以祛依賴之劣性。矯遊惰之敝風。綜右數事。則社會主義與本黨之性質。當思過半矣。其於民國前途。有百利而無一害。蓋章章也。故前大總統孫中山君。今內閣總理唐少川君。皆絕對贊成。而外間論者。未盡了然。或挾私心。或膠故步。或懵於真相。遂致毫釐千里。或狃於近利。視爲迂闊難行。公識解過人。必具卓見。茲事體大。幸賜教之。不佞爲人民計。爲國家計。固亟盼我公之慨表同情者也。狂忱上聞。不盡萬一。

　　辛丑①冬間。余歸自日本。袁慰廷君方總督直隸。駐節保陽②。忽遣通永道楊蓮府③君。賫重幣。陳驪儀。招致幕中。俾主編譯局事。余以年少氣盛。不習與諸官僚往還。未及期年。掉頭東去。然知遇之感。未嘗去懷。南北和議將成。滬上輿論極反對袁君。余亦自附於諍臣之義。呈電一通。"和議發見。南方各團體。對於優待皇室條件。曾會議糾正。嗣遜位諭下。令公以全權組織共和政府。輿論又大譁。鄙意亦謂組織共和政府。宜本國民公意。清帝無委任公之權。公無受委任於清帝之義。事理兩失。名實不符。不佞於公。少辱知遇。敢進忠言。苟非正式國會普通選舉者。幸毋輕就大總統之職。使人疑公有利天下之心。而以一身當衆矢之的。非民國之福。亦非公之福。公個人出處。係大局安危。請審慎三思。愛國即以自愛。幸甚幸甚。"比統一政府成立。又以社會黨代表名義。電陳臨時政見。一國會實行普通選舉。并定一院制。一專徵實地價稅。採用重農政策。一教育交通慈善事業。皆由國立公共機關。一限制遺產相續。一女子有參政權。一遣散新軍。實邊屯田。得復嘉許。右文係北上時作。雖一種便宜説法。却亦非詭隨之言也。

---

① "辛丑"，即 1901 年。
② "保陽"，河北保定舊稱。
③ "楊蓮府"，即楊士驤（1860—1909），字萍石，號蓮府，安徽泗州（今安徽泗縣）人。光緒十二年（1886）進士，由翰林院編修轉直隸通永道，官至直隸總督、北洋大臣，卒於任，贈太子少保銜，諡文敬。

北上宣言 元年六月

　　鄙人此次旅行。原意扶植北部事業。調查沿江情形。乃二豎擾人。僵臥旬日。而吾黨多故。長沙荊門迭被禁捕[①]。事變所起。未悉其詳。揆厥原因。由於反對吾黨宗旨者半。由於反對該支部黨人或其他特別之事故者亦半。以通例論之。此爲社會黨題中應有之文。且特其開幕而已。吾人計及已久。初無所用其張皇。其影響所被。在積極的。或緣反動力而吾黨愈以擴張。在消極的。則吾黨方在鼓吹時代。但求普遍。不暇爬梳。經此風潮。而一般無意識者。自必取消漸滅。而淘汰出於天然。所留存者。乃皆健全之分子。故鄙人對此。所抱樂觀。富於悲觀。聞彼等所藉口者徒曰。本黨未經政府正式承認。不知臨時約法。既許集會自由。況本黨非政黨。尤無必須呈請批准立案之理。但彼等既一切諉責於總統。并電請中央設法限制矣。則此事根本的解決。自當與總統爲直接之交涉。故鄙人擬力疾晉京。逕謁項城。然後周流揚子江而下。社會主義固歷刦不磨。鄙人所主張者亦至死不變。惟吾黨應用之方法。不能不隨現政府之對待爲轉移。一切事宜。統俟鄙人返滬。召集第二次聯合大會。公布決議。聯合大會以前。本部暨各支部。仍當恪守黨綱。尊重人格。保持原有之態度。勉爲一致的進行。

---

① "長沙荊門迭被禁捕"，1912 年 6—7 月，黎元洪先後解散湖北荊門、沙市、宜昌、襄樊等地社會黨支部，命令內務司、軍務司和警視廳通知各縣知事及軍隊、警察，不許任何人以社會黨的名義開會、演講，違者必須拿辦。

臨別贈言。至希公鑒。

　　本黨初成立。各處發起支部者。皆在黃河以南。此行特爲發起北京部。而河北一帶響應者。凡數十百起。南北疏密之度。乃漸平均矣。又以湖南北各支部迭被干涉。訴之中央。亦得滿意之解決。并力陳於政府。請厲行國家社會主義。脱據亂而進小康。亦一種便宜説法而已。

調和黨争宣言 元年六月

社會黨非政黨也。不與政黨同其趨步。亦不遑瑣瑣干預政黨之行爲。特鄙人此次北來。有大不幸之現象。至使不忍自安於緘默者。則某某兩政黨及某某數報紙之爭持是已。鄙人不學。竊嘗聞之。政黨者。以國家爲前提。以政綱爲作用。報紙者。負監督政府指導輿論之天職者也。顧乃專恃意氣。偏重感情。至於弁髦政綱犧牲國家而毋恤。不監督政府。而惟攻訐個人之陰私。不指導輿論。而惟挑撥社會之惡感。甚至劃分南北。爭正統之編年。隳突東西。逞健兒之身手。試問如此政黨。如此報紙。其於民國前途。爲有利乎。爲有害乎。鄙人亦知某某兩政黨。不乏明達憂時之彥。某某數報紙主持筆政者。亦多一時聞人。徒以束身局中。遂致激爲已甚。其有主張調和者。又因關係互殊。各處嫌疑之際。居間之言難入。而門戶之見日深。不知鷸蚌未下。已授利於漁夫。燕雀相喧。等焚身於大廈。鬩牆有武。而禦侮無聞。慘甚淪胥。思之心悸。況吾儕社會黨人。其眼光以世界爲範圍。視國與國之戰爭。已不啻雞蟲之得失。矧於國內。更分黨界。蠅頭蝸角。擾攘不休。不已哀乎。鄙人妄自揣度。居旁觀者之地位。具第三人之資格。本排難解紛之怡。効被髮纓冠之勞。欲爲某某兩政黨及某某數報紙。溝通聲氣。解釋猜疑。蠲小忿以裹大謀。泯前嫌而圖後效。期各保存政黨與報紙之體面與價值。以不負諸君子投身入黨努力辦報之初衷。特先發表其意見如此。當即聯絡中立派贊成者。說合兩方面主動者。責以大義。動以至誠。據正當之理由。爲根本之解決。茲事體大。所係匪細。國計之安危。人心之凝散。悉視兩造之從違爲轉移。鄙人一人。固不足爲輕重也。惟希諒鑒。謹此宣言。

　　右文係在北京時作。時同盟會共和黨①報紙。互訐陰私。致相衝突。由筆墨而口舌。由口舌而臂鬭。提起訴訟。騰笑邦人。此次宣言。雖無效果。然兩方面皆頗慚沮自返。遂以不了了之。惟門戶已成。芥蒂難拔。前途所極。正未易言耳。

---

① “共和黨”，1912 年 5 月 9 日，立憲派爲適應袁世凱急於組織最大政黨，用以對抗中國同盟會的需要而成立於上海的政黨，以兩湖立憲派爲核心，推黎元洪爲理事長，張謇、章太炎、伍廷芳、那彥圖、程德全爲理事，湯化龍、林長民、王印川等 54 人爲幹事。其政綱標榜“保持全國統一，采取國家主義；以國家權力，扶植國民進步；應世界之大勢，以平和實利立國”，實質是要將全國統一到袁世凱手中。

致黎副總統①書論查禁社會黨支部事_{元年六月}

宋公副總統座下。民軍倡義。公爲首勳。崇拜之忱。貞諸無斁。本黨成立。方在貞元之交。所以謀社會之改良。促政治之進步。黨綱具在。計荷察知。發起以來。全國景從。支部林立。鳳聲②所播。輿論翕然。乃道路流傳。公忽有查禁社會黨之事。初冀所聞非實。近據武漢部報告。各報紙登載。始知公以社會黨多無聊之人。倡均產主義。甚至強佔房屋。干預公事。通飭軍警地方官長。迫脅解散。如有抗違。立予拿辦。云云。殊深駭歎。社會黨流派不一。而本黨於不妨害國家存在範圍內。主張世界的社會主義。并認今日爲鼓吹時代。不欲與現行政治法律相衝突。且初不採用均產制度。請試檢閱宣告書。然自能辨之。至公所執持。尤不足依據。干預公事。乃公民應有之權。不以入社會黨而始得者。亦不以入社會黨而即失。強佔房屋。所佔何地。佔者何人。果出無理。則就事論事。可以民法處分之。與黨何涉。無聊二字。指學識耶。必教育至何程度。方謂有聊。古無的解。指職業耶。本黨振興直接生利事業。獎勵勞動家。方將助令此輩。自營生計。且此輩無職業者。非盡游惰性成。正緣國家行政與社會制度之不良。實釀成之。則倡導之事。愈不可已。況民國締造以前。革命諸鉅子。

---

① "黎副總統",即黎元洪(1864—1928),原名秉經,字宋卿,湖北黃陂人,中華民國第一任副總統、第二任大總統。
② "鳳聲",有誤,"校勘記"改爲"風聲"。

非皆所謂無聊之人耶。即如公者。方爲前清湖北一協軍統時。試問聊賴安
在。似此無根游詞。即以加罪個人。猶且不可。況概舉全黨乎。總之黨務
發達。黨員衆多。偶有一二違背黨綱抵觸法網者。則以公所處地位。按律
懲治。亦固其宜。若欲假此抹倒團體。取消機關。奪人民之自由。蹈亡滿
之覆轍。微論共和政體。臨時約法。理不可行。且恐壓制愈嚴。爆發愈烈。
使本黨不幸。不能終保其和平。而民氣激昂。國本搖動。誰尸其咎。可爲
寒心。明達如公。乞更三思。頃方組織本黨北京都①。謁見袁大總統。有所
陳白。不日南下。當即趨詣旌麾。面陳歟曲。致袁總統一函。概括簡淺。
特録副奉呈。退食之餘。倿賜省覽。當必了其大恉也。專此布達。即頌鈞安。

---

① "北京都"，有誤，應爲"北京部"。

[致黎副總統書論查禁社會黨支部事]其二元年八月

宋公副總統座下。前爲社會黨事。曾上寸箋。計登記室。不佞向聞武漢一帶。黨員極盛。而流品複雜。進行沮滯。更有不肖宵人。假借名稱。招搖生事。故此次專車前來。一面以總代表名義。向行政官廳。聲請查究。一面以發起人資格。舉內部辦法。糾正改良。連日諏諮。略有端緒。大抵社會主義。中國今日方始萌芽。理論未大昌明。流俗每多疑怪。反對者固近於狂吠。贊成者亦半係盲從。每當阻力之橫生。愈愧鼓吹之未盡。特訂日內開講演大會。擬舉社會主義之起源及流派。各國社會黨之狀況。本黨之主張及歷史。窮源竟委。剴切敷陳。浹汗人心。改造輿論。先聲所播。各界歡迎。此誠根本的問題。最初之解決也。然返觀宜昌沙市荆門之已事。知本黨固實有無理取鬧之人。而明公乃竟以兵力取消。並飭拿解正法。此等舉動。似於世界大勢。本黨黨綱。民國法律。皆有所隔閡而不可通。除已諉誠鄂省各支部。恪守規章。尊重人格。妥慎設施外。不敢不撮舉崖略。更爲明公正告之。社會主義爲世界唯一之問題。二十世紀者。社會黨之勃興時代也。在理論上。已成最有根據之學科。在事實上。已成最有聲援之團體。地無東西。人無黃白。萬流共穴。一日千里。唯日俄意西等君主國度。社會黨尚爲祕密結社。餘皆明白傳布。公然進行。且選舉議員。組織內閣。例證具在。焉可誣也。至其和平激烈。則一隨政府之待遇爲轉移。放任自由者。甯謐無虞。干涉嚴重者。禍變相尋。世界之大勢如此。明公將何去何從。本黨成立。遠在南北未統一以前。其宗旨於不妨害國家存在範圍。倡道世界社會主義。贊同共和。融化種界。改良法律。本民主立國之精神。組織教養機關。獎勵勞動事業。補地方行政之不及。破除世產者。三代井田之遺意。專徵地稅者。歐美試行之良法。限制軍備者。兵貴精練。餉不虛糜。輕編氓之負擔。助生產之發展。皆於國家。有利無害。況其事猶爲學理的斷案。初未着手於實行乎。本黨之黨綱如此。明公雖欲加之罪。將何從爲之辭。民國約法。人民有言論出版集會結社之自由。且非依法律。未經審判。不得爲刑罰之執行。今會黨則兵力取消。人民則拿解正法。審判之手續未備。即法律之効力不生。明公固民國首義第一人。民國之法律如此。而可以躬蹈咎戾故犯尊嚴乎。諸所云云。或已早在洞鑒中。然而出此者。竊意以爲必有誤點二。一則以末流而歸咎本體也。大凡一宗教一學說之確立傳久。必各有其顛撲不破之理由。況社會主義之如日月經天江河緯地者哉。唯推行未善。則流弊滋多。顧慨制擧之腐敗。而唾罵東家。痛法皇之專橫。而戮辱景教。理所不許。情亦未安。鄂省各支部。果有辦理乖方。以至擾亂秩序者。則防其橫溢。加以稽查可耳。而奈何乃欲取消社會黨。而奈何并欲取消社會主義。不知社會主義。非人類滅絕。斷無取消之一日。雖以兵力。其如予何。一則以個人而牽涉法團也。本黨黨員。除少數居留之日本歐美人。皆中華民國國民也。國民而犯軍事刑事民事等罪。即可逕以軍法刑法民法罪之。於他人何與者。於本黨何與者。況社會黨認個人爲完全獨立之分子。一切行爲。皆自負責任。從不以全黨名義。干預司法行政之權。又況恃強佔產。詐欺取財。皆現行犯。非國事犯。但使情證確鑿。本黨尤切望懲創之加。以坐收淘汰之效。然其罪固僅限於本身。罪人不孥[1]。古

---

① "罪人不孥"，語出《孟子·梁惠王下》："昔者文王之治岐也，耕者九一，仕者世禄，關市譏而不徵，澤梁無禁，罪人不孥。"

有明訓。況今日乎。況法團乎。安得胥我黨員而一一拿解而一一正法也。
且明公權力所逮。亦止鄂省一隅而已。鄂省僅當全國二十而一。全國現有
支部四百餘起。黨員二十萬餘人。鄂省將離全國而自爲風氣乎。抑比全國
而悉數誅鋤乎。又況并鄂省而未能實行。武昌漢口諸部。近在麾下。而巍
然猶存。明公亦何事垂一紙之空文。召輿人之掊擊乎。不佞忝爲全黨主任。
對內則整頓維持。執鞭弭以自策。對外則交涉請願。冒斧鉞而不辭。謹布
腹心。上干清聽。務祈通飭鄂境軍警司法長官。勿得違背約法。禁制社會
黨各支部應有之自由。嗣後遇有事件。但當問其犯罪不犯罪。不必問其黨
員非黨員。以昭平明之治。而安反側之心。民國幸甚。本黨幸甚。語云。
責備賢者①。又云。唯善人能受盡言②。不佞固日以賢者與善人爲明公禱祈
也。即叩勳安。不任主臣。

　　　右文其一係在北京聞查禁消息而作。其二係在漢口出險後作。旋
　　　得復書。備辱推許。有云。"以高尚之人格。發宏深之學理。風聲所播。
　　　遐邇傾心。"余報書贈別。有云。"以至誠待人。以寬大爲政。勉循約
　　　法。永寶榮名。"黎君蓋能受盡言。且可與爲善者。或疑漢口之役爲文
　　　字獄。非是。

---

① "責備賢者"，語出《新唐書·太宗紀贊》："然《春秋》之法，常責備於賢者，是以後世君子之
　　欲成人之美者，莫不嘆息於斯焉。"
② "唯善人能受盡言"，語出《國語·周語下》："唯善人能受盡言，齊其有乎？"

呈內務部文聲明社會黨並無呈請立案事①_{元年七月}

呈爲聲明事。讀本月二十五日大部通告咨直督文。中國社會黨呈請立案等因。殊深駭異。本黨上海本部之成立。遠在去年九月間。其宗旨主張世界的社會主義。而初不妨害於國家。所以促共和政治之進行。謀財產制度之改革。支部林立。全國風從。黨員至二十萬人。維以今日方在鼓吹時代。本黨並非法定機關。雖經前大總統孫前內閣總理唐極力贊成。熱心倡道。而本黨對於中央政府。從不爲批准立案之要求。良以道不相謀。誼各有當。且其事本已範圍於臨時約法之集會結社自由中也。乃直隸支部尚未正式成立。不知何人。擅自假冒團體名義。呈由都督咨請大部批准立案。似此舉動。跡近招搖。本黨概未與聞。絕對不能承認。無論此人是否黨員。亦無論大部是否批准。當然取消。作爲無效。除由本黨徹查嚴究。并登報更正外。尤恐若輩或別有假冒招搖情事。特更具呈聲明。并請通飭知照。至大部原咨稱。本黨規章破除世襲遺產制度。核與臨時約法人民保有財產之自由一條相抵觸。云云。不知此乃學理的斷案。尚未着手於實行。即使實行。不過本黨黨員。以其志願。著之遺囑。自將身後財產。捐入公共機關。其與保有財產之自由。亦屬毫無抵觸。考文明各國法律。靡不承認遺囑爲有效。承認遺囑爲有效。正所以尊重人民保有財產之自由。臨時約法

---

① 目錄爲"呈內務部文聲明社會黨并無呈請立案事"。

該條本意。原是如此。而大部反以爲抵觸。毋乃①誤會歟。總之本黨理由充足。方法穩和。決不與臨時約法相背馳。亦無須批准立案之必要。惟社會主義方始萌芽。理論未大昌明。世俗每多疑怪。解釋偶錯。流弊易滋。務祈大部准將此文登入通告。俾天下曉然於社會主義之真相。與臨時約法之精神。免貽本黨全體之羞。實爲民國前途之福。至叨公便。謹此上呈。

　　右文係在北京時作。旋即訪問内務總長趙智庵②君面談。承允將此呈文登入通告。取消前案。嗣經調查。乃知天津部發起人郭究竟③君。緣巡警道楊以德④干涉。呈明直隸都督。要求集會自由。而都督遂據以咨部。并代請立案。其後天津部賴陳翼龍⑤君之奔走。袁豹岑⑥君之斡旋。并得内務部札飭巡警道毋庸干涉。乃獲成立云。

---

① "毋乃"，同"毋乃"。
② "趙智庵"，即趙秉鈞（1859—1914），字智庵，河南汝州人。清末時創辦北洋巡警學堂，1912 年任内務總長、國務總理，袁世凱的親信。
③ "郭究竟"，郭究竟（生卒年不詳），又名久鏡，曾任天津《民興報》兼《燕報》主筆，天津《醒報》總編輯，中國社會黨黨員。
④ "楊以德"，楊以德（1873—1944），字敬林，綽號楊梆子，天津人。民國初年任直隸省警務處處長兼天津警察廳廳長。1918 年審理楊三姐告狀一案，1920 年下令逮捕愛國學生，取締了天津學生聯合會。
⑤ "陳翼龍"，陳翼龍（1886—1913），亦名意農，湖北羅田人。中國社會黨領袖之一，1912 年 7 月與江亢虎一道赴京建立中國社會黨北京支部。1913 年 3 月宋教仁遇刺後，配合孫中山反袁，準備在京津發動起義，7 月 25 日被京師警察廳偵緝隊逮捕，8 月 6 日遭槍殺。次日，袁世凱通電全國取締中國社會黨。
⑥ "袁豹岑"，即袁克文（1890—1931），字豹岑，別署寒雲，袁世凱次子。

社會黨有益國家說_{元年七月}

中國社會黨成立以來。發達之盛。迥非始願所及。近日湘鄂兩都督。忽有干涉當地支部之事。意其原因。必爲支部黨員間有招搖滋事者。則干涉之正以保護之耳。乃據傳聞。兩都督通告中央及其所屬。若謂社會黨之主張。頗有妨害於國家。似於社會主義之宗旨。與本黨之性質。全不了了。夫社會主義之宗旨。誠以個人爲單位。以世界爲範圍。故其目的惟在謀全世界各個人之幸福樂利。而國家有所不及顧也。且彼妨害全世界各個人之幸福樂利。以別謀所謂國家的幸福樂利者。社會主義尤反對之。藉口者乃據以爲社會主義妨害國家之信讞矣。而不知所謂國家者。固由一部分之個人構成。且又爲全世界之一部分者也。故一方面。世界爲全體。國家爲部分。又一方面。國家爲全體。個人爲部分。世界之幸福樂利。即世界一部分的國家之幸福樂利在其中。個人之幸福樂利。即一部分個人所構成的國家之幸福樂利亦在其中。反是以思。妨害全世界各個人之幸福樂利。以別謀所謂國家的幸福樂利者。其究竟之結果。必致所謂國家的幸福樂利。亦同受其妨害而後已。蓋全體與部分的關係。固如此其密切而不可離也。故吾敢斷言。欲謀國家之幸福樂利者。亦謀全世界各個人之幸福樂利而已。此即倫理學家利己必利他利他即利己之恉也。然則社會主義之宗旨。豈唯不妨害國家。毋寧謂爲有益於國家矣。

至於本黨之性質。則不但其究竟之結果。無絲毫妨害於國家也。乃至其進行之方法。亦且大有益於國家。夫國家之本體不可見。其見之行事。則教育農工商業交通財政稅務司法軍備警察外交各方面皆是。茲即就以上各方面。實指本黨之有益於中國國家者。簡括其詞。揭之如左。

一本黨有益於教育　中國教育不普及。且不平等。由於無教育之經費與教育之人才。本黨主張建設公共機關。普及平等教育。而遺產歸公。則不患無經費。且承認教育爲專門學術特殊事業。而責成之有學識有經驗之人。則不患無人才。

一本黨有益有[①]農工　中國今日。獎在舍本逐末[②]。本黨主張獎勵勞働家。尤重農工。又主張專徵地稅。則富豪不致壟斷。而游惰樂於歸田。實一種尚農政策也。至其有益於工人。尤不待煩言。

一本黨有益於商業　關卡釐金者。商業之魔障也。本黨主張罷免一切稅。則運輸輕便。貿易自由。其利自倍。且商業以農工爲根本。農工發達。商業亦未有不發達者也。

一本黨有益於交通　本黨主張專徵地稅。實土地國有之先驅也。土地國有。而後交通事業可以活潑進行。歐美各國通例如此。且罷免一切稅。則盤查需索之奬胥蠲。而交通乃益便利矣。

一本黨有益於財政　不患寡而患不均。生之者衆。食之者寡。爲之者疾。用之者舒。此財政要義。古今中外一也。本黨主張振興直接生利事業。獎勵勞働家。所謂生之者衆爲之者疾也。破除世襲遺產制度。則均平之道也。且百姓足君孰與不足[③]。國家財政。亦繫乎國民經濟耳。

一本黨有益於稅則　本黨主張專徵地稅罷免一切稅。似乎稅務將見減色矣。詎知不然。中國向徵地產稅。即課稅於人工也。非惟剝削人工之利。

---

① "有益有"，有誤，應爲"有益於"。
② "舍本逐末"，有誤，應爲"舍本逐末"。
③ "百姓足君孰與不足"，語出《論語·顏淵》。

其結果能使熟田少而荒地多。因荒地不稅也。且地產之生殖有限。而地價之騰漲無限。故地產稅額。有清三百年來。增加無幾。而不得不巧立名目。以附益之。卒之病民乃適以病國矣。如專徵地稅。則其稅率經年累月。繼長增高。國利民福。一舉兩得。所苦者二三地皮大王而已。然其究竟之結果。亦仍無損而有益也。況稅制煩苛。則手續複雜。機關遲滯。員司冗沓。支用浩繁。而當事者。益舞文弄獘。上下其手。敲比所得。中飽過半。專徵地稅。簡單純一。易知易行。涓滴歸公。積獘淨盡。豈不快哉。

　　一本黨有益於司法　本黨主張改良法律。尊重個人。此實法治國之根本精神。且本黨黨綱。果能一致實行。則衣食足而知榮辱。倉廩實而知禮節①。化行俗美。政簡刑清。而司法機關。乃可以無為而治。司馬遷曰。法令者治之具。而非制治清濁之源②。社會主義乃制治清濁之源耳。

　　一本黨有益於軍備　本黨主張限制軍備。持尚武主義軍國民主義者。每詬病而排斥之。不知所謂限制者。其解釋全在兵貴精練餉不虛糜八字。總期練一兵得一兵之用。出一餉受一餉之益。蓋兵固貴精不貴多。多則未有能精者也。不預算。不統一。隨意招募。隨意遣散。不但病民。而且擾民。不但擾民。而且自擾。常見各省軍隊。或以無軍械而游嬉。或以欠軍餉而滋鬧。是非無限制之害哉。而限制之有益於軍備乃益信矣。

　　一本黨有益於警察　道高一尺。魔高一丈。防獘者愈嚴。則作獘者愈巧。故警察發達之國家。其民德之墮落政治之黑闇可知也。本黨黨綱實行。則大同之盛。可以立見。行者讓路。耕者讓畔。夜不閉戶。道不拾遺。警察職務。日趨簡單。其有益為何如。

---

① “衣食足而知榮辱。倉廩實而知禮節”，語出《管子·牧民》：“倉廩實，則知禮節；衣食足，則知榮辱。”
② “法令者治之具。而非制治清濁之源”，語出漢司馬遷《史記·酷吏列傳》。

　　一本黨有益於外交　　中國外交之失敗。一由於虛憍者之排外。一由於卑鄙者之媚外。本黨對外則務取溝通。對內則力圖自立。必溝通乃進於大同。必自立乃躋於平等。故主張軍備以外之競爭。與各國折衝於優勝劣敗之大舞臺。務使教育實業諸端。在世界上占一重要之位置。其又誰敢侮之。

　　此外則黨綱第一條贊同共和。本黨實率先一切集會結社正式承認中華民國。第二條融化種界。本黨實率先一切集會結社切實履行五族共和。其有益於國家。尤爲有耳目者所共聞見。尤有進者。國家革命。必以社會革命爲後援。此次革命。政體的革命而已。形式的革命而已。最少數人的革命而已。至於大多數人精神上風俗習慣上之革命。則本黨實負其天職。惟革命之方面不同。故革命之手段亦異。本黨絕不主張暗殺暴動種種激烈危險之事。且深信社會革命。決非暗殺暴動種種危險激烈之事所能辦。惟專以普遍法鼓吹輸布。轉移輿論。改造人心。先使吾四萬萬同胞人人有共和國民之程度與能力。而後徐謀向上之進行。是其無形的有益於國家。尤不可以數量計算。不可以言語形容。特功效在隱微。收穫需時日。故非一般人見解所及耳。總之。社會主義之宗旨本可不妨害國家。而中國社會黨之性質。不惟不妨害中國國家。且大有益於中國國家。彼以妨害國家爲藉口而干涉本黨支部者。可以止矣。

　　　　右文係在北京時作。因湖南北各支部迭被干涉。皆以本黨妨害國家爲藉口。故草此以間執之。

漢口遇險出險[1]記書後 元年八月

余此次自京南下。假道漢皋[2]。遇險出險。情節幻變。疊承各界函電交詢。訪問慰勞。尤應接不暇。因追舉實情。筆其崖略。以代答言。於此而重有所感矣。民國臨時約法。人民之身體。非依法律不得逮捕拘禁審問。此次遇險。初無可指之罪狀。並無正式之公文。及其出險。亦唯黎副總統以個人名刺[3]派員接迎。始終不依據法律以行事。而固已公然逮捕公然拘禁公然審問矣。一也。偵電偶傳。全城變色。風聲鶴唳。一夕數驚。遣將分符。儼臨大敵。池魚殃及。如沸如羹。舉措張皇。殆同兒戲。此等長官。此等軍隊。尚望其決勝千里坐鎮一方乎。二也。搜查不獲證據。審問毫無嫌疑。而猶禁制自由。不遽釋放。直至公憤激昂。詰責四起。乃始改容敬禮。開宴周旋。設消息之傳播較遲。而營救之設施少緩。則覆盆待盡。夫復何言。迨刑罰已加。荼毒已備。雖欲昭雪。其可逮乎。三也。余亦幸而姓名爲社會所聞知。有輿論爲後援。恃衆怒之難犯耳。我顛連無告之同胞。偶遭飛災。誰爲顧問。黑暗情狀。思之寒心。四也。什物翻騰。兵警雜沓。持鎗偪勒。當面分贓。寇盜無其恣睢。行旅爲之竦息。既不約束於先。復

---

① “漢口遇險出險”，1912 年 8 月 21 日晚，江亢虎在漢口大智門車站被黎元洪派重兵拘捕，後被押赴警廳審訊，但在次日的審訊過程中，黎元洪派人慰問江亢虎，表示歉意。不久，黎元洪又親自接見江亢虎，自承失禮；並派代表出席了漢口社會黨支部歡迎江亢虎的會議。
② “漢皋”，漢口的別稱。
③ “名刺”，即名片。

不緝查於後。既不賠償損失。復不懲創凶人。人民保有財產之自由何在。五也。綜是五事。蔽以一言。名襲共和。毒浮專制。烏乎民國。烏乎國民。今日之事。特其見端。不佞一人。無足輕重。況蒙副總統盛席招邀。警視廳文明欵待。私心感媿。頌禱不遑。然語有之。相彼雨雪。先集維霰[1]。前車已覆。後軫方遒。觀往知來。因小見大。竊爲我四萬萬歌舞共和之姊妹弟兄。默祝吾言之幸而不中。

　　右文係在漢口支部時作。徇各報記者之請。口述遇險出險始末。而黨員彭佛同[2]君筆記之。原文見各埠各報。及惜陰公會出版之縛虎記[3]中。是役也。余初無所痛苦。而武漢講演會得以大開。湘鄂各支部原被禁捕者。不費交涉。而一律恢復。黎君既前倨而後恭。本黨乃因禍而得福。黎君之勇於補過也。如日月之食。無損光華。而本黨各支部恢復以來。進行無狀。始勤終懈。名存實亡。愧負黎君多多矣。

---

① "相彼雨雪。先集維霰"，語出《詩經・小雅・頍弁》："如彼雨雪，先集維霰"。
② "彭佛同"，不詳。
③ "縛虎記"，書名，邵廷玉編輯，1912 年 10 月由上海惜陰公會出版，述江亢虎被黎元洪扣押於漢口的經過。書分專論、傳記、筆記、文牘、外論、短評、電報、記事、雜錄、學說等欄，"學說"欄載《孫中山先生講演之社會主義》、樸庵《論社會主義所由起》。惜陰公會又據此事編成《縛虎記》劇本，1912 年 11 月 1 日由開明社演出於上海中華大戲院。

復某君書論社會黨與女子參政事_{元年九月}

大示誦悉。中國女子參政之議。發起於本黨女黨員。而不佞實爲最初原動之人。惟因係別一問題。故不以本黨名義行之。且女子參政同盟會^①成立以來。不佞亦遂不復預謀其事。蓋人貴自立。理無越俎。雖有險阻艱難。正將假此爲女子養成相當之能力。與必要之經驗。以作將來參政之預備。此要求時代所必經之階梯。其成敗利鈍。尚非今日所能逆見。若不佞者。題前則首爲之倡道。題後則退處於贊成。其地位固應如是。無所謂始勤而終懈者也。女子參政之可否。茲姑不贅言。至來書反覆周詳。以爲社會黨與女子參政事不相並。綜其大意。括以兩端。一則社會主義以無治爲歸。不應從事政治。以自亂其宗旨。一則女子清潔高貴。尤不應使之從事政治。以自穢其人格。第一義至難言矣。社會黨人之主張。亦各有不同。可大別爲二。甲派者曰。社會主義之目的在無治。即其手段亦不當應用政治。凡應用政治之社會黨人。不唯理論所不許。即於事實亦難行。其結果惟有同化於政治之腐敗而已。此近於無政府社會主義。乙派者曰。社會主義之目的。在使政治日趨於美備。而政治所賦與之幸福均平。其手段亦必自政治各機關入手。期於綜攬三權。以推行顢若畫一之制度。此近於國家社會主

---

① "女子參政同盟會"，由沈佩貞、唐群英、張漢英等發起，1912 年 4 月 8 日成立於南京。該同盟會由上海女子參政同志會、上海女子後援會、上海女子尚武會、金陵女子同盟會、湖南女國民會五團體聯合而成，以爭取女子參政權爲宗旨，要求男女平權，提高女子學識，以從事社會、經濟、文化活動。1913 年 12 月被查禁。

義。兩派絕對的反對者也。將是乙而非甲乎。則政治罪惡一語。已成不可諱之事實。歐美各國社會黨人之應用政治者。其現狀有足令人寒心。以此欲達吾人向上之目的。誠不可知之數已。將是甲而非乙乎。則無政治即無系統。無契約。無機關。如此之世界。試以吾人設身處地思之。能安居乎。能進化乎。吾人雖深信無治爲最高尚之理想。然無治以前。其手續如何。無治以後。其變象如何。無論何人。不能懸斷。是絕對的無治。實尚在懷疑時代也。鄙見竊謂。政治性質。當分兩種。一種曰官治。一曰國家政治。如軍備關稅等。此於吾人有直接的損害者也。一種曰自治。一曰地方政治。如教育實業等。此於吾人有直接的利益者也。兩種性質既迥殊。則吾人處分之方法亦大異。凡關於官治者。應極力逐漸縮其範圍。弱其勢力。採消極主義。以求其簡單。凡關於自治者。應極力逐漸擴其範圍。厚其勢力。採積極主義。以求其完密。此說於甲乙兩派。或能調劑而折中乎。總之從事政治者。不得謂爲自亂其宗旨。蓋宗旨固自有真也。第二義矯枉過正。尤爲謬解。女子誠不較男子污辱。然亦何至獨爲清潔。女子誠不較男子卑賤。然亦何至獨爲高貴。若謂女子特別清潔高貴。是以神聖視女子。或如小說家賈寶玉心理。以玩物視女子。而皆不以普通正當之人類視女子。是不平等耳。非社會黨人之言也。況政治是否穢物。本尚無定評。就如極端社會主義家之說。認政治爲穢物。必更認金錢爲穢物矣。然則女子不應參政。將并不應用錢。政治金錢之權利。皆壟斷於污辱卑賤之男子。彼清潔高貴之女子。惟有餐風飲露調脂傅粉。長爲畫中人而已。豈理也哉。故不問政治是穢物非穢物。女子要當援利益均霑機會平等之義。向男子分此一杯羹。迨公認政治爲不祥爲無用。則同時脫離之毀棄之可耳。若在今日。甚非其時。女子不必獨清。男子亦不容專利也。總之從事政治者。不得謂爲自穢其人格。蓋人格本無偏重也。至於唐吳林沈諸君。固以社會黨人兼參政會幹事。然其平日行誼及此次要求手段之正當與否。又是一事。無關本悃。恕不縷陳。統惟諒鑒。

　　右文係在長沙時作。時女子參政會員要求議院。激烈過甚。某君蓋持無政府主義者。自滬來書。頗歸罪於始作俑者。因草此報之。書中第一義。嘗譯以告俄國無政府黨人史特孟君。極辱推許。并謂。無政府實無強權之意。非無機關組織之意。若免關稅。撤軍備。專從事於教育與實業。則教育與實業之機關組織。必更繁密完美。而政府者。不啻公司之經理。學校之教師。無強權即無罪惡矣。意與余全同。竊自信爲無政府之正解也。

返滬宣言 元年十月

鄙人此次旅行。原擬溯揚子江而北上。嗣以長沙事起。支部解散。除委託代表赴湘交涉。僉謂宜更向中央政府爲根本之解決。而都下同志衆多。怵於專制餘威。無敢公然倡道。建設機關。函電招邀。責望殷摯。因改遵海綫道芝罘①天津以入燕。迭謁大總統内務總長。敷陳剖白。備辱懽迎。乃天津黨員忽有冒昧呈請立案之事。幸即聲明取消。一面開北京部成立大會。一面委託專員。重新組織天津部。奉吉秦晉。靡然從風。會武漢風潮又起。事變稠疊。聲勢洶涌。即日趁車南下。橫罹先妄②。幾蹈危機。賴各界抗争。同志營救。副總統改容優禮。湖北支部一律復興。惟湖南代表雖已省釋。而支部訖未恢復。不避艱險。躬往長沙。譚都督③極道歉忱。并示禁軍警干涉。各支部乃得繼續進行。蓋至是而本黨對外之交涉。可以高唱凱歌矣。其下江一帶。本應如約沿途勾留鼓吹。而第二次聯合大會期限日近。本部同人亟待會商。預爲部署。不能不量緩急爲先後。遄返滬上。爲籌備計。惟是外界之困難既消。而内部之規畫愈亟。願我黨員。懲前毖後。履薄臨深。勉踐誓言。共謀進步。毋假公團名義。自便私圖。毋以個人行爲。牽動全局。不使反對藉口。庶幾遒邁歸心。團體堅牢。前途遠大。功在社會。

---

① "芝罘"，即芝罘島，山東烟臺北部的陸連島。
② "先妄"，有誤，應爲"無妄"。
③ "譚都督"，即譚延闓（1880—1930），字組庵，號無畏，湖南茶陵人，民國時期曾任湖南都督、國民政府主席、行政院第一任院長。

責在個人。其有應興應革者。除黨綱未可輕議紛更外。均請抒陳意見。以便採入議題。俟大會時。付各代表公決施行。鄙人不敏。願執鞭弭以從之。

余以壬子端午①北上。中秋②返滬。凡百日間。迭訪大總統袁副總統黎内務總長趙步軍統領江③湖南都督譚諸君。徧觀烟台北京天津漢口武昌孝感南京各支部。覺外界之交涉尚易。而内部之整頓綦難。且一切外界之阻撓。悉由於内部之腐敗。下流歸惡。空穴來風。不遑責人。但當自責。然此非本黨一黨之罪也。各政黨乃無不皆然。且有甚焉。特恃權利關係相維繫。又假機關報紙爲揄揚。故自表面視之。亦頗各具形式。倘揭開黑幕。則燃犀鑄鼎。無此奇觀。蓋人心猶此人心。風俗猶此風俗。任何政體。任何主義。均覺遍地之弗良。惟欲改造人心。轉移風俗。則捨社會主義。又別無長策。故本黨始終爲積極的進行。不敢遁入厭世觀。以自暴棄其天職也。

---

① "壬子端午"，即 1912 年 6 月 19 日。
② "中秋"，即 1912 年 9 月 25 日。
③ "步軍統領江"，即江朝宗（1861—1943），號雨丞，民國時期改字爲宇澄，安徽旌德人，袁世凱的心腹，1912 年 7 月起署步軍統領。

人道雜誌①發刊祝詞_{元年十月}

社會主義者。人道主義也。夫疇不知之。雖然。人有定形。而道無定名。弱肉強食。此人道乎。男尊女卑。此人道乎。吸閭巷之脂膏。以填慾壑。飛健兒之骨血。以逞野心。此人道乎。不知其爲不人道。而儼然自命爲人道者愚。知其爲不人道。而悍然強名爲人道者誣。烏乎。人道之不明也久矣。以強權代公理。而不以人治矯天行。耗矣哀哉。吾黨之發生。嘉興部進行特猛。宣講所也。平民學校也。貧兒院也。罔不趁朝銳之氣。一鼓而作成之。茲又有人道雜誌之發刊。固亦社會主義言論機關之一種。吾嘗謂主張人道者。必以社會主義爲依歸。然後所謂人道。不至虛而無薄。而轉爲反對者利用之資。編輯諸君。蓋能深悉此怡者。爰書此贈之。

人道難誌②本黨嘉興部所發行。月出一冊。旋以該支部黨員有入純粹社會黨者。各存異見。遂致停刊。本部乃別出人道週報添設世界語。由幹事白蘋洲③徐安真④張客公⑤諸君經理編輯。每期出四千紙。爲本黨與各國社會黨交通之言論機關。今已屆二十餘期矣。

---

① "人道雜誌"，1912 年 6 月中國社會黨嘉禾支部在浙江嘉興創辦的機關刊物，編輯查天畏，主要撰稿人有錢仁孝、查天畏、唐仲彪、褚禪真等，刊物以提倡社會主義、宣傳人道爲使命，欄目有祝詞、社論、學說、白話、時評、專件、記事、小說、文苑、叢談等。
② "難誌"，有誤，"校勘記"改爲"雜誌"。
③ "白蘋洲"，《人道週報》經理，餘不詳。
④ "徐安真"，即徐安鎮（生卒年不詳），并爲中國社會黨本部秘書。
⑤ "張客公"，即張克恭。

孫中山社會主義講演集①弁言 元年十月

中山先生倡道民生主義最早。顧與余夙昔所主張者間有異同。客秋九月中旬。本黨成立於滬上。未幾先生自新大陸蒞止。執手懽然相謂曰。余亦社會黨黨員也。既以西籍數巨帙見貽。復命其子科君②俾襄譯事。本黨之發達。先生與有力焉。南京政府解職後。慨允擔任本黨講師。會他去不果。余亦緣事北行。今秋先後歸來。乃得重申前約。演說於中華大戲院者三日。羣衆聽聞。歡喜讚歎。獨是先生所言。專重國家社會主義。宏暢德人卡爾馬格斯③之宗風。而於三無二各學說④。不甚贊成。余竊以爲生人苦惱罪惡之來。其源匪一。如宗教之束縛。政府之關防。家庭之牽掣皆是。先生於地稅唯一。資本歸公。教育平等。皆如本黨黨綱之恉。惟破除世襲遺產制度。謂必俟至若干萬年。千慮一失。美猶有憾。不知家庭主義一日不廢。則社會經濟問題。斷無根本解決之理。至其難易遲早。仍視吾人之致力如何。莫問收穫。但問耕耘。事屬未來。疇能逆計。又先生堅持社會黨必改組政黨。一若政治萬能。此外別無措手。本黨固非絕無政治關係者。而初不懸此爲唯一之方針。普遍鼓吹。其途千萬。且以個人爲本位。以世界爲

---

① "孫中山社會主義講演集"，1912 年 10 月 14—16 日，孫中山應邀在中國社會黨本部作 "社會主義之派別及其批評" 的演講，張讀俠（筆名毒藥）速記爲《孫中山社會主義之演講》，刊載於 1912 年 10 月 15—26 日上海《天鐸報》第二版上。江亢虎又將此本送孫中山審定，後由中國社會黨出版單行本。
② "科君"，即孫科（1891—1973），字哲生，孫中山之子。
③ "卡爾馬格斯"，即卡爾·馬克思（Karl Marx，1818—1883）。
④ "三無二各學說"，即江亢虎所主張的 "無宗教、無國家、無家庭" 和 "各盡所能、各取所需"。

孫中山社會主義講演集弁言元年十月

中山先生倡道民生主義最早顧與余夙昔所主張者間有異同客秋九月中旬本

黨成立於滬上未幾先生自新大陸澨止執手懽然相謂曰余亦社會黨黨員也既

以西籍數巨帙見貽復命其子科君偉襄譯事本黨之發達先生與有力焉南京政

府解職後慨允擔任本黨講師會他去不果余亦緣事北行今秋先後歸來乃得重

申前約演說於中華大戲院者三日羣衆聽聞歡喜讚歎獨是先生所言專重國家

社會主義宏暢德人卡爾馬格斯之宗風而於三無二各學說不甚贊成余以為

生人苦惱罪惡之來其源匪一如宗教之束縛政府之關防家庭之牽掣皆是先生

於地稅唯一資本歸公教育平等皆如本黨黨綱之惋惟破除世襲遺產制度謂必

俟至若干萬年千慮一失美猶有憾不知家庭主義一日不廢則社會經濟問題斷

無根本解決之理至其難易遲早仍視吾人之致力如何莫問收穫但問耕耘事屬

未來疇能逆計又先生堅持社會黨必改組政黨一若政治萬能此外別無措手本

黨固非絕無政治關係者而初不懸此為唯一之方針普遍鼓吹其途千萬且以個

八十二

範圍。目的尤不僅在國家。此與先生不無出入。先生大政論家也。所處地位不同。其陳詞固應如是。然除一二特殊事件外。乃無不恰如吾人胸中所欲言。而入人之深。感人之速。風行草偃。過化存神。使社會主義之常識。灌輸於一般心目間。其嘉惠於本黨者。至大且遠已。速記原稿。已徧登報章。茲經先生增訂審閱。付印單行。輒弁數言。以誌景仰。并貢其愚。示不阿好也。

　余倡道社會主義。以戀愛自由教育平等遺産歸公爲初步。以個人自治世界大同爲依歸。以二各（各盡所能。各取所需。）五非（非私産主義。非家族主義。非宗教主義。非軍國主義。非祖國主義。）爲究竟。而其方法。則唯普遍鼓吹。取得大多數之同意。以一致進行。非唯不忍有暴亂之行爲。乃至不欲有激烈之言論。惟恃至誠相感應。順輿情之自然而已。孫中山君則專重國家社會主義。且迷信政治萬能。務藉立法司法行政機關之最高權。以實行其干涉的政策。蓋一則自上而下。從最少數人着手。一則自下而上。從大多數人着手。一則採用演繹式。一則採用歸納式。一則近於政治家。一則近於教育家。一則勢順而效速。然可恃而不可恃。一則勢逆而效緩。然不可恃而可恃。此其異同之大較也。弁言意有未盡。特申論之。

縛虎記劇本書後_{元年十一月}

本黨黨員編演縛虎記。鄙人重違公意。黽勉從事。逢場作戲。擊缶呼烏。藉娛嘉賓。亦自慰勞。惟觀者須知。既係劇文。不無點綴。且此次事變。初無恩怨之可言。不過反對社會主義之結果耳。社會主義。人同此心。所以反對。由於誤解。所以誤解。由於吾儕提倡之不力。鼓吹之未遍。但當責己。何敢尤人。人而不仁。疾之已甚。猶尚不可。況黎公爲民國首義第一。即對於鄙人。改容敬禮。設宴歡迎。已可謂勇於補過。至顧問偵探軍警諸君。亦祇奉行不善。初非有意爲惡。形容大過。殊傷忠厚。迂謬之見。不自寧帖。謹識數語。以訟吾罪。并規黨人。

本黨第二次聯合會①事畢。同人以十一月一日。假中華大戲院開紀念會。并由開明社②諸黨員。編演縛虎記。強余登臺。觀者數千人。劇本凡分十幕。各有説明書甚詳。原文見惜陰公會出版之縛虎記中。

---

① "本黨第二次聯合會"，1912 年 10 月下旬，中國社會黨第二次聯合會在上海舉行（11 月 1 日閉幕）。
② "開明社"，1912 年成立的新劇團體，社長爲朱旭東，主要演員有史海嘯、朱小隱、蘇寄生、周石吟等。1914 年起，主要演於吉祥街歌舞臺，後往日本、東南亞一帶演出近三年，1917 年回國後解散。

中國社會黨第二次聯合會後宣言_{元年十一月}

　　本黨成立。瞬屆週年。黨員衆多。支部林總。茲第二次聯合大會。各代表修訂規章。業經公決通過。而一部分黨員抱無政府主義者。又一部分黨員抱國家社會主義者。別謀獨立。互相非難。甲派之宣言以爲。社會黨無國界。而本黨明明有之。不知本黨固明明規定其名義曰。社會黨在中國所組織之團體。而任何國人。居留中國者。皆得爲本黨黨員。是中國僅爲標舉本黨所在地一名詞而已。何得謂爲有國界。又以爲社會黨反對政府。而本黨明明不妨害之。不知本黨固明明揭其宗旨曰。於不妨害國家存立範圍內。主張純粹社會主義。不妨害國家豈即不妨害政府乎。且果爲無政府社會黨。即應言無政府。不應僅言反對政府。政府有可反對者。普通國民皆可反對之。不必社會黨。更不必無政府社會黨也。此不能不爲無政府主義派正告者。乙派之宣言以爲。社會主義應以國家爲本位。若純粹社會主義。尤不應以國家爲範圍。不知本黨宗旨。固以不妨害國家存立之事件爲進行之範圍。初曷嘗有以國家爲範圍之説。至謂社會主義必以國家爲本位。則本黨期期不敢苟同。蓋本黨固認個人爲社會之單純分子。社會爲個人之直接團體。質言之。即以個人爲本位。而以社會即世界爲範圍者也。此不能不爲國家社會主義派正告者。推兩派之意。皆疑純粹社會主義。必至妨害國家之存立。而本黨則以爲有一部分可以相容而並存。試即以黨綱徵之。

共和非郅治之極軌也。而在今日實一切政治較善之制度。以不妨害國家存立故。特先贊同之。而由此一變至道。法律非制治清濁之原也。而爲今日有國家時代所必不可廢。以不妨害國家存立故。特先改良之。而由此以服從天然。租稅應罷免也。而今日中央地方之公共經濟。將無以維持。以不妨害國家存立故。特先專徵唯一之實地價稅。而由此以達各盡所能各取所需之原則。軍備應撤除也。而今日能保我不侵略人。不能禁人不蹂躪我。以不妨害國家存立故。特先限制之。而由此以期同登極樂永慶昇平之隆風。他如融化種界。破除世產。普及教育。獎勵勞動。則皆絲毫不妨害於國家之存立。而實即純粹社會主義之根本問題也。故非難者。但謂本黨所主張之純粹社會主義。因不妨害國家存立。而已犧牲其一部分。則本黨亦承認無異言。若謂純粹社會主義。與不妨害國家存立二言。全然絕對的相反。而主張純粹社會主義。即無一事不須妨害國家之存立。不妨害國家之存立。即無一事可以主張純粹社會主義。即主張純粹社會主義者。除推倒國家外。更無一事之可行。則與本黨之用意。頗有不符。但本黨有内訟之言。爲外人所不及指摘者二事。一純粹二字。語意囫圇。以目的言。則手揮五絃。目送飛鴻。非至個人自治世界大同。則本黨之目的爲未盡。以事實言。似乎有所顧忌。有所牽掣。不能一本純粹之精神。放手做去。然嘗遠慮深思。周諏博採。生今日之時。處中國之地。欲社會主義純乎其純。惟有祕密結社則已。若謀鼓吹號召之便利。爲明目張膽之施行。似舍此外。別無長策。天地有憾。莫可如何。一中國二字。本就本黨所在地而稱之。唯本黨除漢滿蒙回藏疆域外。日本暹羅①緬甸夏威②金山③南洋羣島。皆已有支部之發生。

① “暹羅”，中國史籍中對古代泰國的稱呼。
② “夏威”，即夏威夷（Hawaii）。
③ “金山”，即聖弗朗西斯科（San Francisco），中文通常譯作舊金山。

似此二字已難概括。名實不副。毋審取消。此同人意想所及亟待推商者也。至於甲乙兩派。非皆本黨之分子乎。向使一年以來。無本黨爲機關。此種議論。何由表見。此種團體。何由組織。則水源木本。薪盡火傳。對於本黨。皆極有親密之關係。其事亦在本黨規章所稱以特別目的組成各種小團體中。且甲乙兩派諸君。非皆本黨之黨員乎。一致而百慮。同歸而殊途。事無足怪。所不解者。諸君一年以來入黨之心理耳。當時既以十分熱忱。對於本黨之黨綱而宣誓。茲黨綱未改一字。而諸君忽然脱離。今日之脱離是。則昔日之入黨非。昔日之入黨是。則今日之脱離非。生死以之。言猶在耳。了解之謂何。信從之謂何。俛仰前塵。徘徊歧路。自崖而返。感慨係之。雖然。學術天下之公。人心不同如面。海枯石爛。公理常存。入主出奴。自由無碍。本黨甚樂與兩派諸君。從容討論。務薪至善之歸。黽勉提攜。藉便衆擎之舉。前途萬里。來日大難。願各勉旃。茲特發其主張之本懷。致其勉勵之誠意如此。至於不規則之論調。無意識之譏評。所不辯矣。

　　本黨第二次聯合會。召集於民國元年十月下旬。爲成立一週年之紀念。各部代表到者近二百人。會議凡三日。時鑒於湘鄂京津已事。行政官廳均以社會黨妨害國家爲藉口。公議於規章中。特揭本黨於不妨害國家存立範圍内主張純粹社會主義一條。而黨員沙淦①君殷仁②君反對之。各發宣言。別謀獨立。殷君曾從余受東文。醉心政黨。屢以爲言。余嘗勸令組織社會政黨。自以羽毛未豐滿爲辭。及是雖聲明脱

① “沙淦”，沙淦（1885—1913），字寶琛，別號憤憤，通州（今江蘇南通）人。1905 年赴日本留學，加入同盟會。1911 年加入江亢虎的中國社會黨，曾任《社會世界》月刊主編。1912 年另創社會黨，主張“純粹社會主義”。1913 年 7 月，與呂大任（重憂）創辦《良心》月刊，任編輯。同年 8 月因參加反袁活動，被軍閥政府殺害。
② “殷仁”，殷仁（生卒年不詳），字人庵，湖南人，原同盟會會員，後加入中國社會黨任本部幹事，持“國家社會主義”觀點。1916 年 7 月組織發起平民社會黨，宣稱“本黨依平民之希望，謀社會之進化，故定名爲平民社會黨”。

離本黨關係。而獨立事卒不果行。沙君本部庶務幹事也。緣事爲同事張客公張讀俠①兩君所彈劾。調查屬實。誼當去職。張君等堅請宣布始末。余持重未發。（此事除當時知情者外。訖未宣布。）沙君乃先立赤幟。入室而操戈。假無政府主義。號召得十餘人。仍襲名社會黨。唯取消中國二字。所以破壞本黨與余個人者。無所不用其極。本黨黨員有要求沙君改名無政府黨或無治黨。以免淆亂觀聽者。沙君不許。旋經中央政府通令禁止。本黨介在嫌疑。橫被殃及。蓋後起之社會黨。除上海機關外。別無支部。其黨員亦僅僅二三十人。而本黨各支部各黨員。乃處處告急。人人自危。幸而事白。所失已多。不幸則公共事業個人身家。悉供無價值之犧牲。而社會主義非唯無由實行。乃至不能鼓吹。嘻其酷已。一年以來。本黨事變紛集。交涉頻煩。而進步屯邅。團體渙散。誰爲爲之。可勝歎惜。惟本黨及余個人。對於後起之社會黨及沙君。始終無反脣相稽之事。張客公君告余。沙君近來良心發現。悔悟前非。而後起之社會黨人。亦皆不慊於沙君曩者所爲。而亟思與本黨相携手。歸斯受之。本黨固極所歡迎者也。至不妨害國家存立範圍內主張純粹社會主義一條。意雖可通。語頗費解。嘗見日本社會黨②原訂規章有云。本黨於不違反國法內。主張社會主義。本黨或授其例③而改其詞曰。本黨主張世界社會主義。但以不違反中華民國國法爲斷。似較爲直捷了當也。當俟下次聯合會時提出之。又本黨稱中國社會黨者。其定義爲社會黨在中國之團體。且以社會黨乃萬國共同

① "張讀俠"，即張讀俠（生卒年不詳），原同盟會會員，加入中國社會黨後使用筆名"毒藥"，并任該黨本部幹事。
② "日本社會黨"，此處指 1906 年成立的日本社會黨，是日本第一個合法的社會主義政黨，黨章第一條爲"本黨在國法範圍內主張社會主義"（本黨は國法の範圍内に於て社會主義を主張する）。但在 1907 年 2 月 22 日，日本政府援引《治安警察法》强令該黨解散。
③ "授其例"，有誤，應爲"援其例"。

之事業。非一國專有之名詞。故特標舉中國二字。以示地方之區域。如中國紅十字會。中國基督教青年會。皆其例也。惟除對外交涉正式文件外。通稱皆略爲社會黨。相沿久矣。乃後起之社會黨。竟以取消中國二字者。翹異於人。不啻強吾人以養成中國社會黨五字連稱之習慣。然此習慣既猝難養成。且鄙意又以爲無事必須養成。以語其同。則同居中國。同是社會黨人。以語其異。則同居中國。而信仰自由。趨向各戻。同是社會黨人。而流品複雜。程度懸殊。不必以中國二字之有無爲識別也。有真知者。當韙斯言。

社會黨黨員之心得_{民國元年十一月}

鄙人前於本黨大會時。曾將社會黨黨員之心理。之目的。之眼光。之身分。之手段。逐一演說。茲更就黨員對於各種方面之心得。用極淺顯極簡單文字。條分縷晰。剴切敷陳。其彼此互見者。當參觀而得之。老生常談。家人絮語。可以銘座。可以書紳。強聒不捨。墨氏之遺。維音曉曉。風人之旨。我最尊敬最親愛諸同志。於意云何。

一黨員對於自己之心得

宗旨　本黨規章。凡入黨者。以了解且信從本黨宗旨者為斷。惟了解有見智見仁見淺見深之不同。既無止境。亦無定率。而信從二字。則實本黨團結唯一之原素。且必以信從為前提。而了解乃更易措手。故未入黨者。不宜孟浪從事。既入黨者。不可見異思遷。具犧牲之精神。期貫徹於終始。同心戮力。生死以之。言盡於此矣。

學說　既具信根。當求正覺。社會主義之起原及其流派如何。各國社會黨之狀況如何。本黨之主張如何。凡中外各書籍。暨本黨發行之雜誌新聞。必廣為搜輯。子細披尋。遇黨員會講演會。必親到聽聞。交換智識。子輿有言。先知覺後知①。陽明有言。不行由於不知②。無論鼓吹。無論實

---

① “先知覺後知”，語出《孟子‧萬章上》：“天之生此民也，使先知覺後知。”
② “不行由於不知”，語出王陽明《傳習錄》：“未有知而不行者。知而不行，只是未知。”

行。固必以了解爲第一要義也。

良心　子輿陽明所謂良知。皆指天然的本能而言。而余所謂良心。則由學問與閱歷磨鍊而成。智識愈高明。則良心愈瑩澈。是非善惡。本無一定之標準。無政府主義家言。道德仁義均矯僞不足憑。而良心之制裁。最爲有力而可恃。仰不愧天。俯不怍人。古人以爲至樂。行其心之所安者。人生之真自由真幸福也。

人格　人格亦無定評。而吾黨尊重個人。期使人人成爲社會完全之分子。即道德學問事業。皆勉爲世界上極有價值極有關係之一人。其理想之人格。如高山大河。如光風霽月。如慈母。如美人。我嘗馨香祝之。寤寐求之。

常識　常識者。普通智識。即人類所必具之智識也。無論居何地位。操何職業。講何學問。要不可不先有此種常識。爲一切之根據。無常識即不成其爲個人。今日公共機關尚未成立。教育普及徒託空談。故無常識者。實社會之罪。而非其人之罪。但吾黨同人。總宜痛自刻責。設法補習豫備。庶免有靦面目之誚耳。

職業　人生斯世。精神身體皆必有所憑依。精神無憑依。則心志昏亂。而身體亦日即荒淫。身體無憑依。則生計艱難。而精神亦日形頹敗。吾黨精神之憑依。則社會主義是已。然社會主義乃一種信仰。社會黨乃同此信仰集合之團體。而黨員即其團體之一分子。非職業也。故必別有固定之職業。以爲身體之憑依。而後精神之憑依。乃益堅固而不可動搖。況吾黨主張振興直接生利事業。獎勵勞動家。尤非黨員躬自履行。不足以示提倡而昭信用。蓋經濟不能獨立。則一切規畫。皆如畫餅。願吾黨同人。勿口口責人以生利。而日日自趨於分利也。觀彼宗教家。除一二神甫牧師即以傳教爲職業外。餘則九流百工。自由營業。而資用既厚。流通益弘。

可以借鑑矣。

一黨員對於本黨之心得

黨綱　本黨初成立。即宣布黨綱。所有三十餘萬黨員。皆本此黨綱號召集合而來。黨綱實本黨黨員唯一之目的。遵守黨綱以謀實行。實本黨黨員唯一之義務。黨員而非難黨綱。不啻一人與全體宣戰。更不啻自己與自己宣戰也。故規章雖可脩改。而宗旨不宜紛更。或謂社會情狀個人見解。時有遷移。似無一成不易之理。不知世界或國家果生異常之奇變。則本黨固可以大多數之同意解散改組。倘黨員個人意思。忽覺與黨綱之全部或一部相衝突。則其人可以積極法請願除名。或以消極法消滅資格。若於本黨存在之期間。以黨員所處之地位。則對於黨綱。斷不容絲毫有所疑議於其間也。

規章　既有團體之組織。則最少數必屈服於大多數。實一無可如何之事。本黨規章。經大多數之通過。任何黨員。皆當舍小異以從大同。苟別有意見。祇能照章於聯合會提出公議。倘經大眾否決。則原有規章。繼續有效。但使宗旨不相違背。其一部分之小不自由。亦惟有為團體付之犧牲而已。規章中有最易實行而黨員最易忽略者。如逐月交費按期到會兩事。雖似細微。而本黨之盛衰進退。皆視此為轉移。即黨員對於本黨之義務權利。亦以此為表證。願我同人。注意勿忘。

事務　本黨黨員。人人皆黨中原動之主體。事務所之主任幹事。特以事實上之便宜設置之。自理論上言。凡黨員皆有主任幹事之義務權利者也。故當視黨事如己事。有為本黨勖勤者。愛之如赤子之仰慈毋①也。有為本黨

①　"慈毋"，有誤，應為"慈母"。

障碍者。惡之如鷹鸇之逐鳥雀也。黨員繁多。黨務岔集①。衆擎斯舉。兼聽則明。有何見聞。必須報告。有何意旨。必須條陳。能實行者。不辭勞瘁。當彈劾者。不避怨嫌。惟事務有屬本黨全部者。有屬特別團體者。有屬黨員個人者。必辨明界限。認定責任。不相牽混。而互爲聲援。勿假公團名義自便私圖。勿以自身行爲貽累全體。慎之慎之。

　　傳布　己欲立而立人。己欲達而達人②。君子恥獨爲君子。不度衆生。誓不成佛。凡我黨員。對於本黨宗旨。既自能了解。尤當使他人了解。既自能信從。尤當使他人信從。況本黨正在鼓吹時代。則傳布比之實踐。尤爲當務之亟。蓋目的遼遠。範圍廣大。必不可以支支節節而爲之。要當先造成一般之輿論。然後以大多數之同意一致進行。其効力始大。故當現種種身。説種種法。隨時隨地隨人而施教。各國社會黨之方針有三。一組織政黨。握行政權。一運動國會。握立法權。一則專從社會普遍鼓吹。本黨取第三法。而亦不反對第一第二法。性質各有所近。機緣各有所宜。且第三法苟極圓滿周到。則第一第二法亦自在範圍中矣。

一黨員對於同黨之心得

　　同是黨員。即同此義務。同此權利。然尺有所短。寸有所長。能力不齊。度量相越。況社會主義本無階級界限之可言。而今日教育未能平等。則薰猶同器。良莠一畦。亦勢所不免。於是流俗叢詬。引爲口實。賢者潔身。避若塗炭。不知所謂薰者良者。非必其人之功能。所謂蕕者莠者。亦非必其人之罪孽。誠以社會組織生產制度之不良。故憑藉有菀枯厚薄之迥

---

① “岔集”，有誤，應爲“麓集”。
② “己欲立而立人。己欲達而達人”，語出《論語·雍也》。

殊。斯成就有大小高下之各異。果使本黨主義寔現。則頑廉懦立。愚明柔強。人人皆有士君子之行。非惟貧富貴賤永保均平。即智愚賢不肖亦漸趨而漸近。有分業。無等差。大同之盛。豈欺我哉。況所貴乎賢且智者。貴乎其能兼善天下。非貴乎其能獨善一身也。社會主義者。羣治主義也。社會黨者。群治主義之試驗塲也。故必同力合作。通功易事。勸善規過。愛衆親仁。以道義相切磋。以學識相交換。以感情相團結。勝於我者。敬禮而則傚之。不及我者。哀矜而教誨之。黨德既峻。黨風自良。蘭生空谷。凡草皆香。蓬在麻中。不扶而直。勉爲柳季[①]。毋爲伯夷。嘗見有高自位置者。對於他人生鄙夷心。又見有妄自菲薄者。對於他人生依賴心。皆吾黨所當切戒。同人厚愛鄙人者。往往期許太過。責難不已。以萬能主義求備於一身。不知辛亥九月十五日以前。社會黨係鄙人個人之責任。辛亥九月十五日以後。社會黨係吾黨全體之責任。各盡所能。亦反求諸己可耳。又本黨一方面主張遺產歸公。一方面主張直接生利。並非均產主義。而黨員有不自操作。徵逐浮華。甚至藉口通財居心敲詐者。此直社會之蠹蟲。吾黨之魔障。斷宜深惡而痛絕之。蓋消極的慈善事業。從井救人之計。獎勵游惰。自累累他。固本黨所絕對不贊成者也。

一黨員對於家庭之心得

本黨認個人爲單位。不承認家庭之存立者也。故主張戀愛自由。教育平等。遺產歸公。則家庭制度於以破除矣。三者理宜兼重。事實相需。無緩急先後之可言也。至其辦法。則必以設立公共之教養機關爲入手。此機

---

① "柳季"，即柳下惠（公元前 720—前 621），字季禽，春秋時魯國人。《論語·微子》："柳下惠爲士師，三黜。人曰：'子未可以去乎？'曰：'直道而事人，焉往而不三黜？枉道而事人，何必去父母之邦？'"

關不設立。則三者無一可以實行。故爲今之計。欲脫離家庭關係。斷不可鹵莽滅裂忍心害理。以行破壞之手段。但當一面取積極的方法。羣策羣力。以謀此機關之落成之普及。一面取消極的方法。未婚嫁者不婚嫁。已婚嫁者不再婚嫁。且不更爲所生者謀婚嫁。使舊家庭自然漸滅。新家庭不再發生可耳。公共機關一日未落成。一日未普及。則對於父母。當以仰事爲報恩。對於子女。當以俯畜爲天職。此過渡時代事之不可如何者也。又戀愛自由遺産歸公二言。頗多誤解。轉滋流弊。須知戀愛自由。必兩方面均無絲毫不自由。強迫者固干法網。誘取者亦傷天良。且其事必止以戀愛爲限。斷不容牽及他種問題。如因嫉妬而傾軋。或假金錢爲夤緣。則非戀愛。即不自由矣。至於遺産歸公。係指本人所有權下之財産。以其志願。預立遺囑。并請證人。俟至身後。歸諸公用。非謂舉現有之財産歸公。更非謂強他人之財産歸公。況公共教養機關一未成立。即使一切辦理如法。本黨猶不敢貿然遽承受之。而吾黨黨員竟有假此術語。以遂其詐欺侵佔之計者。真本黨之蟊賊。所當鳴鼓而攻之者也。鄙人爲首先介紹此種學說之人。下流之居。不甘忍受。願愛我者。毋重吾罪。

一黨員對於政府之心得

無政府主義尚已。而本黨不肯揭櫫以爲宗旨者。非惟處有政府下。謀鼓吹號召之便利而已。良以其事尚屬理想。尚待研求。而能否實現。及如何實現。尚無十分之把握。與一定之手續。若徒以反對爲存心。破壞爲能事。誠恐此政府去。而彼政府來。一政府去。而多政府來。同族之政府去。而異族之政府來。以暴易暴。得不償失。而如水益深。如火益熱。變本加厲。或又甚焉。故無政府主義之在今日。祗可合萬國而同爲言論之倡道。不可就一國而遽爲實行之設施。本黨既非無政府的主張。即對於現政府。亦初不存成見。更無取而代之之野心。非至兩不容時。決無所用其抵抗之手段者也。且本黨既贊同共和。承認國家之存立矣。則黨員個人。對於政府。固同時具有國民之資格。國民應盡之義務。與應享之權利。不容有所放棄。有所變更。而黨綱中改良法律。專徵地稅。限制軍備諸條。尤以居立法機關或行政機關爲易於措手。故爲本黨之便宜。而以團體或個人。從事於政治的活動。實題中應有之義也。鄙人所以不廁身政界者。非謂社會黨黨員不許入政界。亦非謂社會黨黨員必以不入政界爲高。誠以性質不相近。人地不相當。毋寧全吾天真。從吾所好。恆人之做官吏做議員。多爲個人適意計。鄙人之不做官吏不做議員。亦祇爲個人適意計耳。蓋一入政界。則言論行爲。均當犧牲其一大部分之自由。故不爲也。若確有根柢。不辭艱辛。以舍身救人莊嚴地獄之志願。而入政界。固鄙人所心香頂禮以禱祈者。人各有能有不能。不相菲薄不相師。是爲得之。吾黨同人往往不明此義。其處己也。或榮利薰心。營求無厭。或猖狂玩世。貧賤驕人。其對政府也。或仰其鼻息。而倚爲護符。或過事吹求。而故與挑戰。兩失其道矣。至於地方公益及私人交涉事件。請願要求。糾正彈劾。控訴辯護等。凡與立法司法或行政有關係者。均當根據約法與法律。爲正當的行爲。若假借團體之名義與勢力。橫加干預。無理取鬧。非惟事勢有所不可行。即偶得勝利。亦大損本黨與黨員之聲譽矣。

一黨員對於普通社會之心得

本黨亦一種社會。而對於他種社會。實處於主動的地位。以改良革新爲己任者也。本黨之性質。實含有政黨教會學會地方機關職業團體各種社會之成分。而非政黨。非教會。非學會。非地方機關。非職業團體。自具一種特別之機能。政黨權利競爭。意見衝突。本黨則立於旁觀者地位。以調節之。教會專修靈魂。學會偏重理論。本黨則兼注物質的文明。以補救之。地方機關設施有未備。職業團體籌措有不及。本黨則以世界眼光。合國際同意。奔走號召。擘畫經營。浹汗人心。轉移世運。其勢力至雄厚。其關係至繁賾。非造成全球大多數之輿論。則本黨之鼓吹爲未盡。即本黨之意志不能行。故對於普通社會。其宗旨近似者。必殷勤聯絡。以得其同情。其宗旨背馳者。必反覆開導。俾軌於真理。贊成我者。必携手偕行。藉收衆擎之效。反對我者。必反躬自責。毋生缺望之心。毀譽不以動於中。榮辱不以易其操。盲從雖多不足喜。阻力雖強不足憂。須知希望愈高者。代價愈貴。責任愈重者。用力愈勤。程途愈遠者。舉步愈煩。效果愈大者。收穫愈晚。財産身命。視如浮雲。鬼蜮譸張。付之一笑。途窮日暮。而吾道不孤。車殆馬煩。而初心彌熱。疴癢在抱。悲閔爲懷。具己飢己渴之惘忱。自能達不怨不尤之境界也。昔基督説教三十年。僅得使徒十二人。刑死十字。而化被寰區。宣尼率三千弟子。干七十二君。不獲有所藉手。老死道路。而俎豆百世。道有顯晦。運有隆污。蓋難言之。嘗觀濂洛關閩[①]諸子。東林[②]復社[③]之流。皆以匹夫。講學叔季。或闡性理。或主詞章。猶且

① “濂洛關閩”，宋代理學的四個主要學派。“濂”指以北宋周敦頤爲代表的“濂溪學派”，因周氏原居道州營道（今湖南道縣）濂溪而得名。“洛”指以北宋程顥、程頤爲代表的“洛學”，因兩人爲洛陽人而得名。“關”指以北宋張載爲代表的“關學”，因張氏講學於關中而得名。“閩”指以南宋朱熹爲代表的“閩學”，因朱氏講學於福建而得名。
② “東林”，即東林黨，明末以江南士大夫爲主的政治集團。萬曆二十二年（1594）無錫人顧憲成革職還鄉，與高攀龍、錢一本等在東林書院講學，諷議朝政，評論人物，反對礦監、稅監的掠奪，主張開放言路，實行改良。其主張得到部分士大夫的支持，但亦遭權貴嫉恨。以魏忠賢爲主的宦官集團稱之爲“東林黨”。
③ “復社”，明末以江南士大夫爲主的政治集團。崇禎初年，太倉人張溥和張采等合併應社、幾社等江南文社而成，因其早期成員多爲東林黨人的後裔，又號稱“小東林”。南明弘光帝時曾受馬士英、阮大鋮等的打擊。清軍南下，復社要人曾領導武裝抗清。清順治九年（1652）解散。

雷勤①羣倫。風靡奕葉。況於社會主義爲人心同具之思想。二十世紀大勢所會歸。萬流共穴。一日千里。吾黨成立。甫及周歲。而支部達四百餘起。黨員屆三十萬餘人。繼今以往。其又可禦哉。故對於普通社會。不必有作戰之計畫。但當養成其吸收之磁力。以靜待之。風同道一。特遲早之間耳。

　　此文係演説體裁。意有所觸。信筆揮成。論理既無系統。修辭亦不講求。且於社會主義之學理。本黨主張之意義。均所未及。蓋祇爲吾黨同人普通説法。而忠言逆耳。腐氣薰人。吾知罪矣。所望無則加勉。有則改之。謂之對症下藥可也。謂之無病而呻亦可也。語長心重。舌敝唇乾。忠告善道。不可不止。願我最尊敬最親愛諸同志。共鑒此忱。

　　　右文係本黨講演大會一演説詞。時各部代表麕集滬上。會畢將行。即以此爲臨別之贈言云。

---

① “雷勤”，有誤，“校勘記”改爲“雷動”。

致中央政府書論禁止純粹社會黨事_{元年十二月}

　　逕啓者。頃見滬上各報專電。中央政府命令各省都督。禁止新起之純粹社會黨。云云。竊以爲過矣。中國之有社會黨。不佞實最初發起之人。且較一切政黨爲獨早。宗旨正大。方法穩和。聲氣應求。輿論翕服。此次聯合大會。各部代表公議。增訂規章。均經通過。偶有一二自命極端主張激烈者。別樹獨立之幟。并操入室之戈。對於不佞個人本黨全體。任情誣蠛。百計觝排。然大抵喜事少年。意氣自用。矯爲怪異。炫其新奇。雖有反對國家之宣言。本無破壞法治之實力。天地之大。何所不容。奚事張皇。徒滋紛擾。而使不肖者有所藉口。好亂者因以生心。羣爲伯有之驚。自釀虛無之變。甚非弭亂無形之道已。此事實上之不必禁止者也。且若輩所挾持爲號召者。不過無治共產等名詞而已。無治共產主義。歐美亦多倡道之人。不佞實先介紹此説。其思想至高尚。其理論至圓滿。惟能否實現。及如何實現。諸多疑問。亟待研求。研求云者。以學術爲目的。以言論爲範圍。乃個人固有之權能。非政府所得而干涉也。若輩內部作爲。局外固難懸斷。但據所刊布者。則純屬學術言論之事。此法理上所不應禁止者也。不佞念同舟遇風之誼。効從井救人之愚。擬請俛准收回成命。行政責任綦重。黨會流弊甚多。但當保衛治安。預防其作奸犯科之行事。不宜濫用法律。箝制其出版集會之自由。國家幸甚。若必追原禍始。懲一儆百。則始作俑者。咎有攸歸。不佞謹待命於有司。願犧牲一身。以贖吾黨狂簡之罪。

摩頂放踵。萬死不辭。披瀝上陳。立候裁復。

　　純粹社會黨經中央政府通飭禁止時。余病目正劇。蟄居醫院暗室中。本部幹事過訪談及。余口授右文。分函大總統府及國務院。均未得復。而滬上各報。據登原稿。或綴短評。頗嗤其愚。余不顧也。政府通飭公文。附有該黨規約。即爲反對本黨而作。又社會世界①雜誌者。本沙淦君任本黨本部幹事時所發行。至第五期即假以爲反對本黨及余個人之言論機關。右文所謂任情誣衊百計觝排者。此其一斑也。後聞該黨人言。此事純出沙君私意。他人多不贊成。故該黨規約旋即修正。社會世界自此停刊。而別出良心②雜誌。多良心發現之語。（本黨黨員朱蘇吾③君。先有良心雜誌之作。此又一種。）討論敷陳。饒有見地。尤多與鄙言不謀而同。蓋右文所謂喜事少年意氣自用者。原不過一二人。所當分別觀之。

　　社會世界以民國元年四月十五日發刊。余曾撰發刊祝詞。偶檢得之。補録於左。不勝今昔之感矣。“今日之世界。社會主義之世界也。實行之先。鼓吹要矣。鼓吹之法。雜誌新聞要矣。然社會黨以輕濟④困難而發生。而社會黨之進行。又以經濟困難而濡滯。即如雜誌新聞。亦緣是故。苦不能多。尤苦不能久。茲本部沙寶琛⑤君。有社會世界之發刊。以黨員資格。竭個人能力。鼓吹社會主義。其熱心毅力。至堪

---

① “社會世界”，1912 年 4 月創刊於上海，中國社會黨主辦，月刊，主編爲王文典、沙淦，由惜陰公會發行。主張社會改革，推行平等教育，鼓吹實行共產，提倡無治主義，維持世界和平。
② “良心”，《良心》，社會黨主辦的月刊，1913 年 7 月 31 日在上海創刊，發行人兼主編爲重憂（吕大任），編輯爲慎慎（沙淦）等。該刊標榜“四大主義”，即“改良人群心理，廢除社會之惡制，聯合全球之民黨，建立大同之世界”。
③ “朱蘇吾”，朱蘇吾（1892—1977），名志一，原名錫浩，上海南翔鎮人。1909 年入上海源昌紗布號當學徒，入振華堂夜校補習，在校中發起組織惜陰公會，參與編輯發行《南翔星》《良心》雜誌。
④ “輕濟”，有誤，應爲“經濟”。
⑤ “沙寶琛”，即沙淦。

佩慰。鄙人惟祝吾黨員之發刊雜誌新聞如沙君者。逐日加多。尤祝沙
君暨他黨員之發刊雜誌新聞者。設法持久。俾社會主義與世界爲無極。
則吾黨之幸。亦沙君之勞也。鄙人不敏。謹進祝詞。非祝今日之發刊。
而祝來日之無休刊也。"

社會主義學案草例_{元年十二月}

余曩者既有社會主義述古之作。以爲社會主義實吾國古代固有之思想。厯證之六經諸子。以明其發達之由來。與變遷之已事。蓋累千萬言而不能盡也。既復轉念社會主義之名詞。固傳譯自西人。而西人社會主義學説之成立。乃較吾國爲獨早。其傳播也。亦較吾國爲獨盛。而吾國之治此學説者。尤不可不知西人社會主義思想之發達與變遷。惟其書滿家^①。猝難卒業。余雖略解英法文。顧程度幼稚已甚。苦不能融會貫通。唯有望洋興歎而已。然竊意吾同志之欲研究此學説者。其困難或亦類似余。或竟倍蓰余。余所得者雖至微末。然及時而貢獻之。或亦未始不足爲吾同志研究此學説者之一助也。遽忘其謭陋。斐然有社會主義學案之箸述。方鳩集資料間。而目疾猝發。展轉加劇。殺青之日。不知何時。又慮散佚遺忘。則前功將盡付流水。因舉所得資料。分別庋存。而撮舉大恉。筆之簡端。布紙抽毫。淚如麋綆。苦痛如此。工拙不必言矣。

凡一思想一主義。必完成爲一科學的性贊^②。然後可以確立。可以久傳。科學者。有系統有範圍有定義有例證之謂。社會主義之思想。與人生以俱來。其學説亦起於中世紀間。至完成一科學的性質。則最近之事。且其事猶末了^③。故所謂系統範圍定義例證者。尚無一成不易之規程。而其觀念時

---

① "滿家"，有誤，應爲"滿架"。
② "性贊"，有誤，"校勘記"改爲"性質"。
③ "末了"，有誤，應爲"未了"。

陷於不明瞭不滿足之境。或以國家主義爲社會主義之胚胎。或以個人主義爲社會主義之究竟。兩種極端反對之學說。得以相容而並存。則所謂科學的性質者。尚極薄弱可知矣。或取極廣漠之語以指明之。曰。社會主義者。求人類共同之幸福者也。曰。社會主義者。絕對自由絕對平等絕對親愛之主義也。其言益猶河漢而無極。蓋自由平等親愛。本虛而無薄之名詞。而求人類共同之幸福。又世界一切事理之依歸。不獨社會主義爲然。余以爲社會主義之定義。惟在舉私有之生產交易機關。化有①公共事業而已。雖目的手段。向背萬變。取捨異宜。而小異大同。總以不悖於此定義者爲近是。余嘗本此定義爲標準。求之西人宗教家教育家哲學家科學家政治家。而得所謂社會主義家者如干②人。瀏覽其遺文。稽核其行事。究其本末。校其異同。溯其淵源。區其流別。可離爲十。如左所陳。皆其最顯著者耳。然此特爲編輯者與研究者之便宜著想。非謂十者必不可少。必不可多。亦非謂十者並峙分馳。絕無相互之關係。須知靈魂唯一。思想大同。而社會主義原始要終。尤非支離破碎之可比。會其有極。歸其有極③。吾道一以貫之而已④。

　　一哲學家社會主義。如希臘之柏拉圖⑤法之黑智兒⑥德之康特⑦邊沁⑧皆是。一切學說皆演繹出於哲學。亦皆歸納入於哲學。而社會主義尤與哲

---

① “化有”，有誤，應爲“化爲”。
② “如干”，有誤，應爲“若干”。
③ “會其有極。歸其有極”，語出《尚書·洪範》。
④ “而已”，“校勘記”改爲“而已已”。
⑤ “柏拉圖”，柏拉圖（Plato，公元前427—前347），古希臘哲學家、思想家，著有《理想國》等。
⑥ “法之黑智兒”，有誤，應爲“德之黑智兒”。“黑智兒”，即格奧爾格·威廉·弗里德里希·黑格爾（Georg Wilhelm Friedrich Hegel，1770—1831），德國古典哲學的主要代表，唯心論哲學的代表人物之一，著有《精神現象學》《邏輯學》《法哲學原理》等。
⑦ “康特”，即伊曼努爾·康德（Immanuel Kant，1724—1804），德國古典哲學創始人，啓蒙運動思想家之一，著有《純粹理性批判》《實踐理性批判》《判斷力批判》等。
⑧ “邊沁”，即耶利米·邊沁（Jeremy Bentham，1748—1832），英國社會學家、哲學家和經濟學家，功利主義理論的主要代表，主張效用原則是社會生活的基礎。

學類似。且自哲學發生。古來哲學家。皆可尊爲社會主義家。如右數人。尤其不祧之宗也。

一科學家社會主義。如達爾文①斯賓塞②皆是。社會主義必以科學之實例爲根據。而後不至流入空想。而尤必以科學之進化爲鞭策。而後不至返於鴻荒。蓋高談玄理非社會主義。而榛狉草昧亦非社會主義。故社會主義必心境兩安。知行合一。精神物質。交進文明。乃可以躊躇而滿志也。

一政治學家社會主義。如民約論之盧梭③。實社會主義之孟軻也。歐洲十八九世紀之歷史。不啻民約論之活動寫真。而社會主義即此活動寫真中一異彩。最足惹人注目。博人歡呼。且民生主義實發自民權主義。民權不平等不普及。則所謂民生者。非政府之理財。即個人之生計而已。若社會經濟之感覺。則民權發達以後事也。故主張社會革命者。恆以政治革命爲前驅焉。

一宗教家社會主義。聖西門④爲先鋒。英之金格斯列⑤德之克帖列爾⑥皆是。耶穌基督本神道設教之社會主義家。其主張人類平權。土地公有。皆純粹社會主義之言。本旨如此。無假穿鑿傅會爲也。況仁者見仁。智者見智。主觀既定。客體亦移。或取新舊約精義。編輯社會主義教科書。宏暢宗風。流通日廣。亦一種傳道之苦心也。又如英國救世軍布斯⑦大將。雖不

---

① “達爾文”，即查爾斯・羅伯特・達爾文（Charles Robert Darwin，1809—1882），英國自然學家、地質學家和生物學家，進化論的奠基人，著有《物種起源》一書。
② “斯賓塞”，即赫伯特・斯賓塞（Herbert Spencer，1820—1903），英國哲學家、社會學家。
③ “民約論之盧梭”，“盧梭”，即讓-雅克・盧梭（Jean-Jacques Rousseau，1712—1778），法國啓蒙思想家、哲學家，著有《論人類不平等的起源和基礎》《社會契約論》等。“民約論”，即《社會契約論》。
④ “聖西門”，即昂利・聖西門（Henri Saint-Simon，1760—1825），法國空想社會主義者。
⑤ “金格斯列”，即查理・金斯萊（Charles Kingsley，1819—1875），英國基督教社會主義者。
⑥ “克帖列爾”，疑爲亨利希・路德維希・拉姆佩爾特・加爾（Heinrich Ludwig Lampert Gall，1791—1863），德國空想社會主義者，工藝學家。
⑦ “布斯”，即威廉・布思（William Booth，1829—1912），英國基督教救世軍創始人和第一任救世軍大將（1878—1912）。

必自命社會主義。然論者一方許爲宗教改良家。一方許爲社會主義實行家。惟極端社會主義。則非難宗教。其理甚長。不可不知之。

一教育家社會主義。即歐洲大陸所謂講壇社會主義。社會主義必以鼓吹爲前提。而教育即根本的鼓吹也。其入人之深。感人之速。較之演說報紙。殆有過之。且根據學理。探見本原。與激於感情迫於事勢者。尤不可同日而語。不號召黨徒。不干預政治。言談微中。觀聽自傾。製造人心。轉移輿論。視此而已。

一勞働家社會主義。社會主義與勞働家最有密切之關係。故歐美各國之工黨。皆社會黨也。其目的惟在推倒大地主大資本家。其手段則同盟罷工而已。雖時有激烈危險之現象。而論者每悲其遇而諒其心。蓋不平則鳴。窮極必反。人情物理。無可奈何。此中大有賢豪。爲之號召奔走。以期達所謂總罷工之大希望。然一般勞働家。腦筋簡單。目光淺近。惟求去其已甚。不欲過事苛求。又苦無實力爲後援。故雖示威一時。每難堅持到底。是可嘅耳。

一國家社會主義。一曰民主社會主義。德之卡爾馬極斯[①]拉路些爾[②]其代表也。卡氏之資本論。力翻經濟學之舊案。主張土地資本爲社會共有之物。而分配之比例。當準勞力爲報酬。撥雲見天。其功至偉。願[③]國家社會主義。恆認國家爲社會主權之代表。而生產交易總機關。又均操之國家主權之代表即政府少數人之手。其方法重在干涉。而其流弊近於專制。故必以極端的共和政體之組織法救正之。此其最要者也。若夫帝國社會主義。國家主義之社會政策。認國家主義爲正宗。假社會主義爲利用。

---

① "卡爾馬極斯"，即卡爾·馬克思。
② "拉路些爾"，即斐迪南·拉薩爾（Ferdinand Lassalle，1825—1864），德國工人運動活動家，1848—1849 年革命的參加者，全德工人聯合會創始人，主席。
③ "願"，有誤，應爲"顧"。

一勞働家社會主義　社會主義與勞働家最有密切之關係故歐美各國之工黨皆社會黨也其目的惟在推倒大地主大資本家其手段則同盟罷工而已雖時有激烈危險之現象而論者每悲其遇而諒其心蓋不平則鳴窮極必反人情物理無可奈何此中大有賢豪爲之號召奔走以期達所謂總罷工之大希望然一般勞働家腦筋簡單目光淺近惟求去其已甚不欲過事苛求又苦無實力爲後援故雖示威一時每難堅持到底是可慨耳

一國家社會主義　一曰民主社會主義德之卡爾馬極斯拉路此爾其代表也卡氏之資本論力翻經濟學之舊案主張土地資本爲社會共有之物而分配之比例常準勞力爲報酬撥雲見天其功至偉願國家社會主義恒認國家爲社會主權之代表而生產交易總機關又均操之國家主權之代表卽政府少數人之手其方法重在干涉而其流弊近於專制故必以極端的共利政體之組織法救正之此其最要者也若夫帝國社會主義國家主義之社會政策認國家主義爲正宗假社會主義爲利川吾無取焉

吾無取焉。

一無政府共産社會主義。 俄之巴苦寧①克魯泡金②其代表也。然亦有相對絶對兩義。相對的。無政府即無強權。共産即集産制度之改良進化者。絶對的。無政府則無契約。無機關。共産則各盡所能。各取所需。無支配。無比例。其理想能否實現。及如何實現。今日尚難預料也。至於方法。則普遍鼓吹。激烈運動。兩者並行。一爲平時根本之準備。一爲臨時導綫之作用。然鄙意以爲。普遍鼓吹之功候愈深。則激烈運動之禍變愈減。多一分普遍鼓吹。即少一番激烈運動。故吾人不語其變。惟語其常。勿謂温和爲無效。最後之勝利。仍在此不在彼也。

一個人派社會主義。 俄之託爾斯泰③美之索洛④皆是。蓋社會爲個人之直接團體。個人爲社會之單純分子。故改革社會。惟當改革個人。而改革個人。惟當改革自己。其機如此。不假外求。執簡御繁。鞭辟入裏。非消極也。非厭世也。社會主義本與個人主義相爲表裏者也。雖然。羣己相互。物質進化。厚生利用。幸福孔多。故人不可離人而生存。亦不可離物質而生存。所謂個人。正搆成社會之個人。非脱離社會之個人。毫釐千里。當明辨之。

一世界語學社會主義。石門華甫⑤其開山也。世界語學者多社會黨人。社會黨又多採用世界語。泯差別而躋大同。此其過渡之梯航也。況石氏之

① "巴苦寧"，即米哈伊爾·亞歷山大羅維奇·巴枯寧（Михаил Александрович Бакунин，1814—1876），俄國無政府主義和民粹主義創始人和理論家，國際無政府主義運動領袖。
② "克魯泡金"，即彼得·阿列克謝耶維奇·克魯泡特金（Пётр Алексеевич Кропоткин，1842—1921），俄國民粹主義革命家，無政府共産主義的理論家和活動家，地理學家。
③ "託爾斯泰"，即列夫·尼古拉耶維奇·托爾斯泰（Лев Николаевич Толстой，1828—1910），俄國批判現實主義作家、思想家、哲學家，著有《戰争與和平》《安娜·卡列尼娜》等。
④ "索洛"，即亨利·梭羅（Henry Thoreau，1817—1862），美國作家、詩人、哲學家、廢奴主義者，著有《瓦爾登湖》《論公民的不服從》等。
⑤ "石門華甫"，即拉扎魯·路德維克·柴門霍夫（Lazarz Ludwik Zamenhof，1859—1917），波蘭籍眼科醫生，世界語（Esperanto）的創始人，其《世界語基礎》一書確立了世界語的結構和形成原則。

箸作言論。實純粹社會主義家。其所稱道。惟有至誠。惟有親愛。愛人者人恆愛之。至誠而不動者未之有也。社會主義進行之速率。惟視社會黨人之至誠與親愛之程度。世界語之進行亦然。且社會主義書籍多譯用世界語。世界語傳播所及。即社會主義傳播所及。其關係之密切如此。不能不認世界語學爲社會主義一要件矣。

一單稅學社會主義。 亨利喬治其開山也。單稅學與社會主義之關係。一如世界語。而單稅即土地公有一方便法。尤與社會主義之定義相符。單稅學家或謂單稅以外。更無所用社會主義。不知單稅僅社會主義之一條件而已。惟此爲根本的條件。故單稅實行。則社會主義如爲高者之有丘陵也。而其理易明。其事易成。其效易見。不似社會主義之體大思精。又無近功。且或爲不肖者所假借以行惡也。故單稅學特簡捷了當。平易近人。而社會黨特喜採用之。此學與世界語學發生之先後相若。而流傳皆極速而且廣。石氏亨氏之功偉矣。世界語學與單稅學之價值亦於此可見。要皆社會主義同氣連枝之良兄弟也。

以上論列。信筆所之。凌亂無次。其詳當俟專條。此則拉雜叢殘。非定稿也。至余個人所希望所主張者。則本哲學之思想。以科學爲根據。具宗教家之精神。取教育家之態度。執勞働家之事業。一方採用極端的共和政體。一方採用進化的集產制度。罷除稅制軍備。注重教育實業。認個人爲社會之分子。認世界爲社會之範圍。個人自治。世界大同。此等希望。此等主張。謂之個人社會主義可也。謂之世界社會主義亦可也。茲事體大。有志未逮。發揮光大。存乎其人。謹發大凡。以待作者。茫茫終古。渺渺余懷。不知此書何日告成。尤不知此志何時得達也。投筆而起。爲之三歎。

余以民國元年十一月杪。猝患目疾。其候甚凶。蟄居病院。三十餘日。幸免盲廢。而自此不復能視細字。不復能繼續讀書作文至一小時。面目都改舊觀。咫尺便如千里。展轉淹苦。恐遂將爲終身之憂。右文係出病院時作。潦草不足觀。至草案①之著述。以今日目疾卜之。更在不可知之數。倘有同志出任斯役者。則所厚望耳。

----

① "草案"，有誤，"校勘記"改爲"學案"。

社會黨籌邊策 二年一月

民國肇立。根蒂未深。藩屬離心。外交棘手。庫倫事起①。大局動搖。議戰議和。迄無長策。而滿洲又告警矣。而西藏又獨立矣。天演激烈。民生艱難。吾儕社會黨人。爲維持平和。固不忍宣言啓釁。而反抗強暴。又不甘俛首受成。因別籌得一根本的解決法。大處落墨。一勞永逸。既便世界。亦利國家。成敗利鈍非所知。奔走號呼不可緩。撮舉大恉。廣徵同情。

縱觀前史之成蹟。橫攬全國之大勢。邊患之來。千古一轍。大抵起自朔漠。浸淫南疆。例證繁多。不遑更僕。清人定鼎。版圖擴張。然蒙藏則修朝納貢。相沿成例。僅若附庸。滿回雖改土歸流。爲時尚新。未盡同化。中華民國。因而有之。號稱五族共和。惟自實際言之。國人之心理。與外人之眼光。皆以南北。區爲內外。內則本部。十八行省是也。外則藩屬。滿蒙回藏是也。夫合五族而大一統。豈非甚快意事。無如能力薄弱。感情暌違。藩屬既生攜貳之心。本部又乏控制之術。況乎日本之於滿洲。俄國之於蒙回。英國之於西藏。處心積慮。屬爪磨牙。擲數千萬之金錢。糜數十年之歲月。有進無退。不得不止。我中華民國。以領土攸關。斷不容視同甌脱。而實力未裕。復不敢抗與爭衡。輿論之慷慨激昂。與當道之隱忍持重。胥爲是耳。

---

① “庫倫事起”，辛亥革命後，在沙俄的慫恿和支持下，哲布尊巴丹集團在庫倫宣布“獨立”。袁世凱政府爲了得到帝國主義的借款來鎮壓“二次革命”，在庫倫事件的交涉中節節讓步。

　　自社會主義言之。滿蒙回藏。果有獨立之能力者。吾黨毋審力贊其成。不觀美人之提議開放非律賓①乎。不觀德人之提議歸還膠州灣②乎。社會主義。以個人自治萬國大同爲究竟。吾黨決不承認滿蒙回藏之土地。必須受羈縻於本部。滿蒙回藏之民族。必須被屈伏於漢人。獨是滿蒙回藏在今日。有如未成年之弱弟。而英俄日本之野心政治家。則越人於貨之暴徒也。扶持而呵護之。俾底於成立。乃聽其自由。固長兄之責。教育者之職也。彼恣睢無理之暴徒。有與之併命而已。然而英俄日本則又有詞矣。曰。漢族之程度幼稚。無以異於滿蒙回藏。不暇自保。奚遑保他。優勝劣敗。弱肉強食。公理定義。誰能遁逃。且天不愛道。地不愛寶。五材百彙。供人所需。典章文物。待人而理。中國有土地而蕪廢不治。有人民而猱狁無教。貽隣國唇齒之憂。爲世界進化之梗。其罪大矣。故曰。天與不取。反受其災。借箸代籌。操刀必割。加以利益均霑。機會平等。英人雖忘情於西藏。而不能保日俄之不西侵。日俄或割愛於滿蒙。而不能阻英人之不東漸。故進攻即所以退守。利己則必致損人。亦理勢之不可奈何者矣。

　　於是對岸觀火之美人。出而仗義執言。以爲滿蒙回藏。天府之區也。與其委諸三強。何若公諸萬國。既保均勢。亦泯釁端。大哉言乎。然而中國及英俄日本政府。并大多數人。均不謂然。此無足怪也。美國亦一國耳。微論英俄日本。夙昔所經營規畫者。萬不肯拱手以讓人。就令如是。能必美人之決不爲英俄日本乎。且一言而欲我犧牲其國徽五分之四。人情亦疇能甘之。蓋美人處與國的地位。介外交之嫌疑。故其心術雖正而似譎。其

---

① “美人之提議開放非律賓”，19 世紀末，菲律賓人民掀起推翻西班牙殖民統治的民族解放戰争。1898 年 4 月，美西戰争爆發。1898 年 6 月，菲律賓宣告脱離西班牙獨立，建立第一共和國。1899 年 2 月，美國入侵菲律賓，菲律賓共和國隨之瓦解，菲律賓成爲美國殖民地。
② “德人之提議歸還膠州灣”，第一次世界大戰爆發前，由於無力顧及在中國的勢力範圍，德國曾經向袁世凱政府表示願意有條件地歸還膠州灣，但由於條件苛刻和日本的干涉，此事未成。

議論雖公而亦私。則説之難也。

　　且夫滿蒙回藏問題。非僅滿蒙回藏問題而已。其影響直波及於全世界。而樊籬盡撤。鎖鑰不守。則内地行省。亡亦隨之。或曰。毒蛇螫腕。壯士斷臂。棄藩屬而全本部。猶不失爲地球上一大國。此大謬也。今使西藏入英。蒙回隸俄。滿洲併於日本。則三國爲接壤矣。英國殖民政策。素主放任。或可苟安旦夕。彼俄日者。實偪處此。能泰然無事乎。俄不攻日。日必攻俄。縱不相攻。亦必相備。風雲椒擾。徵調驛騷。臥榻有人。豈容安枕。不寧惟是。英俄日本既得逞志於我。則德法葡諸國。孰不欲乘機援例。分此杯羹。南則粤桂滇黔。北則齊魯燕趙。一時俱動。肆應爲難。蠶食鯨吞。同歸於盡。故第一次分割案一成立。則第二次第三次必至接踵而來。借鑑波蘭。可爲心悸。然則英俄日本果有大利存否。是又不然。俄日兩國。同病相憐。君權過重。民怨沸騰。一也。經濟困難。負債稠疊。二也。窮兵黷武。貪狠無饜。三也。果其分據滿蒙。則飛粟挽芻。誅求日急。修矛繕甲。防禦加嚴。軍備餉源。兩難爲繼。而經綸草昧。純耗母財。恐收穫未及時。已虧累不可支矣。英國則利在通商。而不利於割據。特蘭斯窪[①]。蕞爾彈丸。用兵數年。僅乃克之。非澳一帶。咸懷異心。祖國之觀念輕。而地方之分權重。鞭長莫及。尾大不掉。對於回藏。亦未必能以全力貫注之。況三國之主張侵略。不過政府諸公。暨少數政治家軍事家耳。至於宗教家。教育家。富博愛之思想。固不贊同。財政家。實業家。慮金融之恐慌。亦多抗議。又況尚有羣不逞者之潛伏於内而將乘其敝乎。隱憂方大。專欲無成。當局者迷。不顧其後。良可慨已。

---

① "特蘭斯窪"，即德蘭士瓦共和國（Transvaal Republic），位於今南非瓦爾河與林波波河之間，原爲班圖族居住區，1835 年布爾人入侵該地區後，先後建立幾個小共和國，這些國家於 1852 年被統一爲德蘭士瓦共和國。1877 年德蘭士瓦被英國占領，1881 年恢復獨立；經過 1899—1902 年的英布戰爭，又被英國兼併，1910 年併入南非聯邦（今南非共和國）。

　　是故滿蒙回藏問題。而不得正當之方法。根本的解決。則四族固將爲猿鶴。爲沙蟲。即漢人亦且爲奴隸。爲牛馬。而英俄日本三國。乃益從此多事而不可終日矣。然滿蒙回藏問題。滿蒙回藏。不能解決之。中華民國。英俄日本三國之政府。及一般人民。不能解決之。即旁觀派如美人者。亦不能解決之。其具有解決此問題之資格者。惟各國社會黨人。其擔負發起解決此問題之義務者。惟中英俄日本社會黨人。何以言之。社會黨主張人道者也。社會黨泯除國界者也。社會黨鼓吹弭兵者也。而中英俄日本社會黨人。尤有密切之關係。宜發特別之感情。時不再來。責無旁貸。願竭千慮。謹貢一言。

　　解決之目的奈何。請錯落言之。一劃清界限。滿蒙回藏。一律制爲藩屬。與內地分離。其領土人民。則間接上隸於中華民國。二內政自治。滿蒙回藏之宗教政體。及一切內政。悉聽各藩屬政府之自治。中華民國不干涉之。三外交中立。中華民國。提出要求各國。公認滿蒙回藏爲永久中立之地帶。中華民國與他國訂立攻守同盟。其効力不及於滿蒙回藏。滿蒙回藏。亦不得與他國訂立攻守同盟。四資本公有。英俄日本。已得滿蒙回藏之路鑛各種事業。由各國資本團合同贖出。歸滿蒙回藏之國有。或各國之公有。嗣後一切生産事業。統歸國有。其各國公有及私有者。國家徵收其地價税。五同化外人。無論何國人。居留滿蒙回藏二三年以上。即可取得滿蒙回藏之國籍。同時消滅其本國之國籍。而與土著共其義務。共其權利。六實行社會主義。歡迎各國社會黨人。就滿蒙回藏。組織社會主義之模範地。兼充無政府主義之試驗場。果其如是。自任何方面觀之。皆有百利而絶無一害。社稷不墟。山河無恙。內則得保其固有之宗教與政體。而完全自治。益以發展其政治上之才能。外則吸收鉅資。同化優種。民族進化。事業發達。和親康樂。長治久安。永絶戰爭之苦。驟躋太平之世。比利時瑞士不能專美於歐西。入地獄而莊嚴。現天堂於彈指。此滿□回藏^①之利也。領土人民。名義仍在。有屏翰之藉。無兼顧之勞。漢族乃得專心致志。聚精會神。以從事於本部之經營。永久中立之局一成。則滿蒙回藏。有如砥柱。有如橫堤。各國潮流。挾其雷霆萬鈞之勢力以來者。一到此間。即披靡而退。不啻祖龍再世。加築第二之長城矣。此中華民國之利也。已投資本。悉數收回。未闢利源。足資挹注。而華夷混合。彼此耦俱。弛軍備之負擔。促實業之進步。遠東時局。不煩籌筆。國際均勢。可長保持。此英俄日本三國之利也。貨不棄地。人不游手。啓泰古之洪荒。出無量之寶藏。取携靡禁。利賴何窮。司農無乏食之嗟。都市無人滿之患。黃白共冶。天下一家。大同夢想。立見施行。無治隆規。於焉發軔。此世界之利。即社會黨人之利也。

　　解決之手續奈何。亦錯落言之。一中國社會黨與英俄日本并各國社會黨。同盟進行。二中國社會黨結納滿蒙回藏之重要人物。俾自爲活動。三中國社會黨請願於中華民國之政府及國會。并取各政黨各團體之同情。四英俄日本并各國社會黨。各請願於其本國政府及國會。更從各種方面。一致鼓吹。五各國社會黨聯名。向海牙平和會提議要求。六中華民國政府向海牙平和會及英俄日本各國政府正式交涉。以上諸事。各國社會黨之加盟。已有成說。內外輿論界之協贊。亦在意中。滿蒙回藏人。當更無異議。所不可知者。中華民國與英俄日本之政府耳。然爲我國政府計。與其委肉虎狼。何如措身磐石。安危榮辱。不待著龜。爲英俄日本政府計。則佳兵不祥^②。古有明訓。行險微倖。智者弗爲。自訴干戈者。如暗室尋仇。人期必

① "滿□回藏"，底本此處缺一字，"校勘記"改爲"滿蒙回藏"。
② "佳兵不祥"，語出《老子》："夫佳兵者，不祥之器。"王念孫《讀書雜誌餘編上‧老子》云："佳當作隹，字之誤也。隹，古唯字也。"

死。仲裁調處者。如法庭公判。物得其平。孰凶孰吉。何去何從。謀國者當不見一時之小利。而忘百年之大計也。

或曰。亂已棘矣。寇已深矣。覆水難收。補牢何及。夫豈不然。然試問舍此一着。更有何術可策萬全者。救蒙征庫。徒逞快談。聯美拒俄。空勞幻想。夫當軸而果能游刃有餘。吾黨亦何事越俎而代。今政府既不克自了。則社會寧忍與偕亡。擊楫中流。聞雞子夜。投袂而起。此其時乎。或曰。中國社會黨。羽毛未豐。能力有限。投艱遺大①。恐非所堪。當爲奈何。此實鄙人所椎心泣血之一事也。夫以四百餘日。而得黨員四十萬人。其傳播豈不神速。其聲勢豈不浩大。無如分子太雜。乏健全之人才。經費奇窮。無實力爲後盾。童駿舉鼎。有絕臏而死耳。雖然。中國社會黨。特發言建議之人而已。此非一手足之烈一朝夕之事也。亦非中國一國。尤非本黨一黨。所能勝任而愉快者也。天下興亡。匹夫有責。同聲斯應。好謀而成。呼將伯之助予②。惟衆擎爲可恃。幸而事集。國家之利也。世界之福也。天意人事。會逢其時。吾黨亦何功之有。不幸而事不集。亦以渙汗羣情。製造輿論。伸公理於天壤。留希望於將來。事在人爲。境由心造。願與有志者共勉之。

於此而竊有所感。中國社會黨第二次聯合大會。脩訂規章。宗旨條下有曰。本黨於不妨害國家存立範圍內。主張世界的社會主義。事務條下有曰。黨員爲實行黨綱之便宜。得以團體或個人從事於政治活動。爰有自命極端主義者一二人。譁然大不謂然。以爲世界的社會主義。不容有國家之存立。而政治活動。即做官思想。尤非社會黨人所應爲。其第一義已特發

---

① "投艱遺大"，語出《尚書·大誥》："予造天役，遺大投艱於朕身，越予沖人，不卬自恤。"
② "將伯之助予"，語出《詩經·小雅·正月》："載輸爾載，將伯助予！"意謂車欲墮而請長者幫助，後用作求助或受助的意思。

宣言正告之矣。至第二義論點之謬誤。厥有二因。一則狃於專制之餘弊也。專制時代。除君主及官吏外。不許爲政治活動。故政治活動。與做官思想。確屬相關。今則大權散在庶人。萬幾決於公議。時移勢異。豈可拘牽舊例。併爲一談。二則蔽於鄙人之前言也。曰。社會黨與政府立於對待之地位者也。似乎既與政府爲對待。即不應更與政治相因緣。不知對待云者。示方面所在耳。政治事業。固合政府與社會兩方面之活動而成。非政府之專有品也。是故吾人第一須知政治與政治活動之意義。至爲廣大。凡有團體之形成。有機關之組織。其作用之方法。皆得謂之政治。而從事於此等作用者。皆得謂之政治活動。不必做官。不必做議員也。第二須知人類有政治活動之特性。據生物家言。雖下等動物如蜂蟻者。亦有政治一部分之特性。而最爲顯著最爲完備者。惟人類有然。故曰。人類者。政治的動物也。第三須知政治活動爲共和國民應具之智識與能力。即人人皆當勉爲政治活動之主人翁。天職所存。不容放棄。革命之主旨在此。民國之精神在此。共和政體所以較專制政體進化者亦在此。第四須知政治活動。爲社會黨之慣例。德法比之社會黨。皆爲正式的政黨無論已。即在其他各國。亦無不汲汲於政治活動之措施。或以行政。或以立法。或以司法。所持不同。其趣一也。第五須知政治活動。爲中國社會黨之要件。本黨黨綱改良法律。專徵地稅。限制軍備。諸條。皆必假政治活動之多數。乃易見諸實行。此前途之不可迴避者也。第六須知所謂極端主義無治主義者。亦仍必以政治活動爲着手。不入虎穴。焉得虎子。執柯伐柯。其則不遠①。積極的活動不待言。即消極的活動。如軍隊暴動。同盟罷工。推翻政府。破除國家等等。獨得謂非政治活動乎。且憤政治之罪惡。而遂不入政界。然則主張廢止金

---

① "執柯伐柯。其則不遠"，語出《詩經·豳風·伐柯》："伐柯伐柯，其則不遠。"

錢者。何不悉以其所有與人。是知無治共產二者。先當合世界而同爲鼓吹。不可就一國而遽謀實施。政治一日未全去。金錢一日未全廢。即一日有制人死命之效能。太阿倒持。授人以柄①。直自斃之道耳。雖然。此自團體的性質與應用而言。若夫個人之意志。一身之行爲。則天賦自由。完全無關。山深林密。不談阿堵。遯世无悶②。心嚮往之。至欲標榜聲華。糾合徒黨。思以易天下。而自成一家言。入主出奴。是丹非素。則於理於勢。皆不可通。故鄙人甚贊成心社③之旨趣。而甚不贊成新社會黨之作爲。良以此耳。如此文所敷陳者。即社會黨人政治活動之一種。亦即不妨害國家存立範圍內。主張世界的社會主義之一事。意有所觸。牽連及之。豈好辯哉。

　　右文之作。正庫倫獨立。滿蒙回藏問題緊急之時。各國旅滬社會黨人。英則韓嵩君。俄則史特孟君。日本則北輝次郎君。均爲通電各本黨。得復全體贊成。而余先後兩呈中央。迄不見答。通函各省。惟安徽都督柏文蔚④君新疆都督楊增新⑤君又浙江湯壽潛⑥君報書推許。束招滬上各團體各報館代表會議。則皆唯唯否否而已。而神洲日報⑦時事

---

① “太阿倒持。授人以柄”，典出《漢書・梅福傳》：“至秦則不然，張誹謗之罔，以爲漢驅除，倒持泰阿，授楚其柄。故誠能勿失其柄，天下雖有不順，莫敢觸其鋒。”

② “遯世无悶”，語出《周易・大過・象》：“君子以獨立不懼，遯世無悶。”“无悶”，有誤，應爲“無悶”。

③ “心社”，無政府主義組織，師復、莫紀彭等 1912 年 7 月創建於廣州，主要成員有黃涓生、華林、袁振英、區聲白、黃凌霜等，以“破除現社會之僞道德、惡制度，而以吾人良心上新道德代之”爲宗旨。1913 年 8 月被迫解散。

④ “柏文蔚”，柏文蔚（1876—1947），字烈武，安徽壽縣人，早年加入同盟會，從事反清革命。辛亥革命後任安徽都督，參加過“二次革命”、護國運動。

⑤ “楊增新”，楊增新（1864—1928），字鼎臣，雲南蒙自人。光緒十五年（1889）進士，署甘肅中衛知縣、河州知州，鎮迪道尹兼新疆提法使。辛亥革命後任新疆軍政府都督、新疆省主席兼總司令。1928 年 7 月 7 日被樊燿南刺殺身亡。

⑥ “湯壽潛”，即湯壽潛（1856—1917），原名震，字蟄先、蟄仙，浙江山陰天樂鄉（今浙江杭州蕭山區）人。光緒十八年（1892）進士，曾任安徽青陽知縣。光緒三十一年（1905），被舉爲浙江全省鐵路公司總理。次年與張謇組織預備立憲公會，任副會長。辛亥革命後任浙江軍政府都督、浙江鐵路公司理事長。著有《危言》四卷。

⑦ “神洲日報”，有誤，應爲“神州日報”。資產階級革命派報紙，1907 年 4 月 2 日在上海創刊，創辦人于右任，發起人有楊毓麟、汪彭年、邵力子、張俊卿等，多數是中國公學的師生。

新報①大共和日報②謂余召集私人。乘國家危亂。起擴充社會黨勢力之野心。公忠演説會戈朋雲③君。謂余主張藩屬獨立。破壞五族共和。顯係受外人運動使然。又有人聯名電致中央。請科以賣國之罪。并發匿名傳單。捏誣贓證多歁。鬼蜮百出。不可究詰。有自署淘沙者。投函稱係沙淼君所爲。歷述沙罪狀二十。自稱願爲證人。余登報婉謝之。然籌邊策之進行。卒因以中立④。右文乃長爲紙上空談而已。行或使之。止或尼之。天乎人乎。

---

① "時事新報"，前身爲 1907 年 12 月 5 日在上海創刊的《時事報》和 1908 年 2 月 29 日創刊的《輿論日報》，兩報於 1909 年合併，定名爲《輿論時事報》，1911 年 5 月 18 日改名爲《時事新報》，由汪詒年任經理。清末時是資産階級改良派報紙，宣傳立憲政治。辛亥革命後成爲憲法研究會的報紙。

② "大共和日報"，1912 年 1 月 4 日創刊於上海，中華民國聯合會機關報，初由章太炎任社長兼總編輯，旋由杜傑風任經理，馬叙倫任總編輯。同年隨中華民國聯合會相繼改組爲統一黨、共和黨，而成爲袁世凱的御用工具。1915 年夏自動停刊。

③ "戈朋雲"，戈朋雲（1867—1927），安徽休寧人。1879 年隨父戈鯤化（1836—1882，字硯畇）赴美，1882 年父親去世後回國。次年再赴美國，留學哈佛大學，1892 年前後回國。1898 年任京師大學堂英文副教習。1899 年在上海創辦中英學社。1905 年創辦公忠演説會，爲抵制美貨及大鬧會審公堂案演説，遭清政府通緝。1909 年在南京創立家庭教育研究會。

④ "中立"，有誤，"校勘記"改爲"中止"。

中國社會黨請願國會書草案^① 二年三月

　　本黨爲中華民國最初唯一之民黨。濫觴於前清淫威極盛之日。成立於各省革命響應之秋。宗旨光明。方法穩健。支部林立。黨員衆多。以世界大同爲範圍。而不欲妨害國家之存立。以個人自治爲基礎。而不敢蔑視憲法之精神。凡所揭櫫之黨綱。皆可實見之政策。惟竊引權利競争爲大戒。而專以普遍鼓吹爲前提。務期轉移大多數人之心理。造成大多數人之輿論。然後同力合作。一致進行。與各政黨之純自立法行政最少數人着手者不同。夫一則功難而效遲。一則功易而效速。亦豈不知之。然岑樓非起於寸木。而焦爛何救於燎原。黨禍之展轉相尋。内閣之起仆不絶。政治罪惡。可爲寒心。故本黨絶不屑意於選舉運動。而選舉之結果。則國會省議會皆不乏本黨之同人。大勢所趨。先聲已播。川流海匯。會有其時。而自本黨所處之地位言。則仍與立法行政最少數人立於對待者也。夫此立法行政最少數人。實社會中優異卓越之分子。而本黨普遍鼓吹所當先。且受我同胞全體付託之重。而坐而言之即望其起而行之者也。兹謹撮舉本黨之黨綱。體察民國之國情。取其平易近人切合時用者。計凡八事。代表全黨四十萬人。實不啻代表全國四萬萬之大多數人。向貴院提出請願意見。并附加簡要淺顯之説明。貴院有受理人民請願之職權。務祈分製議題。取決公意。倘蒙

---

① "草案"，"校勘記"謂衍字，且目録亦無此二字。

通過全案。立予施行。本黨幸甚。中國幸甚。人類幸甚。

　　一實行普通選舉　普通選舉者。平民政治之原則也。各國革命。犧牲無量數之心血頸血。皆爲是耳。中國今日之國會組織法選舉法。亦幾於此矣。然而竊以爲有未盡者三。一曰兩院並立。夫議員爲代表人民而已。而參議院胡爲者乎。社會黨主張減政主義。又曰。有分業。無等差。今統治機關固猝難廢止。然橫列之區域不可少。而縱行之階級不宜多。故省可廢也。存畛域之見。啓割據之心。行政濡滯。手續頻繁。員司冗杳①。經濟糜費。其弊不勝言。宜改使各縣直隸中央。以統一事權。化除界限。若參議院尤爲駢枝矣。代表人民乎。則一眾議院而已足。代表土地乎。則除人民外。土地無意味之可言。代表團體乎。是間接選舉也。代表省長或省議會議長乎。是寡頭選舉也。皆與普通選舉之原則未符。而中央學會及華僑選舉會。其擾亂已先見矣②。故本黨亟望草定憲法時。幡然採用一院制。一曰財産限制。夫積極資格之限制。年齡學力二者可矣。而眾議院選舉法第四條第一二欵。皆以財産爲根據。雖有第六條第五欵消極資格之補救。猶不如竟删去之。一曰男女不平等。眾議院選舉法第四五條。皆特標男子二字。夫女子之不可遽有參政權。恐程度未逮耳。若其年齡學力悉合於積極消極之資格。而故屏棄之。是抹殺國民之半數。且何以解於平等之怡乎。故男子二字宜改爲人民二字。

　　二普及平等教育　富貴貧賤之不平等。智愚賢不肖之不平等爲之。實

----

① “冗杳”，有誤，“校勘記”改爲“冗沓”。
② “中央學會及華僑選舉會。其擾亂已先見矣”，根據 1912 年 8 月頒布的《中華民國國會組織法》和《參議院議員選舉法》，參議院議員分別由各省議會、蒙古選舉會、西藏選舉會、青海選舉會、中央學會、華僑選舉會選舉產生。當時，袁世凱政府分配給中央學會 8 名參議員名額。爲進行參議員選舉，首先要在全國的高等學堂選舉產生中央學會會員，但選舉中多次發生風波，以致教育總長陳振先被迫辭職，最終到參議院成立，中央學會仍未產生，只能不了了之。對於設立華僑專額，最初不少人認爲別國無此先例，表示反對；在選舉過程中，不少華僑又對參議員僅限於在商會中產生表示不滿。

教育之不平等爲之。故教育平等。爲一切平等之根本義。蓋必所具之智識能力平等。而後所得之權利幸福可平等也。三代庠序學校之制。自天子之元子以逮庶人之子。悉納之大學。本黨則主張自初生至成年。無男女。無富貴貧賤。均由公共機關衣食而教誨之。此與慈善養老三者並重。而人事乃粗備矣。苟使專徵地稅破除遺產辦到。所有公共事業。必可支應裕如。今既不能遽語此。而又困於行政費與軍備費。遂使根本大計。變爲附屬問題。良可嘅也。目下先其所急。有必須改良者二。一曰兩等小學概免學費。初等小學并免膳費。今全國競言教育普及矣。然高等小學則收費爲當然。初等小學則免費者無幾。在辦學者。則校舍校具之設備。教員職員之薪俸。爲數不貲。在求學者。則圖書紙筆之代價。冠履衣服之程式。望風却步。公立如此。私立無論矣。城鎮如此。鄉僻無論矣。回視科舉時代。書院膏火之沾潤。私塾束修之低廉。猶足以策屬孤寒。溥徧文化。近則讀書之事愈難。而識字之人愈少。於是普通學識。乃惟膏粱子弟得其優先權。且據爲專有品矣。普及云乎哉。平等云乎哉。謂宜劃定地方行政費之過半。以從事於此。更以強迫制度繼之。其庶幾乎。一曰男女之學科及學程相同。夫男子女子。聰明才力。雖各有獨到。而不甚懸殊。若認女子天才劣於男子。則尤不可不以人力彌縫而挽救之。此正教育之本義。所當急起直追兼程並進者也。今制小學以上。男女異校。而學科則女子獨簡。學程則女子獨低。天才偶絀。人力不加。男女將永無平等之日矣。謂宜男女同校。果其有礙學業。則中學時代。不妨異校。而學科之多寡。學程之高下。必毋使參差。除海陸軍學外。一切男女共之。

　　三專徵實地價稅　租稅爲國家唯一之收入。其徵取之方法。與支配之用途。得其當則利國福民。失其當則病國殃民。中國租稅一仰給於田賦。所謂地產稅也。其率甚輕。不敷應用。於是鹽課釐金雜稅種種出焉。條例

煩苛。負擔稠疊。民生益凋敝。而國庫益空虛。其徵取之方法。與支配之
用途。自社會主義言之。皆不正當者而已。社會黨多主張實地價稅。夫地
價者。生於天然。成於衆人。而屬於地主者也。假有荒地於此。其地價之
低昂。恆視人數之多寡以爲衡。地主則一無事事。而惟需以時日。坐收其
厚利。因其無産物也。租稅遂不及之。是至不平等之事矣。地價稅者。對
於此荒地方實價。每年估計。值百抽一至抽五。或雖多取之而亦不爲戾也。
至於地面之墾闢耕耘種植畜牧建築諸事。因工作以增進其價值者。不在此
例。蓋徵稅於人力者。是限制生産力之發達。而增加勞動者之負擔也。故
地産稅病農者也。落地稅病工者也。通過稅輸出稅病商者也。宜悉予罷免。
而專徵唯一之實地價稅。此事發議於美人亨利喬治。各國社會黨率先贊成
之。各國政府亦多採用之。今坎拿大紐西蘭^①。南非洲之一部。英美德之諸
城。均已實行而有成效。其利益甚多。殺富豪兼并之風。破地主壟斷之弊。
一也。有地者不敢自荒。榛莽可開爲膏壤。二也。無地者易於購取。游手
悉變爲良民。三也。稅法簡便統一。官廳胥吏無從舞弊。四也。苛例蠲除
浄絶。農工商旅自由進步。五也。中國廣土衆民。實地價稅一項。已足敷
今日歲出之預算而有餘。若更加徵遺産稅。而限制軍備費。不出十年。新
舊欠債可以清償。公共機關可以徧立。將突飛猛進。爲全球第一富國。黃
金世界。豈虛語哉。

　　四重徵遺産稅限制相續法　世界最大之罪惡。莫如遺産制度矣。夫無
治共産主義。既未能實行。則個人者。憑藉自己之智識能力。取得應有之
權利幸福。亦自由競争無可如何之事。且足以資觀感而促進化。毋寧姑存
之。至於遺産。何爲者乎。傳授遺産者。巧取豪奪。作奸犯科而刑罰滋多

---

① “紐西蘭”，即新西蘭（New Zealand）。

矣。出納之吝。聚斂爲工。而金融停滯矣。承受遺産者。父死子繼。而利
父速死者有之。兄終弟及。而紾兄奪食者有之。依賴成性。安坐無營。而
賢者養成廢人。揮霍隨心。從下忘返。而不肖者流爲乞丐。窮觀深爲不平。
小則詐欺取財。大則刧掠從事。暴徒之殺越。鼠竊之縱橫。萬惡之源。起
於遺産者什九。遺産誠有百害而無一利者也。教育之不能平等。亦由此而
已。故本黨絶對主張破除遺産制度。今世襲君主推倒。是最大之遺産制度
已破除矣。其餘亦宜用漸進法。先限制其相續。而酌提以歸公。并重税以
困之。歐美各國早有成例。中國大資本家現雖無幾。然當早勒定法。預防
流弊。惟此必與小學免費事同時並行。蓋破除遺産制度與普及平等教育。
有互爲因果之關係耳。

　　五廢止死刑肉刑　　世無惡人罪人。惟有愚人而已。蓋人不能自爲罪惡
也。非社會之教育誘導之。則社會之制度偪迫之。故欲減免惡人罪人。不
在懲治其個人。而在改革社會之教育與制度。否則懲治之法縱極嚴極密。
而罪惡之事乃愈巧愈多也。且懲治云者。非僅使之感覺痛苦而已。其目的。
一在隔離之毋傳染於他人。一在激厲之令愧悔而自返。明乎此者。則知死
刑肉刑爲無用矣。死者不可復生。斷者不可復屬。阻自新之路。長殘殺之
風。無裨治理。而有悖人道。斷宜廢止之。其最重者以無期徒刑爲斷。無
論已未定罪。均不更用笞杖。茲新刑律雖已頒行。而内地仍用敲扑追比。
上海租界且藉口人民程度不及。議復刑訊。此事關係至大。不可等閒置之。
或謂治亂國用重典者。不知此益亂之道耳。況文明日進。今非昔比。故南
陵之坑殺瘋人。武昌之槍斃烟犯。列強已據爲口實。而謂我民國無受承認
之資格。非唯人命問題。抑亦國體問題矣。記有之。法令者治之具。而非
制治清濁之源也。老子曰。民不畏死。奈何以死畏之[①]。孔子曰。苟子之不

[①] "民不畏死。奈何以死畏之"，語出《老子》："民不畏死，奈何以死懼之。"

欲。雖賞之不竊[1]。孟子曰。菽粟如水火。而民焉有不仁者乎[2]。故治標之法。當多設感化院習藝所。俾惡人罪人知所振拔。治本之法。當徹底改革社會不良之教育。與不均之制度。俾惡人罪人無自養成。今上下相征。以利爲市。朝野如洗。救死不遑。而欲專恃死刑肉刑。以減免惡人罪人。此賈長沙之所爲痛哭流涕長太息[3]者也。

六限制軍備　兵凶器也。戰危事也。必不得已而後用之。其原因本以保衛國民之生命財產爲目的也。而其結果乃至以國民之生命財產爲犧牲。強國以勝利之虛榮爲獎勸。弱國以敗亡之慘苦爲申警。介乎強弱者。則以保守故常維持均勢爲説詞。故可百年無戰事。不可一日無軍備。而強權即公理。武裝爲和平。其言徧天下矣。然而貞下起元。物極必返。竊意繼今以往。更數十年。戰事必漸稀。軍備必漸減。蓋一則社會主義之學説勝之。而一則經濟問題之實力限之。天心厭亂。人情惡死。社會黨人因勢利導。奔走號呼。以弭兵爲幟志。而勞動黨闐然應之。重以宗教家哲學家之提撕。無政府主義者之警告。社會之興論丕變。政府之野心已寒。況乎經濟問題。日形棘手。國家懷破產之懼。司農興仰屋之嗟。又況機械益精。而糜費益重。一船一礮。價輒不貲。據最近統計。全歐經常軍備費。每日平均至三萬萬佛郎[4]。一有戰事。則直接間接之消耗。尤難以數算。敗者固不可復支。勝者亦不償所失。故海牙保和會成立。國際裁判法頒行。弭兵之機已動矣。譬如法庭公開。兩造折服。雖有桀驁不馴者。然內紲於財政之恐慌。內懾於[5]衆怒之難犯。亦將回心悔禍。俛首受成。不敢冒大不韙爲孤注一擲。以

---

① "苟子之不欲。雖賞之不竊"，語出《論語·顏淵》。
② "菽粟如水火。而民焉有不仁者乎"，語出《孟子·盡心上》。
③ "賈長沙之所爲痛哭流涕長太息"，語出漢·賈誼《治安策》："臣竊惟事勢，可爲痛哭者一，可爲流涕者二，可爲長太息者六。若其它背理而傷道者，難徧以疏舉。"
④ "佛郎"，即法郎（Franc）。
⑤ "內懾於"，有誤，應爲"外懾於"。

僥倖於不可知之數矣。今中國政教叢脞。民生艱難。而軍備費。以前清四十鎮計。已年需銀一萬萬兩。革命後陸軍約增四倍。更將籌辦海軍。至少年需銀四五萬萬兩。以語其人。則國民之教育未備。軍事之智識缺如。盜賊而已矣。乞丐而已矣。以語其器。則收拾他人之唾餘。實爲新式。推廣洋商之銷路。注其漏卮。標本而已矣。古玩而已矣。夫國家之強弱。本不在軍備之多寡。而唯在教育與實業之盛衰。教育不普及。實業不進步。雖兵精械良。猶不可恃。如俄土者。是其前車。今經費之虛糜既如彼。而軍事之成績又如此。爲對內乎。是自殺也。爲對外乎。是兒戲也。向若移此鉅欵以辦教育與實業。果使教育實業能占全世界最優等之地位。則全國縱無一海陸軍。亦誰敢侮我哉。然撤除軍備。非一國之事也。謂宜先限制之。毋令過於教育與實業經費之預算。而練一兵收一兵之効能。出一餉得一餉之代價。不亦可乎。嘗謂軍備之衛國。猶衣服之衛身也。衣服固不可全弛。然善衛身者。務得合宜之空氣光綫及飲食料。以培養元氣。元氣充實。則衣服雖輕簡。而風寒不易中之。不此之務。而徒厚其衣服。將衣服愈擁腫。而元氣愈虧耗。少一不慎。病且不起。教育者。國家之空氣光綫也。實業者。國家之飲食料也。以此思之。思過半矣。

　　七獎勵勞動　　勞動者。神聖也。國家根本之大計。農工而已。人民正當之職業。農工而已。今全國上下。捨本逐末。巧者夤緣爲官吏。拙者墮落爲游民。其實官吏亦大半皆游民也。農工而外。惟教育家科學家商業家。猶能間接生利。自餘皆直接分利。而轉鄙夷直接生利神聖之勞動者。如奴隸。如犬馬。至不齒於人數。烏乎。心理如此。風尚如此。民何以不貧且死。國何以不亂且亡也。夫國家組織。固不能無直接分利之人。而人民生活。要當勉爲直接生利之事。非唯社會主義主張如是。即政治學經濟學之主張亦無不如是也。且歐美社會黨首在推倒富豪。而中國社會黨則首在獎勵勞動。何以言之。中國大資本家大地主本尚不甚夥。而國民多以游手好閒爲能事。夫大資本家大地主所以應推倒者。爲其不自勞動。而坐攫他人勞動之利也。今游手好閒者。其弊亦正同。故推倒富豪與獎勵勞動。事各有當。而理則唯一。獎勵勞動之法。各國行政與社會事業。皆極爲注意。著之定章。中國尤宜格外措重。如設立儲蓄銀行。貧民學校。慈善病院。及交通費之減成優待。衣食住之特別取締。年齡之限制。則老幼必加保護。時間之限制。則晝夜不宜兼程。此皆官廳所應有事也。抑尤有進者。中國工業幼稚。尚純然爲農業立國之時代。故當以獎勵農民爲第一要義。乃前清舊制。爲漕米正供及北部民食計。禁止米穀之輸出。農產物價低微。農民生計窮苦。此實賊害農業一大苛政也。而洋貨無所抵制。外幣無自吸收。正貨缺乏。債務增加。國家亦日陷於悲境。蓋全國農民占人口十分之六七。未有農貧而民富也。未有民貧而國富者也。今宜確定重農政策爲國是。墾闢荒蕪。使游惰歸田。改良耕作。使收穫自倍。解除米禁。使金錢流入。獎勵勞動莫大乎是矣。

　　八廢止婢妾制度限制娼妓行業　　中國向重宗法。而家庭制度之弊。至今日而已極。知有家庭不知有個人。故無自立心。知有家庭不知有國家。故無愛國心。知有家庭不知有社會。故無公德心。夫家庭造端乎夫婦。而夫婦之道。苦不勝言。故極端社會主義。必解除夫婦名義。普通社會黨人。亦不承認法律上之夫權。爲其以婦人爲所有品。實與個人獨立萬民平等之原理不相容也。婢妾娼妓更無論矣。今世界文明雖猶未逮。而各國對於婢妾制度。無不懸爲厲禁。即於娼妓營業。亦頗引爲深恥。惟中國法律公然許可。且獎勵之。雖近有販賣人口之禁例。然婢妾制度如常。娼妓營業轉盛。則亦掩耳盜鐘之故事耳。此實與人道國體。兩有重大之關係。竊謂婢妾宜立時廢止之。斷不容其有。娼妓宜設法限制之。俾漸即於無。至於販賣人口。則尤罪大惡極。所當深惡痛絕。必須雷厲風行者也。男女大欲。
一聽雙方之自由。僕御勞役。必給相當之工值。更致力於教育與實業。爲
拔本塞源之計。道德增進。學識發達。則肉慾爲之銳減。職務繁忙。希望
複雜。則荒淫有所不遑。教化盛行。則人格自尊。生計充實則醜業不作。
緩急並營。標本兼治。樹人道之保障。揚國體之光榮。在此一舉矣。

　　本黨請願國會八事。係第二次聯合會議決。正式國會初成立時。
余力疾起草。經各部認許。委托北京部就近投遞衆參兩議院。泥牛入
海。消息杳然。蓋兩議院諸君子方汲汲於鬧黨見爭議長之事。殊無暇
及此也。有人發議。揭此八事爲黨綱。組織一社會主義的完全政黨。
余亦贊成。然主持無人。亦終成虛語耳。

中國社會黨對於宋教仁暗殺案[1]宣言_{二年四月}

社會黨之所以成立。人道與正義而已。國家之所以成立。憲法與法律而已。故反乎人道正義悖於憲法法律者。我社會黨人我國民必出全力冒萬死以抗爭之。本黨性質向主温和。於現政府固無所容心。與各政黨亦不存成見。且深引權利競爭爲炯戒。而專以普遍鼓吹爲前提。故一年半以來。對於朝野新舊兩派間。常持中立的超然的態度。茲不幸而發見一不祥之事。使本黨不能自已於言。則宋教仁暗殺案是也。暗殺罪大惡極。雖在野黨。雖無政府黨。猶非所應爲。乃衆口喧傳。各報迭載。則政府在朝者竟爲此案之主謀人。夫政府對內對外所恃者惟信任耳。此案發現。信任全失。更何以代表國家統率國民。此實中華民國之奇恥大辱也。不惟不信任也。又互相猜疑。而即此互相猜疑之一念。已足以亡國滅種而有餘。此尤中華民國之巨患隱憂也。一般政黨及國民。或懾於威武。或誘於利禄。或驚於意氣。或蔽於感情。或敢怒而不敢言。或可言而不可行。而公堂之一味遷延。輿論之任意揣測。人人懷弓蛇之懼。處處聞風鶴之警。小則擾亂心思。荒廢政事。大則釀成禍變。破壞和平。此案乃益不可收拾矣。本黨認此案爲朝野新舊兩派競爭之見端。故非局中人所能自了。媾和固未可易言。決裂

---

① "宋教仁暗殺案"，1913年初，以宋教仁爲代表的中國國民黨在全國兩院議員選舉中取得大勝，引起袁世凱的不安。3月20日，應邀北上的宋教仁在上海北站被袁世凱指使的殺手暗殺，全國震動。

則不堪設想。夫所惡夫暗殺者。爲其反乎人道正義悖於憲法法律也。故處
分此暗殺案。亦必以不反乎人道正義不悖於憲法法律者爲斷。調停不可也。
報復亦不可也。迴護不可也。株連亦不可也。用持平之方法。爲正當之解
決。使政治罪惡不致演而愈烈。國家根本不致因以動搖。斯我中立的超然
的社會黨人之天職。亦我普通國民之天職也。茲發表本黨之主張。以徵求
國民之同意。其大略如左。

一　會審公堂應從速正式宣布一切證據。

二　國會及國民應向政府爲嚴重之質問。并要求滿意之答復。

三　證據正式宣布。果與政府有嫌疑關係。國會應提出彈劾大總統及國
務員案。

四　證據正式宣布。果與政府有嫌疑關係。大總統及國務員應辭職。由
副總統代行大總統之職權。

五　最高法院應組織特別法庭。收回自辦。以伸國權。大總統以次均親
身到案。公開審判。以伸法權。

六　一般政黨及國民。應尊重司法之信用。靜候審判之結果。至公認法
律解決全然無効時。應以政治解決繼之。

似此辦法。雖未必盡當於兩派之初意。然自人道正義之精神言之。自
憲法法律之範圍言之。我社會黨人我國民。今日所主張者。當然如是。本
黨具第三者資格。負維持之責任。謹合四十萬黨員而一致宣言。亟希望同
意之團體或個人。共爲聲援。向各方面要求并監督以上條件之實行。成敗
利害。所不計也。

宋案發現。輿論激昂。什九集矢於中央。展轉猜疑。不可究詰。
各黨人多來探求意見。因草右文。於四月十四日。假南市新舞臺。召
集大會公布之。自問於人道正義憲法法律兩得其平。乃政府嫌其太激

烈。斥本黨爲國民黨前驅。而國民黨又嫌其太温和。詆本黨爲政府左
袒。甚矣直道之不可行也。其後審判遷延。事機決裂。第一條一切證
據訖未在法庭正式宣布。而竟由程雪樓①應季中②兩君以行政官地位。
黃克強③君以私人資格。通電發表。第二條國會始終無嚴重之質問。政
府亦始終無滿意之答復。第三四五六條。則因證據之宣布非出正式。
故不能確定其與政府之關係如何。國民乃純以懷疑心理。感情作用。
演成種種無意識無價值之行爲。既未見國會提出有効之彈劾案。亦未
見政府提出引咎之辭職表。該案雖收回自辦。而法庭組織。頗費周章。
尤可笑者。竟爲應桂馨④武士英⑤二人。議開特別法庭。以約法上大總
統禮待遇之。余率先專函駁詰。其事亦率不果行⑥。然一般政黨及國民
遂益不復尊重司法之信用。不及静候審判之結果。且不俟公認法律解
決之無効。一部分人已進取政治解決兵力解決⑦。而法律解決乃真全然
無効矣。烏乎。誰爲爲之。此豈本黨初意所及料哉。

---

① “程雪樓”，即程德全（1860—1930），字純如，號雪樓、本良，四川雲陽（今屬重慶）人。清朝
　　末年曾任黑龍江將軍，民國初期任江蘇都督、南京臨時政府内務總長。1913 年 3 月親赴上海處
　　理宋教仁被刺案，主張按法律程序解決。在調查過程中與應德閎將全部證據公之於衆，揭露了
　　袁世凱派人刺殺宋教仁的真相。
② “應季中”，即應德閎（1876—1919），字季中，浙江永康人。辛亥革命後任江蘇都督府財政部長，
　　都督府機要員。
③ “黃克強”，即黃興（1874—1916），原名軫，字厪午，後改名興，字克強，湖南長沙人。中華民
　　國開國元勛，與孫中山并稱“孫黃”。
④ “應桂馨”，應桂馨（？—1914），字夔丞，浙江鄞縣（今浙江寧波鄞州區）人。宋教仁被刺案的
　　主要嫌疑人之一，曾任江蘇駐滬巡查總長。
⑤ “武士英”，武士英（？—1913），本名吳福銘，山西人，1913 年刺殺宋教仁的凶手。
⑥ “率不果行”，有誤，“校勘記”改爲“卒不果行”。
⑦ “兵力解決”，指孫中山等發動的對袁世凱的“二次革命”。

中國社會黨於宋案及借款反對兵力解決宣言^① 二年五月

兵凶器也。戰危事也。據世界文明通例。外則抵禦強敵。內則變更國體。不得已可一用之。外此而用兵者。無論政府之對於國民。國民之對於政府。均謂之叛亂而已。天佑中華。壹著戎衣。而共和告成。惟國恥日深。邊釁時作。以我國人夙尚和平。又絀實力。故隱忍至今。乃宋案發生。輿論驟變。借款事起^②。愈益激昂。怨毒中人。鬱久必洩。躍躍欲試。岌岌可危。政府有擁兵自衛之嫌。各省有分離獨立之耗。人民有乘時發難之心。萬一不幸而至於兵力解決。人道前途。國家前途。尚可問乎。烏乎。同胞辛苦汗血所豢養之軍人。不敢用之於外侮者。乃用之於內訌之政爭乎。不忍用之於逆藩者。乃用之於本部之漢人乎。夫宋案法律問題也。借款政治問題也。無論朝野。無論南北。無論新舊。同是神明之血胤。五色旗下之國民。無論誰是誰非。誰曲誰直。無論溫和。無論激烈。無論調停。無論決裂。無論變化至何等程度。要皆法律解決政治解決範圍內事。斷無應用兵力解決之必要與理由。儻有甘爲戎首者。即公敵也。破壞人道。擾害國家。罪實尸之。本黨不忍四萬萬兄弟姊妹之生命財産。付之孤注。五千年

---

① 目録爲"中國社會黨對於宋案及借款反對兵力解決宣言"。
② "借款事起",爲消滅國民黨在南方各省的革命勢力,實行獨裁統治,1913 年 4 月 26 日,袁世凱政府未經國會同意,與英、法、德、俄、日五國銀行團簽訂"善後大借款"合同,款項高達 2500 萬英鎊,年息 5 厘,分 47 年清償。合同還附帶諸多苛刻條件,包括規定以鹽稅、海關稅作抵押,鹽稅徵收交外國人托管等。此後,袁世凱政府即向南方革命黨人發起軍事進攻。

文明之歷史。二百萬方里錦繡之山河。聽其陸沉。特發宣言。聲其意見。遏亂於事始。防患於機先。號召全國不主張兵力解決者。求其加盟贊同。哀告全國之主張兵力解決者。冀其回心悔禍。於以維持人道。維持國家。使革命慘劇不至再見。恐怖時代不至延長。國際不至激劇動搖。民生不至大蒙損失。其決議如左。

一本黨於宋案及借欵事件。絕對反對兵力解決。而主張法律與政治解決。

一本黨要求南北海陸軍隊。於宋案及借欵事件。超然中立。不加干涉。雖有長官命令。非對外不開戰。

一苟有首先執行兵力解決者。本黨當聯絡全國人民。認爲公敵。共反抗之。

一萬一發生兵力解決之事。本黨當聯絡全國人民。奔走運動。共遏止之。

　五月一日。上海國民自由兩黨人來。約同發起公民大會。謀宋案及借欵之解決也。余以是日爲萬國工黨①罷工紀念節。本黨自開講演大會。不克與聞他事辭之。而沙淦徐企文②兩君。乃代表純粹社會黨及工黨。加入公民大會中。其決議已脫法律政治③範圍。而露兵力解決之端倪。本黨特於其明日發表右文。并專電黎宋卿君。懇轉電中央及各省海陸軍人。緣黎爲開國元勳。且領參謀總長。地扼南北。勢處超然。故以綢繆桑土事屬望之。乃黎君既不見覆。而黨論多笑爲杞憂。除商會數君外。無贊許者。吾謀不用。而戰禍遂開。耗矣哀哉。

---

① “萬國工黨”，指第二國際。1889 年 7 月，第二國際成立大會在法國巴黎召開，大會通過決議，爲紀念 1886 年美國芝加哥工人的罷工鬥爭，各國社會黨應在每年的 5 月 1 日組織大規模的示威游行，在國際範圍内進一步推動 8 小時工作日的實現。

② “徐企文”，徐企文（？—1913），上海人，中國同盟會會員。1911 年武昌起義爆發後加入李平書、伍廷芳在上海發起的中華共和憲政會，繼而加入中國社會黨，1911 年 12 月發起創建中華民國工黨。1913 年 5 月在上海發動武裝起義，反對袁世凱倒行逆施，失敗被捕後於同年 9 月被殺害。

③ “政治”，有誤，應爲“政治”。

中國社會黨對於南方事變①宣言二年七月

嗚呼噫嘻。我國民與政府竟決裂不可收拾矣。吾人所希望之法律解決
政治解決。完全無效。竟至以兵力解決矣。本黨曩者深憂過慮之言。竟不
幸而見之實事矣。嗚呼噫嘻。民窮財盡。兵凶戰危。一之爲甚。其可再乎。
姑無論是非曲直如何。亦無論成敗利鈍如何。我國民生命財產有限。直接
間接之損失。有形無形之犧牲。何可勝計。而國本震撼。外患紛乘。尤不
忍卒言。嗚呼噫嘻。夫何使我至於此極也。社會主義。維持人道。崇尚和
平。本黨主張。夙昔如是。當宋案借欵事起時。朝野猜疑。禍機已現。曾
開大會。特發宣言。通告各省軍人。要求勿加干涉。危詞悚論。瘏口曉音。
事有可爲。言猶在耳。原冀綢繆未雨。敢云洞燭先幾。而論者多譏爲無病
而呻。即本黨亦深幸所言不中。乃天不厭亂。人各有心。風動塵飛。遂有
今日。今日之事。復尚何調停之可言。亦斷非口舌所能辦。狂瀾既倒。保
障無從。惟本黨之主張及宣言。決不隨風會爲避趨。亦不計實力之贏絀。
竭忠盡慮。一意孤行。本餘情惻恨之懷。爲奔走號呼之計。被髮纓冠。不
敢怠遑。泣血椎心。庶幾一悟。此吾人之天職。當爲同胞所矜許者也。嗚
呼噫嘻。天下洶洶。舍本逐末。教育不普及。產制不改良。官治不減除。
軍備不裁撒②。道德墮落。生計艱難。輿論譸張。職事廢弛。由今之道。無

---

① "南方事變"，指 1913 年宋教仁遇刺後，孫中山領導的"二次革命"。
② "裁撒"，有誤，應爲"裁撤"。

變今之俗。雖有善者。亦莫如何。世方狃於政治革命之形式。而昧於社會
革命之精神。以爲兵力萬能。何求不得。禍福倚伏。興仆倉皇。吾儕小人。
乃長爲一二英雄魁傑者之莢狗而已。天下愈亂。春秋愈治。社會主義。意
在斯乎。嗚呼噫嘻。大夫君子。無我有尤。百爾所思。不如我所之。

　　右文係聞湖口九江事變①時作。以七月十五日。在萬國社會黨上海
俱樂部第一次大會②發表之。同時復以個人鄉誼。致書發難諸君。略云
"袁氏柄國。一年有半。用人行政。功罪較然。一夫獨呼。而各省響應。
人心思亂。衆望有歸。已可概見。發難諸君。又多共和締造之元勳。
政治革命之矩子③。其不得已苦心。當能見諒於天下後世。而鄙人援春
秋責備之義。以爲猶有可議者二事。一手續未備也。袁氏固臨時參議
院選舉之人。國會成立。當然辭職。宋案借欵。兩事繼起。羣情疑駭。
亂象將成。國會既未提出彈劾。復不着手選舉。既未經政府解散。復
不能自行解散。威武屈節。利慾薰心。觀望因循。養癰待潰。而袁氏
以瓜代無人。名義猶在。憑藉尺寸。惟所欲爲。政府之罪。皆國會之
罪也。雖曰彈劾未必去位。選舉未必得人。解散未必不更促其決裂。
然此正當之手續。固不可不先爲經過者也。向使經過在先。則今日之
事。豈不尤師出有名哉。一名義未安也。九江南京討袁軍。皆宣布獨
立。夫獨立云者。脫離原有之國家。而別謀建設之義。如北美之脫離
不列顛而獨立。非利賓④之脫離西班牙而獨立。又如法蘭西之脫離布爾

---

① "湖口九江事變"，即湖口起義。1913 年 7 月 12 日，江西籍將領李烈鈞、楊賡笙在孫中山的動
　員下，在湖口縣發動討袁起義，打響了"二次革命"的第一槍。
② "萬國社會黨上海俱樂部第一次大會"，1913 年 7 月，江亢虎與旅滬各國社會黨人共同發起建立
　"萬國社會黨俱樂部"，確定每月 1 日、15 日開夜餐會，宗旨爲"討論學理、協助進行、交流消
　息、聯絡感情"，江亢虎和英國社會黨人查克遜（J. A. Gackson）被推舉爲俱樂部書記。
③ "矩子"，同"巨子"。
④ "非利賓"，即菲律賓（Philippines）。

奔王朝①而獨立。中華民國之脫離滿清帝室而獨立。皆是。所謂中華民國者。四萬萬人公有之國家。非袁氏一人私有之國家也。所謂討袁軍者。反對現政府之代表人。非脫離中華民國也。既未脫離。何云獨立。若謂反對袁氏爲獨立。是直承認袁氏即爲國家。若謂地方自治爲獨立。則與反對袁氏有何關係。獨立二字。用違其宜。內啓割據之嫌。外召瓜分之禍。名不正則言不順。言不順則事不成。所當特別注意者已。"末復原本人道主義。提出社會革命。而痛論政治革命不可再見。南北戰釁不可輕開。略如宣言之恉。發難諸君不能聽也。而民黨激烈派。乃反疑爲政府之偵探。余自是不復妄想作調人。惟與本部同人。發起兵燹救急等會。從事於一部分消極的慈善事業而已。

---

① "布爾奔王朝"，即波旁王朝。

洪水集附編①

癸丑六月十五日②以後中國社會黨特別聯合大會以前之作入附編

---

① 目録爲"附編"。
② "癸丑六月十五日"，即 1913 年 7 月 18 日。

致浙江都督朱瑞①書論解散社會黨支部事_{二年八月}

　　介人都督執事。前因本黨定海嘉善支部。無故迭被干涉。曾由本黨本部及不佞個人。專函陳白。至再至三。未蒙惠復。方深詫異。頃讀八月三日新聞報。忽見執事通告公文。摘取本黨規章。援引純粹社會黨禁例。勉強比附。鍛鍊周納。勒令解散本黨浙江各屬支部。不佞不知本黨何負於浙江。執事何仇於本黨。而必處心積慮摧殘浄盡以爲快也。執事所以羅織本黨之罪名者。曰籌畫遺產歸公。曰破除家庭制度。曰尊重個人。曰不分國界種界均可入黨。皆以爲與純粹社會黨黨綱相同。且確係實行共產主義。云云。夫家庭制度之利弊。遺產歸公之是非。此事原屬學理問題。見道不同。無暇深辨。惟語其作用。則至爲尋常。不過本黨黨員。各以志願。著之遺囑。自將身後財產若干。捐入公共機關之用。有似慈善事業。且亦法律行爲。本黨固絶不強制黨員之遺產必須歸公。執事亦安能強制吾人之遺產必勿歸公乎。若謂此即共產主義。而強制使不實行。是蔑視法律上遺囑之效能。而阻閡社會慈善事業之進步也。類推隅反。充類至盡。一切財團法人。孰非共產制度。將胥世人爲守錢虜耳。且君主家天下。以遺產視國家。而世襲爲皇帝。乃世襲遺產之最大者。若以破除此制度爲非宜。勢不至取消民國規復帝國不止。而孔子所稱不獨親其親。不獨子其子。貨不必

① "朱瑞"，朱瑞（1883—1916），字介人，浙江海鹽人。光復會成員，辛亥革命時曾參加光復南京戰役。中華民國成立後任陸軍第五軍軍長、浙江都督兼省民政長，後投靠袁世凱。

洪水集附編

致浙江都督朱瑞書論解散社會黨支部事二年八月

癸丑六月十五日以後中國社會黨特別聯合大會以前之作入附編

制黨員之遺產必須歸公執事亦安能強制吾人之遺產必勿歸公平若謂此卽共

身後財產若干捐入公共機關之用有似慈善事業且亦法律行為本黨固絕不強

不同無暇深辦惟語其作用則至爲尋常不過本黨黨員各以志願著之遺囑自將

行共產主義云云夫家庭制度之利弊遺產歸公之是非此事原屬學理問題見道

尊重個人日不分國界種界均可入黨皆以爲與純粹社會黨黨綱相同且確係實

盡以爲快也執事所以羅織本黨之罪名者曰籌畫遺產歸公曰破除家庭制度曰

江各屬支部不佞不知本黨何負於浙江執事何仇於本黨而必處心積慮摧殘淨

公文摘取本黨規章援引純粹社會黨禁例勉強比附鍛鍊周納勒令解散本黨浙

人專函陳白至再至三未蒙惠復方深詫異頃讀八月三日新聞報忽見執事通告

介人都督執事前因本黨定海嘉善支部無故迭被干涉曾由本黨本部及不佞個

藏於己。力不必爲己者。乃真爲無家庭之罪魁矣。至於尊重個人。即天賦
人權萬民平等之義。實共和法律之根本精神。君子自重重人而見重於人。
又中外古今之達道也。執事既以尊重個人爲不然。則必以自輕輕人而見輕
於人爲然。道德之謂何。法律之謂何。尤可怪者。不分國界種界均可入黨
一條。不知何以亦開罪於執事。執事亦嘗聞萬國社會黨之名稱乎。社會黨
者。世界共同之組織。非一國獨有之機關。故除國籍法所限制條件外。入
黨者義務權利平等。不拘國界種界之異同。此寰球通例也。近世交通日便。
國際關係日多。舉凡政治學術慈善各團體。均有不分國界種界之成例。不
僅社會黨如此。而社會黨①尤無不如此。執事乃斷斷於等級與界限之間。欲
返之雞鳴犬吠老死不相往來之部落時代。抑何不思之甚也。執事所挾持爲
口實者。不外禁止純粹社會黨之部文。純粹社會黨之應否禁止。不佞曾致
書中央政府抗論之。茲不復贅言。惟本黨並非所謂純粹社會黨。且所謂純
粹社會黨者。即由反對本黨而發生。通國皆知。前函屢詳。而執事乃故故
併爲一談。以行其欲加之罪之成見。不知本黨成立最早。支部幾徧國中。
內自首都。外迄藩服。風聲所樹。輿論翕然。浙江一隅。既不能自外生成
於民國。本黨支部。即不應獨被禁止於浙江。惟浙江支部多至數十起。黨
員多至萬餘人。流品不齊。弊端間作。執事果就事論事。以人治人。鑑空
衡平。情真罪當。維行政之秩序。伸司法之特權。本黨亦斷不得而廻護之。
然執事亦斷不能爲個人而牽涉全體。因事實而指斥學説。遂據以非難黨綱
解散支部也。況並此個人之不法事實上之現行犯而無之。顧乃望文生義。
有意爲難。揭以免愚民受其煽惑八字爲判詞之主文。不恤弁髦人民集會結
社自由之神聖約法。嗚呼。執事不自爲一身名譽計。獨不少爲民國政體計

---

① “而社會黨”，有誤，應爲“而非社會黨”。

乎。執事須知社會主義之在今日。社會黨之在全世界。如日月之經天。如江河之緯地。至如本黨宗旨正大。方法溫和。夙以鼓吹感化爲前提。決無激烈暴亂之現象。執事憑藉威武。惟所欲爲。解散誅鋤。易如反手。惟是人心不死。真理常新。執事能解散浙江社會黨。而不能解散全國社會黨。能解散全國社會黨。而不能解散全國社會黨黨員信仰社會主義之心。使如死灰之不可復燃。槁木之不可復活。然則一隅之起仆。一時之隱見。何損於本黨。何損於社會主義。徒見其不知量而已。鄙人爲最初倡道社會主義之人。又被舉爲中國社會黨總代表。對外交涉。責無旁貸。迫切上訴。口不擇言。萬一曲賜鑒原。俛准收回成命。君子之過。人皆仰之。若謂言莫予違。法在不赦。則作俑之罪。批鱗之誅。九死不辭。惟命是聽。惟無論如何。務祈裁答。倘以擱置爲能事。而竟充耳如不聞。則是笑罵由人。剛愎自用。非不佞所望於執事者矣。專此瀆布。即頌鈞安。

　　本黨浙屬支部最多。其與官廳之交涉亦最煩。聞各支部黨員頗有不正當之行事。乃朱君不援據法律。懲治個人。而專傅會部文。干涉支部。其用心殊不可解。右文爲最後之忠告。不數日而大總統解散社會黨之命令下。乃恍然於朱君蓋能得風氣之先者。而右文爲詞費矣。

呈袁大總統文論解散社會黨事_{二年八月}

大總統鈞鑒。竊見報載解散社會黨各部之命令。及宣布北京社會黨首領陳翼龍罪證之公文。繹誦之餘。至滋疑駭。查各國多有社會黨。本黨之成立。在各國之後。而開中國之先。然各國社會黨多係政黨名義。而本黨則先從研究學理入手。命令所稱。適得其反。誠以中國今日。朝野均欠文明。政治尤叢罪惡。而一般假借政黨。迫脅官吏。魚肉鄉愚者。實爲同人所深恨也。本黨宗旨正大。方法穩健。此次事變。迭發宣言。力持人道主義。盡瘁慈善事業。方媿弭亂無術。寧有煽亂之心。支部均屬公開。黨員悉聽自便。并無悖謬宣誓。尤非祕密機關。救國社^①向由國民黨人主持。鋤奸團^②聞係純粹社會黨人發起。皆與本黨絕不相干。雖本黨黨員多兼隸國民黨。然一黨有一黨之性質。一黨有一黨之主張。其影響固彼此不相及。又有沙淦者。別立一社會黨。即所謂純粹社會黨。名與本黨混淆。實與本黨反對。其人其事。共見共聞。該黨早奉通飭解散。沙淦亦因別案處死。徒以雅鄭相亂。遂令玉石俱焚。綜觀陳翼龍各罪證。均係牽涉他黨之事。一無關係本黨之事。豈有以陳翼龍一人對於他黨之行爲。而使本黨四百餘起支部五十萬衆黨員連坐同科之理。至交通外國社會黨。正爲增進國際和平。

---

① "救國社"，即中華民國救國社，1912 年 12 月 13 日由伍廷芳、熊希齡、虞洽卿、于右任等發起組織，在上海南市新舞臺召開成立大會，到場 2000 餘人。
② "鋤奸團"，1913 年夏中國社會黨北京支部幹事陳翼龍秘密建立的團體，旨在組織反袁武裝鬥爭。

然虛無黨則向唯俄國一國有之。且十數年前。即已聲明取消。併入無政府黨。而虛無黨僅爲歷史上一死名詞。決非如命令所稱爲各國皆有之黨。且爲今日現存之黨也。以上各節。事實昭彰。誼難緘默。代表公意。披瀝上陳。務祈準人情國法之平。明團體個人之辨。收回成命。昭示大公。援據此項呈文。再行通飭各屬。但令防止匪徒倡亂行動。毋許箝制人民集會自由。而本黨本部支部及一切黨會。凡無擾害煽惑情事者。當然不在查禁解散之例。庶於維持秩序保衛公安之中。仍寓尊輕①約法擁護人權之意。迴中外之觀聽②。安反側之人心。社會幸甚。國家幸甚。嘗考各國政府與社會黨之已事。如英美德法。皆放任自由。而寧謐無迓。如日俄意西。則干涉嚴重。而禍變侵尋。事固相因。勢非得已。蓋社會主義爲歷刼不磨之真理。社會黨乃世界共同之組織。每遇阻力。愈促進行。取徑或殊。會歸則一。大同郅治。寤寐期之。迴顧③國中。蜩螗羹沸。程度相差太遠。實現不知何時。言念及茲。可勝痛憾。臨書梗觸。不知所云。謹呈。

　　民國二年七月杪。見滬上各報專電。本黨北京部主任陳翼龍君被逮。旋又見專電。陳君已被省釋矣。黨員有自北來者。其説亦同。而本部電問。則久不得復。八月初旬。大總統解散社會黨之命令與陳君槍斃之噩耗。中外徧傳。又數日。而北京軍警執法處宣布陳君死罪之牌示亦出現。本部特開緊急會議。衆意僉謂。陳君罪證。確否不辨。且個人行事。尤與全黨無關。應先以公呈聲明爲入手辦法。余任起草。原稿三千餘言。有十不可解之説。幹事諸君嫌其激烈。力求和平。嫌其冗長。力求簡短。遂刪訂如右文。以八月十五日付郵。訖特別聯合

---

① “尊輕”，有誤，“校勘記”改爲“尊重”。
② “迴中外之觀聽”，有誤，“校勘記”改爲“迴中外之觀聽”。
③ “迴顧”，有誤，“校勘記”改爲“迴顧”。

大會時。已半月以上。而返響闃如。蓋無論激烈。無論和平。無論冗長。無論簡短。亦終於無效而已。命令牌示。照錄如左。天下後世。可以觀焉。

附臨時大總統命令原文

查近日匪徒。每藉政黨名義。迫脅官吏。魚肉鄉愚。殊足以妨礙政務。擾害治安。且蓄意煽亂。潛謀不軌。全國人士。莫不疾首蹙額。深以爲病。茲據京師天津等處呈稱。破獲社會黨祕密機關。搜出種種犯內亂罪證據。并查有勾通外國虛無黨妨害國際和平情事。顯係倡亂行動。迥非文明各邦所稱社會黨研究學理者可比。若不從嚴禁止。必至釀成巨患。破壞大局。着各省都督民政長及各軍司令官。將所有社會黨本部支部。一律嚴行查禁。此外一切黨會。如有擾害煽亂與該黨相□似[①]者。亦准由各該都督民政長及司令官勒令解散。分別懲治。以維秩序。而保公安。此令。

附北京軍警執法處牌示原文

爲牌示事。照得七月二十八日。准京師警察長函奉大總統交查。社會黨首領陳翼龍。勾串外國黨綱。妨害邦交一條。遵經派員偵明。陳翼龍往來京津。行蹤詭祕。遂於本月廿五日。在宣武門外南橫街社會黨本部。將陳犯弋獲。并由其衣袋內搜出直隸中華銀行軍用票百元。手票一張。及日記簿一本。內載該黨簡章三條。內有分設鋤奸救國等黨團機關。聯絡外國黨綱。糾合同志。便於乘間起事。諸同人瀝血宣

---

① "相□似"，底本此處缺一字，"校勘記"改爲"相類似"。

電陳君已被省釋矣黨員有自北來者其說亦同而本部電問則久不得復八月

初旬大總統解散社會黨之命令與陳君槍斃之謠耗中外徧傳又數日而北京

軍警執法處宣布陳君死罪之牌示亦出現本部特開緊急會議衆意僉謂陳君

罪證確否不辨且個人行事尤與全黨無關應先以公呈聲明為入手辦法余任

起草原稿三千餘言有十不可解之說幹事諸君嫌其激烈力求和平嫌其冗長

力求簡短遂刪訂如右文以八月十五日付郵訖特別聯合大會時已半月以上

而返響闃如蓋無論激烈無論和平無論冗長無論簡短亦終於無效而已命令

牌示照錄如左天下後世可以觀焉

附臨時大總統命令原文

查近日匪徒每藉政黨名義迫脅官吏魚肉鄉愚殊足以妨礙政務擾害治安且

蓄意煽亂潛謀不軌全國人士莫不疾首蹙額深以為病茲據京師天津等處呈

稱破獲社會黨祕密機關搜出種種犯內亂罪證據并查有勾通外國虛無黨妨

害國際和平情事顯係倡亂行動迥非文明各邦所稱社會黨研究學理者可比

一百十七

若不從嚴禁止必至釀成巨患破壞大局著各省都督民政長及各軍司令官將

所有社會黨本部支部一律嚴行查禁此外一切黨會如有擾害煽亂與該黨相

似者亦准由各該都督民政長及司令官勒令解散分別懲治以維秩序而保

公安此令

附北京軍警執法處牌示原文

為牌示事照得七月二十八日准京師警察長函奉大總統交查社會黨首領陳

冀龍勾串外國黨綱妨害邦交一條遵經派員偵明陳冀龍往來京津行蹤詭祕

遂於本月廿五日在宣武門外南橫街社會黨本部將陳犯弋獲并出其衣袋內

搜出直隸中華銀行軍用票百元手票一張及日記簿一本內載該黨簡章三條

內有分設鋤奸救國等黨團機關聯絡外國黨綱糾合同志便於乘間起事諸同

人瀝血宣誓骨肉勿告等悖謬字樣除呈報政府外特將所獲犯證一併送請訊

辦等因准此當經督員查明證物詳加訊鞫將陳冀龍即陳意農年二十八歲湖

北羅田縣人於上年來京祕密組織社會黨支部黨綱與俄國虛無黨無異卽以

誓。骨肉勿告等。悖謬字樣。除呈報政府外。特將所獲犯證。一併送
請訊辦。等因。准此。當經督員查明證物。詳加訊鞫。將陳翼龍即陳
意農。年二十八歲。湖北羅田縣人。於上年來京。祕密組織社會黨支
部。黨綱與俄國虛無黨無異。即以慈善教育普及為名。本黨總機關設
在上海。支部已有四百餘處。誘集入黨者約有五十餘萬人。前因宋案
發生。擬以猛烈手段對待。復發起鋤奸團救國社各種名目。計與俄國
虛無黨聯絡。以圖乘間舉事。不料即被警廳偵探送案等語。查該犯陳
翼龍。襲取外國亂黨宗旨。建立團黨各目。機關既有四百餘處之多。
黨員復有五十餘萬之衆。聯絡外國黨人。潛謀不軌。不特法律視為弁
髦。直以同胞生命為兒戲。實屬天良喪盡。罪無可逭。陳翼龍應即按
照軍法。處以死刑。特此宣告罪狀三日。即提陳犯驗明正身。押赴行
刑塲鎗斃。以昭炯戒。其各周知。須至牌示者。

中國社會黨特別聯合大會去職宣言 二年八月

鄙人以中國社會黨發起人資格。兩被選舉爲本黨總代表。竭蹶將事。
夙夜徬徨。病目經年。尤多廢弛。前因召集第三次聯合大會。先自聲明。
預辭連任。茲以緊急事件。特將聯合大會提早舉行。瓜代有人。遠別在即。
自顧生平。迂拙成性。本無調和羣衆之術。尤乏籌畫經濟之才。實力不充。
進行多梗。終日所疲於奔命者。乃多不急之周旋。無謂之交涉。而於學説
之傳布。實事之措施。轉有未遑。引爲深憾。況社會主義。流派各歧。社
會黨人。義務平等。自鄙人尸此名義。而一般論者。往往以鄙人個人之是
非。爲社會主義即社會黨之是非。於是鄙人言行之自由。與學者思審之自
由。皆不免多所犧牲。黨員號稱五十萬人。與其進也。歸斯受之。鼓吹時
代。固應爾爾。然風俗猶此風俗。人心猶此人心。任何意美法良。皆適足
爲罪惡所利用。收效無日。流弊已多。假公團以自便私圖。因分子而貽羞
全體。此社會之蟊賊。亦本黨之害馬。而社會主義則不任受過也。尤可笑
者。好奇心理。隨喜而來。一度簽名。百事都了。自暴棄其主人翁之天職。
而專以萬能主義責難於當事之一人。微論精力有限。斷難肆應裕如。假有
人焉。綜攬全權。操縱自我。事無不舉。令無不行。則所謂社會黨所謂社
會主義者。復尚何價值之可言。而彼一人者。無羣策羣力爲後援。雖復馳
騁一時。終亦必身敗名裂而後已。故社會主義。社會之事也。無一人可不

負其責任。亦無一人可獨負其責任。而鄙人戇者果於自信。居之不疑。無以引起全黨黨員之責任心。俾各得有所憑藉以自表見。其罪已大矣。然今日之去。則又有説焉。社會主義之初倡道也。勾萌圻甲①。調護需人。兩年以來。其名詞概念。已普及大多數人心目中。四百餘地之機關可以取消。五十萬人之信仰不可没滅。每遇阻力。愈促進行。大勢所趨。前車具在。大總統之命令。各長官之文告。皆傳播社會主義之媒介。而火傳薪盡。發起人之能事畢矣。且社會主義乃歷刧不磨之學理。社會黨乃世界共同之組織。一隅之起伏。一時之屈伸。進化公例。詎能幸免。剥極必復。貞下起元。瞻望前途。樂觀無量。今日之事。既不可以理喻。復不可以力爭。既不忍聽專制者之摧殘。復不忍見反動者之慘劇。則奔走四國。聯絡同盟。或箸述一室。輸布理想。養勿用之潛勢。培圖南之雄風。時乎時乎。一息尚存。不敢不勉。各行其是。各盡所能。取捨異宜。會歸則一。真理不死。則千載猶旦暮也。精神常通。則萬里猶户庭也。凡我同志。共鑒此言。

　　本黨第三次聯合大會。照章擬訂民國二年十月一日召集。已登報公布。因解散命令一下。本部公議提早。於八月三十一日舉行。作爲特別聯合大會。時日迫促。通信隔絕。各部代表及本部黨員到會者僅百餘人。議決五事。一請願國會。援據約法。向政府提出質問。要求取消解散之命令。一本部繼續維持。各部黨員可直接通訊。一支部既經解散。可辦社會主義研究會。或不收學費之平民公學。專爲研究學理。普及教育。不涉他事。一取消總代表名義。別推舉本部幹事。一推舉鄙人出洋。聯絡各國社會黨。並赴明年維因萬國社會黨同盟大

① "圻甲"，有誤，應爲"坼甲"。

會①。惟鄙人聲明。不受正式委託。須籌得旅費。自由擔任之。蓋自此以往。鄙人得脫離中國社會黨總代表責任的地位。而個人與社會主義之關係。則始終不變。生死以之。有如此水。

---

① "維因萬國社會黨同盟大會"，"維因"，即維也納（Vienna）。第二國際原定於 1914 年 8 月在維也納召開代表大會，專門議決 "戰爭與無產階級" 問題，後由於第一次世界大戰爆發，未能召開。

研究學理普及教育不涉他事一取消總代表名義別推舉本部幹事一推舉鄙

人出洋聯絡各國社會黨並赴明年維因萬國社會黨同盟大會惟鄙人聲明不

受正式委託須籌得旅費自由擔任之蓋自此以往鄙人得脫離中國社會黨總

代表責任的地位而個人與社會主義之關係則始終不變生死以之有如此水

《洪水集》校勘記

《洪水集》編者説明

汪越　編校

1. 底本描述

《洪水集》，今據北京大學圖書館館藏 1913 年版録排。原書爲綫裝鉛印本，筒子頁，高 20.1 厘米，寬 12.9 厘米。含封面 1 頁，左側書"江亢虎洪水集"；扉頁中間大書"洪水集"，右側書"江亢虎三十歲以前舊作之一"，左側書"中華民國二年九月一日印行"；扉頁背面，上爲"江亢虎三十造象"一幅，下排印四首自壽詩（五律）。扉頁後爲"洪水集自叙"，計 1 頁；目録，計 3 頁。正文 119 頁，頁碼另計。封三爲"校勘記"，封底無文字。

2. 江亢虎

江亢虎（1883—1954），原名紹銓，字康瓠，江西弋陽人。12 歲到北京求學，研習西文與科學。1901 年春東渡日本考察政治，半年後回國，被直隸總督袁世凱聘爲北洋編譯局總辦和《北洋官報》總纂。不到一年，再赴日本留學，1904 年回國，擔任刑部主事、京師大學堂日文教習。1907 年第三次赴日，開始接觸社會主義。受當時日本社會主義、無政府主義思潮和運動的影響，常以留學生代表的身份出席日本社會主義者的集會，并通過幸德秋水的譯介，閱讀了德國社會民主黨和第二國際領袖倍倍爾的著作《婦女和社會主義》，由此又對婦女和家庭問題產生興趣，逐漸形成了"無宗教、無國家、無家庭"的"三無主義"。留學日本期間，江亢虎還兼習英、法、德文，1910 年春開始赴歐洲旅行，在英、法、德、比等國進行社會考察，研究社會主義和無政府主義，宣傳其"三無主義"，與各國社會黨人多有來往。1910 年 8 月底 9 月初，以非正式代表的身份出席了在哥本哈根舉行的第二國際第八次代表大會。

　　1911 年春，江亢虎回國奔父喪，後在上海、蘇州、杭州等地講演社會主義。1911 年 8 月 9 日發起成立"社會主義研究會"，創辦機關刊物《社會星》雜誌。同年 10 月武昌起義成功後，於 11 月 5 日以"社會主義研究會"發起人的名義召集特別會議，改"社會主義研究會"爲"中國社會黨"，此即中國社會黨第一次全國代表大會。大會推舉江亢虎爲中國社會黨本部主任幹事，宣稱中國社會黨是中國的第一個政黨，并發表贊同共和、尊重人權、教育平等、遺産歸公、改革税制、限制軍備、發展公共事業等 8 項黨綱。中國社會黨"無論何人，不須介紹"，"皆得爲黨員"，不久在全國組成 250 個基層組織，擁有黨員 2 萬餘人。1912 年 1 月 28—29 日，中國社會黨在上海召開聯合大會，各地支部均派代表參加。同年 6 月，江亢虎赴北京，多次向袁世凱陳述其"社會主義"觀，籲請袁實行"國家社會主義"。1913 年 3 月宋教仁被刺案發生後，7 月，孫中山領導國民黨人發動"二次革命"。爲表對袁世凱的效忠，江亢虎聯合全國商會、教育會等團體，反對孫中山武裝討袁，但中國社會黨的部分黨員參與了"二次革命"，其北京支部幹事陳翼龍還因此被捕，并於 8 月 6 日被處以死刑。8 月 7 日，袁世凱以"中國社會黨與俄國虛無黨有聯絡"爲由，下令解散中國社會黨。8 月 31 日，中國社會黨在上海英租界内召開第三次聯合大會，江亢虎辭去中國社會黨"本部主任幹事"和"總代表"的職務。

　　1913 年 9 月，江亢虎赴日本。在日本拜見孫中山後，攜帶孫中山寫的兩封介紹信，於同年冬抵達美國，在加利福尼亞大學任中國文化課講師，後主持華盛頓美國國會圖書館東方部工作。江亢虎於 1920 年回國，并在

1921 年 6 月打着中國社會黨的旗號參加了共產國際第三次代表大會，後發表《新俄游記》，攻擊十月革命。1924 年初中國國民黨改組後，江亢虎一邊上書孫中山，一邊設法與溥儀聯繫，乞求溥儀出山"救亡"。同年 6 月，江亢虎再次組織中國社會黨，投靠北洋軍閥。10 月"北京政變"後，聲明支持段祺瑞并出席了段祺瑞召集的"善後會議"。1925 年 11 月，國民黨右派在北京西山舉行反共分裂會議，江亢虎亦表示支持。北伐戰爭開始後，軍閥統治陷於瓦解，江亢虎再次出國。1933 年回國後，隨即投靠蔣介石政府，爲蔣介石的"新生活運動"搖旗吶喊。1937 年"七七事變"後避居香港，1939 年應汪精衛之邀，回上海先後出任汪僞政府考試院副院長、代理院長、院長等職。抗日戰爭勝利後，江亢虎以漢奸罪被捕；1949 年移押於上海提籃橋監獄。1954 年病死獄中。

3.《洪水集》及其主要内容

《洪水集》是江亢虎 1913 年赴美之前在上海印行的個人作品集。1913 年 8 月 7 日，袁世凱下令解散中國社會黨。8 月 31 日，江亢虎辭去中國社會黨"本部主任幹事"和"總代表"的職務，次日（按《洪水集》扉頁記載），《洪水集》印刷發行。可以説，該書是中國社會黨被勒令解散，江亢虎在即將流亡異國他鄉，未來前途一片渺茫之際，對自己人生經歷的一個總結。這一點，從《洪水集》"自叙"落款爲"中華民國大總統命令解散社會黨之日江亢虎識"中，亦可以看到。1913 年，江亢虎時年 30 歲，該書扉頁上還印有"江亢虎三十歲以前舊作之一"。

《洪水集》共收録江亢虎 1909—1913 年的文章、演講、函電等 58 篇[1]。

---

[1] "58 篇"，包括《社會世界發刊祝詞》（別見）、《致赴湘代表某君書論社會黨支部立案事》（漏刊）這兩篇。

在“自叙”中，江亢虎説明自己結集出版《洪水集》的目的，不是爲了匯集自己過去的文章，而是要傳播社會主義，“非傳文字也，傳社會主義也。且文字爲傳社會主義而作，亦不可更以文字論之矣”。江亢虎對《洪水集》中體現的他的社會主義思想作了補充説明：因爲“社會主義學説非一”，加上文集中的很多文章都是“因事立言，有叩而鳴，無意垂久”，因此不能説文集就體現了社會主義的全部内容，“故執是集者，以爲社會主義如是，社會黨之宗旨如是，固不可也。即以爲余生平對於社會主義之主張一切如是，亦不可也。糟粕而已矣，鱗爪而已矣”。關於該書之所以以“洪水”爲題，江亢虎的説明是，一方面是因爲社會主義的反對者們視社會主義與江亢虎爲洪水猛獸，另一方面更是因爲他認爲“社會主義之在中國今日也，一如洪水之滔天而來，浩浩乎懷山襄陵，沛然其莫之能禦也”。在“自叙”的結尾處，江亢虎表達了對袁世凱解散中國社會黨的不滿，他説面對如洪水滔天而來的社會主義，“善治水者，因而導之，交通灌潤，不見其害，但見其利”。反過來説，袁世凱如此粗暴地解散中國社會黨，自然説明他是“不善治水者……不見其利，但見其害”。

扉頁背面除了有一幅江亢虎像外，還有“自壽”詩四首，其中“世路叢荆棘，人身足苦辛。未知上壽樂，已耐半生貧。畫虎文章賤，傷麟涕淚新”，正是江亢虎自憐身世的表達。面對袁世凱這個“不善治水者”，自己只能遠走他鄉，浪迹天涯，“造化供陶冶，風流自品題。天涯雲樹遠，惆悵夕陽西”，既表明了自甘隱忍、不敢反抗的哀怨心態，也與他之後赴美任教的行動相契合。

《洪水集》收録的 58 篇文章，基本上都以“社會主義”爲主題。文章的正文之後，多以按語形式説明其寫作背景和寫作目的。1909—1913 年，江亢虎的主要活動是圍繞中國社會黨的醞釀、籌備與建立、發展與轉折、分裂與解散這四個階段展開的，以下，我們對《洪水集》主要内容的介紹，亦分爲這四個階段。

（1）中國社會黨的醖釀時期（1909 年 5 月至 1911 年 7 月）

從 1909 年準備赴歐洲旅行考察到 1911 年，江亢虎的社會主義思想已初步形成，這一時期是中國社會黨的醖釀時期。在此期間，游學歐洲的江亢虎與各國無政府主義者和社會民主黨人廣泛交往，接觸到了第二國際的社會民主主義思想，終於轉變爲一個"社會主義者"。這一時期的文章包括《世界教育公會公啓》《環游留别詞》《無家庭主義意見書》《幼稚教育宜立公共機關説》《擬發起個人會意見書》《忠告女同胞文》《社會主義與女學之關係》《江南工商研究會演説詞》《城東女學社畢業演説詞》《惜陰公會演説詞》。

《世界教育公會公啓》，是 1909 年春江亢虎在京師大學堂任教習時與英、美、德、法等國人士共同發起的"世界教育公會"的啓事，原載 1909 年 9 月 13 日《北洋官報》第 2191 册"新聞記聞"欄，標題爲"世界教育公會公啓并簡章"。主要説明"世界教育公會"成立的原因、宗旨、性質和任務。江亢虎在文後的作者自注中稱，"世界教育公會"表面上"以研究世界教育理法爲主要宗旨，以提倡中國教育事業爲附屬宗旨"，實際上"私欲假此爲輸布社會主義"，主要體現在這個公會"不談宗教，不涉政事，不分國界，不立會長。天下一家，大公無我。布東亞平和之種子，樹全球統一之先聲"。可以説，這份啓事已經初步體現出了江亢虎欲通過教育來宣傳乃至實現其"社會主義"的設想。

1910 年 4 月，江亢虎從北京南下，取道日本赴歐洲游學。在行前的《環游留别詞》中，他談到了此行的起因和目的："慨自海通以後，大夢乍醒，向之僅知有身、僅知有家者，今而漸知有國矣，此不可謂非思想界一進步。然而不佞竊以爲未足者，則世界觀念其最要也"，這一世界觀念正與他少年時對《禮運》中"天下爲公"的思想的認同不謀而合。但與理想相對的現實，是"現政之腐敗，民生之苦辛"，即便是號稱"文明"的國家，"去吾所懸擬之程度，尚不可以道里計也"。江亢虎相信，人類社會未來終究趨向於世界主義，"而所謂世界主義者，由理想而言論，由言論而實行"，因此他作爲 20 世紀的中國一國民，有必要"廣求世界的智識，致力世界的事業，外講溝合之策，內樹自立之基"。在文末按語中，江亢虎説此文中的"大同主義""世界觀念"等名詞，實際上就是指社會主義。

《無家庭主義意見書》是 1910 年 7 月江亢虎來到比利時首都布魯塞爾，與各國社會主義者，包括不少無政府主義者進行接觸之後所寫的文章，原載 1912 年 3 月《社會黨月刊》第 1 期。在此之前，江亢虎 1909 年曾寫成《無家庭主義》一文，投給李石曾等人在巴黎出版的無政府主義雜誌《新世紀》。《無家庭主義意見書》在《無家庭主義》的基礎上，系統闡述了"三無主義"（無宗教、無國家、無家庭）思想。江亢虎以人生在世要追求快樂爲出發點，提出妨礙快樂的原因主要有三個，"即政府之迫壓，宗教之錮蔽，家庭之牽制"，而這三者中"家庭爲害尤甚"，所以他的"三無主義"從消滅家庭入手。文中列舉了家庭的危害有三："無真親愛""無真自由""無真平等"。同時，文章還特別列舉了"門第遺産"制度的六項弊端，這與後來中國社會黨綱領中"遺産歸公"的思想是一致的。對於如何踐行無家庭主義，江亢虎提出三大事，"一自由戀愛，一公共教養，一廢止遺産，必同時並舉乃佳"。

《幼稚教育宜立公共機關説》是 1911 年春江亢虎在南京時所作，原載 1911 年 3 月 9—10 日《時報》第 2 版"來稿"欄，署名"江亢虎稿"；又載 1913 年《社會》雜誌（上海）第 2 卷第 1 期，署名"亢虎"。1911 年春，江亢虎的父親在南京江寧知府任上病逝，江亢虎不得不結束自己的世界之旅，取道西伯利亞回國。從歐洲回來之後，江亢虎就開始以"社會主義者"自居，并且開始宣傳和踐行"社會主義"。《幼稚教育宜立公共機關説》就是他的嘗試之一。江亢虎在文章中保持了此前一貫的重視教育的思路，把公共的幼兒教育機構的建立視爲"社會主義根本方法之第一步"。在文末自注中，江亢虎提到自己在南京的行動還包括"擬就南京勸業會場創設模範育嬰堂，附設保姆傳習所"，"議辦農賑會，爲地税歸公之試驗場"。

《擬發起個人會意見書》作於 1911 年 4 月，寫成後先在社會上散發，後來發表在 1912 年 11 月的《社會》雜誌（上海）第 1 卷第 12 期上，署名"元文"。成立"個人會"，還是出於消滅家庭的需要："家庭積弊，至今而極。種種苦惱，種種劣根性，種種惡行爲，罔不緣此而生。""個人會"提倡"生計獨立"和"教育公共"，目的在於"泯門第之陋見，革遺産之敝風，以公財培公人，一届責任年齡，即使自由營業，躋平等，進大同"。江亢虎在文末自注中説，由於當時"不能昌言社會黨，故託名個人會"，實際上"個人會"的内容"皆社會主義之真髓也"。

《忠告女同胞文》與上文作於同一時期，原載 1912 年 11—12 月《女子白話旬報》第 4—6 期，題爲"江亢虎先生忠告女同胞書"。文章開篇，江亢虎説他在環游世界的過程中看到歐洲國家女界發達，"人人自立，人人平等"，這讓他感到今天中國的女學教育迫切需要改革，而且"斷宜採用積極的主觀的世界主義"，"使女子各成爲世界上一完全個人"。文中提出了女性獨立的四條要求："破迷信""求學問""絶依賴""謀生計"，強調這不僅涉及中國女性的前途命運，更涉及中華民族的前途命運。文章還把婦女解放問題同社會主義相聯繫，"社會主義尤尊重勞働家，以爲人類以相需而存，必通功易事，各竭其才，然後義務權利交劑而得其平，而侵越争敚之風幾乎熄矣"。按江亢虎的説法，因爲當時"處忌諱之朝"，直接説社會主義的

　　"十不敢盡其一二"，而他對於女學的經驗較豐富，所以就用女學來宣傳社
會主義。

　　《社會主義與女學之關係》是江亢虎 1911 年 6 月應杭州 "惠興女學"
主持人貴林（貴中權）之邀，在 "杭州女學聯合大會" 上發表的演説。江
亢虎自稱這是 "國内第一篇公開鼓吹 '社會主義' 的演講"，也是他回國後
"第一次公開揭櫫 '社會主義' 的旗幟於衆"[①]。該演説同樣把女學與社會
主義聯繫起來，除了關於婦女解放的内容之外，更重要的是提出了社會主
義的概念、内容和他宣傳社會主義的原因。江亢虎説，社會主義 "其概括
之大目的，惟求人類共同之幸福，而彌經濟界不平等之缺憾而已"，"社會
主義乃極寬泛之話頭，其流派至繁夥：有近似專制者，有近似立憲者，有
近似共和者；有分國界種界者，有不分國界種界者；有有政府及法律者，
有無政府及法律者；有持共財産者，有持均財産者，有持廢財産者。其辦
法：有從教育下手者，有從實業下手者，有運動國會員多數協贊者，有鼓
吹勞働家同盟罷工者，有暴動者，有暗殺者"。演説中，介紹了世界主要國
家社會主義運動的情況，斷言社會主義是未來的發展趨勢，中國也不例外。
江亢虎還回顧了自己轉向社會主義的過程：從幼年時就 "慨然慕大同之治"，
留學日本時聽聞社會主義但 "不敢妄以示人"，直到環游歐洲，"觀歐美社
會黨之盛況"，於是將宣傳社會主義當成自己的責任。江亢虎説，雖然社會
主義流派衆多，但他認爲 "教育平等" 和 "財産獨立" 是 "原始要終之不
二法"；社會主義 "約而言之，即破除富貴貧賤等階級。自初生至成人，人
人受同一之教育，各成爲社會單純分子之完全個人，營業可以自由，財産
不相遞嬗"。

---

① 　汪佩偉. 江亢虎研究 [M]. 武漢：武漢出版社，1998：54.

　　《忠告女同胞文》和《社會主義與女學之關係》問世後，"一時官紳大
譁"，當時的浙江巡撫增韞派軍警干涉，"印件悉數銷燬"，江亢虎本人也被
"驅逐出境"，增韞還以"非聖無法，禍甚於洪水猛獸"上奏清政府，要求
逮捕江亢虎。該事件即成爲《洪水集》書名的由來。

　　1911 年 6 月南京"江南工商研究會"成立時，江亢虎再次發表演説。
他在演説中提出，"社會主義，固與工商界有極密切之關係者也"；"夫社會
主義之定義，誠有未易一二言者，要其原因起於現世經濟之不平，其目的
在乎個人直接以生利。而直接生利事業，除農務外，允推工商。故社會主
義，實工商發達之極則也"。要發展工商業，短期的手段包括"講求學術，
改良規制""提倡土産，抵制舶來"，但要從根本上解決問題，還必須倡導
社會主義，彌平"現世經濟不平之缺憾"。這次演説時，就有人提出反對意
見，江亢虎還差點因此被打入"大獄"，但由於當時兩江總督張人駿力保，
他得以幸免，但被要求此後不得"在內地演説"。

　　在南京險遭大獄之後，江亢虎避居上海，但仍然堅持發表演講，鼓吹
社會主義。《城東女學社畢業演説詞》即是 1911 年 7 月他在上海城東女學
社小學科和手工科學生畢業典禮上發表的。演説中，江亢虎以"社會主義
家"自居，强調男女生而平等，"女子一社會之普通個人，毫無特別之可言，
個人之義務所當同盡，個人之權利所當同享"，希望女子"由家庭的人物，
一躍而爲世界的人物"，認爲這是"世界主義"的女子教育宗旨。

　　同一時期，江亢虎還在上海惜陰公會作了演説。《惜陰公會演説詞》不
久發表於 1911 年 8 月《社會》雜誌（上海）第 1 期上。惜陰公會是"商學
界所立之社會教育機關"，這篇演説主要以如何在中國興辦教育，特別是社
會教育爲主題。江亢虎自稱"以社會主義爲唯一之信仰，以倡道社會主義
爲唯一之天職"，認爲興辦社會教育歸根結底要以社會主義爲宗旨。江亢虎

在演説詞後的自注中特别提到，他倡導社會主義，得到許多支持，其中惜陰公會的支持尤爲突出，不僅主要幹事積極加入社會主義研究會，還在中國社會黨成立後將公會會址借給社會黨事務所使用。

（2）中國社會黨的籌備與建立時期（1911 年 7 月至 1911 年 11 月）

從江亢虎成立社會主義研究會到社會主義研究會改組爲中國社會黨的這一段時間，屬於中國社會黨的籌備與建立時期。雖然江亢虎回國後在各地不斷宣講社會主義又不斷被打壓，但這也使他名聲大振，在他周圍逐漸聚集起一批支持他的人，如惜陰公會、天鐸報社、女子進行社等的成員。這些力量使江亢虎開始籌劃建立一個以“社會主義”爲宗旨的社會團體，即 1911 年 7 月 10 日成立的社會主義研究會。在辛亥革命爆發且革命形勢日漸明朗後，江亢虎又抓住時機，將其改組爲中國社會黨。這一時期他發表的文章包括《社會星發刊詞》《社會主義研究會宣言》《社會主義研究會演説詞》《釋個人》《介紹地税歸公之學説》《三無主義懸論上篇》《社會主義商榷案》《社會雜誌發刊祝詞》《社會主義述古緒言》《致武昌革命軍書論興漢滅滿事》《中國社會黨宣告》。下面對這些文章的内容分别進行介紹。

《社會星發刊詞》是江亢虎爲社會主義研究會“文字的言論機關”《社會星》雜誌所撰寫的發刊詞，曾署名“元文”發表在《社會星》 1911 年第 1 期上。文章開篇就説，社會主義是“二十世紀最流行之主義”，而《社會星》雜誌則是社會主義在中國“最初惟一之言論機關”。因此，《社會星》雜誌的内容包括四個方面：“一輸布全世界廣義的社會主義之學説”，“一詳載内外國社會主義進行者或反對者及一切與有關係之事情”，“一發揮中國古來社會主義之思想”，“一交通中國近日社會主義之言論”。一言以蔽之，《社會星》雜誌收録了關於社會主義方方面面的内容。在文章最後，江亢虎表達了自己對社會主義的期許，“以社會主義在中國之今日，正如漫漫長夜，涼蟾已墜，曙色未晞，惟見數點疎星，依稀閃爍於沈陰積晦之中"，"本雜誌發刊，爲社會主義在中國言論機關成立之始。卿雲糾縵，日月重光，固當與三千大千之星氣星雲，共相輝映於無際也"。

《社會主義研究會宣言》是江亢虎在 1911 年 7 月 10 日社會主義研究會成立大會上公布的宣言書，"這是國内第一份社會主義的宣言書"[①]。江亢虎自己也高度評價了社會主義研究會成立的意義，"今日爲社會主義研究會在上海開幕之始，即社會主義在中國開幕之始"。但這篇宣言書的主要内容，其實是要説明他主張的"社會主義"是什麽，因爲當時中國人對於社會主義要麽不知道，要麽抱以誤解，"此大足阻礙社會主義前途之進行"。因此，成立社會主義研究會，首要的就是明辨社會主義的概念。江亢虎對此提出了以下四點：第一，"社會主義者，正大光明之主義，非祕密黑闇之主義；平和幸福之主義，非激烈危險之主義；建設之主義，非破壞之主義"；第二，"社會主義者，大同之主義，非差別之主義"，"絶對平等，絶對自由，絶對親愛"；第三，"社會主義者，世界通行之主義，非各國禁止之主義"；第四，"社會主義者，人類共有之主義，非西人獨有之主義"。社會主義研究會的主要任務是"研究廣義的社會主義"，在研究的基礎上"單注重'鼓吹'二字"，"至於實行，當別爲組織，非本會所有事也"。宣言的最後説明社會主義研究會與其他集會結社不同，屬於鬆散的社會團體，唯一的義務就是研究和鼓吹社會主義。

《社會主義研究會演説詞》是 1911 年 7 月 10 日社會主義研究會成立大會上江亢虎在來賓發言之後上臺所作的演説。根據文末自注，社會主義研究會成立大會的會場在張園，當天到場來賓近 400 人。在江亢虎宣布了社

---

① 汪佩偉. 江亢虎研究[M]. 武漢：武漢出版社，1998：62.

會主義研究會的宗旨後，有 20 多人先後登臺發言，但"語多敷衍，義或背馳"。因此在衆人發言之後，江亢虎又發表了演講，以回答當時人們對社會主義的疑問，這就是這篇演説詞的由來。江亢虎總結了當時人們對社會主義的三種疑難并一一給予回答。第一種疑難認爲社會主義"高矣美矣"，但"事至大且難"，所以無法實現。江亢虎的回應是事情辦不辦得到與難易無關，只與去不去做有關。他今天成立社會主義研究會，出版《社會星》雜誌，正是在踐行社會主義，社會主義的"前途希望正未可量"。第二種疑難認爲"社會主義雖辦得到，顧在今日仍是空言"，空言又有什麼用呢？江亢虎的回應是，不只是社會主義，任何事情的完成都必經理想、言論、實行三個階段，"而理想恆比言論高一級，言論恆比實行高一級，且理想恆比言論早一步，言論恆比實行早一步"，所以理想和言論并不是"空言"，恰恰是實行的第一步。第三種疑難認爲，"中國今日朝不保夕，惟當提倡切近之國家主義民族主義，不當提倡迂闊之社會主義"。江亢虎的回應是這種觀點表明説話者不了解社會主義是什麼，廣義的社會主義中本來就包含國家社會主義。至於民族主義，與江亢虎一直以來所主張的"絶對平等，絶對自由，絶對親愛"本就背道而馳，并不可取。在回答完疑難後，江亢虎發表了他個人對社會主義的内容的理解。在此處，江亢虎特別説明他對共産論和均産論的看法，他認爲"看似平等，就所盡之義務言，實是不平等。且無比較即無競争，無競争即無進化，意美而法殊未良也"，所以他不采共産或均産，代之以"教育公共"（亦表述爲"教育平等"）、"營業自由"、"財産獨立"這三條，於是他的社會主義實行的第一步，積極則建設公共教育機關，消極則破壞世襲遺産制度。

《釋個人》最初是江亢虎在《社會星》雜誌第 1 期上以"元文"的筆名發表的文章，在期刊上發表時標題爲"個人"。在這篇文章中，江亢虎主要針對當時社會上有人指責説社會主義是"干涉主義、服從主義，而絶對的不自由、不平等"，從個人主義的角度來解釋他的社會主義。文章中，江亢虎强調個人是世界的基本單位，不是家庭、國家、社會的單位，與一般社會主義家專以社會爲前提不同，"個人者，世界之原分子；世界者，個人之集合體"，這是一切社會理論的前提；他的社會主義同樣以個人爲前提，"余所倡道之個人主義，即余所倡道之社會主義"。但江亢虎在後來的演講中又承認人是社會的單位，而且他的這種"新個人主義"，"一方面承認個人有相互扶持調節之必要，一方面承認個人有完全獨立自働之效能"，是"合爲我、兼愛兩説而同鑪共冶"的結合物，以此强調其"與一般社會主義家專以社會爲前提者不同"，他們只承認世界，不承認個人與社會、家庭、國家的關係。實際上，江亢虎所謂"新個人主義"不僅脱離社會生活實際，而且内在充滿矛盾。

《介紹地税歸公之學説》是江亢虎 1911 年 8 月發表在《社會星》雜誌第 2 期上的文章。文章認爲，社會主義的起源不管是在東方還是在西方都是由於不平等而展開的，不平等的源頭在於土地是致富之源，而大地主、大資本家占有了大量土地，所以"社會主義多主張土地國有"。但以往的各種土地國有學説都存在各種各樣的不足，直到亨利·喬治創立了地税歸公理論（即單一地租論）才解決了這一問題，因此江亢虎在這裏特別介紹了亨利·喬治的地税歸公理論。在辛亥革命成功後，江亢虎還着手建立地税歸公試驗場，在中國社會黨崇明支部成立"地税研究會"，計劃把崇明島作爲"社會主義研究"和"地産歸公"的試驗地。

《三無主義懸論上篇》是江亢虎在《社會星》雜誌創辦以後，匯總自己過去"三無主義"的相關文稿，補充内容，擬以"上中下"三篇的形式發表，但"擔任印刷發行之某君堅持不聽付刊，因以輟筆"，只留下上篇，收錄在《洪水集》中。這篇文章還是從個人出發，强調"利己者，人生唯一之目的也"，而利己歸根結底是求"安樂"，就是要消滅使人生不安樂的根源，"概括約爲三事，根蒂庶幾其在是矣；曰有宗教之苦，曰有國家之苦，曰有家庭之苦"。

《社會主義商榷案》是江亢虎和宋教仁在 1911 年發生理論爭論的具體體現，江亢虎將宋教仁的《社會主義商榷》和自己的回應文章《社會主義商榷案：社會主義商榷之商榷》合在一起刊載於 1911 年《社會》雜誌（上海）第 2 期，署名"亢虎"。1911 年 8 月，宋教仁在資産階級革命派報紙《民立報》上發表《社會主義商榷》一文，對江亢虎從歐洲回國之後宣傳社會主義并成立社會主義研究會的行動提出了質疑。按宋教仁所説，他不反對社會主義，但認爲首先必須要回答兩個問題：一是實行什麽樣的社會主義；二是社會主義能否在中國實行。對於第一個問題，他區分了四種社會主義，認爲其中只有無政府主義和共産主義才是真正的社會主義，而社會民主主義和國家社會主義不是真正的社會主義，"蓋真正社會主義，在改革社會組織，以社會爲惟一之主體，而謀公共全體之幸福，再不容有其他之團體之權力"。因此要實行真正的社會主義，必須是"國家之内部外部，皆已康樂和親，達於安寗之域，而無待維持；人民之精神方面物質方面，皆已充實發達，臻於幸福之境，而無待增進；社會經濟之生産分配，皆已圓滿調和，適於生活之用，而不必再求滿足之方"。當時的中國顯然并不滿足條件，宋教仁由此得出結論，中國此時并不適合宣傳、實行社會主義。對於宋教仁的"商榷"，江亢虎的回答是，"一曰鄙人所倡道者爲廣義的社會主義"，"二曰鄙人認中國今日或尚非社會主義實行之時代，而確是社會主義鼓吹之時代"。

《社會雜誌發刊祝詞》原載《社會》雜誌（上海）1911 年第 1 期，標題作“祝詞”，署名“江亢虎”。《社會星》雜誌出版 3 期後即因“内部牽掣，外界干涉”而停刊，惜陰公會隨後組織編輯《社會》雜誌。江亢虎在祝詞中回顧了自己從歐洲回國之後開始宣傳社會主義以來的事迹，强調自己從事的是“鼓吹”社會主義。文末對《社會》雜誌表達期許，“社會主義，縱貫永劫，橫行寰宇，以覆載爲量，與日月同壽，永不消磨，至人類滅絶時。社會雜誌，亦縱貫永劫，橫行寰宇，以覆載爲量，與日月同壽，永不停止，至人類滅絶時”。

《社會主義述古緒言》原是江亢虎以“元文”的筆名發表在《社會》雜誌（上海）1911 年第 3 期上的文章，原標題爲“社會主義述古”。文章的核心觀點是，社會主義理論是西方的，社會主義思想因素是人類共有的，中國歷來也有社會主義思想因素，只是没有理論化而已，“社會主義，非西人新剏之學説也，我中國夙有之”。因此，作者特别寫作此文，用意一是表明社會主義是自東方到西方放之四海而皆準的人類共同理想，二是方便當時的國人理解社會主義的概念并接受社會主義。

《致武昌革命軍書論興漢滅滿事》是江亢虎在 1911 年 10 月武昌起義後寫給武昌革命軍的書信。按照江亢虎所説，之所以寫作此文，是因爲辛亥革命期間“排滿風潮最爲激烈，創夷滿目，不忍見聞”，特别是他的朋友貴林（貴中權）及其子量海的死亡，更使他感到有必要站出來説話，提出意見。

《中國社會黨宣告》原載 1911 年《社會》雜誌（上海）第 2 期，無署名。又載 1912 年《社會黨月刊》第 4 期，題下附注“辛亥九月十五日”，亦無署名。1911 年 11 月 4 日，上海全境宣告光復。11 月 5 日，江亢虎就以“社會主義研究會”發起人的名義召集特别會議，提議改社會主義研究會爲中國社會黨。會議通過了江亢虎的提案及其所擬的黨綱，推舉他爲中國社會黨本部部長。11 月 8 日，《民立報》報道了"社會主義研究會"改組爲"中國社會黨"的消息。11 月 10 日，《社會》雜誌第 2 期刊登了《中國社會黨宣告》和《中國社會黨規章》。在《中國社會黨宣告》中，江亢虎開篇沿着辛亥革命的"種族革命""政治革命""社會革命"的思路，强調"社會革命尤爲萬事根本"。接着把中國社會黨定位爲社會主義在中國"最初惟一之團體機關"。中國社會黨黨綱八條如下："一贊同共和"；"一融化種界"；"一改良法律，尊重個人"；"一破除世襲遺産制度"；"一組織公共機關，普及平等教育"；"一振興直接生利之事業，獎勵勞動家"；"一專徵地税，罷免一切税"；"一限制軍備，併力軍備以外之競争"。

（3）中國社會黨的發展與轉折時期（1911 年 11 月至 1912 年 11 月）

從 1911 年 11 月中國社會黨成立到 1912 年 11 月中國社會黨召開第二次聯合會之前，是中國社會黨的發展與轉折時期。一方面，中國社會黨在江亢虎的宣傳下在民國初年一度頗有發展；另一方面，中國社會黨的發展始終伴隨着各方面勢力的打壓，而中國社會黨内部的綱領也始終無法明晰。内外的壓力最終導致了中國社會黨在成立一年後就迎來了自己的分裂。這一時期的文章包括《中國社會黨歡迎孫中山君詞》《中國社會黨第一次聯合會後宣言》《社會日報發刊詞》《和議糾正會宣言》《社會日報短評》《復某君書論社會黨首領事》《致率群君書論教育平等事》《[致率群君書論教育平等事]其二》《中國社會黨重大問題》《中國社會黨重大問題之答案》《致袁大總統書論社會黨十事》《北上宣言》《調和黨争宣言》《致黎副總統書論查禁社會黨支部事》《[致黎副總統書論查禁社會黨支部事]其二》《呈内務部文聲明社會黨并無呈請立案事》《社會黨有益國家説》《漢口遇險出險記書後》《復某君書論社會黨與女子參政事》《返滬宣言》《人道雜誌發刊祝詞》《孫中山社會主義講演集弁言》《縛虎記劇本書後》。

　　《中國社會黨歡迎孫中山君詞》是 1911 年底江亢虎爲迎接孫中山回國專門寫作的文章。中國社會黨成立後，江亢虎的第一項工作并不是鼓吹或實行社會主義，而是發起成立了"共和建設會"，預備建立民主共和國，支持孫中山擔任民國大總統。1911 年 12 月 25 日孫中山回到上海時，江亢虎以中國社會黨代表的身份前往碼頭迎接，并專門寫作了《中國社會黨歡迎孫中山君詞》，不僅肯定了孫中山在革命中的貢獻，還特別強調了中國社會黨的社會主義與孫中山的民生主義之間的共同點，向孫中山表達感謝，提出"本黨前途之進行，其有賴於先生之匡扶誘掖者正大也"。孫中山也很重視江亢虎和他的中國社會黨，1911 年 12 月 30 日在寓所接見了江亢虎，後來還專門把自己從國外帶回來的四本社會主義的新書贈給了江亢虎。

　　《中國社會黨第一次聯合會後宣言》是 1912 年 1 月中國社會黨第一次聯合會的會議決議，會議商議了中國社會黨的各項規定，確定了每年陰曆九月十五日召開一次聯合會，江亢虎被推選爲主任幹事。

　　《社會日報發刊詞》是 1912 年 2 月江亢虎爲中國社會黨機關報《社會日報》創刊而作的，該報後來更名爲《社會黨日刊》，"隨《天鐸報》送閲"。在發刊詞中，江亢虎強調中國社會黨的機關報的任務，"一言以蔽之曰，鼓吹社會主義而已"。具體的鼓吹方法有三：一是"代表中國社會主義之思想"；二是"發布本黨對於黨員非黨員之意見"；三是記載和評論國內外有關社會主義的各項內容。除此之外，翻譯介紹歐美的社會主義學説，也是鼓吹社會主義所必要的。

　　《和議糾正會宣言》是 1912 年 2 月江亢虎代表和議糾正會表明對南北議和結果的立場，即既不支持"興漢滅滿"，也不支持優待清皇室。

　　《社會日報短評》是 1912 年 2—5 月在《社會日報》上發表的一系列關乎時事的短評。《社會黨與社會社會主義與社會學》主要厘清社會黨與社會、社會主義與社會學的概念關係。《建都議》點評了當時社會上關於中華民國定都的爭論，表明對於社會黨人而言，"吾不遑問國都之何在，吾心目中但急欲覓得一適當之新殖民地，爲吾黨人實際試驗之中央模範塲而已"。《冒充社會黨》是對台州一地出現兩個社會黨支部糾紛的化解。《一笑》是勸導社會黨黨員堅定社會主義信念，不要與反對者過分糾纏。《自由婚姻與共和家庭》重申了他的無家庭主義主張，"有家庭即不能共和，有婚姻即不能自由，故欲求真自由，必廢婚姻；欲求真共和，必破家庭"。《戀愛自由》説明戀愛自由是社會主義應有之義。《遺産歸公》是爲了回應社會上的反對聲，強調遺産歸公政策目前尚未實行，還只是處於鼓吹階段。

《復某君書論社會黨首領事》是 1912 年 4 月江亢虎對個別社會黨黨員提議邀請孫中山擔任中國社會黨黨魁問題的回信。江亢虎強調：一是因爲中國社會黨"非純粹政黨，本無首領"，因而不存在請孫中山就任首領之説；二是因爲孫中山所主張社會主義"爲一種社會政策，與本黨黨綱頗有逕庭"；三是因爲孫中山本身并不是中國社會黨黨員，不具備擔任首領的條件。

《致率群君書論教育平等事》，原載《民立報》 1912 年 4 月 9 日第 533 號，原標題爲"論教育平等（致民立報記者）"，署名"亢虎"，是 1912 年 4 月江亢虎回復《民立報》編輯康寶忠關於中國社會黨質疑的公開信。康寶忠質疑中國社會黨"教育平等"主張的可能性，認爲人的天資有別，絕對的"教育平等"不可能實現。江亢虎則強調，人類的智識"不外遺傳與感受兩要素和合而成。使無論貧富貴賤，均受一致之教育，則感受大抵相同矣"，如果能實行公共教育，保障教育平等，那麼職業也可以實現平等，經濟平等也必將漸趨實現。

《[致率群君書論教育平等事]其二》，原載《民立報》1912 年 4 月 11 日第 535 號，原標題爲"承認分業説（致民立報記者）"，署名"亢虎"，是江亢虎對康寶忠關於社會分工必然帶來職業不平等問題的答復，認爲：其一，因爲國界消泯以前共產主義不可行，所以中國社會黨并沒有遽然主張共產，而是先主張遺産歸公，以緩進圖之；其二，雖然職業劃分還是存在腦力勞動和體力勞動的區別，但在社會主義社會，每個人都可以按照自己的想法決定自己從事何種勞動；其三，從事職業的繁簡與從事的人的智識程度并無必然聯繫，未來社會人類的智識都是同樣高度發達的，所以人人都可以從事任何職業。

《中國社會黨重大問題》是江亢虎 1912 年 4 月發表在《社會黨月刊》第 1 期上的文章。儘管江亢虎反復強調，中國社會黨并不是一個"純粹政黨"，而是以鼓吹社會主義爲主要任務的鬆散的政治團體，但隨着中國社會黨自身勢力的發展，再加上民國初年各類政黨團體如雨後春笋般出現并活躍於政治舞臺上，中國社會黨黨内也就出現了要求改組爲"完全政黨"的呼聲。爲此，江亢虎以中國社會黨發起人和主任幹事的身份撰寫了《中國社會黨重大問題》一文，提出需要全黨討論的問題，爲召開第二次聯合會作思想準備。

《中國社會黨重大問題之答案》原載 1912 年 4 月《社會黨月刊》第 2 期（原標題脱"題"字），是江亢虎以社會黨黨員的個人身份，就《中國社會黨重大問題》的相關問題發表看法，其重點是爲中國社會黨提出新的宗旨："於不妨害國家之存在範圍内，主張世界的社會主義。"但解決黨内完全政黨與純粹社會黨争端的辦法，則是在"中國社會黨"的名號下，"各以其特別目的，組成兩種團體"。這也是後來"純粹社會黨"從中國社會黨中分離出去的原因。值得注意的是，江亢虎雖自稱此爲個人意見，然而他以此"個人意見"相號召，實質爲指導性意見。

儘管 1912 年 4—5 月中國社會黨人數迅猛發展，在全國建立起 300 多個支部，黨員人數達 10.5 萬人①，但中國社會黨的發展并不是一帆風順的。1912 年 5 月，湖南都督譚延闓率先關閉了中國社會黨長沙支部創辦的兩所社會小學，并以"有意擾亂秩序"爲由，將中國社會黨派出的 5 名交涉代表投入監獄。黎元洪隨後解散了湖北荆門、沙市、宜昌、襄樊等地的中國社會黨支部。②

　　爲了去除這些發展上的限制，1912 年 5—8 月，江亢虎利用與袁世凱的舊交，主動接觸北洋政府，先後向袁世凱、黎元洪、趙秉鈞等人上書 4 封，呈内務部文 1 件，發表《社會黨有益國家説》1 篇。《致袁大總統書論社會黨十事》即是江亢虎主動向袁世凱尋求支持的書信，重點在説明他的"社會主義"的十大基本主張：一是他的社會主義是"光明正大、和平幸福之主義"，與任何激進行動毫無關係；二是他的社會主義并不謀求推翻政府、破壞國家；三是社會主義是世界各國發展的潮流和趨勢；四是社會主義越壓制越激烈，越自由越温和；五是社會主義和共和政體都遵循自由、平等、博愛的精神；六是中國社會黨所主張的世界社會主義并不妨礙國家存在；七是中國社會黨的教育平等、遺産歸公，與中國傳統文化"孔子禮運所稱道者"的精神一致；八是中國社會黨"不欲瑣瑣干預政府之行爲，更無取而代之之野心，對執政者亦不存成見"；九是中國相較於西方更容易推行社會主義；十是中國社會黨支持"振興直接生利事業"。因此，中國社會黨對於民國前途"有百利而無一害"。

　　《北上宣言》是江亢虎 1912 年 6 月收到袁世凱復函邀請他北上之後、動身之前發表的宣言，強調他對社會主義的堅持不變，"惟吾黨應用之方法，不能不隨現政府之對待爲轉移"。這既宣傳了中國社會黨得到袁世凱認可的

————————————

① 汪佩偉. 江亢虎研究[M]. 武漢：武漢出版社，1998：115.
② 徐善廣，柳劍平. 中國無政府主義史[M]. 武漢：湖北人民出版社，1989：120.

信息，也有以此向查封社會黨的湖南、湖北施壓的意圖。

《調和黨争宣言》是 1912 年 6 月江亢虎在北京期間，就當時資産階級革命派和支持袁世凱的共和黨兩方報紙互相鬥争而發表的調和之論，希望雙方能從國家安危出發，"蠲小忿以襄大謀，泯前嫌而圖後效"。江亢虎知道他的這種調和論"無效果"，但這是他向袁世凱表明中國社會黨對於現政府不僅無害而且有益的輸誠行動。

《致黎副總統書論查禁社會黨支部事》是 1912 年 6 月江亢虎在北京面謁袁世凱後、南下武昌前，就湖北查禁中國社會黨地方支部而寫給黎元洪的第一封信。書信内容主要是自陳中國社會黨并不與現行政治法律相衝突，黎元洪對社會黨支部的禁令既不合法也不合理，希望黎元洪能收回成命。信末特地點明"頃方組織本黨北京部，謁見袁大總統，有所陳白"，施壓用意甚明。

《[致黎副總統書論查禁社會黨支部事]其二》是 1912 年 8 月江亢虎在漢口脱險後寫給黎元洪的第二封信，他繼續向黎元洪介紹中國社會黨"不妨害國家存在範圍，倡道世界社會主義"的宗旨，説明"贊同共和，融化種界"，"改良法律"，"組織教養機關，獎勵勞動事業"，均可"補地方行政之不及"。"破除世産者，三代井田之遺意。專徵地税者，歐美試行之良法。限制軍備者，兵貴精練，餉不虚糜，輕編氓之負擔，助生産之發展"，這些"皆於國家，有利無害"。

《呈内務部文聲明社會黨并無呈請立案事》是 1912 年 7 月江亢虎在北京時給北洋政府内務部的呈文。前情是，中國社會黨天津支部發起人郭究竟因警察干涉，向直隸都督要求集會自由權，直隸都督就代爲立案，呈請内務部支持成立中國社會黨天津支部，而内務部認爲中國社會黨宣傳破除遺産繼承制度，與民國法律相抵觸，不准立案。如此，中國社會黨已自陷危險之境。一方面中國社會黨成立支部時主動呈請立案，而中國社會黨成立時并無立案手續，當可援引天津支部立案成例，要求中國社會黨必須向政府呈請立案；另一方面，内務部已經依法宣布不准天津支部立案，則中國社會黨如果呈請立案，自然不能批准。同時，江亢虎苦心宣傳多年的"中國社會黨不是政黨，無須立案"，將不攻自破。然而面對危局，江亢虎采取抽薪之計，宣布天津支部呈請立案是"擅自假冒"的非法行爲，應予依法撤銷。這樣，内務部即陷兩難之境，如果不予撤銷，則江亢虎堅稱呈請立案是違法行爲，批准立案自然亦屬違法行爲；如果予以撤銷，則内務部事實上公開承認江亢虎所宣稱"中國社會黨不是政黨，無須立案"屬實，以後有其他自稱"不是政黨"者，又可援例，無須立案。這才是江亢虎呈内務部文的關鍵所在。

《社會黨有益國家説》是江亢虎 1912 年 7 月在京期間爲宣傳中國社會黨對政府有益無害論而寫的文章，從教育、農工、商業、交通、財政、税則、司法、軍備、警察、外交 10 個方面，強調中國社會黨之有益，重申"本黨絶不主張暗殺暴動種種激烈危險之事"。

1912 年 8 月江亢虎被黎元洪釋放後，在漢口支部口述遇險出險始末，彭佛同記述爲《漢口遇險出險記》。《漢口遇險出險記書後》即爲彭佛同所記再加的按語。文章宣傳了袁世凱、趙秉鈞對中國社會黨的支持態度，以及北京支部宣告成立、武漢支部被查封、江亢虎本人漢口遇險的大致情形，意在説明南方與北方在對待中國社會黨的態度上存在差異。

《復某君書論社會黨與女子參政事》是 1912 年 9 月江亢虎在長沙接到上海社會黨黨員反對女子參政來信後的回信。江亢虎強調，他的"社會主義"并不等同於無政府主義，從事政治也不代表與社會主義相悖；女性既不比男性低賤，也不比男性高貴，因而當然和男性一樣有參加政治的權利。

　　《返滬宣言》是 1912 年 10 月江亢虎返回上海時所作的宣言，宣言中江亢虎回顧此次北上過程，總結中國社會黨成立一年來發展的功過得失，意在證明 "不妨害國家之存在範圍内，主張世界的社會主義" 是南北所歡迎的宗旨，爲第二次聯合會作準備。

　　《人道雜誌發刊祝詞》，原載《人道》雜誌 1912 年第 1 期，原標題爲 "人道雜誌發刊祝詞一"，是 1912 年 10 月江亢虎爲中國社會黨嘉禾支部發行的機關刊物《人道》雜誌創刊所作的祝詞。强調 "社會主義者，人道主義也"。現存社會 "人道之不明也久矣，以强權代公理，而不以人治矯天行"，要重新主張人道，就必須以社會主義爲依歸。

　　《孫中山社會主義講演集弁言》是 1912 年 10 月江亢虎爲《孫中山先生社會主義講演集》所作的前言。1912 年 10 月 14 日至 16 日，孫中山到中國社會黨本部作了三天的演講。演説中孫中山對馬克思給予了高度評價，"厥後有德國麥克司（即馬克思——編者注）者出，苦心孤詣，研究資本問題，垂三十年之久，著爲《資本論》一書，發闡真理，不遺餘力，而無條理之學説，遂成爲有統系之學理"[①]。當時的聽衆張奚若後來回憶説："那時中國社會黨邀請孫先生講演，講的題目是介紹社會主義。我一連聽了他三天的演講。直到現在我還記得很清楚，他響亮地用英語講着 '卡爾・馬克思' 的名字。當時我們對於社會主義真是什麼也不了解，經孫先生一講，才了解一個大概。"[②]在這篇前言中，江亢虎先是不吝辭藻地贊揚了孫中山，然後指出他自己的社會主義與孫中山的社會主義思想相區别的兩個方面：其一是孫中山 "專重國家社會主義"，"宏暢德人卡爾馬格斯（即馬克思——編者注）之宗風"，但對於江亢虎的 "三無二各學説" 則不甚贊成；其二是孫

---

① 孫中山. 孫中山全集：第 2 卷[M]. 北京：中華書局，1981：506.
② 尚明軒，王學莊，陳崧. 孫中山生平事業追憶録[M]. 北京：人民出版社，1986：254.

中山堅持社會黨必須改組爲完全政黨，而江亢虎則并不把政治參與視爲唯一方法，以"普遍鼓吹"爲重要手段。

《縛虎記劇本書後》是 1912 年 10 月江亢虎爲惜陰公會出版的《縛虎記》而寫的按語。江亢虎漢口遇險又脫險的經歷大大提升了他和中國社會黨的名氣，中國社會黨極其重視這次"奇遇"，惜陰公會邵廷玉編寫了《縛虎記》一書，後來還編成劇本《縛虎記》，組織社會黨黨員演出。江亢虎在書後表示，作爲劇文《縛虎記》"不無點綴"，而且"此次事變"，"不過反對社會主義之結果耳"，反對社會主義是因爲社會上有誤解，而對社會主義存在誤解是由於"吾儕提倡之不力，鼓吹之未遍，但當責己，何敢尤人"。

（4）中國社會黨的分裂與解散時期（1912 年 11 月至 1913 年 8 月）

從 1912 年 11 月中國社會黨第二次聯合會召開到 1913 年 8 月袁世凱正式宣布解散社會黨，這一時期屬於中國社會黨的分裂與解散時期。這一時期的文章包括《中國社會黨第二次聯合會後宣言》《社會黨黨員之心得》《致中央政府書論禁止純粹社會黨事》《社會主義學案草例》《社會黨籌邊策》《中國社會黨請願國會書》《中國社會黨對於宋教仁暗殺案宣言》《中國社會黨對於宋案及借歀反對兵力解決宣言》《中國社會黨對於南方事變宣言》《致浙江都督朱瑞書論解散社會黨支部事》《呈袁大總統文論解散社會黨事》《中國社會黨特別聯合大會去職宣言》。

《中國社會黨第二次聯合會後宣言》是 1912 年 11 月江亢虎在中國社會黨第二次聯合會會後所作的宣言。儘管在 1912 年 4 月，面對黨內兩種觀點的爭論，江亢虎連續發表《中國社會黨重大問題》和《中國社會黨重大問題之答案》試圖進行調和。但在 1912 年 11 月 1 日的中國社會黨第二次聯合會上，矛盾還是爆發了。在針對是否參加"政治活動"的表決上，37 票反對，14 票贊成，多數代表否決了改組中國社會黨爲"完全政黨"、參與"政治活動"的提案。但江亢虎以主任幹事的名義，把"不妨害國家存立範圍內主張純粹社會主義"一條加進了社會黨的"宗旨"，并在社會黨的"事務"欄增加了"黨員爲實行黨綱之便宜，得以團體或個人從事於政治活動"。這進一步引發了主張"純粹社會主義"的沙淦等的憤怒，他們抨擊江亢虎"專制""荒謬"。11 月 2 日，沙淦等在《民立報》上發表《宣言》，宣布另組以"純粹社會主義"爲宗旨的"社會黨"，從中國社會黨內分離了出來。《中國社會黨第二次聯合會後宣言》即是江亢虎從個人角度對中國社會黨的這次分裂進行的分析，强調自己是不同於"純粹社會主義"和"國家社會主義"的中立派，只是爲了調和兩派矛盾才修改了黨綱。

《社會黨黨員之心得》是 1912 年 11 月江亢虎在歡送各部代表大會上發表的演説。在第二次聯合會形成分裂局面之後，江亢虎的這篇演説主要是爲了統一中國社會黨黨內思想，闡明中國社會黨黨員對自己、對本黨、對同黨、對家庭、對政府和對社會所應有的認識和應抱的態度。

《致中央政府書論禁止純粹社會黨事》是江亢虎在獲悉沙淦等人所組"社會黨"被查禁的消息後，於 1912 年 12 月寫給大總統府和國務院的信。11 月 2 日，沙淦等人另組"社會黨"。11 月 13 日，大總統府秘書廳即致函內務總長，要求嚴格查禁"社會黨"。"社會黨"被查禁，中國社會黨很可能被殃及，因此江亢虎希望政府能够"收回成命"，同時也强調沙淦等人的"社會黨"與中國社會黨相反對的態度，努力加以切割。

《社會主義學案草例》是 1912 年 12 月江亢虎所理解"社會主義"各派思想主張的大綱。在這篇草稿中，江亢虎以"舉私有之生産交易機關，化爲公共事業"爲標準，列舉了 11 種社會主義：以柏拉圖、黑格爾、康德、邊沁爲代表的哲學家社會主義；以達爾文、斯賓塞爲代表的科學家社會主義；以盧梭、孟子爲代表的政治學家社會主義；以聖西門、金斯萊爲代表的宗教家社會主義；教育家社會主義；勞動家社會主義；以馬克思、拉薩爾爲代表的國家社會主義；以巴枯寧、克魯泡特金爲代表的無政府共產社會主義；以托爾斯泰、梭羅爲代表的個人派社會主義；以柴門霍夫爲代表的世界語學社會主義；以亨利·喬治爲代表的單稅學社會主義。這種凌亂雜糅的分類，反映其對社會主義、無政府主義理論缺少基本的了解。江亢虎表示，他所希望主張的，是"本哲學之思想，以科學爲根據，具宗教家之精神，取教育家之態度，執勞働家之事業，一方採用極端的共和政體，一方採用進化的集產制度，罷除稅制軍備，注重教育實業，認個人爲社會之分子，認世界爲社會之範圍，個人自治，世界大同"的社會主義。他試圖通過對"社會主義"的重新解釋，以集各派之長、無所不包的新面貌，化解面臨的危局，延續中國社會黨的政治生命。

《社會黨籌邊策》是 1913 年 1 月，針對"邊疆危機"，江亢虎站在中國社會黨的立場所獻出的解決之策。民國初年的"邊疆危機"，是帝國主義列強利用辛亥革命後中國國內局勢動蕩，煽動蒙古等地宣稱"獨立"，以便於列強提出新的侵略要求。面對危機，舉國上下紛紛獻計獻策，江亢虎此文即是其中一例。他主張由中國社會黨人出頭，聯合各國社會黨人，通過"一劃清界限"，"二內政自治"，"三外交中立"，"四資本公有"，"五同化外人"，"六實行社會主義"，"組織社會主義之模範地，兼充無政府主義之試驗場"。

《中國社會黨請願國會書》是 1913 年 3 月江亢虎代表中國社會黨向參、衆兩院提出的八項議案："一實行普通選舉"；"二普及平等教育"；"三專徵實地價稅"；"四重徵遺產稅，限制相續法"；"五廢止死刑、肉刑"；"六限制軍備"；"七獎勵勞動"；"八廢止婢妾制度，限制娼妓行業"。

《中國社會黨對於宋教仁暗殺案宣言》是 1913 年 4 月江亢虎代表中國社會黨對於"宋教仁暗殺案"所作的宣言。1913 年 3 月，國民黨在中華民國第一届國會選舉中在參、衆兩院以較大優勢贏得了選舉的勝利。3月20日，國民黨代理理事長宋教仁在上海車站準備北上時，被袁世凱指使的殺手刺殺。到了4月下旬，查明此案主使者即爲袁世凱，而布置刺殺的則是國務總理趙秉鈞，全國嘩然。孫中山認爲"非去袁不可"，主張立即興師討袁，但國民黨内部難以取得一致。如何處理此案在社會上也分歧極大，在4月14日中國社會黨追悼宋教仁的特别大會上，江亢虎宣讀了《中國社會黨對於宋教仁暗殺案宣言》，提出了處理"宋案"的六條主張，核心是調和争論，希望能通過和平手段解决。這種調和論調，遭到了北洋政府和國民黨兩方面的抨擊。

《中國社會黨對於宋案及借款反對兵力解决宣言》是1913年5月江亢虎對袁世凱政府發表的第二篇宣言。1913年4月26日，就在"宋教仁暗殺案"的風波還在沸沸揚揚的時候，袁世凱政府與英、法、德、俄、日五國銀行團簽訂"善後大借款"合同，借款款項高達2500萬鎊，年息5厘，分47年清償。合同還附帶諸多苛刻條件，包括規定以鹽税、海關税作抵押，鹽税徵收交外國人托管。"大借款"案在社會上引起巨大震動，被認爲是喪權辱國之行爲，遭各界人士極力反對。在這篇宣言中，江亢虎既批評了"有擁兵自衛之嫌"的政府，也批評了"有分離獨立之耗"的各省，强調"絶對反對兵力解决，而主張法律與政治解决"。

《中國社會黨對於南方事變宣言》是1913年7月以孫中山爲代表的資産階級革命派發動"二次革命"後江亢虎發布的宣言，批評南北雙方"民窮財盡，兵凶戰危"，發展到今天"復尚何調停之可言，亦斷非口舌所能辦"。

《致浙江都督朱瑞書論解散社會黨支部事》是1913年8月江亢虎就浙江解散中國社會黨各支部寫給浙江都督朱瑞的信，信中强調"社會黨"和中國社會黨并非同一團體，且中國社會黨絶對没有超越法律，要求朱瑞"收回成命"。

　　《呈袁大總統文論解散社會黨事》是 1913 年 8 月 7 日袁世凱下令解散中國社會黨之後江亢虎寫給他的信。儘管江亢虎本人在"二次革命"中表現出"中立"（有時甚至偏向政府）的態度，但中國社會黨有很多成員對孫中山等國民黨人持同情和支持的態度，其中就包括中國社會黨北京支部負責人陳翼龍，他不僅聲援"二次革命"并且參加了。7 月 25 日，陳翼龍被北洋軍警逮捕。8 月 4 日執法處給陳翼龍扣上了"聯絡外國黨人，潛謀不軌"的罪名。6 日，陳翼龍遭到殺害。7 日，袁世凱下令解散中國社會黨，查禁全國的中國社會黨本部、支部。江亢虎此時依然試圖說服袁世凱"收回成命"，反復強調參與革命的都是國民黨人和純粹社會黨人，"皆與本黨絕不相干"。但袁世凱毫不理會。

　　1913 年 8 月 31 日，在解散已成定局的情況下，中國社會黨本部提前召開第三次聯合大會，作爲"特別聯合大會"，作出了五項決定，其中最主要的是江亢虎不再擔任"總代表"和"本部主任幹事"。《中國社會黨特別聯合大會去職宣言》就是江亢虎就會前"預辭連任"及今後繼續宣傳"社會主義"所作的公告。儘管江亢虎聲稱他依然信奉社會主義，但他的去職實際上給中國社會黨的歷史畫上了句號。

4. 從《洪水集》看江亢虎的"社會主義"

　　按江亢虎所說，《洪水集》收錄文章的標準爲是否與社會主義有關；這些文章又囊括了 1909 年到 1913 年江亢虎的大部分文稿和演說，因此，基於對《洪水集》的文本解讀，大致可以將中華民國建立前後（對於 1920 年後江亢虎的思想轉變，此處不作討論）江亢虎的"社會主義"思想，歸結爲以下幾點。

　　第一，江亢虎"社會主義"思想的發端，是中國傳統文化中的大同理想。在《洪水集》中，江亢虎多次提到他之所以信奉社會主義，與他少年時期中國傳統文化的浸潤有關。在《環游留別詞》中他説："憶在髫齡讀《禮運》一篇，即慨然慕天下爲公之盛。"在《社會星發刊詞》中，江亢虎强調中國古代也有社會主義思想，"自有書契以來，社會主義已隱約發現於神話時代。周秦之間，流傳極盛"。在《社會主義研究會宣言》中提到，"《易》《書》《詩》之記載，孔孟之緒言，周秦諸子之箸作，其吻合社會主義者，隨在而是"。并且宣稱："社會主義者，大同之主義。"《社會主義述古緒言》則較爲集中地體現了這一點："社會主義，非西人新刱之學説也，我中國夙有之"，"我讀學官所立《十三經》，暨周經諸子之今存者，社會主義隱躍起滅於行間字裏。如金沈沙，披之乃見；如水洄井，汲之乃出。最而録之，爲《述古》篇"。

　　第二，江亢虎"社會主義"思想的起點，是絶對的個人主義。在江亢虎看來，"個人者世界之原分子，世界者個人之集合體，即世界由單純個人直接搆成"，因此一切理論都應該從個體出發，"徵之歷史之成蹟，參之社會之現狀，而知人生唯有一單純的利己心"。這種"利己心"一言以蔽之，"即自求安樂而已"。沿着個人"自求安樂"的思路，家庭、國家、宗教都使人受到壓迫而不得安樂，所以應當消滅家庭、消滅國家、消滅宗教，這就形成了江亢虎的"三無主義"。經濟不平等，人受到壓迫而不得安樂，因此應當采用"求人類共同之幸福，而彌經濟界不平等之缺憾"的社會主義。也因此，江亢虎在轉向社會主義後，把"三無主義"發展爲"三無二各"，試圖將"三無主義"與"各盡所能、各取所需"的社會主義相結合，也反映了他的"社會主義"的理論起點是絶對的個人主義。在《釋個人》中，他直接把自己倡導的"社會主義"闡釋爲"新個人主義"。

第三，江亢虎"社會主義"思想的主要內容，是"教育平等""營業自由""財產獨立"這三大主張。其中，教育平等是江亢虎"社會主義"思想的關鍵性支柱。按江亢虎所說，社會主義的產生源於經濟不平等，"經濟不平等，由於能力不平等，能力不平等，由於教育不平等。故主張教育平等，正爲主張經濟平等也"。從教育入手來改良社會，實際上是江亢虎一直以來的觀點。在旅歐以前，他就一直從事教育特別是女性教育的相關工作。歐洲旅行結束後，他開始以社會主義者自居，將教育與社會主義的內容相結合，把教育平等提升爲社會改良的關鍵。具體來說，實現教育平等，需要從兩方面着手：一是公共教育，"自初生至成人，無貧富貴賤，同在公共社會中，受一致之教育。如此則智識平等，智識平等則能力平等，而經濟自平等矣"。二是遺產歸公，江亢虎反對財產公有，他的"新個人主義"社會，"所得財產，仍爲私有"，但不可繼承。他強調，"財產必由自力得來，其支配權即以有生時期爲限，雖父子兄弟夫婦，界畫較然，不相遞嬗，死後一律充公。社會公共事業，如教育等費，即取資焉"。固然遺產歸公是財產獨立的要求，但同樣也是教育平等的要求。只有人人都不依靠世襲財產而接受公共教育，每個人與生俱來的不平等才能由此彌平，才有可能真正實現教育平等，幷且公共教育的經費從充公的遺產中獲取。這樣，通過公共教育和遺產歸公，幾代以後，出身所導致的階級差異即可消失，餘下的不平等僅限於天資的差異、職業的區分、知識的多寡，"此間却毫無貧富貴賤等階級，幷無智愚賢不肖等階級，特趨向與地位之不同而已"。

第四，江亢虎"社會主義"的實現手段，是在不觸動現存統治制度的前提下溫和漸進的社會改良，不僅不肯采取任何形式的暴力革命手段，而且寄希望於和統治者合作，在必要的時候成爲統治者的代言人。雖然江亢虎在《孫中山社會主義講演集弁言》中稱他的社會主義區別於孫中山的地方在於，孫中山的國家社會主義"自上而下，從最少數人着手"，而江亢虎的社會主義"則自下而上，從大多數人着手"，但實際上江亢虎從來走的都是"上層路綫"。從《洪水集》的内容編排就可以看出，雖然江亢虎口口聲聲説自己以教育和鼓吹社會主義爲己任，但不論在中國社會黨成立之前還是之後，他都花了大量的精力同當時的社會"賢達"交好，積極參與各種政治組織。同時，他又不肯承擔任何會被認爲是"激烈之言論""暴亂之行爲"的風險。如果説江亢虎在與袁世凱政府官員的來往中反復强調自己和中國社會黨絶無任何激烈的言論與行爲，絶對在國家法律的合法框架内行事，還可以用江亢虎認爲社會主義是"絶對自由絶對平等絶對親愛之主義"所以反對暴力來解釋的話，那麼在鄒銓、夏重民、柳亞子等人組織和議糾正會反對袁世凱的專制統治、袁世凱查禁沙淦等人的"社會黨"、陳翼龍因參加"二次革命"而被處死并導致中國社會黨最終被查禁這三件事中，江亢虎的第一反應都是盡可能地把自己與這些團體或個人的關係撇清，來保全自己和中國社會黨就難以解釋了。由此看來，江亢虎對於統治階級，即使是封建專制的統治階級，也依然只想着投機討好，缺乏社會革命所必要的批判性。這也就能够解釋爲何江亢虎在會見袁世凱的時候，不僅没有堅持他的"三無主義"立場，反而向袁世凱積極建議"國家社會主義"，稱國家社會主義能够幫助袁世凱鞏固統治；而在孫中山等人發起"二次革命"之後，他不僅不支持革命，而且在調解雙方矛盾失敗後，甚至批評國民黨率先動用武力"破壞和平"這些看似矛盾的現象了。

那麼如何評價江亢虎的"社會主義"呢？

如果僅僅就《洪水集》中江亢虎自己闡述的有關"社會主義"的内容來看，他的"社會主義"的概念極其龐雜，按他自己所説，他所主張的是"廣義的社會主義"。《社會主義商榷案》中對這種"廣義的社會主義"是這樣説明的：首先，"廣義的社會主義"必然是社會主義，所以不包括"國家主義之社會的政策"和已經與社會主義分道揚鑣的無政府主義，於是共產主義是"社會主義之中堅"，社會民主主義是"社會主義最普通者"。但接下來又説，"原文所未及者，則世界社會主義是也"，"蓋社會主義云者，廣義的賅各種社會主義，狹義的即指此世界社會主義"。所以這種"世界社會主義"也必然在他所主張的"廣義的社會主義"之列。那什麼是"世界社會主義"呢？回答是"無國家、種族、家庭、宗教等等界限，而以個人爲單純之分子，世界爲直接之團體"，"繼此以往，或竟能純任自然，無爲而治，如無政府主義所夢想者"，"即社會主義之究竟也"。從這段描述來看，江亢虎所説的"世界社會主義"，其實質就是無政府主義。雖然最後江亢虎聲稱國家社會主義，也就是"國家主義之社會政策"不可加入社會主義種類中。但在其他文本中，江亢虎又説廣義的社會主義中本來就包含國家社會主義，并且在和袁世凱的會面中，他更直接表示中國社會黨能够幫助大總統實行國家社會主義，建立起一個强有力的政府和一個强有力的國家。除了各種社會主義的流派外，江亢虎的"社會主義"思想還包括中國傳統文化的"大同"理想，包括資産階級個人主義思想，包括發展資産階級工商業的"營業自由"思想，等等。這樣算下來，江亢虎所主張的"廣義的社會主義"，幾乎就成了一個大雜燴。但對這一點，江亢虎自己并不感到奇怪，甚至是頗感自豪的，他在《社會主義學案草例》中列舉了 11 種社會主義的流派，并稱"余個人所希望所主張者，則本哲學之思想，以科學爲根據，具宗教家之精神，取教育家之態度，執勞働家之事業，一方採用極端的共和政體，一方採用進化的集産制度，罷除税制軍備，注重教育實業，認個人爲社會之分子，認世界爲社會之範圍，個人自治，世界大同。此等希望，此等主張，謂之個人社會主義可也，謂之世界社會主義亦可也"。

社會主義理論并不是某種只要打着"大同"理想的旗號就可以無所不包的籮筐，不同的社會主義理論之間存在着不可兼容的張力，絕不是靠着江亢虎的巧言善辯就可以熔於一爐的。何况，江亢虎對於各種社會主義理論的理解還存在不少錯誤，經常表現得一知半解。譬如他把馬克思、拉薩爾都當成國家社會主義或者説民主社會主義的代表，把孟子當作政治學家社會主義的代表，以哲學家、教育家、世界語學者等身份來劃分"社會主義"派别，諸如此類不勝枚舉。不僅如此，即使是在《洪水集》收録的文章中，他對社會主義的理解也經常出現前後矛盾的現象，上文中關於"廣義社會主義"的概念界定就是一例。正因如此，當時的無政府主義者師復批評江亢虎"一生言論，幾乎處處矛盾"①，認爲他對於社會主義"乃於社會主義之根本思想，尚且茫然"，其"社會主義"思想"於社會主義之根本精神，相去固不可以道里計"②。

江亢虎"社會主義"思想的這種雜糅性，也給評價它帶來了困難，無政府主義、社會民主主義、國家社會主義等各種社會主義流派似乎都能在江亢虎的"社會主義"論述中找到痕迹。因此對江亢虎的"社會主義"思想的定性不能只從它的内容中尋找依據，需要看到在雜糅的内容背後貫穿江亢虎思想和行動的那條主綫，即不論江亢虎主張什麽樣的理論，他一直以來始終不變的就是在不觸動現存政治、經濟制度的前提下，争取統治者的支持來實現局部的社會改良。也就是説，儘管打着社會主義的旗號，但至少江亢虎本人是與統治階級站在一起的。他小心翼翼地想要不觸怒任何統治者，即使在被黎元洪拘捕又釋放後，還在爲黎元洪找理由開解，寄希望於這樣的順從能够讓統治者滿意，從而達到自己的目的。這一點，恰恰

---

① 師復. 師復文存[M]. 廣州：革新書局，1927：180.
② 師復. 師復文存[M]. 廣州：革新書局，1927：31.

與第二國際的社會改良主義和費邊主義相類似，儘管它們主張的社會主義内容與江亢虎截然不同，但究其本質都是在不觸動現存政治、經濟制度的前提下，甚至某種程度上和統治者合作的情況下，推動自己的社會改良計劃。一旦出現特殊情況，這類社會改良主義者不僅不會堅持自己的革命立場，而且會成爲統治階級的附庸和代言人。第一次世界大戰中各國社會民主黨對本國帝國主義戰争的支持與江亢虎對孫中山等人"二次革命"的反對，何其類似。正是在這個意義上，毛澤東認爲，"中國也有過'第二國際'——江亢虎的社會黨"①。這一評價真是一針見血。

5. 江亢虎及其中國社會黨宣傳"社會主義"對馬克思主義傳播的積極意義

雖然江亢虎的"社會主義"思想存在諸多局限性，中國社會黨也僅僅維持了一年多的時間即被查禁，但作爲近代中國以"第一個社會主義者"自居的人，在民國初年，江亢虎及其中國社會黨積極宣傳"社會主義"，對馬克思主義在中國的傳播，還是産生了一定的積極意義。

第一，江亢虎在鼓吹"社會主義"的過程中，建立了中國歷史上第一個以社會主義爲綱領的政黨，使社會主義不再只是作爲西方資産階級學説的附屬品在中國傳播，而是初步具有了獨立的形式。民國初年的中國社會黨一度産生了廣泛的社會影響，根據當時散發的《中國社會黨傳單》，到 1913 年 1 月，蘇、浙、鄂、湘、京、津等地共成立支部 490 餘個，成員 523 000 餘人②。不少人經由中國社會黨的宣傳，接觸并接受社會主義，加入了中國社會黨。顧頡剛和葉聖陶都曾經是中國社會黨黨員，還分别在《新世界》

---

① 毛澤東. 毛澤東文集：第 7 卷[M]. 北京：人民出版社，1999：78.
② 中國第二歷史檔案館. 中國無政府主義和中國社會黨[M]. 南京：江蘇人民出版社，1981：190.

雜誌和《良心》雜誌上發表過文章。梁漱溟在《我的自學小史》的第 11 節
"激進於社會主義"中也回顧了自己青年時期與中國社會黨的交往。中國社
會黨的影響不僅限於其組織的壯大及其政治影響的擴大，而且在其發展過
程中，各級支部采取多種形式，積極宣傳社會主義，包括定期舉行社會主
義"演講會"，孫中山、吴稚暉、馬林等人均先後站上過中國社會黨的演講
臺；出版發行各種社會主義刊物，包括《社會星》、《社會》、《社會日報》（《社
會黨日刊》）、《人道周報》、《社會世界》、《人道》等；組織流動宣講部巡迴
宣講社會主義，在演講之餘還奏樂演劇等。江亢虎和中國社會黨的宣傳活
動，使"社會主義"這一名詞在中國廣泛地傳播開來，并且促使當時的人
們思索和討論社會主義作爲一種獨立的理論對中國的適用性。這種思考也
帶來了民國初年社會上關於社會主義的討論熱潮①。由於社會主義成爲社會
討論的熱點問題，更多的從來沒有聽説過"社會主義"這一名詞的中國人
開始接觸社會主義。毛澤東就是其中一員，他在回憶自己青年時期接觸社
會主義的過程時説，當時他在長沙的湖南新軍當列兵，鼓吹革命的報刊《湘
江日報》"經常討論'社會主義'，我就是從這裏第一次知道'社會主義'這
個名詞。我也同其他學生和士兵討論社會主義，其實是社會改良主義。我讀
了一些江亢虎寫的關於社會主義及其原理的小册子。我熱情地寫信給幾個同
班同學，討論這個問題"②。社會主義在中國影響的擴大，爲馬克思主義在
中國的廣泛傳播奠定了群衆基礎。

　　第二，江亢虎和中國社會黨在介紹和宣傳"社會主義"思想的過程中，
對馬克思、恩格斯及其科學社會主義理論也進行了翻譯和介紹。如在《社
會主義學案草例》中，江亢虎就提到了馬克思和《資本論》，并簡要概括了

---

① 　見《馬藏》第一部第十卷中的《社會主義討論集》。
② 　毛澤東. 毛澤東自述（增訂本）[M]. 北京：人民出版社，1996：28.

《資本論》的内容，"力翻經濟學之舊案，主張土地資本爲社會共有之物，而分配之比例，當準勞力爲報酬"，還高度評價了馬克思的《資本論》，"撥雲見天，其功至偉"。中國社會黨成員殷仁稱"德之馬格斯"是"吾黨之健將"①。紹興支部的機關刊物《新世界》雜誌則不僅重新編撰發表了朱執信的《社會主義大家馬兒克之學説》，在《社會主義與宗教家》中提到《共産黨宣言》，説馬克思是"社會主義之倡首者"②，還以《理想社會主義與實行社會主義》爲題，發表了恩格斯的《社會主義從空想到科學的發展》的首個較爲完整的中譯本。除此之外，由於中國社會黨的宣傳激發了社會上討論社會主義的熱情，一些非中國社會黨系統的刊物在討論社會主義的時候，也不可避免地引用和介紹了馬克思主義的相關内容，如《進步》雜誌和《東方雜誌》刊載的《德意志社會主義之發展》《法蘭西社會主義之發展》《晚近社會主義之派別與宗旨》《社會主義與社會政策》《社會主義》《社會主義商兑》《社會主義神髓》等文，也都在這一討論的過程中，或多或少地涉及了馬克思、恩格斯和科學社會主義的内容。

6. 研究綜述

《洪水集》是對江亢虎的"社會主義"思想和在這一思想指導下的活動的自我記録。因此，學界關於《洪水集》的研究大多是結合文本對 1912 年前後的江亢虎個人及其"社會主義"思想的研究和評價，大致可以劃分爲中華人民共和國成立前和成立後兩個階段。

在 1949 年中華人民共和國成立前，也就是幾乎與江亢虎同時代的人的

① 殷仁. 社會世界序[J]. 社會世界，1912（1）：4-6.
② "加爾孟古爲社會主義之倡首者，其組織萬國勞動同盟會之綱領，大膾炙人口，曰吾黨無國界、無種界之區別，惟望同盟會中人，人人信從之，人人奉行。使社會主義之真脉，運輸於萬國，無一人不得其所。"煮塵. 社會主義與宗教家（社會主義講演集第七章）[J]. 新世界，1912（6）：8.

口中，關於江亢虎的評價，大多是出於理論争鋒的鬥争需要，因而批評相對嚴厲。下面列舉幾條有代表性的觀點。

1914 年，同爲無政府主義者的師復與江亢虎發生論戰，直指其"社會主義"思想中的種種問題。除前文提到的認爲江亢虎對社會主義的理解存在的缺陷外，師復還提到，江亢虎始終反對采取激烈言論和手段，聲稱社會主義是"正大光明之主義，非祕密黑闇之主義；平和幸福之主義，非激烈危險之主義；建設之主義，非破壞之主義"，認爲江亢虎"特欲用和平手段而不主張激烈耳"；在反對統治階級壓迫的鬥争過程中，統治階級的"强權"更加明顯，但江亢虎不僅不把統治者的行爲當作强權，反而稱鬥争者的反抗行動爲"强權"，這"已顯存先入爲主之見矣"[①]。再加上江亢虎雖然自稱"社會主義者"，却反復强調今日中國不是實行社會主義的時代，只是鼓吹社會主義的時代；即使實行，也只采取漸進温和的社會改良手段。因此，師復認爲江亢虎的"社會主義"并不是真正的社會主義，而只是社會政策，"不足以列於社會主義之林也"[②]，"以此言社會主義，直南轅而北其轍耳。矢口言社會主義，乃於社會主義之根本思想，尚且茫然"[③]。

1921 年中國共産黨成立，也就在同時，從美國歸國的江亢虎又開始舉起他的"社會主義"旗幟。此時的江亢虎不僅繼續宣傳他的"社會主義"，還寫出《新俄游記》，攻擊馬克思主義和共産黨。1923 年 7 月，湖南趙恒惕政府開辦暑期學校，請江亢虎講演"社會主義概論"，目的是"糾正本省青年對於社會主義的謬誤觀念"[④]。當時致力於傳播馬克思主義的李達特意購

---

① 師復. 師復文存[M]. 廣州：革新書局，1927：309.
② 師復. 師復文存[M]. 廣州：革新書局，1927：250.
③ 師復. 師復文存[M]. 廣州：革新書局，1927：30.
④ 李達. 社會主義與江亢虎[M]//林代昭，潘國華. 馬克思主義在中國——從影響傳入到傳播：下册. 北京：清華大學出版社，1983：509.

買了《暑期學校日刊》，并查閱了江亢虎先前的文章，於同年 8 月寫成《社會主義與江亢虎》的長文，專門批判他。在文章中，李達對江亢虎作了兩點評價："第一，江君雖然號稱社會主義大家，對於社會主義原來沒有多大研究；第二，江君雖然到過俄國，對於俄國的社會革命原來沒有絲毫了解。"[①]接下來，李達運用馬克思主義的方法對江亢虎在 20 世紀 20 年代所提倡的"新社會主義"和"新民主主義"進行了系統批判，指出江亢虎"所提倡的社會主義并不是社會主義，實是溫情主義"，即資產階級改良主義；在中國共產黨成立以後，江亢虎所鼓吹的"新社會主義"則是"官僚的社會主義""走狗的社會主義"[②]。

汪昆源面對江亢虎對蘇俄的污蔑，則援引蔣光慈給王培之的信的一段話來回擊，蔣光慈在信中説："江亢虎來俄，也曾與我接談數次。我對於他的批評，是'好出風頭，不知社會主義是什麼'。但他自己不以爲然，還拿他十數年前著的一本《洪水集》到處送人，真是太不自知！《洪水集》在民國初年來未始無一看的價值，到現在真不值識者一笑了！"[③]

鄧中夏在 1929—1930 年撰寫了《中國職工運動簡史》一書，該書在論述辛亥革命前後與職工運動有關的政治派別時，也提到了中國社會黨和江亢虎，指出："（二）社會黨——首領江亢虎，是一個卑鄙下流的政客。當民國成立，選舉國會，江亢虎爲了要多得選舉票，想拉攏工人替他捧場。因此派出黨徒，倡言組織工人團體。據説浦口碼頭工人和北方有幾處鐵路工人，有一部分是被他們組織起來了，民國二年，袁世凱專政，解散國會，

---

① 林代昭，潘國華. 馬克思主義在中國——從影響傳入到傳播：下册[M]. 北京：清華大學出版社，1983：511.
② 宋鏡明. 李達[M]. 石家莊：河北人民出版社，1997：97-98.
③ 許漢三，陶若存，哈曉斯. 安徽文史資料第 32 輯：皖事拾零[M]. 合肥：安徽人民出版社，1989：255-256.

江亢虎所組織的工人團體也就曇花一現，無影無蹤了。"①

中華人民共和國剛成立時，由於江亢虎參加汪僞政權的"漢奸"身份，學界對他的有關研究相對較少。改革開放後，江亢虎研究逐漸走向學術研究方向。特別是隨着近年來關於馬克思主義在中國早期傳播研究的不斷深入，對江亢虎的研究也多了起來，相關研究成果大多散布在馬克思主義在中國的早期傳播、社會民主主義、無政府主義運動等研究著述的某些章節中；專門研究江亢虎的著作仍然相對較少，汪佩偉的研究最具代表性。

汪佩偉的《江亢虎研究》是目前國內唯一專題研究江亢虎的著作。除此之外，汪佩偉還發表了《早期江亢虎的"三無主義"研究》《民初中國社會黨性質新論》《江亢虎與孫中山關係評議》等文章。在《江亢虎研究》中，汪佩偉不同意學界對江亢虎"投機政客"和中國社會黨是"袁世凱實行封建專制統治的工具"的評價，認爲"江亢虎於民元前後竭力鼓吹社會主義，他所領導的中國社會黨是民國初年的一個進步的黨派，是具有中國特點的第二國際社會民主主義政黨"②，并進一步説，"民元前後的江亢虎的活動，是他一生經歷中最有光彩的部分。他在自己的'而立'之年，造成了一番轟轟烈烈的聲勢，把'社會主義'這面大旗呼呼拉拉地搖響，并組織了一支數十萬人的隊伍，爲社會主義鼓而呼。可以説，這是一個十分宏偉壯觀的事業"③。

其他研究的研究角度大體上有三個，而且論者對江亢虎的評價，也没有汪佩偉的評價那麼高。

一是從第二國際社會民主主義的角度來評價江亢虎。高放、黄達强主

---

① 鄧中夏. 中國職工運動簡史[M]. 鄭州：河南人民出版社，2016：4.
② 汪佩偉. 江亢虎研究[M]. 武漢：武漢出版社，1998：82.
③ 汪佩偉. 江亢虎研究[M]. 武漢：武漢出版社，1998：144.

編的《社會主義思想史》在第十一章"西方各種社會主義思潮在近代中國的出現、流傳和没落"中專設一節介紹江亢虎的社會主義，并將其定性爲"社會民主主義"，指出"辛亥前後江亢虎從國外販來了第二國際的社會改良主義"①；而且，"江亢虎的社會主義，決不僅僅是第二國際的社會民主主義；除此而外，還有無政府主義、亨利·喬治的單税社會主義、國家社會主義，尤其是中國封建主義的統治思想孔孟之道，等等。它不過是這些思想的大雜燴，而江亢虎本人則是混迹近代社會上的一個投機政客。但是，由於他打着'社會主義'、'社會民主主義'和'社會黨'的種種招牌，所以，他能在民國初年欺騙不少人，別樹一幟，形成一個黨派，掀起一股思潮"②。劉書林認爲，江亢虎所領導的中國社會黨"是一個摇擺於資産階級革命派與封建官僚勢力之間的折中調和的政治勢力，其性質屬於資産階級中間派。它所主張的'社會主義'思潮，與馬克思主義没有任何共同之處，屬於較低水平的社會民主主義，大體上相當於第二國際右翼政黨的性質"③。中國社會黨的這種摇擺性體現在三個方面："第一，與封建主義勢力有着密切的聯繫，帶有明顯的封建性"，"第二，不接受資産階級革命派的基本主張，具有資産階級右派的保守性"，"第三，拒絶接受馬克思主義，具有第二國際右翼政黨的某些思想主張"④。周海樂從三個方面分析了江亢虎的社會主義觀，認爲從性質上看，"它并非馬克思主義的科學社會主義，而是和平的、非暴力的社會主義"；從内容上看，"它并不贊成階級鬥争和社會革命學説，而是信奉改良的、漸進的社會主義"；從前景上看，"它并非追求未來的共産主義，而是嚮往帶有濃厚的大同色彩的主觀社會主義"。總之，

---

① 高放，黄達强. 社會主義思想史：下册[M]. 北京：中國人民大學出版社，1987：975.
② 高放，黄達强. 社會主義思想史：下册[M]. 北京：中國人民大學出版社，1987：976.
③ 劉書林. 論民主社會主義思潮[M]. 北京：高等教育出版社，2004：137.
④ 劉書林. 論民主社會主義思潮[M]. 北京：高等教育出版社，2004：137-139.

江亢虎的"社會主義"實際上是"帶有濃厚的復古色彩和無政府烙印的社會改良主義"①。郭海軍認爲，江亢虎的"社會主義"的實質，是西方民主社會主義在當時中國的反映②。

　　二是從無政府主義的角度來評價江亢虎。曾業英認爲，江亢虎的"社會主義"帶有很濃厚的無政府主義色彩③。夏良才把中國社會黨看作是"無政府主義者的結社"④。李良玉認爲，江亢虎的"三無主義"是無政府主義的變異，而他後來所主張的社會主義就是無政府主義思想⑤。皮明庥認爲，江亢虎的"社會主義"是與科學社會主義風馬牛不相及的"個人社會主義"，"它以個人爲起點和歸宿，而不是從社會和集體出發，因此本質上是一種個人主義"⑥，而中國社會黨"是一個鬆散的、充滿無政府主義氣息的聯盟"⑦。張九海認爲，江亢虎的"社會主義"是無政府主義與社會民主主義的集合體，其社會主義理論往往自相矛盾，令人費解，未能對自己的觀點作出系統的闡述；政治上，他試圖與袁世凱政權合作來推行國家社會主義，是不符合歷史潮流的⑧。

　　三是從與國際共產主義運動相聯繫的角度來評價江亢虎。沈駿提出，江亢虎既是"中國早期工人運動的支持者和組織者之一"，又是"中國最早與國際共產主義運動有聯繫之一人"⑨。

―――――――――

① 周海樂. 第二國際史[M]. 上海：上海社會科學院出版社，1989：569-571.
② 郭海軍. 辛亥革命前後的江亢虎社會主義思想[J]. 河北理工大學學報（社會科學版），2007（1）：186-190，193.
③ 曾業英. 民元前後的江亢虎和中國社會黨[J]. 歷史研究，1980（6）：43-59.
④ 夏良才. 試論民國初年的中國社會黨[J]. 歷史教學，1980（4）：39-43.
⑤ 李良玉. 江亢虎早期政治思想研究[J]. 社會科學研究，1989（1）：95-102.
⑥ 皮明庥. 近代中國社會主義思潮覓蹤[M]. 長春：吉林文史出版社，1991：116.
⑦ 皮明庥. 近代中國社會主義思潮覓蹤[M]. 長春：吉林文史出版社，1991：118.
⑧ 張九海. 執著的烏托邦追求[M]. 北京：中國社會科學出版社，2011：156.
⑨ 沈駿. 江亢虎的社會主義與中國社會黨[J]. 華中師範大學學報（哲社版），1989（2）：120-127.

社 會 學

沈宗元 / 編述

昌福公司

社會學

《社會學》沈宗元編述本扉頁

第
六
章
—

社會之歷史的進化①

絕②。聲息不通。其周圍之野蠻民族。睹文明社會之實業經濟咸發達。每貪
其富利而侵害之。而文明社會。與野蠻民族。彼此程度既異。固不能爲精
神之聯絡。以和平交際。故文明社會。爲保全自己。維持安寧起見。鋭意
防禦之。有時自進而攻擊之。故古初文明社會。注全力於政治之統一。與
武備之發達。而社會內部之發達。則俟他日之餘力焉。此時又急於統一國
民。未遑許其自由活動。及國力充實。社會安全之後。社會之勢力。亦自
生餘力。於是必求新方面。以利用此餘力焉。此時社會心先就社會組織實
情。研究批評。而知向來之軍事政策。其束縛③人心。妨礙自由者殊不尠。
均願破除束縛而享自由。然自由不可與政治統一之目的背馳。破除束縛。
不可紊亂社會之安寧秩序。於是熟思兼全並顧之法。莫善於組織法治國。
用其政治權力。制定社會組織。使自由與政府。兩不衝突焉。故社會注全
力於政治統一。與武備組織者。是爲文明發達之第一期。由研究批評之精

---

① 本章之前的内容及本章部分内容底本缺頁，本頁頁邊欄有“第六章　社會之歷史的進化”，起始
　　頁碼作“八十一”。
② “絕”，本章以上内容底本缺頁。
③ “束縛”，有誤，應爲“束縛”。下同。

絕聲息不通其周圍之野蠻民族睹文明社會之實業經濟成發達每貪其富利而侵害之而文明社會與野蠻民族彼此程度既異固不能為精神之聯絡以和平交際故文明社會為保全自己維持安寧起見銳意防禦之有時自進而攻擊之故古初文明社會注全力於政治之統一與社會內部之發達則俟他日之餘力焉此時又急於統一國民未遑許其自由活動及此餘力焉此時社會組織實情研究批評而知向來之軍事政策國力充實社會安全之後社會之勢力亦自生餘力於是必求新方面以利用其束縛人心妨碍自由著殊不妙均顯破除束縛而享自由然自由不可與政治統一之目的背馳破除束縛不可紊亂社會之安寧秩序於是熟思兼全並顧之法莫善於組織法治國用其政治權力制定社會組織使自由與政府兩不衝突故社會注全力於政治統一與武備組織者是為文明發達之第一期由研究批評之精神而發生自由主義因此而發達法制者是為文明發達

八十一

神。而發生自由主義。因此而發達法制者。是爲文明發達之之第二期①。古
代埃及與巴比倫。以政治統一。與武備組織爲主。未見批評及自由之發達。
希臘能發達批評與自由。而未見法制之甚發達。羅馬則法制甚發達。而批
評與自由之發達未盛。均未脫離第二期之範圍。蓋埃及巴比倫希臘及羅馬。
因與野蠻民族相隣之故。常蒙其攻擊侵害。故社會不甚安固。竟爲其所陷
摧。近世文明社會。多壤地相接。而四周復無甚可畏之蠻族。且彼此勢力
恆屬伯仲。亦未能以力服人。是以其文明發達之第一期。無復爲政治統一。
及武備組織之故。致全然壓制個人及小社會之自由。及利益等情。第二期
之發達。亦較希臘羅馬爲完全。中古之末。近古之初。批評精神。與自由
主義之結果。漸促政治之改良。社會組織亦漸發達。法制亦漸完備。個人
應享之自由。既有憲法法律爲之保證。復無蠻族之侵害攻擊。國際戰爭亦
漸少。尋常交涉。均屬和平。於是社會之勢力甚富。乃用其餘力以向新方
面發展。咸思致力於實業與教育。以圖經濟之進步。及倫理之完全。而達
正德厚生之鵠。是爲文明發達之第三期。

　　社會組織及社會制度之由來　詳考文明發達之次第。民族聯合成佛魯
克②之後。經濟既進步。人口亦繁殖。其結果遂生殖民觀念。於是相率致力
於外。四處征服他民族。而國於其土焉。於是原來二種相異之羣集。相合
而成一社會。攷之歷史。一民族征服他民族時。將被征服者殲滅無遺。實
不多見。間有男子悉被殺戮。而女子仍存。即或壯年婦女亦悉被殺戮。然
幼年子女。則仍存留之以爲婢妾。要其事實屬罕覩也。故一民族征服他民
族時。必有二民族通婚之結果。通婚則血體必混合。惟其溷合③未能一律。

---

① “文明發達之之第二期”，有誤，“刊誤表”云：“重一‘之’字。”
② “佛魯克”，feudalism 的音譯，即封建主義，指歐洲從 9 世紀至 15 世紀前後建立在以封地采邑
　形式占有土地，以及由此而建立的領主與封臣關係基礎上的政治經濟體系，以封臣的效忠、服
　兵役及超經濟的強制等爲特徵。
③ “溷合”，有誤，“刊誤表”改爲“混合”。

即國內一部分人士。尚多保存征服者之血體。他部人士。則尚保存被征服者之血體。惟介此兩者間。則咸爲混合之情形矣。征服者與被征服者相混合時。政治狀態亦一變。即征服者對於被征服者。必令其絶對服從。於是征服者原有之主權更加强。因其爲發表社會意志最高無上之資格。故政治全權。歸其掌握。而令衆人絶對服從之。且因制定征服者與被征服者之關係。必須詳究社會系統。遂明制定社會組織。與社會制度。且因主權之作用。必須特別機關。於是政府之組織生焉。而向來政治與宗教。常密切相關。故宗教組織。亦同時成立。王者合政治宗教武備三權於一身。而專制君主出矣。其餘社會組織。因社會階級之別而成。即社會生王族貴族平民及賤民之別。征服者爲前三級。被征服者則多屬於後一級。政治宗教武備三端。要皆居前三級者爲之。後一級則全屬被治者。且各階級各有特別權利義務。各成特別組織。綜言之。道國治民之權利。明道窮理之事務。及生活之快樂。皆歸前三級專有之。而後一級不與也。

　　都市郊野之別　社會組織。經明確制定之後。各社會之能力發達尤著。生命財産。較前時爲安全。而富庶亦均增殖。國中與郊野之區別。亦於此時生焉。郊野所有土地。除歸王有外。餘悉歸之王族及貴族。王族建邸第於其地。而野人臣屬之。耕其田而服其役。所謂國中者。雖不足況近時之都市。然王及政府神時。咸在於此。防備特嚴。一旦事變緩急。野人尚可入此避難。其後貴族等由野遷於國中。於是商工業亦發達。經濟學家阿當斯密斯[①]所謂國中與野之分業者。於是見焉。野人攜農産物來國中。以供居民之用。而國中亦製作野人所需器具以應之。彼此交易既久。遂促貨幣之發生。而交易一變而爲商業矣。

---

① "阿當斯密斯"，即亞當·斯密（Adam Smith，1723—1790），英國經濟學家、哲學家和作家，著有《道德情操論》《國富論》等。

　　商業之盛興與民族之混合　　商賈介農工之間。而謀有無相通之便。工商業發達後。商業繁盛之地。漸至五方雜處。其地先專爲一民族所住者。今爲多數異族之所雜居。而外來之人。雖原非土著。或其地之民族。然相居既久。貨殖亦多。且於社會之勢力亦大。乃至要求法律上與法治上權利者。亦自然之勢也。夫苟外來之人。得此地民族之承認。自願入籍。自可滿足其要求。然當外來之人。每不願自去其籍。而土著之族。亦不願其附入時。此法即不適用。故不可不另制相當之條例以應外來人之要求。國家。研究解釋此問題時。知外來者所要求權利。本非一端。而其中自有輕重難易之別。即如商業上應享受之權利。應同於本地人一事。國家易與許諾。至婚姻相通一事。則不易承諾。蓋以許可此事。則異族之女。可爲吾民族之婦。以從事宗祀。實以吾族先靈。委於異族之手。鬼神不歆異類[1]。冒瀆莫大於此也。故婚姻權利。初不輕許異方之人。然年代漸久遠。人多於土著。富力亦凌而上之。其地之維持發達。不得不仰異方商賈之力。若不許其同一權利。則原住之族。將不能維持其地。而祖先遂爲不血食之鬼。乃不得已許遠人以共同權利。於是異血異祖之人。合而成一社會。當初之民族聯合體。乃因地方特別關係之故。而成國家矣。

　　國家之兼併及其結果　　此種社會之成立。雖非以血統爲根本。然亦非盡棄當初血統之統一也。此種社會既成後。國家尚欲保存血統之統一。以堅固國家之基礎。惟此時所謂血統之統一者。爲廣義而非狹義。以爲苟奉我宗教。學我言語。以我利害爲利害者。精神上既已鎔化。兼之婚姻相通。血統相同。彼此之間。固有血統之統一存在也。社會既有因血統之統一。亦有因地域之統一。於是國家更進而圖統一商業利害。社會交際。及攻守

―――――――――

[1] “鬼神不歆異類”，語出《左傳·僖公三十一年》：“公命祀相。寧武子不可，曰：‘鬼神非其族類，不歆其祀。’”

利害相通之地。置於一政權之下。復改正內部政教。注重武備。以養蓄兼併他國之力。爰變從前之宗教。為國民之組織。即於族及家族並民族之鬼神外。更生國民之鬼神。而隸屬一切鬼神焉。且以國王為代表該神為政者。甚至直以國王為神子神孫。於是國民之統一既固。國力亦贍。乃實行兼併他國之策。遂併吞眾弱小以成一大國。遠方之民。或重譯獻貢。名譽既揚。富力亦足。乃頌鬼神功德。建碑營廟。而美術遂以發達矣。且征伐兼併。開異種人互相交通之機會。又生異種相婚之結果。一面開發知識。一面增進心力。而知識亦發達。各種學問。託端於此。批評研究。亦自此盛行。社會心之發達甚著。遂影響於社會。促其社組織之改造及進步矣。

　　法治國及民權之發生　前謂改造社會組織者。必以能保存統一與安全。且保證自由為目的。征伐兼併。開異國交際之機。於是未嘗見聞之事物。皆因之而見聞。耳目既闢。知識尤開。乃將各國宗教法律政治。比較而研究之。因之遂生二種思想。其一即知習慣法之根本。各國原自相同是也。蓋人當知己而不知人時。嘗以己國法律。為天聰大哲所制作。及至多通他國法律。乃識各國法律。形式細目雖不同。然其根本之理。則不甚遠。於是法律思想一變。即以習慣法原理。有可通行於各國者。為本於社會之性質而生。且法律原則。既係推之四海而皆準。自與政體不相涉。可知法律本非因為政者之意而生。而為政者反應遵奉法律之命明矣。其二為性法[①]思想。所謂性法者。理性認可之理想規則是也。人既知各國習慣法。又知其根本原則不甚相遠。乃因哲學思索法。考究倫理行為之合理的基礎。因發明性法之理。以為性法為具有理性根本之法則。人皆具有理性。故人應服從性法之命令。即為政者亦不可不遵奉性法焉。蓋以國家及習慣法未成之

---

① “性法”，指自然法，主張一定的權利是由於人類本性中的美德而固然存在的，由自然賦予，并且可以通過人類理性得到普遍理解。

前。性法早已具於人性矣。此二思想發達後。國民咸思以法制之力。範圍行政者之行動。且要求理性範圍以内之思想自由。及行動自由。於是帝王遂失其神與之權。而不得不以憲法許國民矣。

任意組織之發達　憲法愈完備。民權愈擴張。政府之權利愈限制。政府之義務愈明白。自是社會中任意之組織。因法律之命令與保護。乃益發達焉。凡進步企業之國民。所希望者。均由任意組織得之。惟社會結合。與社會組織之別甚明。社會雖因結合而成組織。然許個人自由之處亦多。故其組織將來之變化發達亦大。惟成立已久者。其組織之大本。亦已固定。辦事規則。專遵成規。不容任意改變。而新進之國。任意之組織。則多在變化之中。故其將來之情況。難預言也。

自由主義之利弊及人口增減之原因　自由主義。一面促社會組織之變化。俾社會因此而活動。一面減少社會之結合力。社會因此而蒙危險。蓋自由主義發達之後。以一切社會關係。均認爲出乎契約。致忘當初因利害血統言語風俗習慣口碑互相一致之故。二三民族。聯合成一大社會。而以其初成羣之理由。爲在乎民族相互之任意契約。其意以爲當初既因任意契約而成社會。則今日任意分離。亦何不可。此說一人唱之。衆人和之。理論上社會分散之危機已萌。故平日社會全局利害相通之間。尚可無事。一旦遇有一部分國民。不復同利害於他部分時。理論忽見實行。而内亂生焉。甚則一國遂分爲二國。此自由主義之弱點與危險也。

自由主義之特長。爲能發達改良社會經濟狀態。及教育事業。蓋自由主義。制定立憲政體後。國民得用力於實業之發達。綜合財力精神。以研究天然之富源。與其利用之方法。於是天產之富。多經開闢。而製造利用之法。亦時有發明。於是富之增殖。異常進步。生活標準。高於昔日。人口亦漸繁殖。惟人口繁殖之後。生活愈難。於是人口不能照舊增殖。其初個人自行減其生殖。其後遂見生子比律①。漸次退步。易言之。其初爲心理之考慮。以減少生子比律。其後乃爲生理之變化。以促生子比律之退步。生子比律退步後。社會之供求相當。實業更從新發達。而富之增殖復盛。於是又促生子比律之進步。實業專許個人任意獨創。與個人自由競争時。人口易於繁殖。社會主義所主張多見實行。而實業均歸社會及國家專辦時。人口難於繁殖。故現今社會主義盛行之國。即人口繁殖比律最小之國。考其原由。蓋以社會現有生產。不足養繁殖之人口。社會感人口繁殖之苦甚深。於是妨碍繁殖之法行。生子比律遂漸少。而社會又因感貧乏甚切。故不悅素封家②獨擁鉅資。此社會主義。所以常得多數之贊成矣。富之增加。人口之繁殖。及生活之高尚。一面促分業之發達。一面使社會各級間之關係益繁。國家不同。則天然之富源。與生活之情狀。未能一致。於是致富之程度。亦有差別。現時各國。概許國民自由移住他國。或遠適以求富。而移住之多少。常與實業經濟之變化相隨。即人必求獲利最豐之處所與事業而移住之也。惟同種心識。影響於經濟上之考慮亦大。如由各處移居北美之人。多不欲分往各地任意求業。以爲同一國民。必同住一地。以收相依相助之益。北美諸國。對於外國移民之制限。益加嚴密者。職是故也。

　　國民活力之差別與生死之乘除　實業與社會事務之分化愈進步。則國民活力之差別愈顯。凡一國舊有國民。其文明及生活程度并高者。生子率恆不甚高。而死亡率亦低減。外來之民。因改良生活狀態之故。生子率雖高。而因未克完全適於境遇。子女之死亡率亦甚。更因一國內地方之別言之。苟一地之文明甚高。改良生活標準之欲望甚多。而實際富力。不克相

---

① "生子比律"，即人口出生率。
② "素封家"，指代代相傳的財主、富戶。

稱。則生死之率均低。其生活程度未甚高。或富源多可利用。其利用之法。常經改良之地。則生者多而死者少。再由職業之別言之。紡績。機織。化學。工業。金工。印刷。等事。耗費活力甚多。從事於此者。多罹神經病。而農業。林業。漁業。等事。則便於儲存活力。故從事此種業務者。率爲生者衆而死者寡矣。

　國民心力之差別及生活之狀態　社會發達後。能力之差別亦甚顯。由三種人格階級[1]。發生三種心力階級[2]。第一階級。爲知力優越之人。與人格階級之第一種適相當。第二階級。爲知力尋常之人。即人格階級第二種中優等之部分。此種人能自理各種業務。經濟上亦能獨立。第三階級。爲人格階級第二種中劣等之部分。及其第三種之全體。心力之差別。正與社會事務經濟狀態之差別略相當。即心力優越之人。（即心力階級第一種）。於政治實業學術等一切社會之事務。常立於指導衆人之地位。第二種人則受第一種人之指導。而因自己識力。自決其應執之方針。故知識上及道德上。均有獨立之資格。非一意聽命於他人也。第三種之人。則只辦理他人所命之業務。苟無人以指導監督之。則不能決志而舉事也。至于經濟狀態。則差別未能截然。心力階級第一種人。雖多數爲富貴者。然貧困者亦不少。且生計僅在中程者亦多。第二種人。就各人析言之。則富之程度。不必甚高。而合衆人統言之。則社會所有之富。泰半歸於此種人。第三種人。則生計多屬中下者。蓋多數爲貧苦之人矣。

　心力與活力之比較　今比較心力階級與活力階級而論之。心力階級之第二種。當正[3]活力階級之第一種。此於郊野農家見之。而心力階級之第一

---

[1]　"人格階級"，英文原著作 "personality class"。
[2]　"心力階級"，英文原著作 "psychical rank"。
[3]　"當正"，有誤，"刊誤表" 改爲 "正當"。

種。則本出於活力階級之第一種。惟第三種則僅有一部出乎活力階級第一
種者。此二種均於都會住民見之。蓋郊野農家。除細民外。其生活均甚健
全。且憂患亦少。故活力豐富。人口繁殖。於是年少子弟。去郊野而入都
會。以求職業與地位。於是都會之生存競爭。日加激烈。優勝者能維持其
地位。劣敗者則退歸活力階級第三種。優勝者雖有益於社會文明實業之發
達。然其一己活力。則遠遜郊野之農家。即生子率與死亡率均低也。而劣
敗之徒。本因知力薄弱。既不願從事農業。亦不能從事商賈。惟爲人勞働。
充工人婢僕之役。以養其生而已。故心力與活力。均位於第三等。此等階
級。有時雖亦產生心力優等之人。然其人必係勇猛銳進。力求脫此階級而
入於上等者。而活力階級第二種中之劣敗者。亦咸歸最下級。是以最下階
級之人。其心力與活力。殆皆在最低之程矣。上言心力階級與活力階級之
比較。不過謂二階級間重大之關係如此。非謂實際之關係盡若此也。蓋農
家往往有屬於活力階級第二種以下者。而商工業家。亦往往有屬於活力階
級第一種者。又郊野非必專爲農家之所住。商工業家亦常在焉。第一種心
力階級之人。亦非必純歸都會。蓋農家中亦往往有之焉。故詳論之則事實
極其複雜。然撮其要則固不出上所云云矣。

第
七
章
一

民主政治

民主政治之起源　社會發達之結果。民主政治亦發達。其初因社會勞動之流。對於資本家及勞心者。咸嫉視而反對之。且知歷史之成例。商人亦曾由貴族上流。要求分與參政權。而竟告成功。於是揣想工人當未分經濟支配權之先。當先分立法權。因選舉權僅爲富有財産。及直接納稅之人所專。因要求選舉權當人人享有。略無限制。茲議既一倡百和。而復得政黨之贊同。蓋政黨爲擴張黨勢之故。故樂助長之。以期選舉之勝利。而工人之要求。乃遂見諸實行。此亦猶十三世紀時。商人要求參政權。其成功乃因輸財於王。而得王之贊助也。此時一政黨見他政黨之擴張黨勢。因助此類工人以獲選舉權。於是亦仿其所爲。而助他類工人以獲選舉權。於是選舉權乃普及於一般工黨矣。此其例在英美皆可見之。英之王權黨[①]。曾擴充選舉於郡工。而自由黨[②]因亦擴充選舉於鄉農。而美之兩大黨[③]。其一擴

① "王權黨"，指英國保守黨，1833 年成立，前身爲 1679 年形成的托利黨，主要代表中上層資産階級的利益。
② "自由黨"，指英國自由黨，19 世紀 50 年代在輝格黨的基礎上成立。19 世紀中葉在政治上占優勢。從 1868 年起，與保守黨輪流執政，形成兩黨制度。
③ "美之兩大黨"，指美國的共和黨與民主黨。

充選舉於外來之移民者。其他乃推及於脫籍之黑奴。雙方活動。以求勢力之平均。而普通選舉。乃漸盛矣。茲法既行。國家之事務。乃見民主主義之應用。即對於國家而要求其改良勞動社會之狀態。及擔負教育及衛生之重大責任。并倡公益事業之經費。當由富者擔任是也。此類理想與標的。匪惟工人贊成。有時且得學者及富人之倡導。彼蓋以公平正直之道。惟於社會之民主主義。乃克實現耳。茲義既見採取護持於上流。漸乃流爲輿論。而成人人心中通常之理。由是而民主政治之觀念。乃深入於社會心。而社會之革命。遂全爲民主政治之發展。乃求其成爲一社會組織及政治制度而已。

　　民主政治之謬想　　對於民主政治制。有一最大之障礙。所宜首先破棄者。即對於其真性質。有一種虛妄之謬想也。此種謬想。已深入於上流社會之心。意謂民主政治者。必社會中貧民愚民獨擅治理之權也。即不然。亦必勞働者流。共攬治理之權也。夫以數千年來社會之政權。久握於上流貴族之手。而勞働者流。久屏逐於立法行政兩權之外。今政治忽易而爲民主。以報復之理言之。則此久掌特權之貴族。其亦必見排斥於公權公務之外者。亦人情也。顧以世勢言之。此種思議。誠或見之事實。惟其結果。則轉非民主政治。以政權歸之一部分人民之手。猶之貴族政治。其政權亦僅一部分人民享有也。而民主政治之真諦。則爲全體人民。咸可分預政治。而政權之行使。乃爲全體人民之福利。非爲一部分人也。故真實之共和政治制。乃如林肯①所云。人民之政治也。以人民爲主者也。爲人民而設者也②。

---

① "林肯"，即亞伯拉罕·林肯（Abraham Lincoln，1809—1865），美國政治家、思想家，第16任總統（1861—1865），1865年4月遇刺身亡。
② "人民之政治也。以人民爲主者也。爲人民而設者也"，即美國總統林肯1863年在"葛底斯堡演說"中所說的"the government of the people，by the people，for the people"，孫中山將之譯爲"民有、民治、民享"。

惟所謂民主政治者。謂公共問題之決定。乃以多數之議決也。緣是而民主政治之真理想。乃不獲見諸實行。而一國之治理權。事實上乃爲無自治能力。及無治國能力之庸愚所行使。歷史學者李克 Lecky[1] 於其所著民主政治與自由 Democracy and Liberty[2] 一書中嘗言之矣。曰民主政治。實際多爲庸愚政治。而其究竟。反足以顛覆自由。彼蓋證之近代國家。而見一國之中。貧民與愚民。常居多數。苟每人有一選舉權。而每一選舉權。咸有同等之價值。則政治即成爲衆愚政治。又嘗證之近代。實見民主政治。常減少政治之堅固力。增加稅租與公債。藉名公共之福祉。而沒收財産。假託工人之利益。而限制自由。而社會中權力之平衡。常使之偏於感情。而不衷於智理。斯則民主政治之弊也。且其弊不僅是。且多行不可防禦之政策焉。雖善辨者、莫能爲護也。雖然。謂民主政治。必常真爲庸愚政治。且其結果。實足使社會之分崩離柝[3]。而莫可救濟焉。是又陷於迷途。而未具民主政治之真知灼見也。此其理請俟後章。

民主政治之性質　就科學之義言之。則民主政治。認爲政體也可認爲國體也可。認爲社會之形式。或三者之合體也亦無不可。是等區別既明。則雖國家爲民主政治。而社會仍爲貴族政治。其理亦自易曉。蓋普通選舉之制。可使凡愚民皆有選舉權。然除一切政治關係之外。大多數之選民。仍生活於貴族的或君主的社會組織制度之下。又在工業關係或學校教會之內。當決定其組織或方策時。選民時亦無容啄[4]之餘地。故此輩對於政治組織。雖有選舉權。然對於輿論及倫理之勢力。實無所貢獻。因其智識過陋。

---

① “李克 Lecky”，即威廉・愛德華・哈特波爾・萊基（William Edward Hartpole Lecky，1838—1903），愛爾蘭歷史學家，著有《18 世紀的英國歷史》等。
② “民主政治與自由 Democracy and Liberty”，即萊基寫於 1896 年的著作《民主與自由》。
③ “分崩離柝”，有誤，應爲“分崩離析”。
④ “容啄”，有誤，應爲“容喙”。

欲其能以自力解決疑難之事。或於新思想之總額上有所增益。實屬不能之事也。

　　要之此等衆愚。當其獲有選舉權而實行之之時。不啻自呈其暗陋。以之代表民意。實見其無幸焉。惟從遺傳。習慣。模彷。工業情狀。經濟艱窘。及社會困迫諸方面觀之。則普通選舉制。僅足證明爲少數個人之政策而已。

　　是故民主政治之爲庸愚政治與否。純視多數選民所服從之首領。其人爲何類而定之。苟人人皆有教明理。則社會所具民主政治之程。與國家等。多數選民。必惟允認其首領之政策。而不各營治理權。苟民主政治。有時實爲庸愚政治。則衆民亦非真以其庸愚爭治。惟各受大奸巨猾之使弄。爲其鷹犬。以助奸雄詭計之成功而已。反之而衆民之指導者。爲德慧淑知之政治家。則衆民之治。即可臻於上理。而見社會知識道德之表現焉。

　　可知民主政治實驗之成敗。一基於衆民所則效所追隨之數人之才德比較爲衡。此種關係。永爲社會制度之一根本事實。苟非人類將來平均進步。能大異於已往及現在之人。莫由滅也。故吾人苟屬明哲。必不願自然之賢貴政治之免除。因此種政治。乃爲才知公直寬宏之人所成。且有猷有爲[1]能盡組織引導之責也。彼爲人民所深惡之貴族政治。其組成不過人爲之區別。世襲之尊稱與特權耳。天下之定錯。固無逾於混雜天然之優勝。與人爲之優勝者。民主政治。特人爲之優勝耳。苟無開其先者。必難望其久存也。

　　民主政治之危險　民主政治。固爲社會進化所生之結果。前已略言其弊。今更述其所生之危險如左。

　　（1）進化之損失　物質進化。裨益固多。然弊害亦與相緣而至。

---

① “有猷有爲”，語出《尚書·洪範》：“凡厥庶民，有猷有爲有守，汝則念之。”

進化不僅大耗人力而已。且須備受艱苦焉。凡一新事業之發明或創見。恆破壞舊事業。而使舊之勞働者。有失業之虞。又每一社會組織之完成。亦恆使向來傳襲之關係。頓見廢棄。一部分人士。能隨社會及工業之進化。乘時赴勢。以獲新地位。而他部分人士。則因習與性違。不能順應新時勢。致退於低下生活之程。而莫由救濟其不幸焉。斯固社會變遷中所常見矣。

（2）退化 進化之損失。更足使個人之身體及道德。均形退化。蓋百憂感心。萬事勞形。以致精力過於消耗。而又因過度之希望。強烈之感情。以致品性漸即遷移。故進步之程愈高。則身心之喪失愈大。進步之度愈速。則竭蹶不前。中途淪落者愈多。此亦猶運動之常理。有一原動力。即有一反動力隨之。故進化亦必有退化伴之也。退化之發見於社會者。即爲自殺。瘋癲。犯罪。及惡德數種。此於文化最高及生活最難之地。或文明漸衰。新進有爲之人士。漸去而他往。惟餘能力薄弱之人以抵抗衰落之勢之地。即常見之。農郊及小都市。或稀有也。

（3）社會之離析 社會之墮落。又常使社會之結合。與社會之組織。均形退化。其事首見於家庭。各家歷有之家風。至是浸以凌替。而家人不復維持之。人人但競於其私。咸以子女爲累。即婚姻亦失奉先承統之古義。而認爲自便及佚樂之方。男女均可任情離婚。法律亦難於裁制。於是家之結合。其密切永遜昔時。近三十年來。歐美離婚之數。逐年增加。即可證社會結合退化之實矣。至社會組織之退化。首見於都市之離異。其最甚者。即爲貧富之懸絕。都市一面爲知識文化之淵。一面即爲冥頑愚魯之藪。富者惟知貪利逐樂。略無憐卹同類之心。貧者則咸趨於社會主義之夢想。致盲從無政府主義。貧富階級。

愈馳愈遠。貧民咸思結爲工黨。以成一不可抵禦之力。兼思取一切政治機關而代之。至是其危險乃益不可思議矣。此其事曾於近代歷史兩見之。一爲法國革命之終期①。一則一千八百七十一年巴黎郡治②之時也。

　　社會尚有一缺點焉。即通常智理之動作。其力之强常不及感情之衝動。無論何社會。人之以感情用事者。恆多於以知力用事者。惟當極重大之事件。或稍見知力活動及自制力之存在耳。此亦社會所以常多擾攘之原也。

民主政治之保障　吾人勿謂文明進化第三期。及民主政治之特性。其所生之危險如是其烈。遂疑文明之常性。及平民政治之常性固如此也。知者勇者。絶不因險阻而震驚。蓋見此震駭社會之危險。不過活力過多。熱誠過高。及赴義過勇所生之偶然事實耳。第三期之文明進化。固尚攜有一勢力。足以抵抗此危險。而爲社會永久堅結及進化之保障也。斯力維何。即倫理之精神。及最高用情之成長是也。

　　倫理精神之發展　社會進化所生之限制。及其反動。喚起人人之注意。於是國家與個人。均以救濟一部人士之窮阨。因以減少對於社會之危害。認爲必要之圖。因而私人慈善事業。與國家之法定慈善事業。均見發達。以期貧困與罪犯之日漸消減。而增進普通之生活情狀焉。惟其初之慈善事業。純出於仁愛之感情。而未詳審夫事理。是以目的在乎減少貧阨與罪惡。而實際或生相反之結果焉。經驗漸多。理能克情。慈善事業。乃達最初之目的。而收善良之效果。至是社會心乃有甚深之道德經驗。而成一智理的倫理之良心。以阻止進化所生之

----

① "法國革命之終期"，指 1830 年 7 月的巴黎革命，革命後建立起以路易·菲利浦爲首的七月王朝。
② "一千八百七十一年巴黎郡治"，指 1871 年巴黎公社革命。"郡治"，當爲"群治"。

危險矣。

　　是故民主政治之鞏固。第一基於人民所允認之指導者其優越爲眞實。蓋眞實之優越。乃出於其智力及德性。非出於人爲之社會分別。及虛僞之要求也。第二則基於居高在上者之活動。純爲至公無私之行。是類名流。匪惟有計劃指導之能力已也。有時且當犧牲其一己之安樂與壯志以表顯其能力焉。此如愛國之士。不惜衛國而捐軀。良善國民。爲盡力保持社會秩序。及其善良之制度。不惜舍弆①其便利及事業之利益。并竭力於教育之發展。及社會惡習并生活情狀之改良。要而言之。則此能計劃指導之個人。其至無公私②之活動。即爲支配經濟的倫理文明之社會秩序之要素。縱觀今古。凡眞誠之愛國者。必常受其同類無限之尊崇。且人人咸樂追隨之。爲之犧牲。爲之效死。而不悔者。蓋皆信其眞誠也。人類之常情。常爲人之所已爲者。彼出類拔萃之人。苟見其行爲。實出於愛國家與愛人類。而非出於一己之慾情。則民主政治之實驗。必可久立而不敗也。

　　首領之責任　夫使人民之眞實首領盡責於社會。而攜其知識與眞誠以爲行動時。則其事業界之道德作用。當可想見。其事維何。即供應與需求是也。言及需求。則人人甚覺相似而平均。非如供應之大有別也。例如衣住兩端。人人咸不可缺。然能具成衣築室之才藝者。實僅少數之人。他事亦然。供給滿足於人類之需要。其最初之事業。即爲發明計畫。及組織三端。發展稍高。則一宗事業。僅限於賦有偉大及特別才能之人。乃能成功。世界生人。無慮恆河沙數。而就利用汽力及電力一事言之。其能爲重要之發明者。不過百中之少數而已。能

---

① “舍弆”，有誤，應爲“舍弃”。
② “至無公私”，有誤，應爲“至公無私”。

發明鐵道汽舟電報之廣大制度。使世界之各部。得連束於商業及知識之交通中者。則百千中之少數而已。至貢思想與行爲於憲政憲法之完全。因使社會秩序與個人自由。咸能調和結合於一完成之系統中者。則百萬中之少數而已。夫一事一業之成。人人咸享其樂利。然能爲一切最難之事。及根本之事。即如何供給人類。如何發明方法。如何組織各種協力形式。以實施所發明之法者。此其人社會中殊不多覯也。

是故民主組織之社會中。其具有指導計劃之才者。其作用即在能造立法則。以供給人類之必需。慰安人類之熱望。及成就人類合理之希求。一羣之民。固常倚賴數人之指導與支配。然此數人之所以能指導支配夫衆民者。實以其行事。能副衆民之實際需求。及其正當之願望也。此種關係。數百年前。即已言之。曰凡爲汝首領者。即爲汝僕役者也。

民主政治之真要求　衆民之真正要求爲何。少數首領以其智識及至公無私之活動。爲衆民計慮保持之滿足爲何。此不可不論者也。蓋衆民根本上之需要。咸欲其滿足。此爲有生所同。雖近年來。學人對於十八世紀之思潮。及美國獨立宣言書[①]。咸覺口笑心非。謂人之體力知識及品德。斷無生而平等之理。然此非明其真象者也。吾人深思默察。即可洞識此義之非誣。蓋人生而平等。固其本質使然也。今詮其要旨於下。

生人無間知愚貴賤。其生存上物質之必需。如衣食住三端。莫不皆同。此人之平等一也。夫婦之愛。親子之愛。是爲家庭性。苟非癲癡。靡不同具。此人之平等二也。人之生命。咸欲乘機發展之。身體上之肉慾。精神上之冀望。以及各器官與各能力。舉思有以饜足之。

---

① "美國獨立宣言書"，即美國《獨立宣言》（*Declaration of Independence*），1776 年 7 月 4 日由大陸會議批准，宣布北美 13 個英屬殖民地脫離英國獨立。

是實爲根本之倫理動機。而爲良心及向上之情之源泉。盡人而同。無復有異。此人之平等三也。同情友詣①。人咸具之。急難之時。尤易顯見。故友誼之篤。實爲社會之原情。此人之平等四也。解脱憂懼。人心所同。初民求之於粗疏之宗教信仰。及簡陋之社會組織形式者。文明人則求之於哲學科學。進化之宗教。及巧利之社會組織形式。要其求脱離恐懼一也。此人之平等五也。此等需要。人莫能歧。社會組織或政治組織。苟有反其根本之要求者。吾知衆民將絶不之容也。

　　故由歷史事實觀之。則衆民對此真理之主張。實乃民主政治運行之原素。質言之。則持政治爲被治之民而設。固較持政治以民爲主之言。其理爲更長也。彼賢豪所思維。所完成。所維繫。及所掌理之社會制度。不過一適合民主政治之根本要求之制度耳。一切法律。苟其對於上述五種之平等需要。而有所危害或侵擾。必立招人民之反抗。甚或亻見其顛覆也。

平等之法式爲吾人所當竭力維繫者。擷要録下。

　　（1）政治上之平等　普通選舉。

　　（2）法律上之平等　無貴賤知愚。咸可參與立法。及受法庭之尊重。

　　（3）服事公務機會之平等　凡才能同等之人。據公正之内務條令。皆當享有任命入官。及從事於無關係之黨務之機會。

　　（4）對於公共場所及公共運送。有同等之權。

　　（5）衛生情狀之平等　凡街衢應清潔整理。而賃宅應求適合居處。

　　（6）享有休養精力機會之平等　即公園圖書館博物院美術院等。國家應爲設立。而人人皆得遊玩也。

---

① “友詣”，有誤，應爲“友誼”。

（7）享有初等教育之平等。

（8）公正行爲之平等　其特甚者。即雇主與雇工。及工人與工人之關係。均宜以直道行之也。

（9）禮儀之平等　無間貧富。待遇咸當以禮。

（0）^①善意對人之平等。

　然而是類平等。非可以倖致也。必有良善之教育。乃可致之。舍是別無他道。故談民主政治者。更當以及普^②善良之教育。爲要務也。

　民主政治即倫理同情　是等眞理。既爲社會所辨識而實用之矣。於是乃見知識之調和。及目的之一致。而同情之要素。及知理之判斷。均含於其中焉。且所謂目的之一致者。即理性及良心所主領之同情的形式。故民主政治一語。由社會學說之名辭言之。不過倫理同情之結局或説明而已。社會必須成爲倫理社會。而後民主政治。乃見利而不見敝。而可以維持於永久。故第三期文明所貢獻於人類者。匪惟物質之富。人口之增。而倫理精神之發展。尤爲至可寶貴者也。

---

① “（0）”，有誤，應爲“（10）”。
② “及普”，有誤，應爲“普及”。

第
八
章
—

社會主義（附録）

導言　凡科學。可析爲兩大部分。即天然科學與精神科學也。天然科學。俗名理科。包括外界物質之各種科學。如天文物理化學博物等學。精神科學。則包括歷史哲學社會國家等學。此種科學。有一共同之特性。即其研究之物。乃人之心理所造成。故隨心理學之複雜而複雜焉。故精神科學謂之廣義心理學可也。謂之應用心理學可也。

精神科學與天然科學。異點頗多。而有一大區別。與吾等今日所研究之問題有關係者。即討論天然科學之目的。爲（是與不是）。討論精神科學之目的。則爲（當與不當）（可與不可）是也。故研究天然科學。惟求真理而已。研究精神科學。則既觀察事實。且須判斷其優劣。批評其價值。此爲精神科學之艱難處。亦其危險處。蓋學問家判斷優劣。批評價值。純以物觀的科學。而常人之判斷批評。則多出於感情也。以上所言。匪惟現所研究之問題爲然。凡關於社會國家之事業。咸如是也。

現世社會主義與政治生計發達之關係　現世社會主義之所以別於古時之烏託邦者。即現世之社會主義。有科學之性質。而非徒空想是也。現世社會主義之發生於各國也。有必要之歷史的前提在焉。此最足供吾人之精思致意者也。所謂前提者。或爲政治的。即憲法成立。民權鞏固是也。或爲生計的。即工業大興。資本發達是也。此兩條件與社會主義有密切之關係。誠文明史中最有趣味之事實也。

雖然。此歷史之事實。亦豈偶然哉。現世社會主義之目的。一言蔽之。在生計之平均耳。然而無憲法之國。人民呻吟於强權之下。生命廉恥。尚不遑顧。何暇以爭生計之平均乎。小民無辜。動遭殺戮。官吏殘酷。人人自危。當此之時。能免凍餒幸矣。何暇計衣食之美。資財之厚乎。故自歷史觀之。各國社會主義之發生。必在憲法成立。法律修明。民權鞏固之後。此一事實。最足破今日談社會主義者之夢幻者也。雖然。徒政治猶不足也。古代烏託邦之理想學說多矣。獨不聞其有實際之價值。必至現世而社會主義。始能脫除空想。而有科學之性質。有實行之希望者。則以近世以來。文明諸國。工業大興。人民生活日進。國富日增。倘分配稍均。原或有同登黃金世界之望。而今日勞働之人。雖生計已優裕於前。而少數厚資之人。則利用資本。獲其重利。勞働之人。恆不能與資本家居同等之地位。相形見絀。故生不平之鳴。歐美各國之現世社會主義。非勞働家貧之故。乃資本家富之故。非資本有害於勞働家。而專利於資本家之故。乃資本家固亦利勞働家。然其利較少。而其利資本家也則較多之故。此一事實。亦最足破今日談社會主義者之夢幻者也。夫今之中國。既無政治之前提。又無生計之前提。國家組織惡劣。小民日遭官吏之摧殘。朝不保夕。尚復被水旱之災。盜賊之害。飢寒無告。流亡失業。此則無政治之前提也。全國資本涸竭。生計凋敝。新式實業未興。而舊日小工。雖至纖極微。亦莫不漸爲外人攘奪以去。此則無生計之前提也。故談社會主義於中國。尚覺非其時也。

現世社會主義之學説　社會主義。爲生於生計學①。故社會主義之學説。苟其非烏託邦之空想。皆生計學之學説也。故研究社會主義。須治生計學。及其各種輔助之科學。如心理學。歷史學。法學。政治學。或關於社會之心理。或關於社會之變遷。或關於社會之公理觀念。或關於社會之組織。蓋欲免空想之弊。非深察此諸問題不可也。茲將現世社會主義之學派。略述之於左。

（一）農業社會主義②。此派主張。祇廢土地之私産。其學説根據於自然法。以爲人民對於土地。有同等之權利。土地私産之結果。爲地主獲奇利。工價微細。工人困苦。故改良之法。在國家以一定之税則。收没地主之利。（即有土地者專恃土地所得之利生計學謂之地利）於是可免各種之税。而實行單獨税。此學説倡於蒿氏 The Spence Charees Hau③、最近者爲亨利喬奇 Henry Jeouge④。

（二）託慕生 Thompson⑤之理論。已爲科學的。其學説依據黎加託 Ricardo⑥之説。謂財富之源。咸出於人工。而勞働家雖爲增進財富之人。然其生活殊不優裕者。因勞働家所增之財富。須以其一部分歸地主與

---

① “生計學”，即經濟學。
② “農業社會主義”，指單税社會主義，認爲土地私有制是造成社會不平等、阻礙社會進步的根本原因，主張土地收歸國有，由國家徵收單一地價税，用將地租轉變成賦税的方法來消除資本主義的固有矛盾。
③ “蒿氏 The Spence Charees Hau”，“The Spence”，有誤，應爲 “Thomas Spence”，即托馬斯·斯賓塞（1750—1814），英國激進主義者、革命者，主張土地國有，著有《人的真正權利》《壓迫的終結》等。“Charees Hau”，有誤，應爲 “Charles Hall”，即查爾斯·霍爾（1740—1825），英國醫生、社會評論家、李嘉圖社會主義者，譴責資本主義對窮人的剥削，主張土地改革和累進税制，著有《論文明對歐洲國家人民的影響》。“蒿氏”，即查爾斯·霍爾。
④ “亨利喬奇 Henry Jeouge”，即亨利·喬治（Henry George，1839—1897），美國政論家、經濟學家，認爲土地國有化是解決資本主義各種社會矛盾的手段，主張 “單税社會主義”，著有《進步與貧困》《土地問題》等。“Jeouge”，有誤，應爲 “George”。
⑤ “託慕生 Thompson”，即威廉·湯普遜（William Thompson，1775—1833），愛爾蘭政治家和哲學家，社會改革家，李嘉圖社會主義者，主要著作有《最能促進人類幸福的財富分配原理的研究》等。
⑥ “黎加託 Ricardo”，即大衛·李嘉圖（David Ricardo，1772—1823），英國經濟學家，主要著作有《政治經濟學及賦税原理》等。

資本家也。此實背於公理。蓋此一部之財富。原爲勞働家之人力所造成。故當屬之勞働家。而勞働家祇當以所得之一部分與資本家。以償製造時所費用之物器。託氏本此理想。而主張組織社會的鄉鎮。人人可以自由加入其中。自耕織爲衣食。自製造爲貨物。鄉鎮之人。永同工作。其日用生活。亦悉由公家給之。此派可謂之自由社會主義。其內容實一生産組合也。

（三）蒲魯來 Rroualan①。所謂無政府主義者也。以爲今日社會之交易。不公平。不自由。欲其公平自由。須無政府之存在。蒲氏反對私産。亦反對公産。以爲私産之結果。在資本家壟斷勞働家之利。而公産之結果。又不免限制個人之自由。施行社會之強迫。蒲氏以爲公産私産之兩制度外。尚有一制度。可以保存自由與平等者。即其所稱無政府制。以條約代法律是也。其實行之法。爲創立一維持公益之交易銀行。借貸交易票。不索利息。俾能作工者。咸可以脫資本家之束縛。而自由營業。於是人人可爲資本家。而昔日資本家。既無利息之可圖。遂不得不失其特殊之位置。與勞働家平等矣。

（四）羅貝圖 Rodbertus②。羅氏之觀察社會國家。乃反對個人主義者也。其對於國家也。以爲國家乃獨立之單位。社會的有機體。包括個人。個人所以爲其服從之執役者。所以達國家全體之目的者也。其論國家若是。其論國民生計。亦莫不如是。羅氏之生計學説。根據斯

---

① “蒲魯來 Rroualan”，有誤，應爲 “蒲魯東 Proudhon”，即皮埃爾-約瑟夫·蒲魯東（Pierre-Joseph Proudhon，1809—1865），法國政論家、經濟學家和社會學家，小資産階級社會主義者，無政府主義的創始人，第二共和國時期曾任制憲會議議員（1848）。
② “羅貝圖 Rodbertus”，即約翰·卡爾·洛貝爾圖斯-亞格措夫（Johann Karl Rodbertus-Jagetzow，1805—1875），德國庸俗經濟學家和政治活動家，資産階級化的普魯士容克的思想家，普魯士容克的 “國家社會主義” 理論家。

密亞當^①。以爲人工所造之物。人工自然之代價也。上古之時。勞働家
勞力之所獲。悉自得之。及其後土地爲私人所有。而勞働家須以其勤
勞所獲之一部。歸諸地主。致往往無積蓄以度日。無器械以興工。不
得不仰資本家之借貸。既仰資本家之借貸。不得不以其勤勞所獲之一
部。分與之。由是而勞働家所得者。恆少於其所造者。故文明雖進。
生產雖增。而勞働家則不受其賜焉。此乃現世生計之惡現象。不特有
損於勞働家。且有害於社會也。且因勞働家之工價過低。故無購買力。
製造雖衆。工藝雖精。而以社會大多數爲勞働家。故大多數不能購買。
於是貨物停銷。市面恐慌諸現象。因之而起。勞働家以工價太低。不
能消費。而有失業之慮。資本家以銷售停滯。而有虧損之虞。兩得其
害。莫蒙其利。此大妨於文明之進步者也。欲袪此害。須使勞働家所
得較昔爲多。則文明之福澤。乃悉被於全社會矣。其實行之法。則在
國家之干涉。定萬貨之價。百工之費。建國家貨物所。收納製造之品
物。進貨者。按其製造時所費之時日。所用之心力。授以工價票^②。有
工價票者。復可持之向貨物所更易各貨焉。於是私產盡廢。代以公產。
社會之生計既平。則文明之進步可待矣。

　　（五）馬克生格爾司 Mauxengels^③。馬氏之言曰。今日資本時代。
製造貨物。自由競爭。無諸機關以節制之。故資本家於製造器物時。
難預計將來之銷售。是以有時市面興旺。百工厚利。有時貨物滯塞。
市面蕭條。由是勞働家之生計。旋得旋失。且時時有多數之無業者。

---

① “斯密亞當”，即亞當·斯密。
② “工價票”，即勞動貨幣，洛貝爾圖斯-亞格措夫認爲貨幣是一種證券，國家如只發行相當於工人
　所生產價值的“勞動貨幣”，就能防止工人階級的貧困化，也能防止分配遞減造成的生產過剩。
③ “馬克生格爾司 Mauxengels”，“Mauxengels”，有誤，應爲“Marx Engels”，即馬克思（1818—1883）
　和恩格斯（1820—1895）。

力製造雖眾工藝雖精而以社會大多數為勞働家故大多數不能購買於

是貨物停銷市面恐慌諸現象因之而起勞働家以工價太低不能獨費而

有失業之虞資本家以銷售停滯而有虧損之虞兩得其害莫蒙其利此大

妨於文明之進步者也欲社此害須使勞働家所得較昔為多則文明之福

澤乃悉被於全社會矣其實行之法則在國家之干涉定萬貨之價百工之

費建國家貨物所收納製造之品物進貨者按其製造時所費之時日所用

之心力授以工價票有工價票者復可持之向貨物所更易各貨焉於是私

產盡廢代以公產社會之生計既平則文明之進步可待矣

(五)馬克生格爾司 Mauxengels 馬氏之言曰今日資本時代製造貨物。

自由競爭無諸機關以節制之故資本家於製造器物時難預計將來之銷

售是以有時市面與旺百工厚利有時貨物滯塞市面蕭條由是勞働家之

生計旋得旋失且時時有多數之無業者待機作工因以壓抑工價俾永不

待機作工。因以壓抑工價。俾永不能有所增益。此皆私産資本爲之害也。欲除此弊。須興公産之制。凡生計之事。由國家規定組織。當過渡時代。則當以國家強迫之力。干涉私産及資本。二氏之觀察歷史。所謂物質之歷史觀察也。其意以爲凡人類之文明。如政治法律一切社會之現象。精神之生活。以至宗教哲學之高遠。未有不依生計之制度而定者也。生計制度。誠爲一切文明之基礎。而造成歷史之原因哉。

批評　欲判斷以上學説之當否。須以物觀的科學。爲觀察之儀器。然後可免感情之瞀蔽。惟其攷驗研究之範圍過廣。非今日之所能詳言。玆特舉吾人應注意之大端。論列於後。

（一）上言精神科學。咸以心理學爲根據。蓋無論何種法律。何種制度。未有背乎人之心理而能實行者也。而社會主義所主張如興公産也。廢私人資本也。其果合于人類之心理乎。常人之動機囘①複雜。而利己之動機則最強。即求生之動機。男女之動機。榮譽之動機是也。故欲社會主義之實行。必須謀一與人類心理不相違反之制度。乃能行之而無弊也。

（二）當由組織上工業上觀察之。即組織之能否統一。工業之能否集中是也。前點關於心理法政諸學。後點關於農工諸學。

（三）當深察人口增長之大勢。攷其原因結果。以測度將來之生産。能否供將來之需求。蓋欲使社會之生計優裕。決不能徒注意財富之分配。而不顧財富之增進也。故欲研究社會生計之制度。及其改良之法。須解決以下諸問題。

（甲）生産問題。（乙）消費問題與分配問題。（丙）生産與消費之均勢。

（四）當知欲財富分配之平均。其目的在增長全社會之幸福。促進全社

---

① "囘"，有誤，應爲"雖"。

會之文明。故須研究財富分配。與文明進步之關係。貧富太不均。則富者淫侈而無恒業。貧者飢寒而失教育。此大阻碍社會之進化者也。使社會毫無貧富之別。則優秀者困於生計。不能盡其心力以專事特殊之業。社會無分工之益。則偉人奇才。無出類拔萃之機。此亦阻碍社會之進化者也。

之四端者。即社會主義之前提也。前提不決。則判案無由而生。研求社會主義者。曷亦知所本哉。

終

者曷亦知所本哉。

之四端者卽社會主義之前提也前提不決則判案無由而生研求社會主義

人奇才無出類拔萃之機此亦阻礙社會之進化者也。

終

《社會學》沈宗元編述本第 120 頁

社會學刊誤表

	頁	行	字位	誤	更正
第一章	三	四	十六七八九	社會與心理	社會學與心理學
	五	五	二十五	地處	他處
第二章	四	四	二六	第一第次	第一第二次
	三	三	五	征勝	征服
	五	四	二十四	征服	征服
	十八	五	十	心織	心識
	十五	九	十九	寬怒	寬恕
	十一	十	二十六	寬怒	寬恕
	同	十一	十	寬怒	寬恕
	同	一	八	寬怒	寬恕
第三章	二十三	七	十六	融仰	融合
	三十三	十一	四	不能雜	不能離
第四章	三十四	九	十	社會及拜民族	及字宜刪
	三十六	同	十三		民族下宜空一格

《社會學》沈宗元編述本"刊誤表"第1頁

《社會學》沈宗元編述本"刊誤表"第2頁

中華民國三年三月出版

版權所有

（社會學全一冊）

（定價大洋四角）

編述者　沈　宗　元

發行者　昌福公司
成都總府街

印刷處　昌福公司
成都總府街

分售處　濟川公學
成都少城東勝街
各大書坊
本省各省
上海中華圖書局

《社會學》沈宗元編述本版權頁

《社會學》沈宗元編述本編者説明

梅沙白　編校

1. 底本描述

《社會學》一書，今據四川大學圖書館館藏殘本録排。該藏本爲 32 開本，從右至左竪排，缺目録頁及正文前五章和第六章的部分内容（計 80 頁），現僅存題名頁 1 頁，正文第六章部分内容和第七、八兩章（從第 81 頁起，計 40 頁），"刊誤表" 2 頁，版權頁 1 頁。據版權頁所載，該書全一册，編述者爲沈宗元，1914 年 3 月由位於成都總府街的昌福公司發行，印刷者亦爲昌福公司。

2. 沈宗元

沈宗元（1884—1951），字與白，四川省長寧縣人。清光緒二十九年（1903）癸卯科舉人，1905 年入京師大學堂師範新班，1909 年畢業，授七品内閣中書。1910 年 8 月，與立憲派人士蒲殿俊創辦《蜀報》，并擔任主要撰稿人。《蜀報》主要刊載反映立憲派思想和政治主張的文章，宣傳"預備立憲"和"地方自治"，被稱爲"蜀中報界巨擘"[①]。1911 年，四川保路同志會成立，沈宗元參與保路運動，并與楊開甲將《保路同志會宣言書》翻譯成英文，向在川外僑解釋保路會宗旨[②]。

辛亥革命後，在孫中山南京臨時政府的支持下，1912 年 3 月 11 日，成、

---

① 劉立雲. 風情竹海，秀水長寧[M]. 成都：四川大學出版社，2009：76.
② 楊開甲. 川路風潮之演變[M]//隗瀛濤，趙清. 四川辛亥革命史料：上. 成都：四川人民出版社，1981：385.

渝兩個軍政府合併成四川都督府，沈宗元出任教育部部長[1]。同年 6 月，四川都督府教育部改稱教育司[2]，沈宗元繼續擔任教育司司長，并與吳玉章、朱芾煌、黃復生等人在成都成立留法儉學會四川儉學分會，與吳玉章、李石曾等人在北京發起成立的留法儉學會相呼應，支持四川進步青年赴法勤工儉學。7 月，沈宗元創辦的少城濟川公學設留法預備學校。11 月，第一批 30 餘名勤工儉學的出國學生從北京出發去往法國，其中成都留法預備學校的有 16 人[3]。1913 年春，在四川共和建設討論會的基礎上，以沈宗元、張瀾、邵從恩、羅綸等人爲骨幹，"民主黨四川支部"成立，發展黨員數千人，同年 6 月 22 日改組爲"進步黨四川支部"，沈宗元爲常委之一[4]。1917年，沈宗元出任省政務廳廳長。1921 年 2 月，宣傳新思想、新文化的《新蜀報》在重慶創刊，但因同情學生的抵制日貨運動，創刊不久即被軍閥政府查封。後張瀾推薦時任劉湘總司令顧問的沈宗元繼任社長，聘請留法回國進步青年周欽岳擔任總編輯，周欽岳請來曾在法國勤工儉學的同學陳毅任文藝副刊主筆，《新蜀報》復刊。1923 年，蕭楚女受聘擔任《新蜀報》主筆，負責該報社論和時評，充分使用這一陣地，兩年半間發表了一百多萬字的文章，有效地傳播了反帝反封建的思想和馬克思主義。當時在《新蜀報》上發表文章的共產黨人還有惲代英、張聞天、楊闇公等。"《新蜀報》不僅在重慶而且在全川很有影響，成了不是黨報的黨報。"[5]1925 年 2 月，沈宗元擔任四川省省長公署秘書長，同年 6 月起代行省長賴心輝兼任的教育廳廳長一職[6]，後又與張瀾共同謀劃，創辦國立成都大學（今四川大學的

①　四川省文史研究館. 四川軍閥史料：第 1 輯[M]. 成都：四川人民出版社，1981：30.
②　涂文濤. 四川教育史：上[M]. 成都：四川教育出版社，2007：315.
③　鄭名楨. 留法勤工儉學運動[M]. 太原：山西高校聯合出版社，1994：4.
④　四川省地方志編纂委員會. 四川省志·卷首[M]. 北京：方志出版社，2003：330.
⑤　龍顯昭，郭光傑. 張瀾紀念文集[M]. 成都：四川教育出版社，1999：303.
⑥　四川省地方志編纂委員會. 四川省志·教育志：上册[M]. 北京：方志出版社，2000：617.

前身之一）①，由張瀾出任校長。

　　1936 年國民政府頒布《國民大會代表選舉法》後，沈宗元在長寧縣區域選舉中被推舉爲國民大會代表候選人，1937 年 7 月當選爲國民大會候補代表。1942 年 8 月 28 日，長寧縣臨時參議會成立，沈宗元擔任議長，至 1946 年 4 月結束②。沈宗元在長寧除擔任公職外，還纂修《長寧縣志》十六卷（民國廿七年木刻本）③，同時熱心教育和實業，先後創辦育江中學、長寧縣銀行、長寧民生工廠等。

　　沈宗元一生著書四十餘部，主要著作有《東坡逸事》、《東坡逸事續編》、《曾文正公學案》四卷、《西藏風俗記》、《中國養生説集覽》、《養生秘訣》等，譯作有《瀛海逸聞》《西藏社會調查記》《變之哲學》《社會學》等。另有《嘉園詞》十卷，詩文若干④。

3. 富蘭克林·亨利·吉丁斯

　　沈宗元編述的《社會學》現存第 6 章 "社會之歷史的進化"（部分内容）和第 7 章 "民主政治"，主要源自富蘭克林·亨利·吉丁斯 1898 年出版的英文著作《社會學要素》（*The Elements of Sociology*）。

　　富蘭克林·亨利·吉丁斯（Franklin Henry Giddings，1855—1931），美國社會學家，美國社會學奠基人之一，心理學派社會學的代表人物之一。1855 年，吉丁斯出生於美國康涅狄格州謝爾曼（Sherman）的一個清教徒家庭，其父愛德華·喬納森·吉丁斯（Edward Jonathan Giddings）是公理會著名牧師。吉丁斯從小熱愛學習，高中時，廣泛閱讀了亞當·斯密、達爾文、

①　謝增壽，何尊沛，張廣華. 張瀾文集：上册[M]. 北京：群言出版社，2014：71-72.
②　四川省長寧縣志編纂委員會. 長寧縣志[M]. 成都：巴蜀書社，1994：501-503.
③　四川省長寧縣志編纂委員會. 長寧縣志[M]. 成都：巴蜀書社，1994：884.
④　王曉波. 清代蜀人著述總目[M]. 成都：四川大學出版社，2009：394-395.

赫胥黎、孔德、斯賓塞、丁達爾等人的著作，深受斯賓塞的社會進化論和孔德實證主義社會學的影響，這爲他日後社會學思想的形成奠定了基礎[①]。1873 年至 1877 年，吉丁斯在聯合學院（Union College）學習土木工程，畢業後在馬薩諸塞州當了十餘年新聞記者，爲當地共和黨報紙《伯克希爾導報》（*Berkshire Courier*）、《新米爾福德康州公報》（*New Milford Connecticut Gazette*）等撰稿。1885 年，他在馬薩諸塞州的勞工統計局工作了一段時間，在此期間經常爲學術和非學術期刊撰寫社會科學理論與實踐的論文，贏得了學術聲譽[②]。

　　1888 年，吉丁斯應邀到布林莫爾學院（Bryn Mawr College）講授社會學和政治學，正式開始教學研究生涯，并於 1892 年晋升爲教授。1894 年起，吉丁斯擔任哥倫比亞大學的專職政治學教授，這是美國第一個專職社會學正教授。他被授予哲學、法學、文學名譽博士學位。1892—1905 年，擔任美國政治與社會科學院（American Academy of Political and Social Science）副主席，1896—1897 年擔任美國經濟學學會（American Economic Association）副主席，1910—1912 年擔任美國社會學學會（American Sociological Society）第三任主席，1913 年擔任國際社會學學會（Institut International de Sociologie）主席，1914 年成爲美國統計學會（American Statistical Association）的首批研究員之一。吉丁斯 1928 年從哥倫比亞大學退休，1931 年在紐約的斯卡斯代爾（Scarsdale）去世。

　　吉丁斯批判社會模仿説和社會契約説，主張采用統計方法，建立嚴格的科學的社會學，被視爲美國統計主義社會學的創始人[③]，他的工作爲

---

① 張静，霍桂桓. 社會學[M]. 北京：華夏出版社，1992：96.
② 參見美國社會學協會網站介紹 https://www.asanet.org/about/governance-and-leadership/council/presidents/ franklin-h-giddings.
③ 馮契. 外國哲學大辭典[M]. 上海：上海辭書出版社，2008：582.

後來新實證主義和定量分析理論奠定了基礎。吉丁斯關注在自然選擇過程中心理規律與生理規律的相互作用，其理論的核心概念是"同類意識"（consciousness of kind）。同類意識是人們對共同的刺激所做的反應，并通過模仿或强迫接受發生作用，從而形成一種社會的思想情緒，將人群的習慣變爲風俗，統一人們的思想情緒，維持社會的凝聚力。社會組織、社會團體和合作，以及一切社會調整的推進，都有賴於同類意識的主觀作用，人類社會的活動也以同類意識爲紐帶①。因此，同類意識是對"社會組織、合作、社會單位和社會適應的根本的心理學解釋"②。同類意識的認同産生的社會凝結作用，使自由、平等、博愛等道德規範得以産生。吉丁斯在社會歷史領域發展了沃德的心理進化理論，强調選擇的自覺性和有意性，認爲人性的進步或者保守取决於不同的歷史時期和社會環境，但總體來説社會進化是一個進步過程，因爲適者生存促進了道德和智力的提高。他區分人類進化的四個階段（動物發生論、人類起源和發展學、人類起源學、人口學）③，認爲在較低的階段，人更容易受到情緒力量的影響，而發展到現代社會，人會運用理性來決定自身命運。

　　吉丁斯的主要著作有《社會學原理》（*The Principles of Sociology*，1896）、《社會學要素》（*The Elements of Sociology*，1898）、《民主與帝國》（*Democracy and Empire*，1900）、《描述社會學與歷史社會學讀物》（*Readings in Descriptive and Historical Sociology*，1906）、《人類社會的理論研究》（*Studies in the Theory of Human Society*，1922）、《文明與社會》（*Civilization and Society*，

---

① 覃光廣，馮利，陳樸. 文化學辭典[M]. 北京：中央民族學院出版社，1988：312.
② 薩哈金. 社會心理學的歷史與體系[M]. 周曉虹，等譯. 貴陽：貴州人民出版社，1991：122.
③ 劉豪興. 國外社會學綜覽[M]. 天津：天津人民出版社，1993：625.

1932）等。他還撰寫了定量社會學領域最早的教科書《歸納社會學》（*Inductive Sociology*，1901）與《人類社會的科學研究》（*The Scientific Study of Human Society*，1924）。

4. 昌福公司①

成都昌福公司由四川知名實業家樊孔周集股三萬元，於 1910 年創辦於成都，是成都最早的新式出版社，樊孔周擔任總經理。昌福公司初設於古臥龍橋街川北會館内，後來遷至總府街昌福館。

昌福公司創辦之初，即從上海購回鉛印、石印等機器設備，并聘請部分上海印刷技工來川，能自製字釘、銅模、銅版等，并有套印彩色的設備，先後承印《四川公報》《娛閑録》等報刊及四川保路同志會的傳單等，印品質量可與上海的相仿。1911 年 9 月，川督趙爾豐誘捕四川保路同志會領導人，製造"成都血案"，查封保路同志會的出版物，作爲承印方的昌福公司也受到重創。

辛亥革命後，昌福公司逐漸發展成爲四川第一家集編輯、印刷、出版於一體的新式出版機構，出版了《劉楊合刊》《秋水集》等一批"新學"和"西學"書籍。當時四川雖然造紙原料豐富，但不能生產適合機器印刷的紙張，昌福公司的機印紙須從上海購運，并需作爲普通貨物，沿途納稅，推高了印刷成本。但圖書屬於免稅品，當時從上海販書至四川，比販紙運到四川要便宜得多，這就使四川自印書籍的成本遠高於外省販運來的書籍的

---

① 本節內容綜合賈大泉. 四川歷史辭典［M］. 成都：四川教育出版社，1993：218；四川省地方志編纂委員會. 四川省志・出版志：上册［M］. 成都：四川人民出版社，2001：192；吳康零. 四川通史：卷 6［M］. 成都：四川人民出版社，2010：616；四川省地方志編纂委員會. 四川省志・人物志：上册［M］. 成都：四川人民出版社，2001：391；中國人民政治協商會議四川省委員會，文史資料研究委員會. 四川文史資料選輯：第 24 輯［M］. 成都：四川人民出版社，1981：35.

成本，制約了四川圖書出版業的發展，昌福公司也因此逐步陷入經營困難。樊孔周曾計劃在四川創辦機器造紙廠，但他於 1917 年被四川軍閥劉存厚部下槍擊，中彈而死，最終未能實現這一計劃。1927 年，昌福公司因虧累甚巨宣告破産。

5. 該書主要内容來源

沈宗元《社會學》現存兩章的主要内容，編譯自美國社會學家吉丁斯 1898 年出版的英文著作《社會學要素》的第 22—24 章。根據北京圖書館編的《民國時期總書目（1911—1949）社會科學（總類部分）》所介紹的内容，這本由沈宗元編述的《社會學》主要介紹了社會學的沿革與研究方法、社會的結合與組織及社會歷史的進化等，共 8 章[①]。由此可知，其全書主要内容也與《社會學要素》大致吻合。

20 世紀初，中國國内編譯的社會學著作，大多譯自日文。著名社會學家孫本文更是斷言，在 1920 年趙作雄翻譯的愛爾烏德（C.A.Ellwood）所著《社會學及現代社會問題》出版以前，"所出各種編譯的社會學，除嚴譯《群學肄言》外，餘均自日文譯出"[②]。不過，沈宗元編述的這本《社會學》很有可能直接譯自英文，而非通過日文轉譯。理由如下：首先，沈宗元編述本正文部分的小節標題，與英文原著存在明顯的對應關係，如"社會組織及社會制度之由來"即對應英文原著第 276 頁 Developed Feudalism 一節（表 1）。其次，沈宗元通曉英文并且有英文翻譯經驗，他曾在參與四川保路運動時將《保路同志會宣言書》譯成英文，分發給在川外僑[③]。從當時

---

① 北京圖書館. 民國時期總書目（1911—1949）社會科學（總類部分）[M]. 北京：書目文獻出版社，1995：53.
② 孫本文. 當代中國社會學[M]. 上海：勝利出版公司，1948：22.
③ 楊開甲. 川路風潮之演變[M]//隗瀛濤，趙清. 四川辛亥革命史料：上. 成都：四川人民出版社，1981：385.

英國駐成都領事館官員的口述中也可得知，沈宗元由於通曉英文，所以被諮議局委任爲與領事官員溝通四川新政府成立事宜的代表①。王曉波《清代蜀人著述總目》著錄的沈宗元著作中，雖未提及本書，但所述沈宗元譯著《西藏社會調查記》一卷標注爲“自英國百科全書中譯出”②，由此推測沈宗元《社會學》一書也很可能直接譯自英文。最後，關於吉丁斯的著作在日本的翻譯出版情況，當時的日譯本主要有市川源三譯《社會學提要》（普及社 1901 年版），警醒社書店編輯部譯、元田作之進審閱的《社會學》（警醒社 1906 年版）③，所依據的英文原著主要是 *The Principles of Sociology*（1896）、*The Theory of Socialization*（1897）等。

表 1　沈宗元編述本與吉丁斯英文原著的對應關係

書名	吉丁斯《社會學要素》	沈宗元《社會學》
第六章　社會之歷史的進化	Developed Feudalism（P.276）	社會組織及社會制度之由來
	The Rise of Towns（P.278）	都市郊野之別
	Trade；Money；The Merchant Class（P.279-280）	商業之盛興與民族之混合
	Citizenship（P.280）	國家之兼併及其結果
	The Civic Nation（P.282）	法治國及民權之發生
	The Spirit and Policies of Civilization（P.283）	任意組織之發達
	Prosperity the Offspring of Liberty（P.302）The Malthusian Law（P.304）	自由主義之利弊及人口增減之原因
	Demotic Complexity（P.307）	國民活力之差別與生死之乘除
		國民心力之差別及生活之狀態
		心力與活力之比較

---

① 胡濱. 英國藍皮書有關辛亥革命資料選譯：上[M]. 北京：中華書局，1984：246.
② 王曉波. 清代蜀人著述總目[M]. 成都：四川大學出版社，2009：395.
③ 小林武. 章太炎與明治思潮[M]. 白雨田，譯. 上海：上海人民出版社，2018：35.

續表

書名	吉丁斯《社會學要素》	沈宗元《社會學》
第七章 民主政治	Origin and Nature of Democracy（P.311）	民主政治之起源
	False Notions of Democracy（P.312）	民主政治之謬想
	Analysis of Democracy（P.314）	
	Character of Democracy（P.315）	民主政治之性質
	Perils of Democracy（P.317）	民主政治之危險
	The Safe-guarding of Democracy（P.320）	民主政治之保障
	The Ethical Spirit（P.320）	倫理精神之發展
	The Duties of Leadership（P.322）	首領之責任
	The Real Demands of Democracy（P.324）	民主政治之真要求
	Democracy is Ethical Like-Mindedness（P.329）	民主政治即倫理同情

該書版權頁標示爲“編述者　沈宗元”。結合表 1，我們可以清楚地看出以下幾點。

第一，沈宗元并未按照原著的章節結構進行翻譯。英文原著共 25 章，沈宗元編述本爲 8 章，其中第 8 章爲附錄，則所編述共 7 章。不過今因底本殘缺，無法斷定沈宗元是合併章節翻譯還是選擇章節翻譯的。

第二，沈宗元對英文原著有關章節進行了拆分、合併處理，調整了順序。例如，英文原著中第 24 章 DEMOCRACY 對應的本爲沈宗元編述本第七章“民主政治”，但沈宗元編述本將英文原著第 24 章的前三節放在第六章的“社會之歷史的進化”的結尾；又如沈宗元編述本將英文原著中的 Demotic Complexity 一節拆分爲“國民活力之差別與生死之乘除”“國民心力之差別及生活之狀態”“心力與活力之比較”三節。

第三，沈宗元編述本并未譯述英文原著的全部內容，如 Analysis of Democracy 一節未譯，而其前後兩節均譯出。

第四，沈宗元并未完全按照英文原著中的標題進行對譯，如“民主政治之起源"一節，未將所對應的英文 Origin and Nature of Democracy 的"民主政治之起源及其本質"的含義完整翻譯；又如"社會組織及社會制度之由來"一節，未翻譯原著標題中"發達的封建主義"（Developed Feudalism）的含義，而是根據本節關於封建制度的產生的內容自行歸納的標題。

第五，沈宗元編述本存在將英文原著中一些段落略去不譯的情況。例如，"自由主義之利弊及人口增減之原因"一節中，僅簡單說明了自由主義契約國家的利弊，未翻譯原著中甚至標題中提及的關於馬爾薩斯的人口理論（The Malthusian Law）的相關內容，以及關於財富與人口（Wealth and Population）的內容。

總之，沈宗元編述本參考了吉丁斯的《社會學要素》，但并不是其完整的中譯本。

6. 該書主要內容及與社會主義相關內容的簡述

19 世紀末，西方社會學理論開始傳入中國，主要的傳播途徑有二：一是以嚴復譯《群學肄言》《社會通詮》爲代表的英國社會學著作；二是經日本中轉，間接輸入的社會學書籍，如章太炎、馬君武、吳建常等人翻譯的社會學著作。後者在甲午戰後大量輸入，"成爲清末中國社會學的主流"[1]。

早期的日本社會學界，以斯賓塞的學說爲主流。進入 20 世紀後，日本社會學界始擺脫斯賓塞學說的影響，開始引入塔爾德、吉丁斯等人的學說[2]，認爲心理因素在社會進化中起到關鍵作用。中國社會學的發展，深受日本

---

[1]　姚純安. 社會學在近代中國的進程：1895—1919[M]. 北京：生活·讀書·新知三聯書店，2006：19.
[2]　Sun Lung-Kee. Social Psychology in the Late Qing Period[J]. Modern China，1992，18（3）：235-262.

社會學界的影響。岸本能武太、建部遯吾和遠藤隆吉的學説相繼被引入中國，西方心理社會學學説開始在中國産生影響。其中，"引進最早而且對中國影響最大的是吉丁斯的社會學"[①]。1902 年，廣智書局出版了章太炎翻譯的岸本能武太的《社會學》，在序言中，章太炎提到岸本氏"兼取斯、葛二家"，明確指出了岸本能武太的著作融合了斯賓塞和吉丁斯的社會學學説。1902 年 12 月出版的《翻譯世界》第 1 期，將遠藤隆吉翻譯的吉丁斯《社會學原理》一書中的部分章節轉譯成中文刊載。1903 年，教科書譯輯社出版了吴建常從日文翻譯而來的《社會學提綱》，該書由日本學者市川源三翻譯的吉丁斯的《社會化理論》轉譯而來。1911 年，商務印書館出版了歐陽鈞編譯的遠藤隆吉的《社會學》。遠藤隆吉的社會學思想深受"杰金克斯氏"（吉丁斯）心理主義社會學影響，書中還介紹了吉丁斯的"同類意識"學説。歐陽鈞編譯的《社會學》較爲清晰、完整地表述了心理社會學知識體系[②]，在當時的思想界産生了較大影響，"比嚴氏的《群學肄言》，實有過之而無不及"[③]。正是由於當時日本和中國的知識界都經歷了從生物學派社會學理論向心理學派社會學理論的轉向，吉丁斯的理論在中國才得到較大關注。沈宗元正是在這樣的學術大背景下，以吉丁斯的《社會學要素》爲基礎，編述了《社會學》一書。

　　《社會學要素》是吉丁斯爲社會學專業的大學生編寫的教科書，一共 25 章，系統介紹了社會學的基本概念，如人口、人種、社會的形成、社會組織、社會合作、社會心理等内容。沈宗元編述的《社會學》，就現在能看到

---

① 姚純安. 社會學在近代中國的進程：1895—1919[M]. 北京：生活·讀書·新知三聯書店，2006：54.

② 韓承樺. 從翻譯到編寫教科書——近代中國心理傾向社會學知識的引介與生産（1902—1935）[M]// 張仲民，章可. 近代中國的知識生産與文化政治——以教科書爲中心. 上海：復旦大學出版社，2014：138.

③ 韓明謨. 中國社會學史[M]. 天津：天津人民出版社，1987：37.

的内容而論，第六章"社會之歷史的進化"劃分了文明發展的三個階段：
第一階段"社會注全力於政治統一與武備組織者"。第二階段先有"研究批
評之精神"，繼而産生自由主義，"因此而發達法制者"。在此基礎上，國際
交往以和平爲主，社會更加發達。第三階段得以"用其餘力以向新方面發
展，咸思致力於實業與教育，以圖經濟之進步及倫理之完全"。本章還介紹
了社會組織和社會制度的演進，主要是從封建社會向資本主義社會過渡階
段所出現的城市、商業、貿易、民族國家、法治、民權、階級等現象，來
分析自由主義在社會發展中的優勢與不足。

　　第七章"民主政治"指出，民主政治會隨着社會進步而更加發達，認
爲普選權是由工人鬥爭而得，政黨爲了擴充自己的黨派勢力，贏得選舉，
也幫助推行普選權，進而民主觀念深入人心。本章還分析了民主政治的"真
性質"，不是貧民、勞動者爲了奪取國家治理權，而是人們全體商議公共問
題，"以多數之議決也"。但是民主政治也很可能倒向"庸愚政治"，因此強
調了領袖的重要作用：首先，認爲領袖需要有"真實之優越"，其智力和德
行都受到衆人認可；其次，領袖的活動要"純爲至公無私之行"，甚至爲公
共利益不惜犧牲自己。第七章還指出，民主的危險在於造成"進化之損失"、
個人身體和道德的"退化"、"社會之離析"，所以民主政治的"真要求"是
"少數首領以其智識及至公無私之活動，爲衆民計慮保持之滿足"，以倫理
精神的發展作爲"第三期文明"的貢獻，而從社會學角度看來，民主政治
也就是"倫理同情"。

　　該書中與社會主義相關的内容，主要有四處。

　　第一處在第六章"社會之歷史的進化"的"自由主義之利弊及人口
增減之原因"一節，此處分析了自由主義與出生率的關係，認爲人口出
生率低的國家，社會主義盛行。原因是社會生産力不足以養活過多人口，

導致出生率下降，而當社會大多數人處於貧乏時，對富人的不滿會使社會主義得到廣泛擁護。不過這段内容在吉丁斯英文原著中分析的是馬爾薩斯的人口理論，并未提及社會主義觀點。沈宗元所説的"社會主義盛行"，是指社會福利政策得到普及，與今天所説的"社會主義"并不是同一個概念。

　　第二處在第七章"民主政治"的"民主政治之起源"一節，涉及國際工人運動史的内容。本節指出，民主政治最初的起源是勞動者與資本家的對立，勞動者效仿 13 世紀商人爭取參政權的先例，要求普選權；這個倡議還得到了政黨的支持，政黨借此擴充本黨勢力，各國都産生了"工黨"，英、美的兩黨就是例子。這就使民主政治的觀念深入人心，民主成爲社會的政治制度。

　　第三處在第七章"民主政治"的"民主政治之危險"一節中的"（3）社會之離析"部分，提到城市中貧富差距懸殊，富人不顧自己的社會責任，只追求個人享樂、欲望和野心的滿足，貧民開始"趨於社會主義之夢想，致盲從無政府主義"。不過沈宗元對吉丁斯原文的把握有所偏差，吉丁斯原文表達的是：貧民或是受到無政府主義的影響，或是追求社會主義夢想。這種平行關係被沈宗元理解成了遞進關係，因而容易使讀者理解爲對社會主義的追求會導致無政府主義。這可能是由於當時對無政府主義和社會主義的内涵理解不清所致[①]。

　　第四處在本書的附録第八章"社會主義"中，該章集中論述了社會主義相關内容。

---

① 關於這一時期譯著中社會學、社會主義和無政府主義三個概念之間的糾葛、混淆情況，參見姚純安. 社會學在近代中國的進程：1895—1919[M]. 北京：生活·讀書·新知三聯書店，2006：354-381.

7. 第八章"社會主義"相關情況介紹

作爲附錄的第八章"社會主義",原本是夢漁[①]的《論社會主義》一文,連載於 1913 年 3 月 30 日和 4 月 6 日《獨立周報》[②]第 26、27 期上。該文分爲"導言""現世社會主義與政治生計發達之關係""現世社會主義之學說""批評"四個部分,第三部分"現世社會主義之學說"將馬克思、恩格斯作爲社會主義的一個派別進行了簡略介紹。

"導言"部分首先區分"天然科學"(自然科學)與"精神科學"(社會科學),指出前者是研究外界物質的各種科學,後者的研究對象是"人之心理所造成"的,可以稱爲"廣義心理學"或者"應用心理學"。前者解決"是與不是"的問題,後者解決"當與不當""可與不可"的問題,需要進行價值判斷,既是"精神科學之艱難處,亦其危險處"。

第二部分"現世社會主義與政治生計發達之關係",直接論述了現世社會主義和當下的政治經濟發展水平之間的關係。夢漁認爲,"現世社會主義"不同於古代的烏托邦,"有科學之性質,而非徒空想"。它之所以能够真實地發生在歐美各國,一方面,是滿足了必要的歷史前提:政治上憲法建立、民權鞏固,經濟上工業興盛、資本發達。"現世社會主義"的目的就是"生計之平均",但若政治上的前提不滿足,則經濟上的平均無從談起。"故自歷史觀之,各國社會主義之發生必在憲法成立、法律修明、民權鞏固之後。此一事實,最足破今日談社會主義者之夢幻者也。"另一方面,必須從經濟

[①] "夢漁",即顧孟余(1888—1972),原名兆雄或兆熊,別字夢漁、孟余,河北宛平(今北京)人。早年就學於北京譯學館,後留學德國萊比錫大學電機工程系、柏林大學政治經濟學系,其間加入同盟會。1911 年回國參加辛亥革命,1912 年返回德國繼續學業。1917 年回國,任北京大學教授,兼德文系主任、經濟系主任、教務長等,講授經濟學原理、德文、馬列學説等課程。後加入國民黨,擔任國民黨中央執行委員、中央宣傳部部長等職。

[②] 《獨立周報》,1912 年 9 月 22 日在上海創刊,每周日出版,章士釗任主編,王無生任發行。初設紀事、政論、專論、投函、評論、文苑等欄目,從第十五期開始改爲紀事部、論説部、文藝部、雜俎部。1913 年 7 月停刊,共出四十期。

的角度來看，雖然整體上勞動者的生活比過去好，但是勞動者和資本家之間的經濟和政治地位差距越來越大，"相形見絀，故生不平之鳴"。歐美各國能出現社會主義，"乃資本家固亦利勞働家，然其利較少；而其利資本家也，則較多之故。此一事實，亦最足破今日談社會主義者之夢幻者也"。在試圖破除國人對社會主義的"夢幻"之後，夢漁指出，當時的中國既無政治前提，也無經濟前提，因此，不同於歐美各國，不具備"談社會主義於中國"的條件。

第三部分"現世社會主義之學説"，簡單介紹了五個"現世社會主義"的流派。

一是"農業社會主義"。這一派主張"衹廢土地之私産"，因爲土地私産的結果是地主獲得極高的利益，而工人工資低廉，生活困苦。因此要改革税法，"國家以一定之税則，收没地主之利"，實行單獨地價税，這一派的代表人物是亨利·喬治。

二是湯普遜的"科學"的理論。以李嘉圖學説爲基礎，認爲"財富之源咸出於人工"，勞動者創造了財富，生活卻不優裕，其原因是勞動者創造的財富"須以其一部分歸地主與資本家也，此實背於公理"，所以湯普遜主張組織"社會的鄉鎮"，每個人都可以自由加入，在鄉鎮內自己耕織、製造貨物，工作同樣的時間，生活資料由公家供給。這一派可以被稱爲"自由社會主義"，這個組織實際上是一個"生産組合"。

三是蒲魯東的無政府主義。蒲魯東"反對私産，亦反對公産"，因爲私産會使資本家壟斷勞動者之利，公産又不免限制個人自由，因此他認爲要使社會公平自由，需要無政府的狀態，以條約取代法律，設立交易銀行，以交易票取代貨幣，但是不收取利息。"於是人人可爲資本家，而昔日資本家，既無利息之可圖，遂不得不失其特殊之位置，與勞働家平等矣。"

四是洛貝爾圖斯-亞格措夫的主張。他反對個人主義，認爲國家是獨立的單位，個人是服從國家意志的"執役者"。洛貝爾圖斯-亞格措夫的經濟學觀點繼承自亞當·斯密，認爲"人工所造之物，人工自然之代價也"。古代勞動者得到自己勞動付出所獲得的全部產品，後來土地爲私人所有，勞動者所獲的一部分要上交給地主，因此勞動者"往往無積蓄以度日，無器械以興工，不得不仰資本家之借貸"，其勞動所得又要分給資本家，"由是而勞働家所得者恆少於其所造者"。雖然社會生產日益增加，但勞動者工資過低，日益貧窮。勞動者作爲社會的大多數，沒有購買力，導致貨物滯銷，市面恐慌，資本家虧損，"兩得其害，莫蒙其利"。因此，洛貝爾圖斯-亞格措夫主張通過國家統一制定物價和工資，建立國家貨物所，收納生產的物品，根據勞動者生產所耗費的時間和心力授予"工價票"，再以此到貨物所交換貨物，"於是私產盡廢，代以公產。社會之生計既平，則文明之進步可待矣"。

五是馬克思、恩格斯的主張。認爲馬克思和恩格斯批判資本主義，是由於自由競爭的資本主義沒有節制機構，難以進行很好的生產規劃，市場時好時壞，勞動者的生計也很不穩定，經常有大量勞動者失業，工資進一步被壓低，勞動者"永不能有所增益"。要避免私產資本的弊端，"須興公產之制，凡生計之事，由國家規定組織"。在過渡時期，則需要國家以"强迫之力"干涉資本。夢漁還指出，馬克思、恩格斯主張"物質之歷史觀察"，認爲一切文明的基礎、歷史的原因都是"生計制度"。

沈宗元在最後一部分"批評"中，回應"導言"，提出了評判前文所述各種"現世社會主義"學說的原則，最基本的是要排除感情的干擾，以"物觀的科學爲觀察之儀器"。在此基礎上，第一，如"導言"中已經申明的，精神科學都是以心理學爲根據，因此所有制度都要符合人的心理。常人的複雜動機中，最强的是利己動機，因此，要實行社會主義，"必須謀一與人類心理不相違反之制度，乃能行之而無弊也"。第二，要觀察組織能否統一，工業能否集中。第三，要深察人口增長的趨勢，來分析將來的市場和供需關係，解決生產、消費、分配等問題，"决不能徒注意財富之分配，而不顧財富之增進"。第四，要研究財富分配和文明進步之間的關係，貧富差距太大，會阻礙社會進步。没有貧富之别，又會使人没有出類拔萃的機會，同樣會阻礙社會進步。

該書在收録夢漁文章時略有删改。除删去一些詞彙的外文音譯名及不涉内容理解的原作者補充説明，并修改部分表述之外，涉及實質内容删改的主要有如下幾處。

一是删去了"導言"開篇第一句話："余今之爲此文，乃欲略述此問題，以挽時人之誤會，非講學也。"這句話説明了文章的寫作目的，略論社會主義問題的目的是"挽時人之誤會"，糾正當時人們對社會主義的錯誤理解。删去之後，則直入主題，或是因爲夢漁文章在該書中位於最後一章，無須再向讀者開宗明義。

二是在"現世社會主義與政治生計發達之關係"一節的最後，增加了"故談社會主義於中國尚覺非其時也"，更加直接地説出了夢漁在這一部分隱含的寓意，即當時的中國不具備"現世社會主義"的産生條件。

三是"現世社會主義之學説"一節中介紹了馬克思恩格斯學説的第五部分，夢漁開篇便指出馬克思、恩格斯"批評現世之資本時代曰"，本書則改爲"馬氏之言曰"，變爲更中性的描述。

四是在"批評"一節的最後，增加了一節："之四端者，即社會主義之前提也。前提不决，則判案無由而生。研求社會主義者，曷亦知所本哉？"這一節從不同角度質疑了社會主義的可行性，最後還明確地批評了當下的社會主義支持者不知社會主義之所本。

　　總的來説，無論是夢漁還是沈宗元，都對社會主義持反對態度。一方面是批評在中國主張社會主義的倡導者，認爲中國没有實行社會主義的必要政治和經濟前提，需要破除對社會主義的"夢幻"。另一方面是針對社會主義學説的批評，以貌似客觀的科學角度來分析，實則先入爲主地把當時對社會主義的常見質疑重複一遍。不過，正如談敏所指出的，"它的不同之處在於，不曾使用公開指責的語言詆毀社會主義，反而認爲社會主義有其區別於烏托邦幻想的'科學之性質'或'實行之希望'；同時對馬克思恩格斯學説的介紹相比起來也較爲平和，不曾施以'偏激'、'極端'一類的貶詞"①。

8. 該書傳播及研究情況

　　從目前掌握的資料來看，沈宗元編述的《社會學》没有引起學者的關注，相關研究付之闕如，甚至在民國《長寧縣志》和《清代蜀人著述總目》所列沈宗元著作（含譯著）中都未見該書，僅在《風情竹海，秀水長寧》這樣的地方文化讀本中提到沈宗元的外文譯作有"《變之哲學》（法國柏格里著）和《社會學》（美國格丁斯普著）等等"②。原因可能有如下幾個方面。

　　第一，沈宗元編述的《社會學》存世稀少。目前所見，除四川大學圖書館有此殘本外，尚未見到其他印本。但殘本内容有限，很難引起學界關注。

　　第二，傳播渠道受限。編述者沈宗元的活動範圍主要是在四川和重慶，

① 談敏. 回溯歷史——馬克思主義經濟學在中國的傳播前史：下册[M]. 上海：上海財經大學出版社，2008：1111.
② 劉立雲. 風情竹海，秀水長寧[M]. 成都：四川大學出版社，2009：77.

且歷任重要公職，公務繁忙。另外，該書的發行和印刷均爲成都昌福公司，分售處除本省書坊外，僅有上海中華圖書局一處。加上當時用紙條件的限制，可以想見沈宗元編述的《社會學》的印數應該較少，更未見再版。這在很大程度上限制了該書的傳播與研究。

第三，學術影響力不足。沈宗元編述的《社會學》，參考的是吉丁斯爲美國大專院校撰寫的教科書《社會學要素》，在學術影響力方面不如吉丁斯的其他著作。沈宗元本人又長期擔任公職，并未持續深耕社會學領域。加上前有章太炎、歐陽鈞等自日本譯來的介紹吉丁斯理論的著作[①]，後有吳文藻、費孝通等人對吉丁斯社會學的引介[②]，這些都使該書没有引起當時知識分子的重視。

關於該書將夢漁的《論社會主義》收爲附録，推測其原因大約有三。一是《獨立周報》的政治主張與同盟會相抵觸，與立憲派接近，沈宗元和立憲派交往甚多，這可能是他收録此文的重要原因。二是《論社會主義》一文中批評了“現世社會主義”，强調要從心理因素出發，認爲社會科學要以心理學爲基礎，這與吉丁斯的觀點比較一致。加之當時人們多將社會學和社會主義的概念混淆，故將《論社會主義》一文收爲本書附録。三是當時四川的書籍報刊大多自上海運來，客觀上更容易接觸到在上海發行的《獨立周報》。

當前學界對《論社會主義》的研究總體較少。蔣鋭、魯法芹在研究民國初年關於社會主義流派劃分的論爭時，提到了夢漁在《論社會主義》一

---

① 參見章炳麟. 社會學[M]. 上海：廣智書局，1902；歐陽鈞. 社會學[M]. 上海：商務印書館，1911.

② 如1933年吳文藻發表於《社會學刊》第4卷第1期的《季亭史的社會學説》（參見吳文藻. 論社會學中國化[M]. 北京：商務印書館，2017：591），以及同年費孝通寫作的《派克及季亭史二家社會學學説幾個根本的分歧點》和翻譯的《季亭史社會學理論摘要》（參見張冠生. 費孝通：上册[M]. 北京：群言出版社，2012：62）。

文中將"現世社會主義"分爲五個流派，但標注夢漁生平不詳①。談敏則詳細介紹了《論社會主義》一文的内容，并分析了該文在評介社會主義和馬克思經濟學説方面所具有的若干特點，指出其對馬克思學説的偏離甚大，認爲此文把五個派别不加區分地作爲"現世社會主義"的代表性學説，"進一步模糊了馬克思學説在科學社會主義學説發展史中不可替代的重要地位"②。

---

① 蔣鋭，魯法芹. 社會主義思潮與中國文化的相遇[M]. 濟南：山東人民出版社，2016：143.
② 談敏. 回溯歷史——馬克思主義經濟學在中國的傳播前史：下册[M]. 上海：上海財經大學出版社，2008：1107.

經濟學大意

日本　津村秀松 / 著

彭耕 / 譯

上海群益書社

日本津村秀松原著

經濟學大意

上海 羣登書社出版

《經濟學大意》封面

民國四年拾二月二十日初版

經濟學大意尾紙

定價大洋六角

著者　津村秀松

譯者　彭耕

印刷所　群益書社印刷部

總發行所　上海棋盤街　群益書社

分發行所　長沙府正街　群益圖書公司

《經濟學大意》版權頁

凡例

　　一　本書爲日本法學博士津村秀松氏原著。津村以著國民經濟學原論爲彼國前輩所傾服。本書即由國民經濟學原論。撮要而成。其宗旨在使初治經濟學者。得窺斯學大意。故凡艱深理論悉删除未録第採普通學説以期簡明。

　　一　本書分五編。首總論。次生產。次交易。次分配。次消費於編之中分若干章。於章之中。復分若干節。皆一二記於眉上。條分縷晢。潔然不亂。讀者最易明白。

　　一　本書於我國法政學校實業學校師範學校及中學校教科程度均合。可供採用。

　　一　本書於正文外。間以譯者之意。附註於後。以備教師實地教授時及學子自修時之參攷。

　　一　本書出於譯者校課之餘。時間倉卒。未能詳徵。其有誤謬。願海内宏博指正焉。

目
次
───

第一編　總論

第二編　生産論

第三編　交易論

第十四章　交易　　　　　　　　　579

第十五章　價值　　　　　　　　　582

第十六章　價格　　　　　　　　　584

經濟學大意目次

一

《經濟學大意》目次第 2 頁

第一編　總論

第
一
章
一

欲望

  第一節　凡吾人類。生茲世間。恒有不足之感。因是常欲望與社會現象
思所以充之者。此種心理作用。謂之欲望。Wants 有此欲望。
然後世間諸種事業乃起。而社會諸種現象乃生生而不已也。

  第二節　欲望之爲物。種類甚夥。又因文明進步。而次欲望之種類與進化
第增加。（一）吾人饑則思食。渴則思飲。如此者謂之"肉
體的欲望"。愚而求智。聰而求慧。如此者謂之"精神的欲
望"。野蠻人僅有前者。而文明人則兼二者而有之。（二）吾
人之欲望。非僅止於現在。并及將來。今日雖有飽食暖衣。
且更希冀明日或明日以後之飽食暖衣。則前者謂之"現在的
欲望"。後者謂之"將來的欲望"。（三）準是以思。欲望者
非僅止於現世。更及來世。且匪獨望生前一身一家之幸福而
已。必更求身後之冥福。子孫之昌榮。則前者謂之"現世的
欲望"。後者謂之"來世的欲望"。（四）不寧唯是。常與文
明進步。至希冀一般社會之安全。國家之隆盛。必使社會日
益進化。國家日益富強而後已。則前者謂之"個人的欲望"。

經濟學大意

日本　津村秀松　著

長沙　彭耕德　譯

第一編　總論

第一章　欲望

第一節　凡吾人類。生茲世間。恆有不足之感。因是常思所以充之者。此種心理作用。謂之欲望。Wants 有此欲望。然後世間諸種事業乃起。而社會諸種現象乃生生而不已也。

第二節　欲望之爲物種類甚夥。又因文明進步。而次第增加。

（一）吾人饑則思食。渴則思飲。如此者謂之「肉體的欲望」。愚而求智。

一

後者謂之 "社會的欲望"。（五）要之。人生斯世。必常思充
足一定之欲望。然後維持之。存續之。發展之。又因其發展。
則欲望之爲物。於其量其質。而有無限之增加之進化之發展
也。由是而知。吾人之欲望。其始惟起於 "生存的欲望"。
次第乃進於 "文明的欲望"。是故因文明之進步。而促欲望
之進化。又因欲望之進化。而促文明之進步。二者互相爲因。
互相爲果。如影之隨形。須臾不相離也。

　　第三節　由是觀之。近世文明國民之欲望。萬類千門。　　*經濟的欲望*
更僕難數。然自其目的物之性質上而別之。可得二種。

　　一　物質的欲望 Material wants
　　二　非物質欲望 Immaterial wants

是也。"物質的欲望" 者。其物質對於有形物而言。例
如欲得金錢土地房屋之類。"非物質欲望" 者。其非物質對
於無形物而言。例如嗜好音樂。廣求智識。崇尚信仰之類。
然其中惟物質的欲望。直接起經濟的欲望之基。故一名 "經
濟的欲望"。Economic wants 而此欲望。即爲研究經濟學直接
之對象也。

第二章

財

財之意義　　第一節　如前所述。凡吾人類。苟欲達其生存之目的。必有諸種欲望。而充足諸種欲望者。總稱之曰財。Goods

財之種類　　第二節　財有二種。曰

一　内界財 Interal^① goods

二　外界財 Exteral^② goods

"内界財"者。存在吾人身内之財之謂。如人身之腕力、智力、健康、技能等。"外界財"者。存在吾人身外之財之謂。如衣服、飲食、房屋等固已。即他人之内界財。對於己身亦謂之外界財。復次。内界財者。常爲無形之物。外界財者。常爲有形之物。與無形之物。故外界財。復重分之。

一　無形財 Invisible goods

二　有形財 Visible goods

而無形財再重分之。

---

① "Interal"，有誤，應爲 "Internal"。
② "Exteral"，有誤，應爲 "External"。

一　勞力財 Dinstgüler[①]

二　權利財 Rechtsgüter

夫"勞力財"。乃屬於人身之勞力而言。如職工之勞力。技師之技藝。學者之智識等。"權利財"乃對於人及物之關係而言。如債權、物權、商標、及招牌等是也。然有形財再小分之。亦可爲二。

一　自由財　Free goods

二　經濟財　Economic goods

"自由財"者。爲受諸自然之賜。無需他項勞力。可自由取得之財也。如空氣、日光、水土之屬。"經濟財"者。爲自由財以外之有形物。其取得之時。必需幾許勞力。方能取得也。如貨幣、房屋、衣服、飲食之屬。

第三節　財之種類雖繁。然經濟學上之所謂財。而供研究之對象者。乃最後之經濟財而已。何也。蓋吾人類。雖常抱種種欲望。其實不外經濟的欲望。而經濟的欲望。又實不外物質的欲望。故所以爲充足欲望之財者。（即經濟學上所謂財）必具備左之二要件。　　　　　　　　　　*經濟財*

第一　爲有形之物者（即物質物）

第二　爲誘引欲望之物者

是故內界財。可勿論。即外界財。無形之財不得謂之財。又即有形財。苟屬於自由財。無論何地何時。可任意取之。無不足之感而不起經濟的欲望者。亦不得謂之財也。故其結

---

① "Dinstgüler"，有誤，應爲"Dienstgüter"，今譯爲勞動力商品。

一、財　　　　經濟財

二、財貨　　　貨物

三、物　　　　財物

四、貨物　　　經濟的貨物

此外尚有謂「財為貨財」及「貨物」者用語雖殊其義則一國人研究斯學者凡閱日文譯本尚冀注意。

復次日人所用「富」字時有用同「財」字之意然其中自有分別不可混稱財為單數富為複數如貨幣房屋家財田地等各為一類多數之集合體此即富Wealth也英文亦同今內閣者之便依上所述財之種類列表如左。

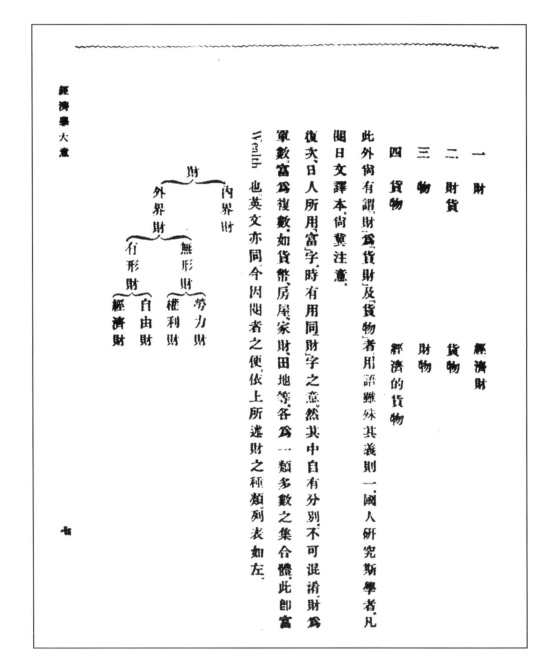

果。惟餘經濟財。此經濟學上之所謂財也。以後凡本書單稱
欲望者。即經濟的欲望。單稱財者即經濟的財。因避稱謂之
煩。故從簡焉。

　　註　凡充足吾人一切之欲望者。廣稱曰財。Goods 然單指充足經
濟的欲望。而爲經濟學上所研究之對象財者。常限於經濟財。因避煩
重。故簡稱之曰財。然"財"與"經濟財"之用語。日本經濟學者間。
意見各殊。略記之可得次之四種。

Goods　　　Economic goods

一財　　　經濟財

二財貨　　貨物

三物　　　財物

四貨物　　經濟的貨物

此外尚有謂"財"爲"貨財"及"貨物"者。用語雖殊其義則一。
國人研究斯學者。凡閱日文譯本。尚冀注意。

　　復次、日人所用"富"字。時有用同"財"字之意。然其中自有
分別。不可混淆。財爲單數。富爲複數。如貨幣、房屋、家財、田地
等。各爲一類多數之集合體。此即富 Wealth 也。英文亦同。今因閱
者之便。依上所述財之種類。列表如左。

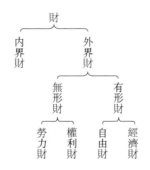

第三章一

經濟行爲

經濟行爲之意義

第一節　如上所論。凡人類社會。於一方則存欲望（即經濟欲望）之心。他一方則存財（即經濟財）之念。若非以此充彼。則欲望常不能足。而財亦不能濟其用。於是彼此之間。而結合之作用起焉。夫經濟行爲者。Economic activities 即是之謂也。

經濟行爲與經濟
主義

第二節　然以經濟財。充經濟的欲望之行爲。非悉屬諸經濟行爲。其中必有以最小之勞費。收最大效果之“經濟主義”Economic principle 爲主觀念之行爲。與非此行爲之別。故前者爲經濟行爲。後者爲非經濟行爲。植物學家。採集枝葉花蕙。雖以經濟財。充經濟的欲望之行爲。然非以經濟主義爲主眼。故不得謂之經濟行爲。又雖用經濟主義。而其行爲非必經濟行爲。如學者縱讀典籍。僧侶誦經布教。雖竭力以求省時間與費用。而希得多大之成績。然其欲望爲非經濟的欲望。而充此之財非經濟的財。故其行爲。亦不得謂之經濟行爲。要之經濟行爲者。首在基於經濟主義。以經濟財充經濟欲望之行爲者也。

第四章

經濟

第一節　故知欲望之所起。財之所存。必誘起經濟行爲。 經濟之意義
然當吾人日常生活。以唯一之財。充唯一之欲望。舉唯一之
經濟行爲。決難滿足。必也有多數之欲望。需多數之財。及
以彼充此多數之經濟行爲。方能滿足。且吾人生事。於飲食
衣服器具等。此不可一日無者。又不能自耕自食。自織自衣。
自作自用。除有少許自供之外。其他則一一皆仰於市廛。既
待供於市廛。必需所以易之者。此貨幣又不可無也。然此種
財。爲吾人每日所必需。自有生命。則當永立常規。以若干
財。充若干欲望之經濟行爲。故以若干經濟行爲。立於一定
秩序之下。繼續以維持之之者。即所謂經濟。Economy

第二節　復次經濟之種類亦夥。日日購入諸種商品以從 經濟之種類
事販賣者。謂之“商業經濟”。Commercial economy 月月購
置諸種生貨以從事製造者。謂之“工業經濟”。Industrial
economy 春耕夏耘秋收冬藏者。謂之“農業經濟”。Agricultural
economy 而農工商三者。爲私人及私法人所營之經濟。故謂
之“私經濟”。Private economy 然自治團體及國家與公法人

所營之經濟。故謂之“公經濟”。Public economy 而市經濟、國家經濟皆屬之。且於私經濟中。如爲一人單獨所營之經濟。則爲“個人經濟”。Individual economy 數人共同所營之經濟。則爲“共同經濟”。Collective economy 而公司經濟公會經濟。亦皆屬之。於是一國之內。有私經濟。有公經濟。有無數個人經濟及共同經濟。然以各種經濟。統合而立於一國民基礎之上。結合分業與交換而成一大經濟組織者。則謂之“國民經濟”。National economy

經濟之發達

第一節　夫經濟之發達。各以其國情而異。莫能一律。然自 經濟發達之順序
其大概言之。緣交通之有無。可略分爲二期。

第一期　自給經濟時代 Periode der selbstgenügsamen

wirtschaft.

第二期　交通經濟時代 Periode der verkehrs wirtschaft①.

復緣交通之範圍。於交通經濟時代。更分爲二期。

前期　都府經濟時代 Periode der stadtwirtschaft.

後期　國民經濟時代 Periode der volkswirtschaft.

第二節　上古之經濟狀態。爲"家族經濟"。一名"自給經 自給經濟時代
濟"。當時之經濟團體。悉基於血統及其集合體之家族而成。一
切財産。咸歸一家所共有。而一家所需之一切財産。於一家生産
之消費之。鮮與他家及他之經濟團體相接觸交通交換之者。其勢
全同割據。而爲自給自足之孤立經濟也。

第三節　厥後人口日益蕃殖。而人之欲望其分量其種類亦 交通經濟時代

---

①　"verkehrs wirtschaft"，有誤，應爲"verkehrswirtschaft"。

日益增加。則自給經濟。殊有不足不便之感。勢不得不向外
求供。於是交通起交換生。遂破自給經濟狀態。而入交通經
濟時代。此蓋事實使然也。

都府經濟時代　　　　　第四節　然當時交通之範圍甚狹。雖漸次發達。而仍以
都府爲中心。然猶不過一地方耳。故此時代。謂之"都府經
濟時代"。一名"地方經濟時代"。

國民經濟時代　　　　　第五節　時至今日。因大勢之變遷。而促國家之統一。
破封建制度。而立郡縣制度。廢地方分權制度。而成中央集
權制度。統一之國家既發生。而國民基礎之上一大經濟組織
斯見。故謂之國民經濟。而此時代謂之"國民經濟時代"。夫
政治上之統一。不惟促經濟上之統一。且自十九世紀以來。
輪船、火車、電報、電話等。各種新交通機關。續續發明。
因是遂益發達。而交通範圍亦著著膨脹。國[①]以至數國數十國
遂及於全世界矣。而散在此世界之此國民經濟與彼國民經濟。
各挾其分業與交換。相爭相競。有無相通。豐歉相助。此所
謂"世界交通時代"。Periode der weltverkehers[②]一謂"世界經
濟時代"。進化如此。則前此未之見也。

國民經濟發達之
條件　　　　　第六節　由是觀之。近世於世界經濟基礎之上。各國莫
不互相組織國民經濟。以希其發達。然以若何方法始能達其
目的乎。財必須具備各種條件。固無俟論。而其中尤以左列
之三者。爲最要。

---

① "國"，疑當作"一國"。
② "weltverkehers"，有誤，應爲"weltverkehrs"。

第一　天然 Nature

第二　人口 Population

第三　國家 State

茲特逐項説明如下。

第六章 一

天然

第一節 "天然"者。凡存在地球上之人類與人類之工作及其他之物質與非物質之總稱也。所謂物質的天然者。如土地、江河、海洋、湖沼、山嶽之類。非物質的天然者。如空氣、日光、引力、熱力、粘着力、凝集力之類是也。然前者一名"天然物"。Materials in Nature 後者一名"天然力"。Forces in Nature 而天然者。實綜合天然物與天然力而成之者也。

第二節 夫吾人類。決不能離天然。而一日存在。故天然之狀態。苟利於我則易榮。否則易衰。個人如是。國家亦然。是以一國天然之狀態若何。於其國民經濟發達之上。有至大之影響。攷其地勢。可以定交通之便否。文化之遲速。占其地質。可以卜土地之肥磽。產業之盛衰。其他若煤鐵豐富之區。則工業易起。海岸延長之國。則海運易興。又因熱帶寒帶溫帶氣候不同。則物產之種類各異。發育之遲速亦殊。準是以談。則天然之爲物。小之於個人生活上。大之於國民

天然之意義

天然與國民經濟

發達上。其影響甚大。而其例亦甚多矣。

　　註　所謂攷其地勢。可以定交通便否。文化遲速者。稽之於史。其例實多。往者中國、印度、波斯、巴比侖①、埃及、羅馬、希臘等之文明。悉起於濱海沿江之地。阿非利加②文明之曙光。亦沿海濱而起。去海百里。則荒地矣。即新大陸之美洲。其發見雖遲。而開化甚速者。亦以其山嶽少平原多。且富於河流。舟楫往來甚便之故。即等是日本。山嶽之區與沿海之地。其文化迥殊。亦坐是也。

　　所謂占其地質。可以卜土地肥磽。產業盛衰者。如一片荒涼之阿非利加北海岸。惟拉羅河③岸。不加人工。而物產自富。又如人煙稀少之加理匪亞州④。自金礦發見以來忽成繁盛之區。此其明證。

　　其次因氣候若何。則物產不同。無俟論者。茲第舉生物發育期長短之差以明之。同是歐洲。因其氣候不同。植物發育之期。有自三閱月至九閱月之差。而從事農業者。有自四閱月至十一閱月之異也。於俄國則四月於東普魯士則五月。於中央德意志則七月。於南部英吉利則十一月。夫發育期間長短之差。收入之異。而於生計上之難易有至大之影響。若熱帶產香焦⑤之地。與溫帶同一面積產小麥之地。其出產相較。則熱帶可多養二十五倍或三十三倍之人口。今墨西哥人民。以其二日之勤勞。足供一家終歲之用。其生物之易發育有如此者。但熱帶人民。因其生活過易。則刺激少。而遊惰安逸之習。油然而生。偉大之發展亦甚罕。凡此皆緣氣候寒暑之差而使然也。

---

① “巴比侖”，即巴比倫。
② “阿非利加”，即阿非利加洲，簡稱“非洲”。
③ “拉羅河”，即尼羅河。
④ “加理匪亞州”，即美國加利福尼亞州（State of California）。
⑤ “香焦”，即香蕉。

天然與人力

第三節　由是而知。國民經濟之發達。與天然之狀態。其密切有如此者。然天然狀態若何。爲天運所定。似若不能以人力變遷之。其實不然。如彼動植物。産於甲地。即存於甲地。則必受四周天然之支配。適於生存者則發育。不適於生存者則滅亡。至於人類則否。此其所以爲萬物之靈也。方人文未開化時。或有被支配於天然若動植物者。但文化既進。天然亦有被人力支配之勢。故依文明進步。天然次第失其效力。而人力反次第增其勢力也。架河穿嶽。鑿峽開墾。或以地骨而變海峽。荒地而成豐土。其他伐林於寒地。殖樹於熱邦。以調和氣候等。此彰彰而明者。至以人力而脱天然支配。夫而後人類社會始進步。而國民經濟始發達也。

第七章

人口

第一節　人口云者。在一定國土之内。所住居人民之總數。爲一國國力之根源也。蓋一國兵力、權力、財力、富力之大小强弱。概緣其人口之多寡以爲標準。此人口爲發達國民經濟之一大要件也。

第二節　現今世界人口之總數。約稱十五億。其中以中國爲最多。幾占世界人口總數四分之一以上。其次俄羅斯。（約一億二千萬）其三美利堅。（約九千萬）其四德意志。（約六千萬）其五日本。（約四千八百萬）其六英吉利。（約四千二百萬）其七法蘭西（約三千九百萬）是爲人口多寡之順序。

第三節　復觀近世各國。人口增減之率。其增率最速者。首推俄羅斯。（年約百六十萬人）次美國。（百四十萬人）次德國。（八十萬人）次日本。（六十萬人）而西班牙法蘭西其最少者也。特法國匪獨增加無多。且年見其減。如愛羅蘭特[①]地方。較諸過去五十年間。其人口覺減半數矣。

人口與國民經濟

各國之人口

各國人口之增减

---

① "愛羅蘭特"，即愛爾蘭（Ireland）。

馬爾達①之人口論　　　第四節　故知人口多寡之數。增加之率。因時因地。大相懸殊。果爾。則其間利害得失。實可供研究之一大問題也。對此問題。而持悲觀説者。厥爲英人馬爾達氏。方十八世紀之末。及法蘭西革命之時。歐洲各國貧民驟增。皆求助於社會。馬氏之書②。適於其時出版。其略曰。

　　一、人類生生。苟任自然。毫無障害。其人口之增加之率。恆爲幾何級數。食物之增加之率。恆爲算術級數。則人口與食物之間。必失調劑。此自然之運命也。

　　二、然二者雖失其調劑。恆不至甚。其所以能得調劑之方者。當其人口過剩之時。則制情、避姙、墮胎等豫防制限。與戰爭、饑饉、殺戮等壓抑限制。必相隨而至。以減殺之矣。

　　三、以今日社會之尩羸。而生社會之罪惡。其原因咸由於人口多食物少。是以吾人一方則戒早婚。他方則獎農業。以豫圖二者之調劑。

馬爾達人口論之批評　　　第五節　如馬氏所言。食物增加。不及人口。故致民生窮困。社會腐敗。此實放任自然之言。不足爲訓。苟放任自然。不加人力。則以生產有限之食物。供繁殖無垠之人口。其間之失調劑固矣。然現今人智日益進步。藝術日益發達。用是而策羣力以濬富源。則各國人口之包含力。亦自逐增矣。且以人口繁殖。生計艱難。非獨不足爲患。反足以促國民之

---

① “馬爾達”，即托馬斯·羅伯特·馬爾薩斯（Thomas Robert Malthus，1766—1834），英國經濟學家、教士、人口理論的主要代表。
② “馬氏之書”，指馬爾薩斯的著作《人口論》。

活動。或因是而企遠征。或緣此而思他徙。使一國之民族。漸漸膨脹於四方。全球各國。莫不有其勢力範圍。及殖民地與屬土。其究也。必開政治上經濟上一大發展之基。方千七百九十八年馬氏造人口論時。適因吉利[①]以人滿爲患。其後英國人口之增率。未嘗少變。攷其千八百年其人口爲千九十二萬[②]。千九百年其人口爲三千七百五十萬。（以上皆除愛爾蘭人口）然英國不因是而憂貧。反以此而日强。則此中消息。大可翫味者也。

　　註　英國人口增率最激者爲十九世紀時其國運發展最速者。亦爲十九世紀時。觀乎千八百年。英國輸入貿易額爲二千八百萬磅。輸出貿易額爲三千四百萬磅。合計爲六千二百萬磅。至千九百年。輸入貿易額爲五億二千三百萬磅。輸出貿易額爲三億五千四百萬磅。合計爲八億七千七百萬磅。較諸百年前實增十四倍矣。岡任克曰。“近世英吉利之所以於政治上經濟上軍事上得握世界之霸權者。初不外國內人多。生計艱難。不得已遂慘淡經營。猛力向外之所致。”以此證之。則馬氏所説。更不足爲信徵矣。

---

① “因吉利”，即英吉利。
② “千九十二萬”，有誤，應爲“三千九十二萬”。

第八章

國家

國家與國民經濟

　　第一節　凡國民經濟。原與統一的國家之建設。相隨而發生之一大經濟組織。（可參照第五章第四節）故其國家之組織與法律若何。其影響於國民經濟者至大。使一國政治法律若良。則國民經濟易於發達。其政治法律若惡。則國民經濟難於生存。此事實彰彰。不辯自白者。倘有疑吾言者乎。請三思中外古今各國。緣政治法律之良否。而及於私有財產之安危。自由競爭之有無。與國民經濟之影響爲何如。不難知矣。

私有財產制與自由競爭制

　　第二節　夫私有財產制度。亦非傳之自古。在昔各國草昧之時。均屬共有財產制。凡物無定主。取使由人。無干涉之者。厥後人口日增。以有限之財。供繁殖無垠之人口。勢必不足。因其不足。故往往起爭奪於其間。以行排他獨占之實。因時變遷。遂化公有財產制。而成私有財產制矣。於是乎各自異其利害。而自由競爭。遂以益劇。事物改良。文明進步。勃然而興。以演成今日各國之現象也。

第三節　苟任其大勢所趨。則富者益富。貧者益貧。貧富之間。愈演愈劇。自然淘汰。以歸天擇。致使社會上釀成貧富之一階級。而牢不可破。如此者亦非社會完全之組織也。物極則反。事久變生。遂有廢私有財產制而行共有財產制之共產主義 Communism 論起焉。又有禁止土地及資本生產手段之私有制。化歸公有之 "社會主義" Sosialism[①]論起焉。

共産主義與社會主義

第四節　然以上二主義。僅窺見社會之缺點。以思矯正。而未得知社會之優點。以圖改良。其所持論。不無偏畸。當民之初生。本有智愚強弱之別。若概與以平等利益。立以平等關係。（共産主義之主張）則愚弱者不勞可獲。而智強者雖勞亦無特益。是實不公平之甚者。至若慮土地與資本歸諸私有。資本家常橫奪勞動者取得之結果。（社會主義之主張）其中雖含有一部分之真理。然破壞社會進步基礎之私有財產制及利己心已甚矣。當斯國際經濟競爭之場。將何以爲國乎。

共産主義與社會主義之批評

第五節　是知極端之私有財產制度論。固非社會完全之組織。而極端之共有財產制度論及禁止土地資本私有制論。亦非社會完全之組織。今爲之折衷其說。較其事之可行而少害者。如私有制度之中。其有害公益之虞者。（如郵政、電報、電話等）收歸公有。其他如因私有財産。而生公私利害之衝突者。亦不妨尊重公益。否認私有。或加限制。雖云自由者進步之母。競爭者發達之基。然任其自由競爭之極而釀

現社會組織之改良[②]

---

① "Sosialism"，有誤，應爲 "Socialism"，意爲社會主義。
② 目次爲 "現今社會組織之改良"。

成貧富之殊。則亦不可不加以相當之限制也。故以實際言之。國家一方認其私有財產制度。以尊重個人權利。加以保護。使人民安居樂業。各專厥職。以圖國家發展。一方又許其自由競爭。以尊重個人之自由。亦加以保護。使人民各盡其長。自在發揮。而促社會之進步。夫如是則國民經濟。方能發達焉。

註　津村氏嘗舉改良社會之三大綱。公之於世。其言曰。

第一普及教育。以崇高一般國民之自覺心而皷舞獨立自助之精神。

第二闡揚宗教道德。以崇高一般社會之公德心。而實行和衷共濟之業。

第三以國家之權利。防止社會階級之軋轢。而調和一般人民之利害。

自第一項觀之。社會改良之實。起之於下。自第二項觀之。社會改良之事。發之於上。自第三項觀之。社會改良之精神。由中而發。三者相合。乃能見諸完成。余（津村氏自稱）曩者所以贊成強迫教育產業公會。勞動公會等之發生。即根於第一理由。贊成改革宗教獎勵德育。輔助慈善事業等。即根於第二理由。主張制定工場法。勞動保險法及其他勞動者保護法。即根於第三理由。然改良社會之事業範圍至廣。種類至多。若舉其一部。尚難圖圓滿。況其全部乎。然有志者事竟成。是所深望於國中經世濟民之士。勉爲其難也。

第二編　生産論

第
九
章
—

生産

第一節　生産 Production 者。創造財之價值及增加之之謂 生産之意義
也。易詞而言。生産非創造物。乃創造財。造物之事。決非人
力所能爲。無而爲有。純屬諸上帝及造物主之業。吾人惟以上
帝及造物主己創造之物。受其自然之賜。（如水、火、木、土、
石）加以勞力。使適合人類之欲望。而變天然物爲有用物。以
取其財。或既爲有用者更使成爲有用。既有價值者更使增加其
價值而已。是所謂"生産"。

第二節　然須注意者。即財之價值自然之增加。與所謂生 生産與自然價值之
産。乃判然爲兩事是也。夫生産雖有造成財之價值或增加之之 增加
意義。然而財之價值之增加。有由自然者。有由人爲者。譬如
農夫播種牧穫[①]。是爲由人爲而增財之價值。若現礦於山。湧泉
於地。而得意外之價者。是由自然增加財之價值。又如企築海
塘。收買附近之土地。而博巨利者。是亦由人爲而增加財之價
值。若因市民集居日多。市中房租騰貴。或因鐵路開通。沿路
所有地之價增。而忽獲奇利者。是亦由偶然之結果而增加財之

---

① "牧穫"，有誤，應爲"收穫"。

價值。凡以上依自然偶然之結果。而意外增加財之價值者。皆非生產也。蓋生產者。必須由勤動以無價值之物。而使之有價值。既有價值之物而使之更加其價值之謂也。

生產之種類　　　第三節　復次生產之種類。可分爲三。（第一）以財之變質爲主者。謂之農業。如種棉得棉之類。（第二）以財之變形爲主者。謂之工業。如紡棉成紗之類。（第三）以財之變位爲主者。謂之商業。如自印度輸棉於日本。復自日本輸紗於中國之類是也。

生產之要素　　　第四節　凡生產之時。有不可缺之三要素。謂之"生產要素"。Elements of production 茲列舉如左。

一　土地 Land

二　勞力 Labour

三　資本 Capital

欲明其理。須先知吾人不能以無爲有。故當生產時。第一須

以此可化爲財之原料

其二須

以此可化爲財之力

而生出前者之物。即謂之"土地"。生出後者之物。即謂之"勞力"。且在今日私有財產制度之中。如購土地。必需代金。如雇勞力。必需庸銀。故資本亦不可缺也。茲復分別詳論如下。

第十章

土地

第一節　凡土地加以資本勞力。即有生產之力。如畜牧、種樹、産粟、出金等是也。故謂之土地"生產力"。土地之生產力

註　"土地"者、天然之一部分。指天所與物質之陸地而言。故非天然之土地。不得爲土地。然世間有於天然之上。而半加以人力修治者。又有野蠻半開國之土地與文明國舊開國之土地者。故前者爲天然土地。後者則否。多由過去之勞力與資本化成。故此土地。於今日已成爲一個有力資本、（即爲不動産之固定土地）若僅云爲"土地"。亦缺妥當。以一物（有形物之意）不能創造爲人。雖以人力改良之良土。然尚有以人力不能創造爲天所與之土地之部分在。而此部分與彼部分實難區別。然學問上抽象的區別。則指天所與土地之部分。謂之"土地"。

第二節　土地之生產力。往往因其風土氣候之優劣。交通運輸之通塞。及自然狀態之若何。其間自生差別。然若灌溉之方。施肥之法。水利之便。苟使用得宜。研究精深。則無論何地。亦皆可以增加其生產。是故東西各國之所以常獎土地生產力之增加

勵改良土地者。蓋因是也。

土地報酬漸減之
法則

　　第三節　但土地雖能改良。然其面積有定。故其生產力亦有限。收獲增加至若何程度而止。縱再施以資本勞力。匪獨無增。反以減少。此名爲 “報酬漸減之法則”。一名 “收獲遞減之理”。Law of Diminishing Return 茲舉一例以明之。如有田一畝。投以百圓資本。使用十人勞力。可獲穀十石。若倍加其資本及勞力。投以二百圓。使用二十人。其收獲亦必倍增。可獲穀二十石。此勞費增加而生產力亦增加之證也。若復進之。三倍其資本勞力。投以三百圓使用三十人。則收獲不能得其豫期之三十石。而僅獲二十五石。此勞費雖增加而生產力不能以比率增加之證也。更進之。四倍其勞力資本。投以四百圓。使用四十人。而其結果。全反其豫期。其收獲仍爲二十五石。由是而知其土地生產力之增加必有限度。過是以往。雖若何增加其勞費。亦爲無益矣。

土地報酬漸減之
時期

　　第四節　故無論何地。多受報酬漸減法則所支配。第其時期。則各因其地而殊。攷其所以相異之原因有三。

　　第一　因其人口之密度如何

　　第二　因其地質之良否如何

　　第三　因其文明之程度如何

是也。（一）蓋人口稠密之國與鮮少之國相較。雖在同一面積之土地。其收獲不能不求增。故其行報酬漸減法則之時期爲較早也。（二）即同在一國。良土與瘠土相較。則地力難盡而行報酬漸減之時期爲較晚也。（三）在文明幼

稚之國。不知運用遲延報酬漸減法則之術。而在文明進化
之國。常講求改良農業節省勞力法增加生產法。必使無傷
其土力而後已。則行報酬漸減法則爲遲。此理之常。無足
怪也。

第十一章

勞力

勞動之意義　　　　第一節　　“勞力”者。一名“勞動”。當生産時。人民所用之勤勞也。故學生之球戲體操。士紳之遊山泳水。牛馬之耕田運粟。及以汽運機以風行船等。皆不得謂之勞力。必也用牛耕田。使馬運粟之人。及其勞動等。則經濟學上方謂之勞力。

勞動之二要素　　　　第二節　　勞動之中有二要素。一曰“勞動力”。Arbetiskraft[①]二曰“勞動心”。Arbeitslust 勞動力者。爲吾人類。能有勞動之體力及智力之謂。勞動心者。爲吾人類能有勞動精神之謂。故雖有勞動心而無勞動力。不能謂之勞動。又雖有勞動力而無勞動心。亦不能謂之勞動。是故勞動者。必爲勞動心與勞動力。二者相合而成之結果也。

勞動差異之原因　　　　第三節　　夫同爲人類。而勞動之程度各異。蓋因勞動力與勞動心有大小强弱之差也。而勞動力所以有大小之差者。

---

① “Arbetiskraft”，有誤，應爲“Arbeitskräft”。

（一）緣老幼之殊。（二）緣男女之別。（三）緣體力之强弱。（四）緣智力之多寡。故凡爲政者。不可不講求衞生獎勵體育普及教育之術。其次勞動心所以有强弱之別者。（一）就個人言之。視其有遠慮精神之大小。（二）就國家言之。視其能保護生命財産之安全若何。（三）視其國風尚。能尊重勞動與否。（四）視勞動之報酬。一致與否。由此觀之。國家於提倡獎勵勞動心之道。焉可忽諸。

　　　註　勞動心與勞動力。世人往往混爲一談。以爲勞動力大者即勞動大。實謬之甚矣。使有極大之勞動力。苟無勞動心。於事仍無濟。諺云貪眠神駿。不若勤罷駑馬。蓋即指此。夫勞動力者體也。勞動心者用也。二者相合。然後勞動乃起。以勞動心之大小。與勞動力之大小相若。然後勞動之大小。始能決定。同爲人類。何以人殊而勞動心自異。則第一由於遠慮精神之大小而分。遠慮精神大者。則貯蓄心切。貯蓄心切。則勞動心亦自切。在野蠻人。其勞動力必較文明人爲優。然以十年數十年或至終身之勞動。其結果終不及文明人者。坐不知貯蓄之故。第二由於生產安危若何而分。吾人所以節衣縮食以從事於貯蓄者。欲於養生送死。而無匱乏之故也。苟國不國。日尋干戈。其危險必常及於個人財産。雖有貯蓄心。必蹲循而不敢前。此事所必至者。是知於亂世勞動心必減少。於治世勞動心乃增加。第三由於社會尊重勞動與否而分。如日本方其封建時代。恆蔑視農工商而重視武士。則人心亦自先武士。而殿他業。苟能尊重勞動。則人心亦必反之。第四由於勞動之報酬一致與否而分。夫勞而無酬。不勞亦飽之。奴隸勞動。稽其實際。於雇主匪獨無豪髮之益。且有邱山之害也。

　　　第四節　夫僅云勞動。乃概括之詞。尚不足盡其區別。　　勞動之種類若析之（一）凡以精神勞動爲主者。曰“精神勞動”。geistige Arbeit（如技師之勞動）以肉體勞動爲主者。曰“肉體勞動”。Korperliche Arbeit[①]（如職工之勞動）（二）直接爲己身之勞動者。曰“獨立勞動”。Vuabhangige Arbeit[②]（如自耕之勞動）直接爲他人之勞動者。曰“非獨立勞動”Abhongige Arbeit[③]（如雇工之勞動）（三）須熟練之勞動者。曰“熟練勞動”。geschulteod qualifizierte Arbeit[④]（如畫工之勞動）無須精練之勞動者。曰“普通勞動”。（如門丁、小使、及荷簣者之勞動）

勞動者與勞動問題　　　第五節　於上所舉之中。凡從事精神勞動、獨立勞動、及精練勞動[⑤]者。多屬於有資產之人。從事肉體勞動、非獨立勞動、及普通勞動者。多屬於無資產之人。然前者競爭少。後者競爭多。且前者居社會之中級。故地位常安。後者居社會之下級。故地位常危。是故今日社會問題及勞動問題。常博識者之同情者。實非前者而在後者也。

協力與分業　　　第六節　茲復當研究者。以若何方法。而使勞動效果增加之一問題。夫勞動心與勞動力必使之强大。固已。然其外則首當使勞動者、運用機器一也。使勞動者、協力分業二也。第一之說明。當俟諸次章。茲就第二者略述之。協力 Co-operation 者。集二人以上之勞動者。同時從事同種類之力作。以圖事業之完成也。如輓車之夫。使一人曳之。決不

---

① “Korperliche Arbeit”，有誤，應爲“Körperliche Arbeit”。
② “Vuabhangige Arbeit”，有誤，應爲“Unabhängige Arbeit”。
③ “Abhongige Arbeit”，有誤，應爲“Abhängige Arbeit”。
④ “geschulteod qualifizierte Arbeit”，有誤，應爲“geschulte qualifizierte Arbeit”。
⑤ “精練勞動”，有誤，應爲“熟練勞動”。

若三四人曳之。漁魚之子。使一人網之。亦不若三四人網之。
此其明證、故事有不協力而不能成者。以協力成之。不協力
事雖成而成難。以協力而成易者。亦以協力成之。復次。分
業 Division of labour 者。集二人以上之勞動者。同時從事異
種之力作。以圖事業之完成也。如業扇者多用竹。竹有破之
者。以之作扇。有造骨者。然扇非僅以竹而能成。必須用紙。
於是有裁紙者。貼紙者。若成全扇。尚有裱師畫師等。扇業
雖微。析之如是。其他更可知矣。雖然分業離協力而難成。
故無協力之分業。不能謂之分業。故分業者恆以協力爲前提。
以協力而分業也。是以分業之道。自一面觀之。常爲一種之
協力。惟二者之異。分業非直接之協力。而間接之協力。非
單純之協力。而複雜之協力。而單純之協力。尤得以人力補
助機器之發明。必使其工減之又減。反之分業與機器之發明
愈益加重也。

第七節　然分業之利益若何。略舉之可得五焉。（一）得　分業之利①
使人各審其材之所長。而專其業。（二）因業分則事簡。故
職工得易於習練。（三）用意專則機巧日出。（四）工作專則
無廢時。（五）綜以上四者。有可使產業增進。工業改良。
費用節減。競爭力加厚之利。

　　　註　英人斯密亞丹②氏之言分業之利曰。譬如業鍼者。分其事
凡十七八。或以手或以機。咸析而爲之。未有兼者。則計一日之功。

---

① 目次爲“分業之利益”。
② “斯密亞丹”，即亞當·斯密（Adam Smith，1723—1790），英國經濟學家，古典政治經濟學代表
　　人物。

可得八萬六千鍼。或有過者。使以十八人爲此。是人各日得四千八萬①鍼也。往者不分其業。則一人之力。雖至勤極敏。日不能二十鍼。今也分其業而爲之。則四千鍼而有餘裕。然則以分業之故而益人力二百倍有餘也。

　　但斯密氏成書於百年以前。所言情形。與今尚有差異。蓋現今之業鍼者。析其事至七十二或九十二之多。且因其分業愈多。而其收獲益大。

　　據色理苦曼②氏所調查。現今美國東部業韡者。分其事至百七十類。業鐘表者。於精巧之工作。已分其事至千八百八十類矣。

分業之害③　　　第八節　凡事有利必有害。分業亦然。分業之害略舉之亦有五焉。（一）專攻一事。技術必偏。若一旦廢置。必成爲無用之人。有窮於衣食之患。（二）專攻一業。終身不更。則精神易鬱。有害身體之健康。（三）分業既多。相聯必衆。苟一部忽起恐慌。而他部必有被波及之虞。（四）既爲分業。事必簡易。工人可無選擇。則男女同工。老幼雜作。亦勢所必至。此莫能免者。則勞動之間。自起競爭壓迫之慮。（五）綜以上四者。對於社會上。則使勞動者之身分日下。對於雇主。則使勞動者之地位愈卑也。

分業之程度　　　第九節　分業既不能免一利一害。然細案之。其中受害者。多爲工人。收利者多爲雇主。其所以盛行不已者。以凡

────────────

① “四千八萬”，有誤，應爲“約四千八百”。
② “色理苦曼”，日語原文爲“ゼリグマン”，即埃德溫·羅伯特·安德森·塞利格曼（Edwin Robert Anderson Seligman，1861—1939），美國經濟學家，美國經濟協會創辦人之一，著有《歷史的經濟學闡釋》。
③ 目次爲“分業之弊害”。

事業之起。工場之設。皆操之於資本家。資本家因其業愈分
而收獲愈厚。則利之所在。忘其他焉。雖然依事業之性質。
亦有不能分者。（如農業）又有其性質雖能分。而需用無多。
（如限於一部分上流社會之奢侈品）或銷場狹小者。（如限於
一地方需用之商品）苟亦盛行分業。則匪獨無益且招大損。
蓋分業非用以節省資本也。即再增加其資本。亦所不辭。惟
依資本增加之比率。而產額加多需要加廣。銷行加暢。則分
業之效果乃見矣。是以分業之程度。以需要之大小爲比例。
而分業之效果以銷場之廣狹而決定也。故雖在今日各國。鄉
邨中雜貨店仍多。都會中行號商乃盛者。職是之由。

　　第十節　以上所舉。第論"勞動上之分業"。Division of 分業之種類
Labour 而未及"生產上之分業"。Division of production 夫同
爲勞動之事。其中有專事農業者。專事工業者。專事商業者。
專事漁業者。專事林業者。即於農業之中。又有耕耘（如田
夫）種植（如菜戶）之分。於工業之中。又有絲業、布業、
毛業之別。於商業之中。又有小賣販賣之異。其餘各業。若
折[①]論之。亦無慮數種。故雖云勞動上之分業（技術的分業）
而亦可云生產上之分業（社會的分業）也。而社會的分業。
因其分業所行地域之大小。復可分爲"地方的分業"。Local
division of labour 與"國際的分業"。International division of
labour 二種。蓋一國之內。以其地氣候土宜不同。於其生產。
亦各不同。如甲地所產者。乙地未必稱是。乙地所產者。甲

---

① "折"，有誤，應爲"析"。

地亦未必稱是。國際亦然。凡產於甲國者。非必即產於乙國。以日本而論。北海道產海味。九州產煤。東北產馬。關西產牛。此謂之國內地方的分業。以世界而論。中國產絲茶。美國產煤油五穀。英國產棉布機械。法國產綢綾化粧品等。此謂之世界國際的分業。然內國商務恒起於地方的分業。國際商務。恒起於國際的分業。此至易明者也。

第十二章

资本

第一节　資本者。以供生産費用爲目的之貯蓄財産也。資本之意義
凡財産必爲一人所有財之集合體。而得充足吾人一切欲望
者。故於財之中。財産之中。及資本之中。有貨幣、有房屋、
有田地、有山林、有機器、有食物等。若僅爲所有而止。則
不過財産耳。若以之供生産費用。則化爲資本矣。要之資本
者其實不外財産。但非窖藏之財産。而爲活用之財産。供享
樂之財産。不能①即稱之爲"享樂財産"。惟供生産用之財産。
乃爲"生産財産"。

第二節　無論於個人於國家。其欲構成資本。增加資本構成資本之原因②
者。常有二道。第一、由生産所得之財。以增加財産。第二。
由貯蓄所得之財。再利用之。以爲生産。由是而知。必賴人
民能勤儉貯蓄。則國富家興之基。權輿於此矣。

第三節　於資本之中。由其構成財之種類若何。其區別資本之種類

---

① "不能"，疑當爲"只能"。
② 目次爲"資本構成之原因"。

有二。

　　一　流動資本 Circulating capital

　　二　固定資本 fixed capital

是也。流動資本者。僅供一囘生產使用。即失其全部效用之謂。譬如貨幣、食物、燃料、原料等。固定資本者。供一囘生產使用不過失其一部之效用。更可再四供其生產使用之謂。譬如機械、器具、工場、舖面等。

機械之使用

　　第四節　茲須注意者。依事業之種類。有流動資本多者。有固定資本多者。其事至繁。莫能悉數。若概論之。緣近日大企業之發生。凡百事業。固定資本皆次第增加。而於使用機械爲尤甚焉。

使用機械之利害①

　　第五節　使用機械。何以甚熾乎。曰、使用機械。有數利焉。（一）可增進產額。（二）可改良品質。（三）可節省勞費。（四）可低廉物價。（五）可與外界競爭。（六）可化難爲易。有此數者。故近日各國。皆從事發明機械且盛行使用機械也。然而使用機械。亦有數害焉。奪手工者之職業。一也。使勞動者之地位、益加薄弱。二也。易招生產過剩、致時起恐慌。三也。

使用機械之條件②

　　第六節　但使用機械。不惟發生一利一害而已。當其使用時。第一、其事業須有單純之性質。得輾轉循環。爲同一之作用者。第二、其物品須銷場廣大。而生產須需要多額者。第三、於庸銀昂貴之國。可省勞力而得厚利者。

---

①　目次爲“機械使用之利害”。
②　目次爲“機械使用之條件”。

　　註　如彫刻、繪畫、及其他美術、工藝修繕事業。雖盛行機械之今日。仍不能以機械代之。此據第一之理由也。日本醬油股份公司。其釀造工作。皆用機器。出産恆多。而各地醬油作坊。尚不受其影響者。此據第二之理由也。於美國則使用機械者多。於日本則使用機械者少。則據第三之理由也。若謂不拘何時何事。一使用機械即得厚利。亦無有是處。

第十三章

企業

企業與生產之要素①　　第一節　如上所論。凡生產之道。必須具備土地資本勞力之三要素。夫要素既具。不可不思所立生產之方。但生產要素者。不過於生產時。爲不可缺之資料。而集是資料。以謀生產。方謂之"企業"。Enterprise 反是則生產無由起也。

企業之意義與發達　　第二節　企業者何。曰以營利爲目的之事業者也。夫自耕自食非以營利爲目的者。不得謂之企業。又自耕以供人食。自種者偶以求售。出於一時。非以爲業者。亦不得謂之企業。是故企業之法。非古所傳。蓋因交通經濟之發達而來。在今日交通經濟發達之時代。除一二例外。凡一切生產。皆以營利之目的爲常業。商業固然。即工業、農業、漁業、林業、鑛業等。亦莫不皆然。

企業之種類　　第三節　自各方面以觀察企業。因其性質。得分爲數種。

　　第一　自其規模上觀之。可分爲

---

① 目次爲"企業與生產要素"。

　　　一　大企業 Enterprise on a Large scale

　　　二　小企業 Enterprise on a small scale

　第二　自其主格上觀之。可分爲

　　　一　公企業 Public enterprise

　　　二　私企業 Private enterprise

　第三　自其組織上觀之。可分爲

　　　一　個人企業 Individual enterprise

　　　二　共同企業 Associated enterprise

茲逐條説明如左。

　　第四節　凡企業之内。有以多量之生産及販賣爲目的之大企業與小企業
大規模者。有以少量之生産及販賣爲目的之小規模者。前者
謂之"大企業"。後者謂之"小企業"。然是等區別。必以爲
工場工業及手工業之分。行號商與小賣商之別者。亦無有是
處。蓋手工業之産額。恆有超於小工場工業之産額故也。又
近世歐美諸國所風行之"百貨商店"Department stores 雖名
爲小賣。而其生意。實過於行號商遠矣。

　　第五節　欲知大企業與小企業之得失利害若何。必依銷大企業與小企業之
優劣
路之大小而分。其銷路大者。則爲大企業。小者則爲小企業。
（參照第十三章第九節第十二章第六節）但尚不能以此而判
其優劣。在文明益進之世。大企業勢必優於小企業。因大企
業。較小企業資本雄厚。可以盛行分業。廣用機械。而其利益。

　第一、大企業可以增加生産及産額。

　第二、大企業可以減少生産費。增加收益。

　第三、大企業可以低廉賣價。擴張銷路。

是也。夫文明進步。必促交通發達。因交通發達。必助銷路擴張。因銷路擴張。必使企業勃興。然企業勃興之極。亦不能全無害於社會。蓋（一）釀獨占市場之弊。（二）促中產者減少之弊。（三）使社會失其調劑之弊也。

公企業與私企業

第六節　次論公私之企業。夫公企業者。爲公共團體之企業。如日本之國有鐵道煙草及食鹽專賣。東京市之市有電車等。其他國家及自治團體之企業。皆屬之。私企業者。爲私人之企業。如各公司、工場及一般私有企業。皆屬之。往者企業。多爲私企業。近世各國家及自治體。因職務日繁。經費加多。且以社會政策之必要。而公企業亦次第增加。

個人企業與共同企業

第七節　復次。論企業之單複。所謂個人企業者。爲一個人單獨經營之企業也。共同企業者。爲二人以上共同經營之企業也。如日本住友家①之銅山業。鴻池家②之銀行業。皆爲個人商店。此屬於個人企業。東京之第一銀行③及各公司。皆爲共同商店。此屬於共同企業。

個人企業與共同企業之優劣④

第八節　個人企業共同企業二者。若比較而論其優劣。則（一）於個人企業。其企業上之損益。全歸諸一人。因其利害關係至切。勢必勤於職務。雖毫厘之微。亦不敢輕忽。則事業之基。緣是愈加鞏固。若夫共同企業。其企業上之損益。分歸之於各股東。因其利害關係不深。自必缺於忠實。

---

① “住友家”，即住友財閥，由日本江戶時期住友家族發展而成的財閥，第二次世界大戰前日本四大財閥之一。
② “鴻池家”，江戶時期大阪城有名的貨幣兌換金融商。
③ “第一銀行”，1873 年 7 月根據《國立銀行條例》，由三井、小野兩家兌換店出資組建，以發行紙幣、經理政府財政收支爲主業。1896 年改稱第一銀行股份公司，成爲普通商業銀行。
④ 目次爲“個人企業共同企業之優劣”。

流於放逸。則事業之基。緣是而生薄弱。（二）於個人企業。其經營時。可免他人之牽制。處理事務。得敏活之利。而於事業之擴張、縮小、及變更等。皆可相機而行。若夫共同企業。事業既屬共同。則行動必須會議。因是常逸時機。而失利益。第以上所述。僅舉個人企業之長共同企業之短也。反而觀之。（三）於個人企業。其資本常限於一人。然一人之資本有時而盡。往往不能應其需要而增加。則其事業之範圍自狹。規模自小。若夫共同企業。則可應事業之需要。隨時增加資本。擴張事業範圍。（四）個人企業。其信用必歸諸一人。故以企業家一身之盛衰存亡。即可卜其事業之盛衰存亡。至于共同企業。其信用分歸諸股東。即其中有二三破產或死亡者。然其事業仍無動搖。由是而知。個人企業之所長。即共同企業之所短。個人企業之所短。即共同企業之所長。二者各有所長。各有所短。未可以一方面而概論之。然徵諸今日之大勢。則可斷言共同企業。爲適於時勢。蓋今日企業之成敗。恆視其資本之厚薄。資本愈厚則愈優。愈薄則愈劣。所謂資本萬能之時代。即指此也。

　第九節　共同企業。其爲近世企業之特色如此。然其形式各別。若分之。（一）由人力結合者。謂之"產業公會"。Industrial Associations（二）由資本結合者。謂之"公司"。Companies（三）由事業結合者。謂之"企業同盟"。Industrial Combinations 然產業公會。多屬中產以下之人共同企業。公司多屬中產以上之人共同企業。而企業同盟。多屬富室之共同企業。以此三者而比較之。則產業公會爲小企業。公司爲大企業。企業同盟則爲大企業中之大企業也。

產業公會之種類　　　第十節　產業公會因其目的不同。分爲四種。

一　信用公會 Credit Associations

二　販賣公會 Sale Associations

三　購買公會 Purchase Associations

四　生產公會 Production Associations

夫"信用公會"者。以公會員之協力。而組織共同金融機關之謂。凡公會員。因此可得存儲之便利。資金之通融。"販賣公會"者。以公會員之協力。而組織混同販賣機關之謂。凡公會員。因此可得直接販賣之便利。并可免經紀之壟斷利益。"購買公會"者。以公會員之協力。而組織共同購買機關之謂。凡公會員。因此可得直接購買之便利。亦可免經紀之壟斷利益。"生產公會"者。以公會員之協力。而組織共同生產機關之謂。凡公會員。因此可應其生產需要之原料與機械。而得獨立自營之便。然在日本。依其生產公會法。如以上四種公會。得互相合併而兼營之也。

註　日本德川時。二宮尊德①氏創立"報德社"②。亦爲一種信用公會。至今駿遠③地方。尚爲風行。若以法律認爲信用公會及各種產業公會。則實在明治三十三年三月第三十四號所公布之產業公會法④耳。爾來日政府益加獎勵。其公會設立之數。已踰八千有奇。茲

① "二宮尊德"，又稱金次郎（1787—1856），日本江戶末期農政家、思想家。
② "報德社"，日本江戶時期在二宮尊德的指導下，由小田原商人建立，旨在改善極度貧困農民生活的民間金融組織，成立於天保十四年（1843）。
③ "駿遠"，指日本靜岡縣的駿河、遠江地區。
④ "產業公會法"，即《產業組合法》。產業組合是指農村合作社，《產業組合法》於明治三十三年（1900）公布。

揭其内容如左。

信用公會	二、三八六
販賣公會	二二三
購買公會	七七九
生產公會	八九
販賣購買公會	五二四
生產販賣公會	一四二
生產購買公會	五一
生產販賣購買公會	二二九
信用販賣公會	三八四
信用購買公會	一、四六二
信用生產公會	一三
信用販賣購買公會	一、二九六
信用生產購買公會	二〇
信用生產販賣公會	三六
信用生產販賣購買公會	四三三
合計	八、〇六七

按"公會"二字。日文作"組合"。曩者譯本。概多仍用原文。未加更易。近日吾國學者間。乃改作公會。今從之。以下倣此。

第十一節　產業公會之目的。在使小企業家。發達其勤 產業公會之目的儉貯蓄與協同一致之精神。故於金融販賣購買、生產諸業。以啓小制大之途。漸演漸推。庶免受大企業之壓抑。而維持一國社會中堅之中等社會之運命也。

第十二節　　因公司之組織不同。其種類有四。 公司之種類

一　無限公司 Ordinary Partnerships

二　兩合公司 Limited Partnerships

　　三　股分有限公司 Joint Stock Companies

　　四　股分兩合公司 Joint Stock Limited Partnerships

“無限公司”者。爲無限責任股東所組織之公司。（如公司條例第九條至七十九條所規定）“兩合公司”者。爲無限責任股東與有限責任股東組織之。有限責任股東。以額定出資爲限。對於公司而負其責任。由此二種股東所組織之公司。（如第八十條至九十六條規定）股分有限公司者爲限於所有股票之股本。以有責任股東所組織之公司。（如九十一條至二百二十九條所規定）“股分兩合公司”者。與兩合公司略同。爲無限責任股東。與有限責任股東。組織之。有限責任股東。以額定出資爲限。惟其中至少須有一人負無限責。所組織之公司。（如二百三十條至二百九十條所規定）

公司之優劣　　　　第十三節　以組織之鞏固。信用之深厚而言。則無限公司爲最優。兩合公司次之。股分有限公司爲最劣。然以組織之容易。集資之便利而言。則股份有限公司爲最優。兩合公司次之。無限公司爲最劣。而股份兩合公司。則無論自何方面而言。皆得其中。總之。無限公司與兩合公司。多屬於個人企業。故個人企業之所短長。常兼備之。股分有限公司與股分兩合公司。屬於共同企業之尤者。故共同企業之所短長。亦常兼備之。故欲知各種公司之優劣。如前所述個人企業與共同企業之所長所短相若。初無何種之特殊也。

　　註　日本組織各種公司。起於明治初年。因泰西文物制度輸入以後。乃始發生爾來急足進步。據明治四十二年十二月末所調查其盛況如左。

公司數		所投之資本	公積金
無限公司	二、二四四	一三六、〇三八	四二、五四六千円
兩合公司	四、四六九	一〇六、六一四	一六、六一九
股份有限公司	四、八三六	一、一二四、五一四	二八七、三二四
合計	一一、五四九	一、三六七、一六四①	三四六、四九一

又據明治三十九年所調查之公司種類。列之如左。

公司數			所投之資本	公積金
無限公司	農業	四二	六七一千円	四千円
	工業	四五八	一八、一四五	九、六七八
	商業	八八一	四三、二四二	二六、五二九
	交通業	七七	六二四	八六
	合計	一、四五八	六二、六八三	三六、二九九
兩合公司	農業	一一四	一、〇八一	四一
	工業	一、一七二	三〇、七三二	一五、四一六
	商業	一、九六三	三二、一六〇	七、四〇三
	交通業	七七	六二四	八六
	合計	一、四五八	六二、六八三	三六、二九九
股份有限公司	農業	九八	三、一一七	二七三
	工業	九一五	一九七、九九〇	三六、五七三
	商業	二、九九六	四二五、一八五	一三三、二七二
	交通業	二八〇	三一三、四二〇	二五、五六七
	合計	四、六九	九三九、七一四	一九五、五七六
合計	農業	二五〇	四、八七〇	三一七
	工業	二、五四五	二四六、八六八	六一、五六七
	商業	五、八四〇	五〇〇、五八八	一六七、一九六
	交通業	六九四	三一七、三七八	二五、九一〇
	合計	九、三二九	一、〇六九、七〇六	二五四、九九二

---

① 此處底本數據如此，疑有誤。後文表格中的合計數據多存在此種情況，不一一注解。

	公司數	所投之資本	公積金
股份有限公司	四八三六	三二四五一四	二八七三二四
兩合公司	四四六九	一〇六一四	一六六一九
無限公司	二二四四	一三六八	四二五四六
合計	一一、五四九	三三六七、一六四	三四六四九一

又據明治三十九年所調查之公司種類列之如左。

		公司數	所投之資本	公積金
無限公司	農業	四二	六七一 千円	四 千円
	工業	四五八	一八一四五	九六七八
	商業	八八一	四三二四二	二六五二九
	交通業	七七	六二四	八六
	合計	一四五八	六二六八三	三六二九九
兩合公司	農業	一一四	一〇八一	·四一
	工業	二一七二	三〇七三二	一五四一六
	商業	一九六三	三二一六〇	七四〇三

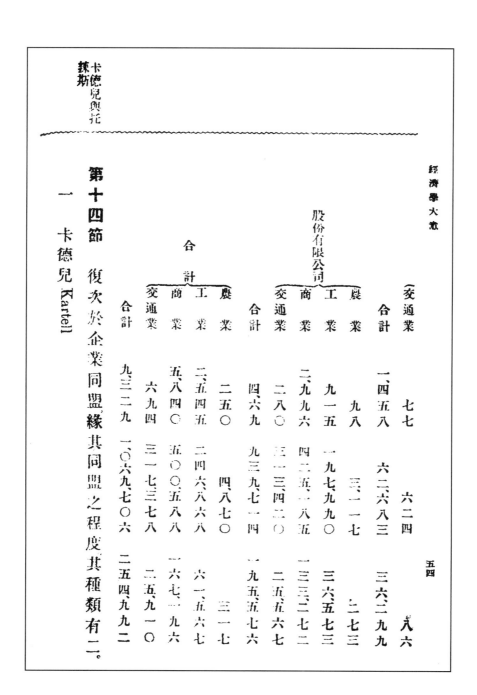

交通業	七七	六二四	八六
合計	一四五八	六二六八三	三六二九九
股份有限公司 交通業	二八〇	三一三四二〇	一三三二七二
商業	二九九六	四二五一八五	二五六七
工業	九一五	一九七九〇	三六五七三
農業	九八	三三一七	二七三
合計	四六九	九三九七一四	一九五五七六
農業	二五〇	四八七〇	三一七
工業	二五四五	二四六八六八	六一五六七
商業	五八四〇	五〇五八八	一六七三九六
交通業	六九四	三一七三八	二五六九一〇
合計	九三二九	一〇六九七〇六	二五四九九二

第十四節　復次於企業同盟，緣其同盟之程度，其種類有二。

一　卡德兒 Kartel]

卡德兒與托辣斯　　　　第十四節　復次於企業同盟。緣其同盟之程度。其種類有二。

一　卡德兒①Kartell

二　托辣斯②Trust

"卡德兒"者。因避相互之競爭。增進相互之利益爲目的。由同種企業家所聯合者也。托辣斯者。以獨占市場爲目的。由同種企業家所合同者也。以故前者可名爲"企業聯合"。後者可名爲"企業合同"。至論其差別（一）卡德兒本爲企業聯合。即其成立之後。各企業家仍不失爲獨立。惟於其所協約之事項。（如賣價、銷路、及生產額等）束縛其一部分之自由而已。然托辣斯本爲企業合同。故其成立之後。各企業家即失其獨立而別成一工場。（二）卡德兒既爲企業聯合。故依其聯合時期消滅而消滅之。爲一時性者。然托辣斯既爲企業合同。故合同之後。特種工場即成立。不易消滅如企業聯合。爲永久性者。（三）卡德兒本以避自由競爭而設立。故出於消極的目的爲多。托辣斯本以獨占市場而設立。故出於積極的目的爲多。

　　註　卡德兒由其協約之業務種類。而區分爲數種。（一）結生產額之協定者。爲"生產卡德兒"。（二）結銷路之區分者。爲"銷路卡德兒"。（三）結賣價之共同一律者。爲"賣價卡德兒"。（四）結純益之分配者。爲"純益分配卡德兒"。（五）結販賣之共同者。爲"販賣卡德兒"。如上所述諸種卡德兒。若爲一國或世界同業所聯合、協約、

① "卡德兒"，今譯爲"卡特爾"。
② "托辣斯"，今譯爲"托拉斯"。

同盟之時。於一國或世界之市場。以避同種企業家之競爭。而圖事業之安全者。亦然。

　　第十五節　由此觀之。卡德兒者。聯合團體也。托辣斯者。統一團體也。卡德兒者。混合物也。托辣斯者。化合物也。緣是而知。托辣斯其組織堅固。而卡德兒其組織薄弱。托辣斯其利害全歸於一。卡德兒其利害分散於旁。故托辣斯較諸卡德兒。其事業之統一。行動之敏活爲優。且其收益亦厚。更易而思之。卡德兒似地方分權。托辣斯似中央集權。卡德兒似合議政治。托辣斯似專制政治。故卡德兒之成功收益爲小。而損失亦小。托辣斯之成功收益爲大。而損失亦大。復緣是而知卡德兒之成功易。托辣斯之成功難。其究也。托辣斯者。義如其名。處理事務之全權。非限於能勝厥任及信用厚者。（被信托者 Trustees）無由發生。

　　第十六節　然卡德兒與托辣斯。亦不無相似之點。論其大體。其起因同。其手段同。其影響亦同。蓋皆起源於近世企業之弊害及生產過剩而發。因生產過剩之極。自來競爭激烈。競爭之極。自來物價低落。物價低落之極。自必講求救濟之方。故卡德兒生焉。以此而防生產過剩。避自由競爭。崇高物價。增加利益。鞏固事業。再進而圖之。則托辣斯生焉。於是乎市場獨占。物價騰貴。及一般消費者受損等弊。次第咸集。故近日排斥托辣斯問題。油然而生。良有以也。

卡德兒與托辣斯之
優劣

卡德兒及托辣斯之
起因與弊害①

---

① 目次爲"卡德兒與托辣斯之起原及其弊害"。

　　　　註　近世各國卡德兒與托辣斯之組織。在在皆是。亦云盛矣。然玫其中。於德國則卡德兒爲多。美國則托辣斯爲多。德國自千八百九十年來。已極風行。現今德意志之主要工業中。呈此狀況者。約達四百之多。而加盟之公司。則萬二千餘矣。

　　　　美國自其路克非拉①氏煤油托辣斯（即斯坦特煤油托辣斯我國稱之爲美孚洋油公司②Standard Oil Trust）大成功後。各種事業。都爭相傚行。據最近所調查。其數可得四百。其資本約達九十億云。

　　　　且其中。稱爲世界最大之托辣斯者。（即合衆國製鋼公司③。United States Steel Corporation）於千九百一年。由七百八十五公司。以十四億打拉④之資本合同組織之。雇工凡十六萬八千。今美國製鐵總額六成或八成。皆出於該公司也。

---

① “路克非拉”，即約翰・戴維森・洛克菲勒（John Davison Rockefeller，1839—1937），美國企業家。
② “美孚洋油公司”，即標準石油公司（Standard Oil Company）。
③ “合衆國製鋼公司”，即美國鋼鐵公司。
④ “打拉”，dollar 的音譯。

第三編　交易論

第十四章

交易

第一節　交易 Exchange 者。財之交換也。而財之交換交易之意義有二種。其一以財與財直接交換。謂之"實物交換"。Barter 如以粟易布之類。其二以貨幣爲媒介之間接交換。謂之"賣買"。Sales 如匹布值銀一圓之類。夫如是然後交換者。雙方各得以比較的無用之財。交換比較的有用之財。其道與生產相似。用以充足各人之欲望。增進各人之幸福也。

第二節　在今日交通經濟時代。凡由生產至消費之間。交易之發生恒必起交易。故交易之道。非昔所傳之經濟現象。蓋曩者於自給經濟時代。人民各自生產各自消費。鮮與他地交通。故少交易。其後入於交通經濟時代。初以直接交換。及貨幣次第發生。乃以貨幣爲易中。而生間接交換。然時勢推移。其所以有交通交換者。有三原因焉。

第一　欲望之發達

第二　分業之盛行

　　第三　私有財産制

　　（一）方人類欲望。其在單純之時。交易自不起。及趨於複雜。以其一身之力。供一身之需。決不能足。勢不得不假借他力。故交易斯起。（二）欲望發達之後。必須假借他力。此無地殊人異。大抵皆然。第假借他力。以充己身欲望者。依何種方法而行之乎。則分業是也。夫甲專甲業以生財。乙專乙職以生財。而甲乙互相交換其財。故交易又起。（三）在共有財産制度中。分業雖起。而交易未生。惟共同生産之。而共同消費之耳。及其後私有財産制度興。諸財各有所屬。故交換起而交易生也。

交易之發達　　第三節　交換既起交易既生以後。緣文明進步。而度量衡、貨幣、信用、銀行、及貿遷公司等。各種交通機關之整理。與輪船、鐵路、郵政、電報、及電話等。各種交通機關之普及。皆促交通發達範圍擴張。於國內之交易。即"內國商業" Home Trade 日見繁盛。於國外之交易。即"外國商業" Foreign Trade 亦日益發達也。

　　註　文明進步以後。不惟交通機關擴張。範圍膨脹。而於交易之形式。亦着着進化。於本章第一節。已略述之。但當時之交易爲

　　（一）財與財之交換（即自給經濟時代）

　　及貨幣發生。則爲

　　（二）財與貨幣之交換（即貨幣經濟時代）

　　最後因信用發生。則爲

　　（三）財與信用券之交換（即信用經濟時代）

　　其詳請俟諸信用章述之。

　　第四節　要之。交通經濟發達之今日。吾人由生產而得　　交易與價格①
財。由交易而厚財。易詞言之。吾人由生產而造財之價值。
由交易而厚財之價值。蓋交易者。以輕價值之物而得重價值
之一手段也。所謂財之交換。其實不外價值之交換。交易問
題。其實不外價格問題。欲知其價值若何。請於次章述之。

---

①　目次爲“交易與價值”。

第十五章

價值

第一節　夫財本以充足吾人之欲望者也。（參照本書第二章）而其所以能充足吾人欲望之性質。謂之財之"效用"。Utility 對此効用。爲吾人主觀的認識之程度者。謂之財之價值。Value 財之效用。原爲財所附着之性質。而財之價值。則在人對於財之認識。故財之效用。爲客觀的。財之價值。爲主觀的也。是以一定財之效用。恆有一定。而一定財之價值。則往往因人而異。財之性質未變時。財之效用亦不變。而財之價值。則千變萬化矣。茲舉一例以明之。金表之價值。常因人而異。縉紳與編氓。而生大差。又因既有之縉紳與未有之縉紳。亦自殊也。

効用與值價 ①

註　財之價值。不惟因人因地而殊。且因時因習因法而亦異。蓋財之價值。原起於人之欲望。欲望者。因時因習因法而增減消長之者也。當日本明治維新以前。歐風未播。凡西服皮靴洋杖等。在當時日

---

① "值價"，有誤，應爲"價值"。目次中亦爲"價值"。

人。目中視之幾無價值之可言。及維新以後。禁止帶刀令改革服制令既發。事事皆尚歐風。則除軍人而外。對於日本刀之欲望忽減。（按日本昔時士紳有佩刀之習）而甲冑戈矛等。已成博物院長物矣。而於西服皮靴洋杖等之欲望。反因之而甚熾。其價值遂益增高。又如我國。自民國成立以來。剪辮易服命令發布後。則辮線補掛[①]朝珠花翎袍掛[②]等。亦無復有人過問者。前此視爲寶重之物。至今已成一文不值。而西服西帽皮鞾等。其價值亦遂增高矣。

第二節　故知爲雖[③]同一財之效用。其價值常異。非僅異人而殊。即同爲一人。亦常變更。蓋財之價值。原對於人之欲望而生。依其欲望之程度而定。更進而論之。價值之起。本於人之欲望。又不僅因人而異。即同一之財。對於同一人之欲望。足之則減少。不足則增加。是故一定之財。對於一定人之欲望。而與其財之存在量爲反比例。一定之人。對於一定財之價值。而與其財之存在量亦爲反比例。 欲望與價值

第三節　夫一種之財。常有二種之效用。其一以此即得使用之效力者。其二以此得與他之財而交換者。充饑米粟之效用。屬於前者。以此而得貨幣之效用。屬於後者。故於同一之財。而生二種價值。其能即時得使用財之價值。謂之"使用價值"。Value in use 而得與他物交換財之價值。謂之"交換價值"。Value in Exchange 由是而知。使用價值。基於消費而生。交換價值。基於交換而生。而彼所謂"價格"者。亦實基於交換價值而生者也。 價值之種類

---

① "補掛"，有誤，應爲"補褂"。
② "袍掛"，有誤，應爲"袍褂"。
③ "爲雖"，據文意，當作"雖爲"。

第十六章

價格

第一節　夫財之價值。非即爲財之效

用。而對於財之效用。爲人主觀的認識之程度。故財之價值因人而異也。即同

一之財。而人不同。則所認識使用價值亦不同。如甲不欲甲

財。而欲乙財。乙不欲乙財。而欲甲財。於是甲乙之間。交

換乃起。甲乙財之間。交換價值乃生。然交換價值。亦全由

人之主觀而定。莫有一律者。於是其間乃起交涉。妥協既成。

則交換差率始定。所謂交換差率。即爲甲乙財之"價格"。

Price 故財之價格者。因與他種財相交換而得之差率也。

第二節　準是。則價格同於交換價值。由交換所發生之

經濟現象。在無交換之自給經濟時代。自無價格可言。迨交

通經濟時代。始有價格發生。然當時之交換惟財與財之直接

交換。而財之價格實爲財與財之交換差率而已。自貨幣發生

以來。然後一切交換。皆以貨幣爲易中。乃成賣買。而財之

價格。爲與貨幣之交換差率。以貨幣之分量爲標準。例如甲

價格之意義

貨幣與價格

地百圓。乙山千圓之類是也。

　　第三節　然所謂甲地百圓乙山千圓者則其價格究依何 價格決定之法則 ①
法而定之乎。又如今日米價。每石十圓。明日則十一圓。再
明日則九圓。如此價格。亦依何法而變動之乎。無他。由於
需要與供給之關係而生耳。然需要與供給之關係。復依何法
而定之乎。請先論需要。夫需要之價格。

　　第一　由買者所認價值之多少

　　第二　由買者購買力之大小

　　第三　由買者競爭之無強弱

而定之。何則。（一）凡人對於財。苟有需要。始能認其有
價值。不認其有價值。則需要不起。故所認價值小者。則需
要小。所認價值大者。則需要大。故買者所認價值之多少。
則第一需要之程度乃定之。（二）然需要者。非單指某人欲
某財。果若是則一物之上。無不存需要之道。而經濟學所謂
需要。實爲欲買之之物。與欲賣之之物。而可看做爲財之價
額。更析之則不可不具備二條件。

　　第一　某人需某財

　　第二　某人提出某財之價格。有相當之貨幣力。可
　　爲值者

而提出此貨幣力。謂之“購買力”。Purchasing Power 因其購
買力之大小。則第二需要之程度。乃定之。（三）若買者間。
競爭激烈時。則需要必增。故其結果。實成反對。是以買者競
爭之有無強弱。則第三需要之程度乃定之矣。次論供給之程度。

───────────

① 目次爲“價格決定之方法”。

第一　由賣者所認其貨幣價值之多少

第二　由賣品生産費之大小

第三　由賣者競爭之有無強弱

而定之。何則。（一）凡財之買賣。在賣（供給者）者認其買者。所提出代價之貨幣。足以當其價值與否而定。若不認爲有價值。則供給不起。價值小者。則供給小。大者則供給大。故賣者所認貨幣價值之多少。則第一供給之程度定也。（二）設反而思之。於今日市場對於需要而供給者。必因供給而可得利益。由供給所得之利益。其財常限於生産費以上乃賣之。若能高於生産費以上者。則供給增加。低於生産費以下者。則供給減少。故視其生産費之大小。則第二之供給程度定也。（三）若賣者間競爭激烈時。則供給必增。而其結果。亦成反對。故賣者競爭之有無強弱。則第三之供給程度定也。如此則於一方定需要之額。他方定供給之額。若需要之額與供給之額相劑時。則價格歸於平準。苟一旦需要增多。則價格必貴。供給增多。則價格必賤矣。

價格循還之法則[①]　第四節　於是乎價格與需要之間。而第一法則起焉。曰

一　需要增加則價格騰貴

二　需要減少則價格低廉

三　供給增加則價格低廉

四　供給減少則價格騰貴

是也。以上所舉。乃僅就於供求之增減而論。然價格之增減。亦有起於供求之增減者。於是乎。而第二法則又起焉。曰

---

① 目次爲 "價格循環之法則"。

　　一　價格騰貴則需要減少

　　二　價格低廉則需要增加

　　三　價格騰貴則供給增加

　　四　價格低廉則供給減少

是也。在此二法則中。若以爲決定之中心。則第一法則乃起
於事前之作用。第二法則乃起於事後之作用。故前後相聯而
結因果之關係以互行矯制之作用。因是總稱之曰"價格循還
之作用"。夫財之價格者。實爲財與貨幣交換之差率也。其
義詳於貨幣章。

　　註　價格循環之法則。其能完全行之與否。實難決定。以此二法
則中。第一法則。雖爲一般的法則。而第二法則。非一般的法則。夫
所謂（一）價格騰貴則需要減少。（二）價格低廉則需要增加者。於
取捨自在之便利品及奢侈品。方能適用此法則。若於人民不可一日決
乏①之物。其需要絕對不能增減之日用品。又無他之代用物。則不能
全適用此法則也。（三）價格騰貴則供給增加。（四）價格低廉則供給
減少。如傾巨額。固定資本。多數精熟職工之大工場。不能以時運之
通塞。而爲伸縮。又如農業。亦不能以穀價之貴賤。而爲伸縮。此吾
人所目繫者。要之價格循環之法則。惟於取捨自在之財。及增減自由
之財。乃能完全適用。否則決難一一行之而不悖也。

---

① "決乏"，有誤，應爲"缺乏"。

第十七章

貨幣

第一節　如前所述。往者各國。皆爲自給經濟狀態。其後人欲增進。文化益開。乃促交通之發達。交換之發生。遂由自給經濟狀態。一變而爲交通經濟狀態。（參照本書第五章）然當時之交通。惟限於一地方。故交換之道。亦甚幼稚。以物與物直接交換而已。是爲"實物交換經濟"。Barter Economy（參照本書第十四章第一節及第二節）

實物交換經濟

第二節　厥後交換頻繁。交通範圍遂因之而廣。實物交換。必有不便之感。蓋交換物之種類數量等。殊難一致。而於交換之道不便一也。即幸交換物之種類數量能一致。而無審測交換物之衡量。而於交換之道不便二也。又縱幸交換物之比例能定。而其物品之性質。不能如其所欲之率而分割之。若強之。或因以減損其價值。或全失其價值者。而於交換之道不便三也。且物品之中。又有容易腐朽。難於久置。容積過大。難於攜藏者。而於交換之道不便四也。

實物交換之不便

第三節　實物交換。既如此感其不便勢不能不別儲一貨幣之發生
物。使隨時隨地。用以交換。人皆樂受且價值無更變之虞。
品質無腐朽之患。輕而易帶。析而無損者。以爲媒介。於是
乃發生“貨幣”。Money 故貨幣者一般交換之媒介物也。

第四節　方古之時。媒介亦多物矣。有用貝殼、獸皮、古代貨幣與近世
貨幣
煙葉、珠玉、布帛等者。謂之“物品貨幣”。其後文化漸開。
物品貨幣。亦感不便。遂捨物品。而用諸金。如鉛、錫、鐵、
銅、銀、金等。謂之“金屬貨幣”。近者文化愈進。交通愈
便。交易之事。日益繁盛。如使用金屬貨幣。則有驗純雜審
輕重之煩。遂以紙幣票據等代之。謂之“代表貨幣”。此今
日諸文明國中所通行之現狀也。

第五節　由是而知。貨幣之起。因欲避實物交換之不便。貨幣之職務
故貨幣之爲物。必備左之四種職務。

第一　能爲一般交換之媒介者

第二　能爲一般交換之標準者

第三　能爲一般收付之必要者

第四　能爲價值儲蓄之手段者

（一）既爲貨幣。而人各得依其種類及分量之財。以爲
交換。且得交換任意之種類及分量之財。（二）既爲貨幣。
則此財五圓。彼財十圓。以其一與二之比例。得測定一切財
之價值。且得以爲標準。（三）民生日進。交易益多。貨幣
之用途必更廣大。一般之需要必愈增加。使持有貨幣者。無
論於何時何地何額。皆能用以收付而無障礙。（四）貨幣既
足供交換及收付之用。其爲寶重固矣。然以之儲蓄。必須得

有價值之儲蓄也。

貨幣之材料　　　第六節　貨幣既有四種職務。能盡四種職務。方爲完全貨幣。欲爲完全貨幣。更非具備左列八種能事之材料而成之者。不可也。

　　　　第一　爲一般所公認有價值者

　　　　第二　少許之分量而有高價者

　　　　第三　任意分割而不損其價值者

　　　　第四　容易存儲而不損其價值者

　　　　第五　本質合一者

　　　　第六　價值不變者

　　　　第七　易於審驗者

　　　　第八　出産富饒者

　　　能具以上八種能事。求諸他物。罕有能全。全者惟金銀而已。此今日世界各國。凡貨幣之材料。所以皆首金銀而殿他物也。

鑄貨與造幣主權 ①　　　第七節　今世諸文明國之貨幣。概多用金銀圜法。而捨生金生銀。以一定之成色。一定之重量。而表記一定之價格。鑄造一定之型式。以俾國中使用。如此者謂之“鑄造貨幣”。一名“鑄貨”。Coin 貨幣既爲鑄貨。則授受之際。無權衡之煩。贋雜之虞。以數計算。即能無訛。於是貨幣之効用愈進矣。又今日鑄造貨幣之權。舉屬諸國家。民間不能私自鑄造。是謂之“貨幣主權”。Royal Attribute of Coinage

---

①　目次爲“鑄貨與造貨主權”。

註　最近我國所公布之國幣條例。第一條云。"國幣之鑄發權專屬於政府"即貨幣主權也。

第八節　造幣權既屬諸國家。爲國家主權之一。然人民持有金屬。以求鑄造者。國家亦宜應允之。謂之"自由鑄造"。Free Coinage 其有不應允人民之請求。惟國家認爲必需時。乃自鑄造者。謂之"限制鑄造"。Limited Coinage 如下第十節所述之本位貨幣。乃許其自由鑄造。至補助貨幣。則仍守限制主義矣。

自由鑄造與限制鑄造

註　我國國幣條例第十二條云。"以生銀託政府代鑄一圓銀幣者。政府須應允之。但每枚收庫平六厘"云。

今因閱者參攷之便。更舉日本現行貨幣法（即國幣條例）如下。該法第十四條云。"有輸納生金請求鑄造金貨幣者。政府得應其請求。"又造幣規則第二條云。"所收鑄造貨幣之生金於品位千分中之九百九十以上。其含有物之性質。限於無礙於鑄造者。但含有物惟銅時。則金八百九十以上。"其第三條云。"鑄造貨幣所收之生金。其重量須在一百匁①以上。"（匁比我國重量壹錢弱）

第九節　雖今世諸文明國其鑄發貨幣。爲政府之專權。然因交通貿易之發達。往往有外國貨幣及剩餘禁止未絕之貨幣。流行於本國市場者。則一國經濟界。實際以貨幣而流通者。謂之"通貨"。Currency 如國法上。有強制通行力之貨幣。（一名強通力）而爲法律上完全支付之者。謂之"法貨"。Legal Tender

通貨與法貨

---

① "匁"，日本古代衡量單位，1匁=3.759克。

本位貨與補助貨

第十節　法貨之中。其種類有二。

一　本位貨幣

二　補助貨幣

本位貨幣。一名"本位貨"。爲無限制金額之法貨。即"無限法貨"也。補助貨幣。一名"補助貨"。限於一定金額之法貨。即"有限法貨"也。日本貨幣法第十七條云。"金貨幣其額無限制。以法貨通行之。而銀貨幣以十圓。白銅貨幣（即鎳幣）銅貨幣以一圓爲限。亦以法貨通行之。"然日本現以金幣爲本位其他銀幣、鎳幣、銅幣悉爲補助貨幣。

註　我國現今因於改革幣制問題。及採用本位問題。上自政府。下自人民。莫不視爲重要。年來論者。亦云多矣。且遠觀列強之趨勢。近察現今之國情。徵諸學理。準諸事實。欲求利多害少。非採用金本位不可。惜乎牽於財政。未能實行。前熊内閣[①]所發布之政府大政方針宣言書。其言曰"希齡等雖認金本位爲應於世界大勢。將懸爲最後之鵠。然目前不易辨到[②]。故暫照舊習慣用銀本位"。云云。可知銀本位決不足長存。今之爲此。實爲目前過渡之計也。

據國幣條例第三條。所分國幣之種類。其原文云"國幣種類如左。銀幣四種。一圓、半圓、二角、一角。鎳幣一種。五分。銅幣五種。二分、一分、五厘、二厘、一厘"。又據日本現行貨制度。本位貨幣之金幣。分二十圓、十五圓、五圓三種。補助貨幣之銀貨、白銅貨、

---

① "熊内閣"，即熊希齡内閣（1913 年 9 月 11 日至 1914 年 2 月 12 日）。熊希齡（1870—1937），字秉三，祖籍江西豐城，生於湖南鳳凰，清末民初官僚、慈善家、教育家。1913 年 9 月奉袁世凱命組閣，出任國務總理兼財政總長，因閣員中有梁啓超、汪大燮、張謇等人，該内閣被稱爲"名流内閣"。

② "辨到"，有誤，應爲"辦到"。

銅貨。於銀貨分五十錢（按日本十錢當我國一角）、二十錢、十錢三種。於白銅貨惟五錢（即五分）一種。於銅貨分一錢、五厘二種。其他爲昔時發行之五錢銀貨。二錢銅貨等。現尚通行。茲據最近所調查各種貨幣流通額如左。

本位貨幣	金貨	二七、二九九、二四三圓
補助貨幣	銀貨	一〇八、三一五、二四八
	銅貨	一八、三六七、四二二
	合計	五三、八八一、八一三

日本國幣。該國通稱曰貨幣。銀幣銅幣等。則稱之曰銀貨銅貨。因恐失真。故從原文。閱者諒之。

第十一節　然本位制度。有不限於一種而二種並行之國者。於是貨幣本位制度。而生單複之別。所謂"單本位制"Monometallism 者。於金與銀之中。惟選擇一種而定爲本位貨幣制度也。其中僅以金爲本位貨幣制度者謂之"金單本位制"。Gold monometallism 僅以銀爲本位貨幣制度者謂之"銀單本位制"。Silver monometallism 其次。所謂"複本位制"Bimetallism 者。以金銀二種共定爲本位貨幣之制度也。詳言之。於金銀二種本位貨幣之間。以法律定其比率。（如金一圓比銀六圓）準其比率。則金銀兩貨幣。皆同與以法貨之資格。且同許以自由鑄造也。然二者之中。究以何者爲優。何者爲劣。關此問題學說甚多。而各國採用。亦未一致。然現今於學理上實際上所認爲單本位制者。惟金本位制最盛。此今世各文明國所以多採用此制也。

本位制度

格理遜之法則①

第十二節　各國之所以皆捨複本位制。而用單本位制。廢銀本位制。而採金本位制者。究其理由雖多。而其最大原因。因銀鑛出産過多。銀價低落。以蹈"格理遜之法則"Gresham's Law 是也。其法則維何。曰。凡良貨與惡貨并行時。惡貨必驅逐良貨。良貨者由法定之比率。其生金之價格高者爲良貨。否則爲惡貨。例如行複本位國。以法律定金銀之比價。爲金一銀十五。而在市面之金銀市價。必不如法價所定之價格。而常爲金一銀三十。則金爲良貨而銀爲惡貨。當此之時。決無復以二倍價格之金幣比銀幣而使用之者。恒以生金售諸市面。得其二倍之銀價以使用之。且可坐得二倍之利益。故良貨之金幣漸次消減。而惡貨之銀幣乃充塞於市面。自千八百七十年來。世界銀産增多。其價低落。不知底止。當時行複本位制諸國。（美國、德國、法國、意大利、比利時、瑞士、希臘等）皆受格理遜法則之打擊。勢不能不講維持之方。或採用金單本位制或擬用金單本位制也。其後銀價愈落。滙水激變。雖固守銀單本位制之諸國。（如印度、日本、墨西哥）亦皆次第改行金單本位制。今所存者。惟中國而已。

跛行本位制②

第十三節　若在複本位制國。一旦改用金單本位制。其固有之本位銀幣。以公稱價額之本位金幣兌換回收。一時必

---

① 目次爲"格理森之法則"。"格理遜""格理森"，即托馬斯·格雷欣（Thomas Gresham，1519—1579），英國銀行家。1551 年起負責英國皇室外債事務，出資設立倫敦交易所。1559 年上書英女王伊麗莎白一世，主張管制通貨，防止外流，并收回成色不足的鑄幣重鑄，後人稱爲"格雷欣法則"（Gresham's Law）。
② 目次爲"跛行本位制度"。

難悉盡。且使低落之銀價。而更有低落之虞。國家因受莫大之損失。由是當時各國（如美國德國法國等）因更法之便。一面停止原有本位銀幣之自由鑄造。且限制其流通額。以維持公稱價額。而一面以本位金幣爲無限法幣而流通之。俟財政充裕以後。次第回收。而漸移於金單本位制。如是者謂之"跛行本位制"。夫跛行本位制者。雖以金銀二種本位貨幣。并行於國。然其中惟本位銀幣。禁止其自由鑄造也。

　　註　於上述諸種本位制度以外。尚有所謂"萬國複本位制"International Bimetallism 者。其制以條約定其金銀之比價。而採用爲列國共通之複本位制也。依此制度。則列國各定以同一之法定比率。以金銀二種爲本位幣而使用之。如金銀兩幣市價。於法定比率之間。發生差異時。而格理遜之法則。亦可得免耳。既定爲列國共通貨幣。亦將爲世界共通貨幣。而貨幣之價格。一定不變。貿易得以安全。交通得以便利。而列國亦得受其賜。故學者提倡甚力。列國推行不少。然三次未得萬國貨幣會之可決而徒托空論者。亦自有由。當採此制時。不可不有約定。而於法定比率上。列國之利害不同。一也。因一旦改革貨幣時有紊亂財政之憂。二也。儻條約期滿之日。而財政復生紊亂之虞。三也。現今採用金單本位國。其現狀亦毫無不便之感。四也。

第十八章

紙幣

第一節　如前所述。今日所通稱爲貨幣者。純爲金屬貨幣。然因交通發達。金屬貨幣。往往有攜藏不便之虞。於是輕便"紙幣"Paper money 出焉。前者謂之"硬貨"。Hard money 後者謂之"軟貨"。Soft money

硬貨與軟貨

第二節　夫紙幣之效用。一言以蔽之曰。對於交易不便之硬貨。而易以輕便之代用物而已。更詳論之。可得左之三種效力。

紙幣之效用

第一　可節省高價之金屬。且可免磨損喪失之慮。

第二　減少硬貨之煩重。使便於交易及儲蓄之自由。

第三　省鑄造之煩費。而於貧弱國易得通貨之用。

第三節　於紙幣之中。種類亦多。先自其發行之公私而別之。

紙幣之種類

一　政府紙幣 Government Notes

二　銀行紙幣 Bank Notes

夫 "政府紙幣" 者。爲一國政府所發行之紙幣。"銀行
紙幣" 者。一名 "銀行券"。爲銀行所發行之紙幣也。今世
諸文明國。發行貨幣之權。雖皆屬諸政府。然紙幣之發行權。
則有委之於特定銀行。政府惟立於監督之地位者。如現在日本
之紙幣。於其國內。則日本銀行發行銀行券。於臺灣則臺灣銀
行發行銀行券。以通用之。復依紙幣兌換之有無。亦分二種。

　　一　不換紙幣 Inconvertible Paper Money

　　二　兌換紙幣 Convertible Paper Money

"不換紙幣"。爲不兌換本位貨幣之紙幣。"兌換紙幣"。
爲兌換本位貨幣之紙幣。特發行不換紙幣之原因。使其政府
可得一種無息之資金耳。當一國財政困難。或於戰爭中。國
費浩繁之時。俾得調達巨額資金。冒險而行。固非得已。然
因其有利。常易於濫發。致兌換券失其伸縮力。而過剩之部
分。充塞市面。遂使紙幣暴落。物價騰貴。爲紊亂財政之大
害。是以近世諸文明國。鮮有發行不換紙幣者。其所發行。
概爲兌換券也。

　　註　當日本明治維新之初。戰亂相續。國用困乏。已達極點。於
各藩各濫發藩札不換紙幣。（即地方紙幣）於中央政府亦發行大政官
札、民政部小札及新紙幣等不換紙幣。即前以兌換紙幣所發行之大藏
省（即財政部）兌換證[1]券。開拓使兌換證券。國立銀行券。後亦悉
化爲不換紙幣。其數已臻巨額矣[2]。及明治十年[3]。西南戰爭事起。

---

① "證"，底本此處模糊不清，疑爲 "證"。
② "矣"，底本此處模糊不清，疑爲 "矣"。
③ "明治十年"，即 1877 年。

因供給軍費之用。又增發四千七百萬圓不換紙幣①。而當時日本各種紙幣。皆成不換紙幣。其總額爲一億六千五百萬圓（據②明治十一年十二月調查）於是紙幣價格乃大落。明治十四年現銀一圓之價。可當紙幣面額一圓七十錢。遂致官民交困。國用愈艱。於是整理紙幣論。沸騰一時。明治十五年。乃設立日本銀行。以當整理不換紙幣之衝。一方希圖自身基金之增加。他一方則促不換紙幣之消滅。於明治十七年五月。乃毁舊日之不換紙幣。而代以日本銀行兑換券。至十八年。收消乃盡。爾來則全爲兑換券矣。

然觀我國今日財政現狀。其與日本明治十四年前之現象。何相酷肖若是耶。據政府大政方鍼宣言書所載。現在各省濫幣票額約二萬餘萬圓。亦臻巨額矣。他省姑勿論。即以湖南言之。其湖南銀行所發行之銀鈔。約千餘萬圓。（其實數尚不知）他如各錢店及各舖户所發行之票鈔。亦大略稱是。於是市面徒存紙片而已。及民國二年秋。現洋一圓可值票銀一兩二錢上下。各地匯水。已漲至千餘兩③或千餘兩不等。（以千兩計算）紙幣發行之濫至此可云極矣。紙幣價格之落。亦實爲前此所未有。茲玫其墜落之原因有二。其一則因發行太多。供過於求。其二發行既多。又毫無兑換準備。則信用自薄。而價自落矣。

單一銀行與多數銀行之發行法④

第四節　然兑換券究以何法而發行之乎。曰國家於一定條件之下。與俾諸特定銀行以發行之權。而政府自立於監督地位。但特定銀行有用唯一中央銀行之國。及多數特許銀行之國者。前者謂之單一銀行發行制。後者謂之多數銀行發行

---

① "紙幣"，底本此處模糊不清，疑爲"紙幣"。
② "據"，底本此處模糊不清，疑爲"據"。
③ "千餘兩"，有誤，應爲"千兩"。
④ 目次爲"單一銀行發行法與多數銀行發行法"。

制。二者各有所長。至於大體言之則單一銀行發行制較諸多
數銀行發行制爲優。其理由有三。

　　第一　依單一銀行發行制。則發行權所有統一。既
有統一。則責任必有攸歸而注意自易周到。

　　第二　依單一銀行發行制。則兌換券之供給。可以
適合社會之需要。而兌換券之伸縮。金利之高低。得易
於統一。

　　第三　依單一銀行發行制。可以限制發行銀行之專
橫。政府易於從事監督。

　故近世歐洲各國及日本。莫不設立中央銀行。以集中兌
換券之發行權。即以日本而論。自明治五年發布國立銀行條
例以來。凡國立銀行。均許其發行紙幣。遂致散漫無稽。失
於統一。迨明治十五年。乃設立日本銀行。以俟各國立銀行
營業期滿時。盡停止其發行紙幣之權。於是兌換券之發行權。
遂以集中矣。

　第五節　兌換券之發行權。或有集中於唯一之中央銀行。　兌換準備
或有允許多數之特許銀行。雖制度各有不同。而其爲兌換券則
一。夫既爲兌換券。則必需有相當之兌換準備。凡有持券來換
者。立予兌現。此爲定則。其兌換準備維何。分左之二種。

　　一　正貨準備 Specie Reserve
　　二　保證準備 Security Reserve

　何謂“正貨準備”。以銀行存儲若干金銀幣及生金銀以
爲兌換準備也。何謂“保證準備”。以銀行存儲若干確實有
價證券以爲兌換準備也。苟準備金。必須準備與發行額相等

之數。此固可以圖安全。而免轉運之勞。磨損之慮。然於發行者純屬爲人作嫁。匪獨無絲毫之利。反受印鑄鈔票及完納發行稅之損。又誰肯任其發行之責乎。且一般人民。既認兌換券之輕便而信用之。其於日常交易。恒輾轉流通。必無紙幣全額同時來歸之理。故不可不圖一定之兌換券額也。是謂兌換券之"最少流通額"。以有定額。則可免請求兌換之危險。亦無須設全額正貨準備之必要。第委諸保證準備金。可以無患。此爲二種兌換準備發生之原因。然以何法而定其比例。則爲兌換券發行制度之問題。請於次節論之。

各國兌換券發行
制度　　第六節　今世各國。所行之兌換券發行制度。凡有數種。第一、國家以法律規定銀行所得用保證準備發行兌換券之額。逾其額以上。則悉使設正貨準備。謂之"一部準備法"。Partial Deposit Method 英吉利之現行制度是也。第二、對於兌換券發行額。唯以一定之比例。（如兌換券發行額三分之一或四分之一）須設正貨準備。謂之"比例準備法"。Proportional Reserve Method 比利時及荷蘭之現行制度是也。第三、惟以法律規定其兌換券發行額之最高限。而關於兌換準備。不設何種限制。謂之"最高發行法"。Maximum Issue Method 法蘭西之現行制度是也。第四、以法律規定所得用保證準備發行兌換券之最高額。逾其額以上。悉使設正貨準備。且遇非常之時。經政府允許。完納一定之發行稅。得再加發行。謂之"伸縮限制法"。Elastic Limit Method 德意志及日本之現行制度是也。以上所述四種制度。各有所長。然通論之。惟德意志及日本之現行伸縮限制法。最稱完善云。

第七節　就日本制度而言。其中略備三種發行法。第一 日本兌換券發行
則限以兌換券最少流通額之一億二千萬圓。於日本銀行。設 制①
保證準備。許其發行兌換券。第二如欲再發行所限以上之兌
換券時。必須設正貨準備。第三若於臨時有發行兌換券之必
要。先經政府允許。完納一定發行稅。依保證準備。仍許其
於一億二千萬圓之限制外。再發行之。然限制外之發行。非
爲永久不變之計。如遇必須限制外之發行。必在金融緊逼時。
金融既緊。則利率自高。雖完納發行稅以增發兌換券。銀行
亦尚可以得相當之利益。迫至金融活動時。無增發之必要。
利率亦自下落。而收支已不相償。則限制外之發行券。必歸
消滅矣。此法臨機應變。可得自由伸縮其兌換券之發行額。
此博伸縮限制法之名。所由來也。

　　註　據日本明治四十五年正月所調查。日本銀行之兌換券發行
額。及兌換券準備額。其數目如左。

兌換券發行額		四二一、〇五四、三八六
正貨準備	金貨及生金	二二九、一一二、一四四
	銀貨及生銀	………………………
合計		二二九、一一二、一四四
保證準備	公債證書	四四、六六四、六一九
	大藏證券	四五、六七六、九五〇
	政府證券	四七、三七四、二八六
	其他證券	四五、四〇二、六九四
	商業票據	八、八二四、一四三
合計		一九一、九四二、二四二
限制外發行額		七一、九四二、二四二

---

①　目次爲“日本兌換券發行制度”。

第十九章

信用

第一節　今日交易之道。凡有二種（甲）一方與以財（物品）同時而得他方之財（貨幣）之交易者。謂之"現金交易"。Cash Transaction（乙）一方雖與以財。（物品）必經過若干時期。方能得他方之財（貨幣）之交易者。謂之"信用交易"。Credit Transaction 如記賬賒賬等。固無俟論。即匯票、期票、支票、及以信用券爲授受之交易者。亦皆屬之。至於信用交易因何而生。無他惟以一片之信用 Credit 而已。信用者何。曰能守約束。對於他人而被其信認是矣。

第二節　於信用之中。有"對物信用"Real Credit 與"對人信用" Personal Credit 二種。對物信用者。因有擔保物始發生信用。否則不能發生信用。對人信用者。第對於債務者之人格。即發生信用。非其人亦不能發生信用也。如擔保物之借貸等。則屬前者。商業支票期票等。則屬後者。故對物信用。足見信用幼稚之形式。對人信用。乃爲信用發達之形式也。

　　註　吾國自來向人募債。皆爲對物信用。實因國家財政紊亂太甚。

整理無方。故不能招信於人。且近來不獨需擔保物。而竟生國際的監

督財政之漸。如民國二年善後大借欵。除以鹽稅作擔保品外。又聘丁

恩①氏爲鹽政顧問。所謂顧問者。實財政監督官也。吾國財政前途。

從此則在在荆棘矣。

　　第三節　　信用交易既發達。則信用授受之機關。自不　　信用之機關②

可少。此機關名爲“信用機關”。而信用機關中。其主眼全

在“銀行”。Banks 銀行業務雖甚多。然以存款借貸、兌現

爲主務。故銀行首在當局者之人格。與其資本金之雄厚。

（信用既厚之銀行存款亦在內）乃能堅固信用。一方則蒐集

遊資。以圖存款豐富。他方以其資金。廣求生利方法。而

銀行於其間。藉得收取利息。且社會亦藉得活動金融之

便也。

　　註　據明治四十五年一月所調查該國各種銀行一覽表如左

日本銀行③	一	六〇、〇〇〇千円
正金銀行④	一	四八、〇〇〇
勸業銀行⑤	一	二〇、〇〇〇
農工銀行	四六	三四、四〇〇

---

① “丁恩”，即理查・莫里斯・戴恩爵士（Sir Richard Morris Dane，1854—1940），英國殖民地長官，
　　生於都柏林。初在印度負責鹽務行政，1913 年北洋政府與五國銀行團締結“善後大借款”後，
　　被聘爲財政部鹽務稽核總所會辦，1918 年回國。
② 目次爲“信用機關”。
③ “日本銀行”，成立於 1882 年，日本的中央銀行，是日本唯一能支配和指導國家全部金融活動的
　　中央機關。
④ “正金銀行”，即橫濱正金銀行，根據《國立銀行條例》於 1880 年成立，以貿易金融爲專業的特
　　殊銀行。
⑤ “勸業銀行”，明治政府於 1897 年創辦，旨在爲工農業提供長期貸款。

續表

臺灣銀行①	一	一〇、〇〇〇
拓殖銀行②	一	五、〇〇〇
興業銀行③	一	一七、五〇〇
貯蓄銀行	一	一四三、三七七
內	六六四	一、二五〇
外	一	
普通銀行		
股分銀行		
內	一、二二五	三六三、四二五
外	一二	四、〇六四
無限銀行	七〇	一九、七一八
兩合銀行	九八	二〇、一三〇
股分銀行	一	二〇〇
個人銀行	六六	五、一一一
總計	二、一七一	七五二、二〇七

信用之利益　　　　　第四節　由是觀之。信用之有益於經濟社會多矣。茲更列舉其利益如左。

　　　　第一　信用有增進資本分量之力

　　　　第二　信用有增進資本效用之力

　　　　第三　信用有能使交易敏活之力

　　　　第四　信用有節省貨幣使用之力

　　　　第五　信用有轉移社會風氣之力

---

① "臺灣銀行"，根據 1897 年公布的 "臺灣銀行法" 創辦，1899 年開業，是在日本侵占下設於臺灣的銀行，是擁有銀行券發行權的特殊銀行。
② "拓殖銀行"，即北海道拓殖銀行。1899 年日本公布《北海道拓殖銀行法》，1900 年北海道拓殖銀行成立，總部設在札幌市，是日本專爲北海道地區提供長期開發資金而設立的特殊銀行。
③ "興業銀行"，長期貸款銀行之一，根據 1900 年制定的《日本興業銀行法》於 1902 年成立。

欲明其理。（一）信用雖非資本。苟信用發達。信用機
關完備。可以蒐集遊資。以爲資本。開拓窖藏。以增資本。
（二）使資本有餘而力不足者。及力有餘而資本不足者。彼
此皆各以信用相結合。而成立一公司。資本多者充當股東。
能力厚者充當企業家。二者組合。則資本之效力。愈益增進。
（三）苟信用發達之極。則撥帳轉帳期票匯票支票之發行及
其交換等。皆得用至便之方法。舉行巨額之交易。俾商業得
以敏活。（四）故其結果。於減少貨幣。節省貨幣之力甚多。
（五）信用之利益既大。故自起社會尊重信用之心。小之可
以增進個人之品格。大之亦可以矯正社會之頹風也。

　　第五節　　夫信用之利益。既如上述。然其弊害。亦可得　　信用之弊害
五種。

　　第一　　易使恐慌激烈
　　第二　　易起生産過剩
　　第三　　易起發過度之投機心
　　第四　　易誘引人民之浪費心
　　第五　　易使貧富之階級甚爲懸隔

　　論其理由（一）信用之效果。可避現金交易之煩。得信
用交易之便。因是遂使一切交易。皆爲記賬。於經濟社會。
成一貫穿珠之勢。若一旦其中偶生破綻。忽起恐慌。必波及
全體。其被害之程度。範圍之宏大。有不可思議者。（二）信
用既可畀無資者以獲資。有資者以益資。於是多依倚信用。
而架空經營之事業。恆過其實力數倍。或數十倍。終必反促
投機心之勃興。（三）信用既厚之人。每當生意興盛時。於

不知不識中。事業大行擴張。一旦生意衰減。忽起生產過剩之憂。而招意外之損失。（四）信用發達之後。有資者固可獎勵其儲蓄心。而無資者亦發生浪用之弊。縱無現金。購物亦可以記賬。苟非謹慎之士。焉知顧及償還無着。故使生活加高。中等以下之社會。常蹈此病。此吾人所目擊者。（五）信用厚者。雖可使無資者得以獲資。然於實際言之。無資之人。終不能敵有資者。觀夫各舊銀行。常獲低利之資金。支票之通行。及拆現之利益可以知矣。凡此皆非在小資本家而常在大資本家。非在中等社會以下之人而常在中等社會以上之人。故致富者愈富。貧者愈貧。社會貧富之階級。因信用之發達而益懸隔矣。是以於銀行而外。必須爲中等社會以下之人。設立信用機關。俾亦得金融之便利而後可也。

第四編　分配論

第二十章

分配

第一節　分配 Distribution 者。以生產所得之財。而分配 分配之意義於參加其生產之人之謂也。在昔自給經濟時代。一切生產。第於一家之中行之。故無分配可言。迨至欲望發達以來。生產自須增加。既有增加生產之必要。必不能專憑己力而不賴他助。既賴他助。則由生產所得之財。勢不能不分與他人。此分配爲新經濟現象之所由來也。

第二節　然各人之間。其所得之財以何法而分配之乎。所得之種類①盖如曩者所述。近世生產之道。有不可缺者。爲土地、勞力、資本三要素。必須有綜合此三者之企業家。以從事生產。故生產之結果。其財之分配有四。

一　地主

二　勞動者

三　資本家

---

① 目次爲"分配之種類"。

四　企業家

復由分配結果。而生之"所得"Income 亦有四。

一　土地所得　即地租

二　勞動所得　即庸銀

三　資本所得　即利息

四　企業所得　即利潤

所得之分配①　第三節　然於實際言之。四種之中。其所得者不盡各別。恒有全歸於一人者。譬如企業家有同時而爲資本家者。若勞動之人亦有同時而爲地主及企業家資本家者。勞動之人尚如此。其他可知。然此單就直接俾以分配者而論之。然有間接得其分配之者。若官吏、公吏、學者、教員、軍人、僧侶、醫生、律師、僕婢、盲啞廢疾者等。凡此皆所謂不生產者。但據一定之事情。一定之形式。（如薪俸、恩賞、乾俸、救卹金等）亦均俾以分配。又若國家及城鎮鄉。依租税規費（手數料）等之形式。亦得享其分配也。夫直接參加生產。而直接與生分配者。謂之"原生所得"。一名"第一次所得"。Primary Income 間接參加生產。而間接與生分配者。謂之"副生所得"。一名"第二次所得"。Secondary Income 由此觀之則一國之財皆分散於各階級間。而生一般人之所得也。

財産所得與勞動所得②　第四節　於所得中。除"原生所得"與"副生所得"以外。尚有"財産所得"與"勤勞所得"二種。財産所得者。由利用財産而生之所得。如因土地而獲地租。因資本而獲利

---

① 目次爲"所得與分配"。
② 目次爲"財産所得與勤勞所得"。

息（如公債利息股票紅利等）之類。勤勞所得者。由勤勞結果而生之所得之謂。如勞動者。依勞力而獲之庸銀尚已。即醫生、律師、教員、技師等之所得。亦皆屬之。然財産所得。其事確實而可長久。方其得之之際。無須他種勞費參加其中。始能可得。但勤勞所得。其事不確而難長久。方其得之之際。必須費多少勞力。然後可得。若欲儲蓄一部。以爲他日之計。爲事至難也。是故應其所得之額。而課其所得之税。必須明白標示其税率。且不可不重於財産所得而輕於勞動所得。不然則難期課税之公平矣。如日本現行所得税法。其中區別。殊缺分明。此不可爲訓也。

第二十一章

地租

地租之意義　第一節　地租 Rent 者基於所有土地而生之所得也。然在今日文明國之土地。屬於自然者甚少。投以資本而加改良者常多。故於實際所支付地租之中。往往含有資本之利息。故謂之"實際地租"。Actual Rent 但土地無論若何改良。必含有天然的原始土地之一部分在内。由此而生之所得。故謂之"自然地租"。Natural Rent 一名"原始地租"。Original Rent 而實際地租與"小作料"及"借地料"。同一意義。是即世俗所謂之地租。至經濟學上所論之地租。於地租之内。尚含有利息在。而地租與利息。區別有缺明瞭。故惟自然地租。則爲經濟學上所稱之地租也。

理嘉圖之地租論①　第二節　然所謂純任自然土地。而能生地租者。其理由如何。欲知其理。不可不先述"理嘉圖地租論"。Ricardian

---

① 目次爲"理嘉圖之地租説"。"理嘉圖"，即大衛·李嘉圖（David Ricardo，1772—1823），英國經濟學家，古典政治經濟學代表人物。

Theory of Rent 其言曰。凡地租必綜合四種原因而起。

第一　地質有優劣之別

第二　地勢有通塞之差

第三　人口有增加之勢

第四　收穫有漸減之理

夫土地雖純任自然。（一）於地質有優劣之別。（二）於地勢有通塞之差。故依自然生產力。第其田品。而有上田中田下田三者之區分。（三）然當人口寥落之時。衣食易足。則農夫多選上田而耕。至於中田下田。則鮮有問津者。及人口漸加蕃息。衣食之道。必稍難於昔。故有求增加收穫之感。（四）然土地多爲收穫漸減法則所支配。（參照第十章第三節）雖在上田。決難望其有無限增加之收穫。於是僅耕上田。必不能足。勢不能不增耕中田。雖增耕中田。亦不能足。勢又不能不增耕下田。故人口蕃息之極。無論田品之上下。決無荒廢不治者。雖在同一之面積。由上田以至中田。由中田以至下田。各依其優秀自然的生產力。可得增加收穫。其增加之收穫非所投資本之結果及勞力之結果。實不外優秀自然的生產力所生之自然產物。此即所謂地租也。

第三節　由此觀之。地租發生之原因。非僅因土地自然的生產力。（一）土地自然的生產力。常有等差。故田有上中下之別。（二）土地自然的生產力常有限度。故無田品之高下。而無荒廢不治者。（三）因人口蕃息。能耕之土地。而收穫必漸生差異也。是以生齒愈蕃。所耕愈下。最下者無租。最上者租最重。且因人口加多。能耕之地。供不及求。

關於地租之三大事實

故地租益增。其理由如次。

　　第一　一切土地。皆無地租者。

　　第二　各地地租必無一致者。

　　第三　地租有次第增加之勢。

是也。

　　註　以上所論。凡地租者。非因地主投資而生。亦非因地主加勞
力而生。全憑自然之結果。偶爾所得。與時勢自然之增加也。故任自
然。而即歸地主所得者。遂有反對之論出焉。如共産主義及社會主義
中之土地公有論。固無俟論即土地單稅論、土地國有論。其論據亦皆
在是。然此説非全無理由。但土地既歸公有或國有。則土地不能改良。
收穫不能增加等弊。相因而至。又不免一害除而一害隨之也。

第
二
十
二
章 ―

庸銀

第一節　庸銀 Wages 者。由勞動而生之所得也。而勞動 庸銀之意義
有"肉體勞動"與"精神勞動"之分。故其所得之庸銀。有
大小之別。而勞動事業亦有大小之殊。是故除産業上企業家
外。凡由勞動而生之所得者。統謂之庸銀。

第二節　於庸銀中。有"實物庸銀"Natural Wages 與"貨 庸銀之種類
幣庸銀"Money Wages 二種。實物庸銀。以物品支付庸銀之
謂。其所用之物。主爲日用品。貨幣庸銀。以貨幣支付庸銀
之謂。今世所謂庸銀。概用貨幣。鮮有用實物者。其在昔時。
則多用實物。然現今日本鄉材①中。亦間有用實物者。第勿
多見矣。復次。於庸銀中。又有"名義庸銀"Nominal Wages
與"實質庸銀"Real Wages 二種。在名義庸銀。勞動者因庸
銀而收穫貨幣之額也。在實質庸銀。勞動者以所收穫之貨幣。

---

① "鄉材"，有誤，應爲"鄉村"。

得購各種財可作庸銀視之也。前者以貨幣金額表現之庸銀。後者以貨幣購買力表現之庸銀。但物價無變動時。則名義庸銀與實質庸銀之間。不生差異。若物價有變動。則名義庸銀。尚無差異。而實質庸銀。必甚相懸殊。蓋物價低廉。則實質庸銀必增加。與庸銀加價。有同一之效果。物價騰貴。則實質庸銀必減少。與庸銀低下。受同一之影響。然一般勞動者。皆資庸銀。以爲衣食。於名義庸銀。固無更變。若於實質庸銀。一旦減少。彼等生活必生困難。而庸銀遂以增加也。

時計庸銀與物計庸銀

第三節　夫庸銀者。通常不外企業家對於所雇用之勞動者。給以報酬。於是依其計算之法。而有二種。其一因勞動時間之長短而給之者。謂之"時計庸銀"。（俗謂點工）Time Wages 其二依事業告成額而給之者。謂之"物計庸銀"。（俗謂包工）Piece wages

茲就"時計庸銀"與"物計庸銀"二者。比較以研究其得失利害如左。

於時計庸銀。

第一　庸銀額既有定數。則計算甚便。

第二　勞動者得易知其收入之數目。

第三　因不惜時間。則粗製濫造之弊可免。

此其利也。反之。於時計庸銀。

第一　技量與報酬。殊難一致。使勞動者而生怠慢之心。

第二　欲除第一之弊。勢必增加監督費用。

第三　如雇主覺勞動者之怠慢。往往傾於減少庸銀之失。

此其弊也。然於物計庸銀。

第一　技量與報酬。既得一致。則勞動者自生勤勉之心。

第二　雇主可省監督勞動之費用。

第三　適於速成之事業。

此其利也。反之於物計庸銀。

第一　事業之性質上。苟屬於分業製作。則計算不能明了。

第二　過勞過逸交臻。大有害於勞動者之身體。

第三　欲使出品額增加。則難求精巧。

此其弊也。要之。時計庸銀之所長。即物計庸銀之所短。時計庸銀之所短。即物計庸銀之所長。二者既各有短長。未可以優劣概論。至欲於二者之中。取其長而捨其短。則有左之補正三策。

第四節　第一"賞與金法"。Premium System 蓋於一定 賞與金法 庸銀之外。依一定條件。與以賞金而加獎勵之法也。此即採取時計庸銀中。凡屬難成之業。以出品額爲標準。於一定期間。給以賞金。用爲獎勵。又採取物計庸銀中。凡屬煩難之業。依出品物之精巧。亦給以賞金。用爲獎勵。其他尚有不問爲何種庸銀。對於勤慎耐勞。可爲他人模範者。發明職業上有益之機械器具者。節省原料燃料者。愛惜器具者。奉職長久者。有特別功績者。皆給與獎勵。以期成績優良而勸來者也。

利益分配法

　　第五節　第二"利益分配法"。Profit Shaving[1] System 蓋於一定庸銀之外。苟其事業利益達於一定額以上之時。以其中若干。分配於勞動者之法也。若雇主收獲定額以上之利益時。勞動者亦與企業家（如股分公司之股東）同得分配其贏餘之利益。於是事業之成敗。勞動者與有關係。雖以時以物計算。皆可使勞動者生忠實事務之心。且免雇主與被雇者之衝突。然此法惟適於利益易曉之事業。苟利益難測者。則主雇間反易招誤解而生衝突也。

滑尺庸銀法

　　第六節　第三"滑尺庸銀法"。Sliding Scale System of Wages 蓋以生產物之價格爲標準。而定其庸銀之法也。詳言之。首以雇主與被雇者之同意。定其生產物之標準價格。然後依生產物之標準價格。以定標準庸銀。如生產物之價格。高於標準價格時。庸銀亦較標準價格增加。如生產物之價格。低於標準價格時。庸銀亦較標準價格減少之法也。夫如是似可使雇主與被雇者之間。盛衰與共。憂喜相同。驟視之若適於理想的庸銀制度。至稽諸實際。亦有數種障礙於其中。（一）苟於好景況時固佳。使一旦生意不旺。物價低落。庸銀自必隨之。在資本優裕。有他項收入之企業家。得免痛苦。至於被雇者多屬寒微。一家之仰事俯蓄。端爲庸銀是賴。若亦隨之而減。必有饑寒之虞。人窮則思亂。此中外古今。莫能逃焉。故採此法者。其減少庸銀。必限於一定程度而止。過是以往。禁其適用。且於價格變更激烈及庸銀減少較多之事業。

---

① "Shaving"，有誤，應爲"Sharing"，意爲分享、分配。

則此法決難行之。（二）即幸有相當無害之事業。苟庸銀屬
於每日每週所支付者。則必準照每日每週物格之低昂以計
算。而其手續則誠有不勝其煩者。要之。時計庸銀及物計庸
銀之補正策。有上記之三種。其組織雖稱完備。尚難實行。
故普通所採取者。於其中惟廣用賞與金法而已。

　　　第七節　庸銀之價額。以何方法而定之乎。此蓋與決定 庸銀決定之方法①
物價相同。對於所謂勞力一種之財。（即準財）因供求之關
係而定之也。然對於勞力供求之關係。又如何而定之乎。此
亦與物價同。自雇主（若買者然）一方言之。（一）認勞力
價值之多寡。（二）支給庸銀能力之大小。（三）競爭之有無
強弱。依此三者。則需用之額乃定。而自被雇者（若賣者然）
一方言之。（一）認庸銀價值之多寡。（二）勞力生産費之大
小。（三）競爭之有無強弱。依此三者則供給之額亦定其究
也。求過於供則庸銀高。供過於求則庸銀賤。其庸銀與物價
相同之點。大概如是。然自經濟的原因而言之。勞力固與一
般之財不同。全然附着於人之身體者也。（即勞動者）方其
招傭或就庸時。爲人情、風俗、習慣、情誼等。非經濟的原
因所束縛所左右者。較之一般物價更有甚焉。

　　　第八節　此外尚須研究者。爲"庸金基金法"②Wages 庸銀基金論③
Fund Theory 之一學説。其言曰。凡一國人口中。恃力圖存
者。恆有定數。而其資本中。用以充庸銀之金額。即庸銀基

---

① 目次爲"庸銀決定之方法"。
② "庸金基金法"，有誤，應爲"庸銀基金法"。
③ 目次爲"庸銀基金説"。

金者。亦有定數。因是爲一國中一定時之平均傭銀額者。即以當時其國一定勞動者之總數。除其一定之庸銀基金。則所得之商必與之相等。故勞動者之庸銀。於一定庸銀之內。由其互相①競争。即可決定。庸銀基金不增加。平均庸銀額亦不增加。平均庸銀不增加。一勞動者而占多數庸銀。則他之勞動者不可不以少額庸銀而滿足也。其結果遂因其國富增進。而庸銀基金增加。即平均庸銀額亦增加。或由其一般人口減少。則勞動者之數減少。而平均庸銀額亦即增加。若二者不居其一。則斷不能望庸銀之增加也。

庸銀基金論之批評②　　　第九節　然此説果屬真理與否。此吾人不能無疑者。夫一國之中。以力圖存者。及其資本中以之充當庸銀者。雖一刹那間。莫有停焉。蓋資本中。有充當庸銀之金額。然後庸銀乃定。反之依庸銀之高下。而資本之中。充當庸銀之金額亦可定之。且一國人口。依勞動者之人數。然後庸銀乃定。反之依庸銀之低昂。而勞動者之人數。亦可定之也。庸銀未決定時。即有所謂一定不復動之勞銀基金額。及勞動者之人數多寡。此顛倒本末之論也。凡國中於一定時間。其庸銀及勞動者常有一定。此不外支付庸銀之總數。及既就職勞動者之總數。非二次支付庸銀之總數。及將來就職勞動者之總數也。要之。庸銀非能定庸銀基金。不過因既定之庸銀。而定庸銀之總額耳。故僅就庸銀總額。無即定庸銀之力。

① "互相"，有誤，應爲"互相"。
② 目次爲"庸銀基金説之批評"。

第十節　兹復有一學説。以庸銀惟全由勞力之生產費。理嘉圖之庸銀法則
即勞動者之生活費而決定之。此所謂 "理嘉圖之庸銀法則"
Ricardian Theory of Wages 其言曰大凡價格中。有"自然價格"
Natural Price 與 "市場價格" Market Price 之別。自然價格者。
定於自然。而永久不變之價格。市場價格者。因供求之關係
爲人定一時之價格也。而勞力之自然價格。同於勞力生產費
之庸銀額。勞力之市場價格。由於勞力供求之關係。而實際
支付之庸銀額。若勞力之市場價格。高於勞力之自然價格時。
則勞力者之收入厚。家計裕。婚嫁之事。遂因之而衆。婚嫁
既衆。則人口必繁。人口既繁。則勞動者之數必增。勞動者
既增。則供必過於求。而市場價格。必次第下落。遂仍復於
自然價格矣。反之。勞力市場價格。低於自然價格時。則勞
動者之收入少。家計艱。遷徙者及獨身者多。而婚嫁者少。
人口亦少。而勞動者之數亦因之而少。於是勞動之供給。不
能濟其需要。遂使勞動者之市場價格。次第騰貴。而仍歸於
勞力之自然價格也。由此觀之。勞力之市場價格。雖高下無
常。然此不過一時之現象。終必歸於勞力之自然價格。即勞
力者之生產費也。惟勞力之生產費。乃可以永久決定庸銀之
價格。

第十一節　按理氏之説。全反真理。苟如所言。勞力之理嘉圖庸銀法則之
批評
市場價格。終歸於自然價格。然當知此事。必經若干時日。
方能臻此。所謂婚嫁多、人口繁、勞力增者。其間必當經過
十年或二十年之歲月。然於此長歲月中。則企業必益增進。

産業必益發達。而勞力之需要必益加多。縱令勞力增加。市場價格下落。復歸於自然價格。亦殊非易事也。若謂勞力市場價格下落。則婚嫁鮮、人口減、勞動者因之而少。亦無有是處。要之。勞力之自然價格。即勞力之生產費者。不過爲左右勞力供給諸原因之一耳。因是即以爲庸銀□□不高永久不下。誠武斷之言也。

勞働契約之不自由①　　第十二節　若以現社會之組織。不加改良。則勞動者必常沈淪於苦海。永無向上之望。其故維何。

　　第一　大凡恃力圖存之人。必屬寒微。以其收穫。恒不足以維持其生事。故對於庸銀之欲望甚殷。

　　第二　勞動者間之競爭。必較之雇主間之競爭爲激。

　　第三　勞動者多有家累。不能遷徙自由。

　　既有以上諸因。故勞動者與雇主所結之勞動契約。常立於不利之地位。或强以不法之條件。而不能得至當之庸銀。雖名爲自由。實爲極不自由契約所束縛耳。夫勞動之爲物。本附於勞動者之身體。以力圖存。其契約猶不得自由。則與奴隸奚擇哉。

勞動問題解決法　　第十三節　然處此之方法如何。曰。一爲自助法。二爲他助法。一者爲勞動之團結。二者爲國家之保護。若勞動者自覺其地位薄弱。養成一致之精神。以組織勞動公會。（一名職工公會）具備對抗雇主之實力。及以小制大以弱勝强之魄力而已。捨是別無良策也。然此非俟諸一般勞動

---

① 目次爲"勞動契約之不自由"。

者之智識發達。不能有功。至其賴於國家之保護者。則視
其制定適當之工場法。以規定勞動年齡、勞動時間及婦人
勞動庸銀支給等。對於勞動者之契約。必使其有利而無
害也。

第二十三章

利息

第一節　利息 Interest 者。基於使用資本而生之所得也。然資本有爲自己使用之時。有貸諸他人使用之時。由前者所生之利息。謂之"原生利息"。後者所生之利息。謂之"副生利息"。依公司股東而分之配當。爲前者之適例。依公司存款而獲之利息。爲後者之適例。故副生利息。常爲純利息。原生利息。於純利（即資本所得）以外。尚含有利潤（即企業所得）在焉。何也。因無論何種資本。不僅專爲貨幣。故利息亦不僅金利。如房租損費。亦利息之一也。

第二節　然則利息因何而發生乎。欲明其故。當先知雖在同一財之中。而有"現在財"Present Goods 與"未來財"二者。Future Goods 現在財者於現在即能消費之財。未來財者非在將來不能消費之財也。然現在財。可供現在之用。且可以儲蓄爲將來之用。而未來財。則非在將來不可使用。然將來難待。人之常情。故通常皆喜現在財而避未來財。因是一般社會所認之現在財之價値大。而所認未來財之價値小。其中時間相差遠者。其價値之差亦遠。而貸資於人者。現在與以百圓。將來收以百圓。今以百圓現在財。與日後百圓將來財價値之差。對於百圓資本之利息。因假借期限之長久。而利息亦自加多也。

第三節　利息既起於現在財與未來財價値之差。而定價値之差者。謂之對於現在財之資本。因供求之關係而生可也。即對於現在財比較其供求。如需要多者。爲金融緊逼。而未來財價値之差。次第增加。利息因以騰貴。反之對於現在財比較其供求。如供給多者。爲金融舒緩。而未來財價値之差。次第減少。利息因以低落。但上所述者。僅以一財一人爲前提。然因其財之性質不同。人之信用不一。故生利息大小之變化。此盡人而知之。無俟論者。　　　　　　　　　利息之高下[①]

第四節　但利息常因各方情形不同。一高一低。一上一下。曾無俄頃之停。然自長年累月大量觀察之。由社會之進步。大率必有漸次低落之勢。蓋社會之勢。往往因其進步。一方則事業勃興。各自增加所得。他方則人智進化。各自趨重於儲蓄之途。且以信用制度完備。交通機關發達。愈開金融之便。內外相合。資本必益增加。駸駸乎有凌駕人口及資本需要之上也。　　　　　　　　　　　　　　利息之漸減

註　攷英國於十二世紀至十四世紀之間。通常利息爲二分。十六世紀初葉爲一分。十七世紀初葉爲八厘。十八世紀初葉爲五厘。至今日則更落。常在二厘與三厘之間耳。此英國利息漸減之大勢也。

① 目次爲“利息之高低”。

第二十四章

利潤

利潤之意義　　第一節　利潤 Profits 有廣狹二義。"廣義之利潤。"於一定期間。由企業之收獲中。控除所支付之地租、利息、庸銀、及他項費用之殘額。"狹意之利潤。"由廣義之利潤中。對於普通地租、利息、庸銀。再控除①企業家自身之土地、資本、勞力之殘額也。蓋企業家有同時爲地主者。（如自耕地主）爲資本家者。（如股東）爲勞動者。（如小作人）又有同時爲資本家、地主、勞動者。（如生產會員）是故企業家之所得。其中有含地租者、利息者、庸銀者。又有同時備含地租利息庸銀等者。故於廣義之利潤。即"企業所得"。謂之"總利潤"。Gross Profits 狹義之利潤。即"企業利潤"。謂之"純利潤"。Net Profits 也。

企業所得與企業利潤　　第二節　然企業家之所希望。不在企業所得。恒在企業利潤。夫企業所得雖大。不過對於企業所投資本之利息及勞

---

① "控除"，日語詞，意爲"扣除"。

動者之庸銀而已。則企業家何爲而冒險以行之。不如以資貸
人。坐收其利。較爲安全容易。且所得之利亦復相若矣。由
是而知。企業家之去就。不在企業所得之大小。而在企業利
潤之厚薄。占企業家之盛衰。亦不在總利潤之大小。而在純
利潤之厚薄也。

　　第三節　企業之利潤。若何而發生。又若何而有大小。　利潤之大小
欲明其理。當分述之。

　　第一　企業家之力量如何

　　第二　資本之大小如何

　　第三　時運之向背如何

　　（一）凡所謂企業之選擇。製品之改良。原料之低廉。
庸銀之節省。經營之敏活。銷路之擴張等。皆爲企業家成功
之原因。而惟視企業家之力量如何耳。（二）企業家之力量
雖大。而其資本不足。於選擇企業改良製品。低廉原料擴張
銷路等。皆不能如意所欲。又不能購置新機。應工分業。與
大企業家獲相等之利益。故依其資本之大小若何。而企業之
成敗可決。（三）由上所述觀之。企業之成敗。皆屬人爲之
原因。然又有人力所不能及之原因。即世俗所謂。“時運”
Conjuncture 是矣。一般企業家莫不受其支配。幸得逢時。雖
平庸之企業家。亦可博巨利。苟不逢時。雖超拔之企業家。
亦莫能爲力。時運不可預知。其影響所及。往往甚大。如上
所述之三原因。可分企業之成敗。由企業之成敗。可分企業
之大小。由企業所得之大小。可分企業利潤之大小矣。

第五編　消費論①

第二十五章

消費①

第一節　消費 Consumption 者。爲財之價值消滅及減少 消費之意義
之謂。換言之。即價值之全部或一部之消滅也。夫吾人原不
能由無生有。又不能由有化無。因其一物不能創造。故亦一
物不能消滅。其所能者。惟創造財之價格與增加之。及消滅
財之價格與減少之而已。故前者名爲生産。後者名爲消費。

第二節　然財之價值消滅減少。有由於人爲者。有由於 自然消費與經濟
消費②
自然者。沽酒而飲。乃屬人爲。酒腐成醋。乃屬自然。故後
者爲"自然消費"。Natural Consumption 前者爲"經濟消費"。
Economic Consumption 然經濟學上所謂消費。實爲經濟消
費也。

第三節　復次。於經濟消費。即經濟學上所謂消費者。 生産消費與不生産
消費③

---

① 目次爲"消費論"。
② 目次爲"自然的消費與經濟的消費"。
③ 目次爲"生産的消費與不生産的消費"。

其中又有以生產爲目的之消費。以享樂爲目的之消費二種。如焚煤運機。則爲生產消費。焚煤取暖。則爲享樂消費。前者謂之"生產消費"。Productive Consumption 後者謂之"不生產消費"。Unproductive Consumption 蓋前者由消費而生生產。後者惟消費而不生產也。然不生產的消費。過於生產的消費時。財遂有盡期。而消費及於不生產的消費。始達生產之目的。

生產與消費　　第四節　要之。生產爲積極的經濟行爲。消費爲消極的經濟行爲。二者性質雖殊。然不能偏廢。何則。夫吾人既不能因無生有。故財之生產。往往須財之消費。方吾人從事生產時。有供交換之用者。有供分配之用者。而交換之極。終歸于消費。分配之極。亦終歸于消費。故其結果。生產之目的因欲消費。而其直接及間接。以充足人之欲望故也。是生產者起於消費。而復終於消費也。生產與消費。常互爲因果。循環而行。據上所論。吾人於生產消費之間。發見三種關係。（一）生產與消費。全相反對之經濟行爲。而（二）生產爲消費之結果。又爲消費之目的。因是（三）生產與消費。常有因果之關係是也。

第二十六章

恐慌

第一節　如前所述。消費與生產。其間關係。至爲密切。生產之分量與消費
之分量①然消費一面爲需要之義。生產一面爲供給之義。故不消費者。永不能生產。不生產者。亦永不能消費。不由需要之供給。可漸次消減。不由供給之需要。亦可漸次減少。因其消費（需要）之種類、與分量。以定生產（供給）之種類與分量。又因其生產（供給）之種類與分量。以定消費（需要）之種類與分量。夫如是則二者之間。乃得其平。若一國經濟界。常得其平。則於個人經濟國民經濟。皆爲最好之現象。蓋消費過於生產。則一國之財及個人之財產。必次第減少。若生產過於消費。則一國之資本及勞力。皆徒費於無益之地矣。

第二節　至所謂消費不依生產不能永久。生產不依消費恐慌之原因亦不能永久者。此皆就長時日之大勢而言。然細案之。其間

---

① 目次爲"生產分量與消費分量"。

往往存不平之事實。其所以原之故。以今日交通範圍廣大。幾以世界爲一共同市場。人人對於世界而生產。亦對於世界而求供。其結果非獨各生產者不知自己之製品對於世界需要之總額。即自己之製品於世界同業者之總生產額。及自己之製品有無代用品亦不知之。惟僅能以物價爲標準。物價騰貴者則需要多。而各自競争擴充其生產。物價低落者則需要少。而各自競爭縮小其生產。然易於縮小者。爲不用機械之小企業。而用機械之大企業。既擁巨額固定資本。則擴充易縮小難而改業更難也。且夫企業家之常情。雖在生產過剩之時。亦必努力以從事生產。節省生產費。以求廉賣而壓他人。於己則希免損失而專利益。設有顧及生產限制者。又以爲人既爲之。我何獨不然。以故生產與消費愈失調劑。各企業家竭力以與他競。一方廣出產額。一方力求廉價。生產愈多。則競賣愈甚。其究也。而成一大生產過剩。一大自由競爭。且銷路成一大閉塞。物價成一大暴落。則彼此之間皆蒙大損。受大挫。然事業界雖受大挫。惟在事業家自身之資本間。其影響尚不及他業。但在今日信用組織發達之時。其資本多仰之於人。資本既待外求。每以信用購置生貨。亦以信用賣出熟貨。乘其信用深厚而擴充事業。恃其信用堅固。而推廣銷路。故今日經濟界不可不謂之全憑信用而存在者也。苟一旦一方稍有頓挫。必及於全部。一端稍有破綻。必及於全般。最後則一大悲劇之恐慌 Crisis 斯見矣。

恐慌之意義與種類

　　第三節　是故恐慌者。由於生產與消費。或需要與供給之懸殊。緣信用破裂而發生之經濟界之騷亂也。然生產與消費需要與供給。其種類不一。故恐慌之種類亦不一。起於農業者。謂之"農業恐慌"。起於工業者。謂之"工業恐慌"。起於商業者。謂之"商業恐慌"。起於投機者。謂之"投機恐慌"。起於貨幣者。謂之"貨幣恐慌"。其他如緣金融擾亂而起恐慌。信用破裂而起恐慌等。皆各以其類而名之。莫能悉舉。然在今日之經濟現象。恐慌常有至猛之傳染性。所謂農業恐慌貨幣恐慌者。非僅一種之恐慌而已。必與他種之恐慌。同時俱發。亦非僅一業之恐慌。必與他業之恐慌。同時併生。不寧唯是。一地方之恐慌。即爲他地方之恐慌。一國之恐慌。即爲數國之恐慌。遂至爲全世界之恐慌。此事之相因而至。不足怪也。所謂"地方恐慌""內國恐慌"及"世界恐慌"者。蓋即指此。

第四節　但恐慌一起。則人心必動搖。人人警戒。故物恐慌之循環價下落。股票低賤。企業心投機熱。一時頓消。舊事業因之縮小。新事業因之中止。其結果。資本漸次回收而不復發。產額亦漸次減少而不再增。於是一方回復信用。他方投合需要。久之金融鬆緩。息率輕廉。需用增加。而物價次第騰貴也。時極而轉。亦理之常。於是又起股票騰貴。企業心勃發。投機熱流行。舊事業擴張。新事業繼踵。若火燎原。不可向邇。於金融界則貸出激增。信用濫任。資本固定。金融緊逼。利率因之騰貴。於事業界則資產激增。競爭猛烈。銷路閉塞。貨物停滯。物價因之暴落。兩者交臻。使一般社會陷於一大困境。釀成一大危險。遂使資金之通融全然斷絶而信用掃地矣。此中一犬吠影。百犬吠聲。一波肇興。萬波隨起。破產

倒産之聲。盈於耳鼓。而恐慌復又起也。由此觀之。今日經
濟界中。常輾轉循環於隆盛期沈衰期回復期而不已矣。

恐慌之豫防與救濟　　　　第五節　　經濟之有恐慌。如人身之有疾病。勢不能免者。
苟任其自然。不講衛生之術。療治之方。於事前不加防禦。
事後不加救濟。終必至於亡而已。然雖至愚。皆知愛生惡死。
斷未有不講求健康之術者。於恐慌亦然。然則處之之法奈何。
曰凡居經濟界者。各以其智識與注意而已。但此事乃可望而
不可即。終不能不倚賴綰金融樞紐之中央銀行。當市面不穩
時。中央銀行高其利率。以警戒財界。其他各銀行亦傚而行
之。使金融縮小。以抑投機熱。而防恐慌於未然。若豫防之
策。未告厥功。恐慌已起。則中央銀行。於一方更高其利率。
以示警戒。他一方對於確實有信用之人。貸以資金以資流轉。
可救者救之。不可救者任之。則不至有玉石俱焚之患。人心
亦可漸歸穩靜。且可警戒將來也。

經濟學大意畢

一方更高其利率以示警戒。他一方對於確實有信用之人。貸以資金以資流轉可救者救之。不可救者任之。則不至有玉石俱焚之患。人心亦可漸歸穩靜。且可警戒將來也。

經濟學大意 畢

一二九

《經濟學大意》編者説明

李健　路寬　編校

1. 底本描述

《經濟學大意》一書，日本津村秀松原著，東京寶文館 1909 年出版；譯者彭耕，譯本由上海群益書社於 1915 年出版。該書高 22 厘米，寬 15 厘米，由封面、扉頁、版權頁、凡例、目次和正文組成，前四項各 1 頁，目次 14 頁，均單獨編頁碼；正文共 129 頁。今據北京大學圖書館藏本録排。

2. 津村秀松

津村秀松（1876—1939），日本近代著名經濟學家。明治九年（1876）出生於和歌山縣。1898 年進入高等商業學校（簡稱“高商”）就讀本科，次年自該校專攻部畢業後，以鐵道業調查與商業學作爲研究課題，赴德國留學三年。回國後，應神户高等商業學校首任校長水島夷也（津村母校的前輩）的邀請，到該校擔任教授。1906 年，策劃創辦了日本最早的專業性經濟學學術雜誌《國民經濟學》。

津村的處女作是 1907 年發行的《國民經濟學原論》。該書是津村傾注精力最多的著作，也是當時的經濟學名著。雖然當時已經有田島錦治的《最近經濟論》（1897）和金井延的《社會經濟學》等著作出版，但日本人自著的經濟學教科書爲數不多。津村的這本書憑借平實明白的叙述、豐富充實的引用、懇切細緻的解説等優點脱穎而出，獲得高度評價。當時有書評稱贊此書爲日本“經濟學界所未曾有的名著”“學者必讀之良書”①等。後來，津村將該書壓縮，於 1909 年以《經濟學大意》之名出版。

津村在留學期間研究過商業政策，并於 1911 年出版了上、下兩卷的巨著《商業政策》（共 1500 多頁）。1917 年，津村的論文集《社會與經濟》《戰爭與經濟》問世。這兩部書的時論色彩强烈，著者對現實問題有着强烈的觀照。1918 年，津村從神户高等商業學校辭職，踏入實業界。他擔任過久原本店理事、久原商事常務等久原系公司的要職，1926 年又擔任了大阪鐵工所（現在的日立造船）的會長，成爲該企業的最高負責人。面對公司每况愈下的形勢，津村與常務總經理飯島幡司一起爲拓展客户與經營合理化而努力，并承接大型豪華輪船建設等項目，爲大阪鐵工所的復興做出了貢獻。此外，津村認同學術自由、言論自由，以及個人主義和自由主義的價值觀，於 1935 年出版了《追求平等的心》一書，論述了“修正”資本主義矛盾的必要性，批判了意大利法西斯主義。津村還認爲，社會因“修正”資本主義的願望，有陷入完全國家社會主義、共産主義的危險，并針對日本的流行傾向做出了警告。津村的著作還有《社會小景》、《道成寺》和《春秋札記》等。《圍繞金錢物語》（1937）則是津村在從經濟學家轉變爲實業家的過程中撰寫的一本具有經濟學家風格的、明快的評論集。在此書中，津村批判了官僚統治主義，論述了立憲政治、議會政治的重要意義。縱觀津村秀松的經歷，我們不難看出其鮮明的自由主義傾向。

3. 彭耕

譯者彭耕，生卒年不詳，字德尊，湖南長沙縣人。早年留學日本，20 世紀 20 年代初曾任湖南省議員，其成名作爲《艱苦力行之成功者：卡内基傳》，

---

① 上久保敏. 日本の經濟学を築いた五十人[M]. 東京：日本評論社，2003：222.

發表於 1915 年 9 月《青年雜誌》（從 1916 年 9 月 1 日的第 2 卷第 1 號改名爲《新青年》）第 1 卷第 1 號上。彭耕結識多位當時的名流，從其譯作來看，他是一位思想偏向於社會改良主義的人士。

4. 群益書社

群益書社是晚清時期創立的出版機構，因出版陳獨秀主編的《新青年》而聲名鵲起。1899 年，湖南長沙人氏陳子沛、陳子壽兄弟與其堂兄陳子美同赴日本留學。1901 年，陳子美在日本東京神田區南神保町七番地創辦"群益書社"，在陳子沛、陳子壽的幫助下售賣書刊，品種以課本、小説與哲學書等爲主。由於對中國留日學生給予優惠，受到了他們的青睞，群益書社的生意十分紅火。1902 年陳子沛、陳子壽在長沙府正中街開設集益書社，作爲群益書社的分店。1907 年，陳子沛、陳子壽又在上海福州路惠福里創辦群益書社。1912 年，群益將總社遷至上海棋盤街（今河南中路）泗涇路西首，爲朝西雙開間門面，經營出版業務，東京和長沙分社停辦。

陳子沛、陳子壽均具有較高的文化水平，所出版的書刊品位不俗。群益所出版的書刊主要有以下三類：一是教科書，其中部分是外語教科書和外語參考讀物，還有些是政治、經濟與法律方面的譯著，此項尤爲引人注目，主要有"麥萊《美國民主政制大綱》（1912 年）、工藤重義《各國豫算制度論》（1912 年）、陳崇基《行政法各論》（1912 年）、陳家瓚《社會經濟學》（1913 年）、姚華《民法財産：物權》（1913 年）、壬許《民法財産：債權擔保》（1913 年）、金保康《平時國際公法》（1913 年）、傅疆《國際私法》（1913 年）、清水澄《法律經濟辭典》（1914 年）、津村秀松《國民經濟學原論》（1915 年）"①等。二是出版《新青年》，從 1915 年 9 月 15 日創刊，至 1920 年 5 月，群益書社出版的《新青年》共 7 卷 42 號（期）。三是出版翻譯小説，如魯迅和周作人合作翻譯的《域外小説集》。此外值得一提的是，群益書社曾與毛澤東、毛澤民有較爲密切的聯繫。1920 年，毛澤東在上海期間，經表兄王季范介紹，結識了陳子壽。毛澤東多次赴群益書社看書，對店内書籍很感興趣。1920 年 8 月，毛澤東和易禮容、彭璜籌建長沙文化書社，這個書社也與群益書社有不少聯繫。1926 年，毛澤民受中共派遣赴上海開辦長江書店，群益書社爲開店提供了幫助。1927 年四一二反革命政變後，毛澤民因受到國民黨通緝而逃離上海，群益書社出面收拾了長江書店的殘局②。

5. 翻譯狀况

1907 年，津村秀松所著《國民經濟學原論》由東京寶文館出版。該書出版後在中國出現了兩個譯本：一是馬凌甫譯本（群益書社 1915 年 12 月初版，1920 年 6 月再版）；一是陳紹謨譯本（明月書局 1931 年出版）。此外，歐陽溥存根據《國民經濟學原論》及其他著作編譯了《中華中學經濟教科書》，由中華書局於 1911 年出版，1912 年再版。

1909 年 12 月，津村秀松根據《國民經濟學原論》撮要編撰的《經濟學大意》由東京寶文館出版。1915 年，群益書社出版了彭耕翻譯的《經濟學大意》的同名譯本。彭譯本并不是完全根據津村秀松的原著直譯的，通過比較可以發現，其譯本主要存在以下幾種情况。

---

① 鄒振環. 作爲《新青年》贊助者的群益書社[J]. 史學月刊，2016（4）：91-103.
② 參見熊月之. 上海城市集聚功能與中國共產黨創立[J]. 學術月刊，2021（6）：5-18；陳明遠. 文化人的經濟生活[M]. 西安：陝西人民出版社，2013：145-146.

第一，儘管不是嚴格的逐字逐句翻譯，但也基本反映了原著的本意。例如，日文原著中涉及馬克思主義的内容，集中於第八章"國家"關於社會主義與共産主義的部分，彭譯本中的關鍵段落如下：

　　苟任其大勢所趨，則富者益富，貧者益貧。貧富之間，愈演愈劇。自然淘汰，以歸天擇，致使社會上釀成貧富之一階級而牢不可破。如此者，亦非社會完全之組織也。物極則反，事久變生，遂有廢私有財産制而行共有財産制之共産主義論起焉。又有禁止土地及資本生産手段之私有制，化歸公有之"社會主義"論起焉。

　　然以上二主義，僅窺見社會之缺點，以思矯正，而未得知社會之優點，以圖改良。其所持論，不無偏畸。當民之初生，本有智愚强弱之别。若慨與以平等利益，立以平等關係（共産主義之主張），則愚弱者不勞可獲，而智强者雖勞亦無特益，是實不公平之甚者。至若慮土地與資本歸諸私有，資本家常橫奪勞動者取得之結果（社會主義之主張），其中雖含有一部分之真理，然破壞社會進步基礎之私有財産制及利己心已甚矣。當斯國際經濟競争之場，將何以爲國乎？

津村秀松《經濟學大意》的原文則是：

　　然るに斯かる大勢の赴く所、强者は富者となつて益々榮え、弱者は貧者となつて愈々衰へ、弱肉强食、優勝劣敗。自然淘汰遺憾無く行はれて、貧富の懸隔、强弱の區別、時と共に益々甚しからんとす。是れ決して完全なる社會組織にあらざるが故に、一切の財産の私有を禁じ、一切之を共有に化すべしと論ずるもの出づ。之を"共産主義"（Communism）と名づく。又財産中、土地並に資本の如き生産手段を私有せしむることが、貧富の懸隔を造るの基なるが故に、之のみは私有を禁じ。之を公有に化せしむべしと説くもの出づ。之を"社會主義"（Socialism）と名づく。[①]

　　不難看出，彭譯本比較準確地翻譯出了原著中的如下基本觀點：社會主義是一種廢除私有財産，消除社會貧富兩極分化，從而實現社會平等的手段；社會主義對平等的追求將導致弱者不勞而獲，强者貢獻雖大却獲益不多，從而破壞了社會進步的基礎即私有財産。

　　第二，譯者在翻譯的過程中加入了一些個人的理解，反映了譯者的思想態度，以及馬克思主義早期傳播過程中與其他思潮流派互相影響的狀況。彭譯本關於社會改良段落的翻譯即是如此。

　　　　註　津村氏嘗舉改良社會之三大綱，公之於世。其言曰：

　　　　第一，普及教育，以崇高一般國民之自覺心而皷舞獨立自助之精神。

　　　　第二，闡揚宗教道德。以崇高一般社會之公德心，而實行和衷共濟之業。

　　　　第三，以國家之權利防止社會階級之軋轢，而調和一般人民之利害。

　　　　自第一項觀之，社會改良之實，起之於下。自第二項觀之，社會改良之事，發之於上。自第三項觀之，社會改良之精神，由中而發。三者相合，乃能見諸完成。余（津村氏自稱）曩者所以贊成强迫教育、産業公會、勞動公會等之發生，即根於第一理由。贊成改革宗教、獎勵德育，輔助慈善事業等，即根於第二理由。主張制定《工場法》《勞動保險法》及其他勞動者保護法，即根於第三理由。然改良社會之事業範圍至廣，種類至多，若舉其一部，尚難圖圓滿，況其全部乎！然

----

①　津村秀松. 經濟學大意[M]. 東京：寶文館，1909：33.

有志者事竟成。是所深望於國中經世濟民之士，勉爲其難也。

津村秀松《經濟學大意》中對應的原文是：

　　嘗て吾人は、現社會改良の三大綱目を揭げて、世人の注意を喚
起せしことあり。試みに之を舉げんか、曰く

　　第一、教育の普及により、一般人民の自覺心を高め、依つて以
て獨立自助の精神を鼓舞すること。

　　第二、宗教道德の發達により、一般社會の公德心を高め、依つ
て以て和衷協同の實を舉ぐること。

　　第三、國家の權力により、社會階級の軋轢を防ぎ、依つて以て
一般國民の利害を調和すること。

　　是なり。斯くせば、第一により社會改良の實、下より起り、第
三により社會改良の舉、上より出で、而も第二より社會改良の精神、
中より發して、三面合一、遂に能く其の完成を見るを得べけん。吾
人は夙に義務教育、産業組合、勞働組合の發生を贊す。是れ第一の
理由に由るなり。吾人は夙に宗教の發達、德育の獎勵、慈善事業の
勃興を促す、是れ第二の理由に基くなり。又吾人は夙に工場法、勞
働保險法、其の他の勞働者保護法の制定を主張す、是れ第三の理由
に發するなり。凡そ社會改良の事業たる其の範圍や廣く、其の種類
や多し。されば之を社會の一部事業に委ねんとするは、難ざを人に
强ふるものなるのみならず、其の結果必ずや圓滿を缺く。經世濟民
の志ある者、常に此の點に留意して可なり。①

在津村看來，社會改良的三大綱目，在於通過教育的普及、宗教道德

---

① 　津村秀松. 經濟學大意[M]. 東京：寶文館，1909：35-37.

的發達及國家權力的運行來調和社會利益。這三大綱目之間的關係是：教育的普及是自下而上的，是在下層發生的；宗教道德是社會改良的精神，是在中層發生的，而國家權力是社會改良的最頂層。彭譯本則將國家權力視爲社會改良的精神，將社會公德心的改革視爲社會改良的最頂層。這與譯者所持的改良主義觀點是一脉相承的，即通過國家權力的改革，凝聚社會共識，推動社會發展。這種承認私有財産造成貧富分化，主張在一定範圍内由國家進行調和的主張，帶有一定的德國國民經濟學色彩。

第三，譯者通過"注"的形式增加了有關中國情況的介紹和分析，表現了譯者對於中國問題的關切。例如，在第十七章"貨幣"第十節的"注"中，就結合本章論述的幣制改革問題，表達了對中國幣制改革的看法。

　　注　我國現今因於改革幣制問題及採用本位問題，上自政府，下自人民，莫不視爲重要，年來論者，亦云多矣。且遠觀列强之趨勢，近察現今之國情，徵諸學理，準諸事實，欲求利多害少，非採用金本位不可。惜乎牽於財政，未能實行。前熊內閣所發布之《政府大政方針宣言書》。其言曰："希齡等雖認金本位爲應於世界大勢，將懸爲最後之鵠。然目前不易辦到，故暫照舊習慣用銀本位"云云，可知銀本位決不足長存。今之爲此，實爲目前過渡之計也。

可見，與譯者觀點較相一致的部分，譯本與原著區別不大。彭耕翻譯該書的一個可能的原因，即是他較爲贊同津村的看法，因此，這種相對一致的情況占了多數。但若發現原著與自己觀點有別，譯者便會加入個人的理解，這在一定程度上可以反映出馬克思主義在中國早期傳播過程中思想界的複雜狀況。由於原著的受衆是日本讀者，因此涉及中國的內容較少，若發現原著有能啓發中國讀者聯繫中國國情加以思考的地方，譯者就會添加自己關於中國情況的介紹和分析。這反映了當時思想界譯介馬克思主義和其他流派的思想時，對中國問題的現實關切。

第四，關於書中"注"的分析。全書共有 25 處"注"。從翻譯的角度看，可分爲以下三種情況。

第一種情況是，"注"完全由日語原著翻譯而來。這種"注"有 20 處。儘管譯者在"凡例"中説道："本書於正文外，間以譯者之意，附註於後，以備教師實地教授時及學子自修時之參攷"，似乎"注"均爲譯者之意。但實際上本書的"注"大部分是翻譯原文的内容，是原作者津村秀松對正文内容的注解，起到了進一步説明和闡釋的作用。例如，該書第二十一章"地租"第三節"關於地租之三大事實"文末的"注"，即是對日文原著相對應章節的"注"的翻譯，其内容爲：

> 註　以上所論，凡地租者，非因地主投資而生，亦非因地主加勞力而生，全憑自然之結果，偶爾所得，與時勢自然之增加也。故任自然，而即歸地主所得者。遂有反對之論出焉。如共産主義及社會主義中之土地公有論，固無俟論。即土地單稅論、土地國有論，其論據亦皆在是。然此説非全無理由。但土地既歸公有或國有。則土地不能改良、收穫不能增加等弊，相因而至，又不免一害除而一害隨之也。

在第二十一章第一節中，譯者介紹了兩種地租：即"實際地租"（資本投資，使土地改良、收益增加所獲得的地租）和"自然地租"（因土地天然的生産力而獲得的地租）。譯者認爲自然地租才是經濟學上所討論的地租。第二節介紹了李嘉圖的地租理論，指出地租因四種因素綜合而成，即"地質有優劣之別""地勢有通塞之差""人口有增加之勢""收穫有漸減之理"。在第三節中，譯者認爲，地租因自然力不同而有等差，人口繁衍不息，耕地供不應求，因而地租將次第增加。在"注"中，譯者進一步發揮，指出地租并非地主投資所得，也并非地主雇傭勞力而得，地租是"全憑自然之

結果"。譯者據此反對共產主義和社會主義的土地公有制，以及土地單稅論
和土地國有論。他還進一步批評説，土地如是公有或國有，便不能改良，
收穫也不能增加，導致的結果是"一害除而一害隨之"。可以看出，第一、
二、三節的正文内容是譯者進行的理論論證，在"注"中，他才流露出自
己的真實意圖，即論證地租的天然合理性，反駁共產主義和社會主義的土
地公有制。譯者偏重論述自然原因，而有意忽略對土地私有制和工人勞動
等的論述，顯得避重就輕，難以以理服人。

第二種情況是，"注"的内容中，部分是翻譯日文原著，部分是譯者自
撰。例如，第十七章"貨幣"第十節"本位貨與補助貨"中的"注"和第
十八章"紙幣"第三節"紙幣之種類"中的"注"。以後者爲例，現將譯者
撰寫的部分展示如下：

> 然觀我國今日財政現狀，其與日本明治十四年前之現象，何相酷
> 肖若是耶！據《政府大政方鍼宣言書》所載。現在各省濫幣票額約二
> 萬餘萬圓，亦臻巨額矣。他省姑勿論，即以湖南言之。其湖南銀行所
> 發行之銀鈔，約千餘萬圓（其實數尚不知）。他如各錢店及各舖户所發
> 行之票鈔，亦大略稱是。於是市面徒存紙片而已。及民國二年秋，現
> 洋一圓可值票銀一兩二錢上下，各地匯水已漲至千兩或千餘兩不等（以
> 千兩計算）。紙幣發行之濫，至此可云極矣。紙幣價格之落，亦實爲前
> 此所未有。兹攷其墜落之原因有二：其一則因發行太多，供過於求。
> 其二發行既多，又毫無兑换準備，則信用自薄，而價自落矣。

在第三節中，譯者先是論述了紙幣的分類，有一類分爲不换紙幣和兑
换紙幣，前者不可兑换本位貨幣，後者可以。在"注"的前半部分，譯者
指出，日本明治維新之初，因爲戰亂不已，國用匱乏，各藩和大藏省發行
了大量不换貨幣，造成官民交困，紙幣劇烈貶值。明治十五年設立日本銀

行，以整理不换紙幣，緩解危機，之後都發行兑换紙幣。行文至此，譯者結合我國情况，痛陳政府和各省濫發紙幣，又無兑换準備，損害信用，紙幣貶值。譯者的論述體現出對國家財政危機的深深憂慮。

第三種情况是，"注"的内容完全由譯者自撰。如第十三章"企業"第十三節"公司之優劣"中的"注"，主要是兩個表格，介紹日本無限公司、兩合公司和股份公司的"公司數""所投之資本""公積金"，以及三類公司分别在農業、工業、商業、交通業等類别的"公司數""所投之資本""公積金"。

根據彭耕自述，編譯《經濟學大意》的目的在於對經濟學做出大致的介紹，使初始接觸經濟學的人了解經濟學。彭譯本出版後，《新青年》雜誌1917年第2卷第5期上發布廣告，廣告詞寫道："凡無師承而欲以簡易方法學經濟者，每皆於是書求之，足知其最合攻究斯學者之心理矣。"該書出版後曾六次再版，在讀者中産生了較爲廣泛的影響。作爲普及性的經濟學讀物，書中介紹了一些關於社會主義與共産主義的理論，對於推動經濟學的大衆化做出了一定的貢獻，爲馬克思主義的傳播奠定了一定的經濟學基礎。

6. 該書在馬克思主義傳播史上的意義

《經濟學大意》作爲經濟學的入門書籍，其中對於社會主義思潮的評論，反映了時人對社會主義的一般認知。對於當時中國人理解現代經濟學的基本概念及古典經濟學的基本原理，有一定的啓蒙意義。

首先，該書在批判中對社會主義、共産主義進行了介紹，增進了中國人對社會主義的認識。如在第八章"國家"第三節"共産主義與社會主義"中説：

　　苟任其大勢所趨，則富者益富，貧者益貧。貧富之間，愈演愈劇。自然淘汰，以歸天擇，致使社會上釀成貧富之一階級而牢不可破。如此者，亦非社會完全之組織也。物極則反，事久變生，遂有廢私有財產制而行共有財產制之共產主義論起焉，又有禁止土地及資本生產手段之私有制，化歸公有之"社會主義"論起焉。

在同章第四節"共產主義與社會主義之批評"中又説：

　　然以上二主義，僅窺見社會之缺點，以思矯正，而未得知社會之優點，以圖改良。其所持論，不無偏畸。當民之初生，本有智愚強弱之別。若慨與以平等利益，立以平等關係（共產主義之主張），則愚弱者不勞可獲，而智強者雖勞亦無特益，是實不公平之甚者。至若慮土地與資本歸諸私有，資本家常橫奪勞動者取得之結果（社會主義之主張），其中雖含有一部分之真理，然破壞社會進步基礎之私有財產制及利己心已甚矣。當斯國際經濟競爭之場，將何以爲國乎？

　　該書在第三節將社會主義理解爲克服財富不均而引起的兩極分化的手段，并將這種樸素的平等觀視爲社會主義。在克服私有財產的手段這一意義上，增進了人們對社會主義的認識。譯者認爲社會進步的基礎在於私有財產和利己之心，從而認爲，將平等視爲價值目標的社會主義破壞了社會的進步，這顯然是對社會主義的一種誤解。

　　其次，該書以通俗的語言介紹了古典政治經濟學的相關基本原理。如書中第九章第二節對勞動價值論作了專門論述：

　　夫生產雖有造成財之價值或增加之之意義，然而財之價值之增加，有由自然者，有由人爲者。譬如農夫播種收穫，是爲由人爲而增財之價值。若現礦於山，湧泉於地，而得意外之價者，是由自然增加財之價值。又如企築海塘，收買附近之土地而博巨利者，是亦由人爲而增加財之價值。若因市民集居日多，市中房租騰貴；或因鐵路開通，沿路所有地之價增，而忽獲奇利者，是亦由偶然之結果而增加財之價值。凡以上依自然偶然之結果，而意外增加財之價值者，皆非生產也。蓋生產者，必須由勤動，以無價值之物，而使之有價值；既有價值之物，而使之更加其價值之謂也。

該書也通俗地介紹了李嘉圖的工資理論和地租理論。書中第二十一章第二節和第二十二章第十節對此有詳細論述。

第二十一章第二節：

然所謂純任自然土地，而能生地租者，其理由如何？欲知其理，不可不先述"理嘉圖地租論"（Ricardian Theory of Rent）。其言曰：凡地租，必綜合四種原因而起：

第一，地質有優劣之別。

第二，地勢有通塞之差。

第三，人口有增加之勢。

第四，收穫有漸減之理。

第二十二章第十節：

以庸銀惟全由勞力之生產費，即勞動者之生活費而決定之，此所謂"理嘉圖之庸銀法則"（Ricardian Theory of Wages）。

這些都是古典政治經濟學的基本理論，而古典政治經濟學是馬克思主義政治經濟學的思想來源之一。該書的相關思想是馬克思主義政治經濟學傳入中國的思想背景、思想鋪墊的一部分。

最後，該書傳播了現代知識（主要是經濟學方面）的相關術語和觀念。如書中對資本、交易、恐慌（經濟危機）等作了學術意義上的分析。

資本者，以供生產費用為目的之貯蓄財產也……要之，資本者其實不外財產。但非窖藏之財產，而爲活用之財產。供享樂之財產，只能即稱之爲"享樂財產"。惟供生產用之財產，乃爲"生產財產"。

……

交易（Exchange）者，財之交換也。而財之交換有二種，其一以財與財直接交換，謂之"實物交換"（Barter）。如以粟易布之類。其二以貨幣爲媒介之間接交換，謂之"賣買"（Sales）。

……

是故恐慌者，由於生產與消費，或需要與供給之懸殊，緣信用破裂而發生之經濟界之騷亂也。

除此之外，還相應地介紹了一些經濟學家，如馬爾薩斯、亞當·斯密、塞利格曼、格雷欣、李嘉圖等。這些觀念和經濟學家的闡述與引入，有益於向國人傳播新思想，有益於向國人進行現代經濟學知識的啓蒙，促進觀念和術語的革命。

7. 研究綜述

通過檢索研究《經濟學大意》的相關文獻，我們發現學術界對該書的研究寥寥無幾。現有的研究主要有兩個方面：一是譯介研究。如羅集廣等從當時西學東漸的思想背景出發，認爲當時的譯著已由文本譯著轉爲思想辨析，許多譯者已不再滿足於字面上的翻譯，更希望達到對西方理念和思想的傳遞，"1920 年津村秀松的《國民經濟學原理》和 1930 年室伏高信的《社會主義批判》對馬克思主義和社會主義制度提出了反對意見"[1]。二是傳播視角的研究。有學者全面剖析了彭耕譯的《經濟學大意》，針對書中對

---

① 羅集廣，張景華，朱棠. "西學東漸"對中日近代翻譯實踐的影響[J]. 湖南科技大學學報（社會科學版），2016（3）：120-125.

共産主義與社會主義的批評，結合歷史背景，認爲“當時若干經濟學著作評介馬克思經濟學説時每每流露出來的否定口吻，決非偶然的巧合，而是建立在一切形式的共産主義與社會主義觀點均觸犯西方經濟學理論根基的理念之上”①。從《經濟學大意》出版時期的社會背景考察可知，當時對於馬克思思想的傳入，國人的選擇并沒有那麼明確，將一般的社會主義學説等同於馬克思的思想，從而對社會主義和共産主義造成了一定的誤解。

　　不難看出，學術界對《經濟學大意》或者津村秀松的研究尚處於貧乏狀態，這一方面與《經濟學大意》的學術性質有關，另一方面也與我們對馬克思主義傳播史前史的研究比較薄弱，有待進一步深化的局面有關。

---

① 談敏. 回溯歷史——馬克思主義經濟學在中國的傳播前史：下册[M]. 上海：上海財經大學出版社，2008：1177.

（ A-0065.01 ）

www.sciencep.com

ISBN 978-7-03-075968-9

9 787030 759689 >

定　價：580.00 元